Carl-Auer-Systeme

Hans-Christian Kossak

Hypnose und die Kunst des Comics

oder
Wie man grüne Kreise in den Augen
bekommen kann

**Ein Bilder- und Lesebuch zur Wirkung und
Realität der Hypnose**

1999

Über alle Rechte der deutschen Ausgabe verfügt Carl-Auer-Systeme
Verlag und Verlagsbuchhandlung GmbH; Heidelberg.
Fotomechanische Wiedergabe nur mit Genehmigung des Verlages
Redaktion: Ralf Holtzmann, M. A. phil.
Satz u. Grafik: Drißner-Design u. DTP, Meßstetten
Umschlaggestaltung: WSP Design, Heidelberg
unter Verwendung eines Bildes aus dem Comic Clever & Smart – *Fauler Zauber
mit den Augen*, © 1970–99 by Conpart Verlag, Editiorial Bruguera und F. Ibanez
Printed in Germany 1999
Druck und Bindung: Druckerei Kösel, Kempten

Reihe Systemische und hypnotherapeutische Praxis
Herausgeber Gunthard Weber
Erste Auflage, 1999

Die Deutsche Bibliothek - CIP-Einheitsaufnahme

Ein Titeldatensatz für diese Publikation ist bei
Der Deutschen Bibliothek erhältlich.

Inhalt

Teil 7
Menschen – Tiere – Suggestionen ... 283
Von der Showhypnose zur Schweinebraut

Teil 8
Vergleich von Comic und Hypnose ... 297
und Abschied von Donald Duck und seinen Freunden

Danksagungen

Zu Beginn von Büchern pflegt man immer denjenigen Dank zu sagen, die direkt oder indirekt am Gelingen des Werkes beteiligt waren.

Hier muss ich spontan meiner verstorbenen Mutter danken, die mit dem Erwerb des ersten Micky-Maus-Heftes und ihrer späteren Toleranz den Grundstein für das gelegt hat, was dann konsequente Neugier wurde, wahrscheinlich auch ein Denken in Bild-Text-Imaginationen.

Jahrzehnte später tolerierte diese Neugier dann meine Frau Silke, zumal ihr eine vergleichbare anschauliche und surreale Bilderwelt sehr nahe steht – besonders in ihrem Humor. Dies ist bestimmt eines der wichtigen Grundelemente unseres langen, lebhaften und guten Ehelebens. Besonders herzlichen Dank an sie für die viele Geduld, die sie mir beim Erstellen dieses Buches mal wieder entgegenbrachte.

Hinzu kommen dann natürlich Teilnehmer meiner Ausbildungsseminare, die mir Comics zusandten. Erwähnt seien Kollegen, die in Wartezimmern von Frisören oder Ärzten die dort fixierten Comicsklaven für mich freikauften. Nachträglich soll meine Entschuldigung auch an jenes Athener Hotel gerichtet sein, in dem ich in einer sehr heißen Sommernacht einen relevanten Comic vorfand ...

Aber auch Freunde sammelten fleißig. Unvergessen bleibt im Freundeskreis Markus Keller, u. a. durch seine umfangreiche Comicsammlung, die mir seine Eltern zum Vermächtnis überließen.

Dann ist natürlich Herr Dr. H.-J. Kagelmann zu nennen, der über einen Bereich der Comics promovierte und deshalb spontan Verständnis für mein Projekt hatte und mich mit seinem Fundus aktiv unterstützte.

Mit besonderer Betonung gilt mein Dank meinem Sohn Thorsten. Vom comicliebenden Vaterherz gefördert, kannte er schnell dessen Suchmodelle und ergänzte sie freudig-spontan mit zahlreichen Zulieferungen aus seiner Leserichtung. Er verkörpert durch seinen Spaß an der Comicwelt und auch an der Hypnose die Neugier der hier angesprochenen Leserinnen und Leser.

Ein intensiver Dank gilt den zahlreichen kleinen und großen Comicverlagen und den einzelnen Comicautoren, die mir (fast) alle recht spontan die Abbildungserlaubnis erteilten; ihre Zusage ermöglichte es erst, dieses Buch auf die gewünschte anschauliche Weise lebendig zu gestalten.

Nach getaner Arbeit bedanke ich mich sehr herzlich beim Verlagslektor Ralf Holtzmann sowie bei Klaus Müller und ihrem Team für ihre wertvollen Anregungen. Durch ihre unermüdliche Genauigkeit, Geduld und Kreativität hatten wir über die vielen Monate hinweg eine sehr angenehme und produktive Zusammenarbeit.

Euch allen sei Dank, da eure Innen- und Außenbilder, euer Sinn für das Unmögliche, Surreale und zugleich Naheliegende zur kreativen Nutzung eurer Phantasie und Lebenseinstellung erhalten blieb – und mir natürlich half, ihn weiterzuvermitteln.

Vorwort

Hypnose ist für viele Menschen immer noch angstbesetzt oder mit dem Hauch des Mystischen verbunden. Sie haben einen hohen Informationsbedarf, da bei ihnen zahlreiche ungestellte Fragen beantwortet werden müssen. Ihnen gilt dieses Buch, damit sie sich auf unterhaltsame Weise mit der Hypnose befassen können. Es wendet sich aber auch an diejenigen, die ihr bereits bestehendes Wissen über Hypnose durch die Informationsfacette der Comicdarstellung bereichern wollen.

Bilder haben sowohl im Comic als auch in der Hypnose eine zentrale Bedeutung. Entsprechend sind die zahlreichen Bilddokumente des Buches ein wesentlicher Bestandteil der Darstellung – sowohl zur Dokumentation als auch zur Erheiterung. Gerade letzteres Anliegen war eine Hauptmotivation für dieses Buch: ein wissenschaftlich seriöses Gebiet aus der Perspektive des Alltagslebens zu betrachten und so den Leserinnen und Lesern auf ihrer persönlichen Ebene zu begegnen. Im Alltagsleben sind wir ständig mit Zeitungsannoncen, Witzen und Comics konfrontiert. Das sind wichtige Informationsquellen, da sie subtil unsere Meinung beeinflussen.

Für den geplanten Zweck der Exegese wurden in vielen Jahren Berge von Comics gelesen (ca. 500 Hefte bzw. Bücher mit insgesamt ca. 2 000 Geschichten), systematisiert und analysiert. Diese Comicgeschichten leben meist aus ihrem jeweiligen Gesamtverlauf, sodass ihre Einzelbilder isoliert betrachtet zwar gagvoll sind, jedoch nicht immer aussageträchtig für die gesamte Geschichte. Deshalb ist es auch sehr schwer, Einzelbilder oder Einzelszenen aus dem humorigen oder dramatischen Kontext zu lösen, ohne dessen Sinn zu zerstören. Vielmehr wird versucht, diesen so wesentlichen Kontext mitzuvermitteln. Da die Geschichten jeweils unter verschiedenen Aspekten analysiert werden, sind deshalb Überschneidungen bzw. Wiederholungen nicht immer zu umgehen.

In Bezug auf Comics wenig bewanderte Leserinnen und Leser werden anfangs mit ungewohnt viel Theorie über diesen Bereich konfrontiert. Da sich das vorliegende Buch jedoch intensiv mit Inhalten einer Kunstform befasst, ist es unerlässlich, sie anfangs einzuführen. Sie werden hier einer Menge angewandter Psychologie begegnen.

Bei den Zitierweisen mussten für die benutzte Comicliteratur unkonventionelle Formen gewählt werden. So werden die Comics nicht nach ihrem Autor zitiert, sondern nach ihrem Storytitel. Das erleichtert den Vergleich und ihre inhaltliche oder humorige Einordnung. Für weitere Informationen steht dann im Anhang das Verzeichnis der benutzten wissenschaftlichen Literatur und der Comicliteratur zur Verfügung.

An Hypnose interessierte Leserinnen und Leser werden anfangs mit erstaunlich wenig Theorie zur Hypnose direkt konfrontiert, da die verschiedenen theoretischen Aspekte in den späteren Analysekapiteln ausführlich erörtert werden. Es galt, grundsätzliche wissenschaftliche Ergebnisse der modernen Hypnoseforschung zusammenzufassen, ohne dabei den dafür verwandten immensen Umfang an Fachliteratur wörtlich zu zitieren – wenn auch der Argumentationsweg über den Comic ungewöhnlich sein mag. Dieses Buch soll grundsätzliche Problemstellungen der Hypnose beleuchten und dabei das Skurrile, Wahre, Humorvolle und Erfundene des Comics genussvoll präsentieren. Die Seele der Leserschar darf hier ruhig belustigt oder empört mitschwingen. Aus diesem Grund werden die vielen Wissenschaftsdiskussionen oft nur kurz angesprochen. Bewusst wird deshalb auch auf die zahlreichen Nennungen von weiterführender Fachliteratur verzichtet. Das würde die Lesefreude und Neugier doch zu sehr bremsen. Für diejenigen, die ihre Informationen vertiefen möchten, sei auf die einschlägigen deutschsprachigen Werke verwiesen.

Folgen auf die humorigen Comicdarstellungen wissenschaftlich begründbare Sachinformationen zur seriösen Klinischen Hypnose, dann weist das nebenstehende Zeichen darauf hin.

Der Carl-Auer-Systeme-Verlag lässt sich mit diesem Buch nicht nur auf ein neues und ausgefallenes Thema zur Hypnose ein, sondern bleibt auch konsequent, indem er die szenenbeeinflussende Farbgestaltung der Comics in vollem Umfang wirken läßt. Das ist dann auch noch ein Augenschmaus! Die Farbabbildungen sind deshalb auf Bildtafeln zusammengefasst. Darin sind nun die Bilder, Szenen und Sequenzen der Comics den Kapiteln und Abschnitten des Buches folgend angeordnet. Leserinnen und Leser können diesen Bildteil somit als nahezu eigenständiges „Bilderbuch" – und hoffentlich zur ihrer Erbauung – nutzen.

Allen sei nun viel an Neugier, Wissensgewinn und Schmunzelfalten gewünscht.

Bochum, im September 1999

Begleitet von Vorurteilen – und Donald Duck als ihr Opfer

Donald Duck ist nicht nur eine Kultfigur geworden, sondern er vertritt in seiner Naivität auch die bürgerliche Gesellschaft mit ihren Wünschen, Befürchtungen und Vorurteilen – hier auch über Hypnose.

Nahezu typisch ist, dass sich relativ viele Personen auf seine Erfahrungen beziehen, wenn sie spontan über Hypnose sprechen. Signifikant alle zitieren jedoch die Erfahrungen Moglis aus den Trickfilmwerkstätten Walt Disneys. Sie sprechen sofort von den grünen Kreisen und Spiralen in den Augen der ihn betörenden Schlange Kaa, die dann auch bei Mogli aufflackern und seine zunehmende Entrücktheit anzeigen. Diese von Walt Disneys Künstlern geschaffene Szene kennen wir alle und setzen sie spontan mit Hypnose gleich.

Ziel des Buches ist es, natürlich auch mittels der Bilder der Comicwelt, zu analysieren und zu dokumentieren. Entsprechend mussten von allen Verlagen und Zeichnern Abdruckgenehmigungen eingeholt werden. Von den 40 angeschriebenen Adressaten gaben 39 uneingeschränkte Zustimmung, mitunter mit kleinen Vereinbarungen verbunden. Ihnen allen sei Dank.

Nur The Walt Disney Company (Germany) lehnte mit kurzen Sätzen ab; so: „Zum einen ist es nur uns und unseren Lizenznehmern vorbehalten unsere Charaktere zu verwenden, und zum Anderen entspricht der Zusammenhang in dem Sie die Illustrationen verwenden möchten nich unserer Firmenpolitik" (in allem, auch hinsichtlich der Rechtschreibfehler, wörtlich zitiert aus dem Brief vom 04.04.1997). Nach meinen dann zugesandten ausführlichen Erklärungen wird ebenfalls kurz geantwortet: „... es geht darum, die Interessen und Ideen von Walt Disney in seinem Namen fortzuführen. In diesem Zusammenhang lehnen wir Anfragen ab, die unserer Meinung nach nicht zu unserem Image passen, wodurch auch der von ihnen genannte Aspekt ‚Hypnose' fällt. Die Firmenpolitik richtet sich nach einem streng konservativen Muster. Diese Thematik resultiert aus dem Herkunftsland USA, wo dieser Stil die Seriosität eines Unternehmens unterstreicht ..." (Brief vom 20.05.1997).

Dadurch waren der Darstellungs- und Dokumentationsfreiheit Grenzen gesetzt. The Walt Disney Company veröffentlicht zwar zahlreiche Geschichten mit Hypnose (allein im Literaturverzeichnis sind 41 zitiert), legte sogar 1997 einen Neudruck der alten Hypnosegeschichte „Micky und die Höllenstrahlen" (1932/33) wieder auf, erlaubte jedoch nicht eine (zitierend-kritische) Auseinandersetzung durch Bildbelege. Somit ist mir die Firmenlogik nicht nachvollziehbar. Es sei denn, man weiß in den Büros nicht, was publiziert wird, und reagiert reflektorisch mit „sofort alles dementieren, aber intensiver weiterproduzieren."

So fielen 68 interessante und markante Bilddokumentationen Vorurteilen zum Opfer: Donald Duck, Tick, Trick und Track, Dagobert Duck, die Panzerknacker, Micky Maus, Goofy, Gundel Gaukelei,

Professor Pankraz Pumandl, die Schlange Kaa, Mogli und viele mehr. Alles nahezu Klassiker der Comic-Hypnose-Anwendung. Übrigens war das kritische Kapitel 7.1.1 zu Disneys Einstellungen lange vor der oben genannten Absage geschrieben und ist somit keinesfalls als Retourkutsche gemeint oder als solche zu verstehen.

Wir werden alle diese Figuren unseres Bildungsgutes und unserer imaginativen Sozialisation in diesem Kontext sehr vermissen. Ihr Aussagewert bleibt jedoch bestehen. Donald und seine Freunde bleiben in den Textdarstellungen und Analysen vollkommen erhalten! Ihre typischen Aktivitäten sind so beschrieben, dass alle Lesersinnen und Leser sie mit ihrer eigenen Imaginationsfähigkeit zum bunten Comicleben erwecken werden.

Als Einleitung:
Aussagen eines Zeitzeugen und
bekennenden Comiclesers

Das vorliegende Buch ist zugleich auch ein schmaler Sektor meiner
Autobiographie. Als Donald Duck 1944 bereits zehn Jahre alt war,
kam ich im gleichen Monat wie er, im Juni, auf die Welt, die nicht so
in Ordnung war. Damals hatte man natürlich anderes zu tun, als sich
an Donald zu orientieren.

Aufgewachsen in einer Zeit, in der es nur wenige Konsumgüter
gab, hatte ich meinen ersten Kontakt mit einem der Urväter des
Comics im Alter von ca. zwei Jahren. Meine Mutter hatte als einziges
Buchkulturgut über die Kriegswirren Wilhelm Buschs „Tobias
Knopp" (Auflage von 1924) retten können. Es diente mir als schwarz-
weißes Bilderbuch und somit zum Spracherwerb und zur beginnenden Sozialisierung. So lernte ich an Bildsequenzen die Logik von
Handlungsabläufen kennen, gleichzeitig die mit der Story verbundene Moral – und wahrscheinlich auch das teilweise Humorig-Groteske
in der Darstellungsform des klassischen Wilhelm Busch.

Als ich ca. fünf Jahre alt war, zogen wir zu den Großeltern. Im
Nachbarhaus wohnten englische Offiziersfamilien, deren Kinder zum
Spielen auf die Straße kamen. Da war dann James, ca. drei Jahre älter
als ich und von Name und Gestalt ein wahrer Engländer. Trotz
fehlender Fremdsprachenkenntnisse konnten wir uns gut unterhalten – wie das bei jüngeren, unbefangenen Kindern so üblich ist. Eines
Tages schenkte er mir aus dem von mir stets bewunderten, schier
unermesslichen Fundus seines Kinderzimmers eine Art Zeitung. Seine
Mimik und Gestik machten mir deutlich, dass diese wohl sehr wichtig
und sehr lustig sei. Ihr Erscheinungsbild war entsprechend.

Hier muss eine Zäsur zur Hintergrunderklärung erfolgen. Als Kind
im zarten Knabenalter nur deutsches und somit klassisches Bildgut
gewohnt, waren mir die feinen Zeichnungen von Dackel Waldi
bekannt, die Häschen-Schule und die so vortrefflichen und sensiblen
Aquarelle von Ruth Koser-Michaels, die meine Phantasien in ferne
Lande trugen. Es waren Illustrationen zu den Märchen der Gebrüder
Grimm (Copyright 1937), Andersens Märchen (1938) und Hauffs
Märchen (1939), die ich zu entsprechenden festlichen Gelegenheiten
von meinen Großeltern geschenkt bekam und innig liebte – und an
denen ich auch heute noch Freude habe. (Falls nun jemand wegen der
antiquierten Erscheinungsdaten kichern will, der soll wissen, dass es
genau diese Ausgaben heute immer noch gibt!)

In der mir geschenkten, exotisch anmutenden englischen Zeitschrift fehlten niedliche, zipfelbemützte Zwerge, die gewohnterma-
ßen lustig auf Schmetterlingen rumsegelten oder schon wieder schel-
menhaft-unschuldig an Glockenblumen rumläuteten. Auch meine
Sozialisation durch Wilhelm Busch wurde stark hinterfragt: Die bislang klare Trennung von Bild (oben) und Text (darunter) war plötzlich aufgehoben und vermischt. Da ich nun bereits die zweite Klasse

1*

der Volksschule (so hieß die Grundschule vor 1968) besuchte, war ich natürlich auch mit einer abendländisch-sittlichen Textgestaltung vertraut: Man liest Zeile für Zeile, benutzt dabei seinen Zeigefinger, damit man nicht verrutscht – und freut sich, wenn man am Absatzende angekommen ist und sogar den Sinn verstanden hat. Man freut sich noch mehr, wenn der so liebreizende Pädagoge und Schulbuchautor ein Bildlein im Text vorgesehen hatte. Das war ein Ereignis, und die versunkene Betrachtung tröstete über langweilige Unterrichtsteile hinweg.

Nun aber hatte mir mein Freund James dieses Comicding geschenkt. Es war keine gewohnte Zeitung, da von kleinerem Format. Es war auch kein Buch, da größer, und der gewohnt harte Einbanddeckel fehlte. Es war in gewisser Weise Fludderkram, der durch Format und farbige Umschlagseite provozierte und zum Anfassen, Ansehen, Blättern zwang. Dann kam die Sensation: Viele farbige Bilder auf einer Seite! Ein wahrer Sinnestaumel an Informationen; nicht die gewohnten pastell-aquarellen Nuancierungen, sondern knallig-schriller Vierfarbendruck. Das erforderte Umorientierung!

Der Druck war so einfach, dass die Rasterpunkte deutlich sichtbar waren. Das erforderte Abstraktion.

Und die Gestalten! Nicht liebreizende Figuren, sondern ätzend kantig-hässliche Kerle mit Knollennasen, auf denen kleine Haare abstanden, über deren Bäuche Kleider knopfplatzend spannten; ihre Hemden grob kariert, darüber ungeniert und stets sichtbar breite Hosenträger. Sie führten grobe Bewegungen aus. Sie schaukelten nicht auf taubetropften Blütenkelchen, sondern jener hatte einen Knüppel in der Hand und wamste seinem Kontrahenten eins auf den Kopf, sodass dort gleich eine Beule flackerte. Dieser trank nicht zart vom Tau des Märchenwaldes, sondern trat jenem mit seinen klobigen Schuhen so derb in den Hintern, dass dort sichtlich die Funken stoben ... usw. Hier wurden Alltagskonflikte ausgetragen und nicht Novalis grafisch glorifiziert.

Das gab zu denken – nein, ich dachte gar nicht, sondern ich staunte. Das waren extrem exotische Figuren, die nicht unserer kulturell-pädagogisch-ideologisch gefilterten Schul- und Bildungsbuchideologie entsprachen, sondern unserem realen Umfeld. Das Exotische ist also relativ. Der Comic kann unsere Denkgewohnheiten infrage stellen.

Weiter kam hinzu, dass hier nicht ganzformatig ein einziges wohlgestaltetes, komplexes Bild zur Betrachtung einlud, sondern viele einfache kleine, durch Rahmen voneinander abgetrennte Bilder schnell erkennbar eine Serie bildeten.

Und nun der Text!!

Gut, dass ich damals noch kein Englisch konnte, sonst hätte mich der Schock des Ungewohnten mit all seiner Faszination noch mehr übermannt. Da waren keine fein säuberlichen Zeilen mit fest definierter Länge. Da waren oberhalb der Köpfe so komische helle Kästen, blasenartige Gebilde, in denen Schrift war, die ich nicht verstand. Ihrer Anordnung entnahm ich jedoch, dass es sich um sprachliche Mitteilungen der jeweiligen blasenbezogenen Person handeln musste. Spätere Rekonstruktionen (nach wenigen Dekaden) ergaben, dass hier sowieso Slang gesprochen wurde, den ich auch in Gymnasialzeiten nicht hätte entziffern können; wahrscheinlich auch nicht meine Lehrer. Typisch war dann auch, dass ich, obwohl des Englischen noch unkundig, einiges von der Handlung verstand, da die Bilder auch nonverbal bzw. schriftfrei eine Handlung erzählten.

Das Erlebnis war revolutionär, wider alle gewohnten Seh- und Lesegewohnheiten.

Der nächste Einschnitt kam dann 1951; meine Mutter und ich begaben uns auf eine Reise nach Bayern zu meinen Großeltern. Der Verlängerungsfaktor 5 gegenüber der heutigen Inter-City-Zeit muss berücksichtigt werden – und meine Mutter kaufte mir am Bahnhof eine Micky-Maus-Zeitung. Das war alles sehr aufregend. Es war – wie ich viele Jahre später erst feststellen konnte – die deutsche Erstausgabe (!). Im überfüllten Zug auf meinem Koffer sitzend, begann ich mit der Comicliteratur. Da es sich um ein Heft handelte, musste ich mich zusätzlich mit dem neuen Lesestil vertraut machen, da man dabei nicht einfach umblättert, sondern die Seiten jeweils nach hinten umschlägt und dann zum Lesen der nächsten Seite das ganze Heft rumdreht. Das bedurfte einiger Übung, auch gewohnte motorische Leseverhaltensweisen umzustellen.

Trotz der oben angedeuteten finanziellen Probleme der Familie durfte ich nun häufiger – später regelmäßig – die Micky-Maus-Zeitung kaufen. Zu meinem Erstaunen waren die Erwachsenen der damaligen Großfamilie stets an den Neuausgaben interessiert; mitunter musste ich mich (schüchtern) durchsetzen, damit ich die „Micky Maus" ebenfalls am Erscheinungstag lesen konnte. Merke: Mehr Personen, als wir vermuten, lesen Comics – auch Erwachsene (darauf werden wir zurückkommen). Es erfolgte sogar eine Infiltration/Unterwanderung/Beeinflussung durch den Comic, da in der Familie meine junge Mutter und die Tante, kurz darauf auch Oma „mitzogen" und Sprachwendungen der Comics humorig übernahmen.

Dies wurde dann jäh von der sprechenden Institution der Moral, dem Priester meiner Heimatgemeinde, infrage gestellt. Er wusste, dem Zeitgeist entsprechend, über diese jugendverderblichen Wortverstümmelungen herzuwettern. Aber ein paar Jahre später musste er auch über das Jazzgedudel loswettern, um sich der Zuneigung der Alten zu vergewissern und die Jugend tunlichst zu demotivieren.

Wie die Jahre so ins Land zogen, häuften sich jene Gegenstände an, die man heute nostalgisch seufzend und für viel Geld auf Trödelmärkten findet. Entsprechend musste mein Zimmer und auch der Keller entrümpelt werden – und dieser Platzgewinnungswelle mussten meine Comics weichen, in den Abfall. SEUFZ!! Erst seit wenigen Jahren weiß ich, welche Werte damit heute vorliegen würden. Na ja. Die frühen Nierentische sind ja auch Brennholz geworden.

Später im Studium und im Beruf flackerte ab und zu die Lust auf einen Comic auf und machte mich zum Gelegenheitsleser. Fachliteratur überwog dann.

Dafür begegnete ich hier fast einem Wiederholungszwang. Während des ehrbaren Studiums wurde Hypnose nur am Rande erwähnt, meist mit einem abschätzigen Unterton. Akademisch entsprechend modern, aber dennoch „klassisch" erzogen, wurde ich Psychotherapeut und kam nach wenigen Theorie- und Berufsjahren an die Grenzen der gewohnten Anwendungsmöglichkeiten. Immer wieder berichteten Patienten von ihren Vorstellungen und Innenbildern, durch die sie besonders bei Ängsten beeindruckt und gesteuert wurden. Ähnliche Erfahrungen hatte man auch in der Forschung gemacht – und es kam zur Entwicklung der „Kognitiven Wende" der Verhaltenstherapie, die nun auch jene Innenbilder einbezog, die unsere Gedanken und Handlungen mitbestimmen. Das war befreiend für alle Beteiligten.

Nachdem ich mehrere Zusatzausbildungen abgeschlossen und mit ihnen ausreichend Erfahrungen gesammelt hatte, stieß ich im Rahmen meiner Recherchen über imaginative weiterführende Therapiemöglichkeiten auf die Hypnose, jenes abgelehnte Kind des Studiums. Bestens informiert durch Comics und Kriminalfilme, „kannte" ich die Meinung darüber – und nach den Worten von Gorch Fock: „Was man verachten will, das muss man kennen" (eigentlich hieß er Hans Kinau; 1880–1916), setzte ich mich nun mit dieser Materie auseinander. Sie wurde immer faszinierender und anfangs immer ausbreitender und verwirrender – ähnlich dem Ausspruch der Comicfigur Pink Panther: „Gerade als ich all die Antworten des Leben wusste, änderten sie all die Fragen dazu."

Dies veranlasste mich, Hypnoseforschung in Theorie und Praxis zu betreiben und mich auch in der Fachliteratur aktiv und passiv zu betätigen, Ausbildungsseminare zu halten und auf Kongressen mit Vorträgen und Seminaren meine Praxis- und Theoriebeiträge zu leisten.

Während all dieser Zeit blieb ich jedoch meinem Bilderdurst treu. Unterschiedlichste Comics begleiteten mich, und in einigen von ihnen entdeckte ich das Phänomen der Hypnose wieder – eigentlich öfter, als ich angenommen hatte. Dieses Denken in Bildern gab mir wahrscheinlich auch einiges an Imaginationsfähigkeit in meiner Tätigkeit als Psychotherapeut: sich in die Vorstellungs- und Innenbilderwelt der Patienten lebhaft hineinzuversetzen, dabei aber gleichzeitig kreative Ideen zu entwickeln, innerhalb dieser (neurotisierenden, ängstigenden etc.) Bilderwelten Lösungen anzubieten, die die Patienten sofort in Hypnose auf emotionaler Ebene durcherleben und durchagieren können. Sowohl im Comic als auch in unserer Phantasiebilderwelt ist eben alles möglich – sowohl um seelische Störungen zu bekommen, aber auch, um im positiven und heilenden Umgang mit ihnen sie zu verlieren.

So empfehle ich manchen in der Imagination weniger begabten Ausbildungskandidaten die Lektüre einiger Comics, um ihre Flexibilität im Umgang mit Innenbildern und Ideen anzuregen.

Letztendlich führten diese alte Kinderliebe Comics und die Wissenschaft der Hypnose zu einer Synthese im vorliegenden Buch. Seinen Inhalten gemäß muss es teils als Comic, teils als Wissenschaft angesehen werden, teils als Verbindung beider.

Als der Weise Muktananda gefragt wurde, ob Ost und West jemals zueinander kommen werden, antwortete er: „Wieso? Sie waren nie getrennt!"

Teil I

Geschichte der Hypnose

Wie die Seele sprechen lernte

Kapitel 1

Historische Entwicklungen der Hypnose

Aus der historischen Entwicklung der Hypnose werden Zusammenhänge sowohl für das Verständnis der Hypnose als auch für ihre Namensgebung und ihren wissenschaftlichen Stellenwert deutlich.

1.1 Wurzeln in der Frühgeschichte

Das, was wir heute „Hypnose" nennen, ist seit Jahrtausenden in zahlreichen Kulturen als Heilungs- und Beschwörungsritual bekannt und wird auch heute noch bei einigen so genannten Naturvölkern angewandt.

In der *Mahabharata*, dem bedeutendsten und umfangreichsten Epos der Hindus, wurde bereits vor ca. 3000 Jahren von Hypnose berichtet. Es will der Lehrer eines Herrn Vipula gerne auf eine Pilgerreise gehen. Er hat jedoch einige Bedenken, unbesorgt loszupilgern, da Gott Indra in seiner Abwesenheit seine Frau verführen könnte. Übrigens war Indra ein ziemlich aktiver und der Damenwelt zugetaner Gott – in dieser Hinsicht vergleichbar mit Zeus. Der besorgte und partnerschaftlich eingestellte Lehrer fragte seinen Schüler Vipula um Rat, wie er seine Frau nun „standhaft" machen könne. Der Schüler verfuhr dann wie vereinbart: „Indem der die Strahlen seiner Augen mit den Strahlen ihrer Augen vereinigte, drang er in ihren Körper ein, wie der Wind die Lüfte durchdringt" (zit. nach Eliade 1960, S. 88). Der nichts ahnende Indra betritt später nun lüstern das Zimmer der Frau, worauf sie wie versteinert ist, kein Wort sprechen kann. Auf diese Weise sind Indras Pläne trickreich durchkreuzt. Die Frau bleibt so ihrem Mann in dessen langer Abwesenheit treu.

In China gilt Wang Tai als der Vater der chinesischen Medizin, der mit seinen ca. 2600 v. Chr. notierten Therapiebeschreibungen, mit Gesängen und mystischem Handstreichen das praktizierte, was heute als Hypnose bezeichnet wird. In den Veden der Hindus gibt es ca. 1500 v. Chr. vergleichbare schriftliche Hinweise.

Bekannt sind aus dem antiken Griechenland (ca. 5. Jahrhundert v. Chr.) Asklepeien, dem Gott der Heilkunst geweihte Heiltempel, in denen Patienten von den Priestern in „Heilschlaf" versetzt wurden.

1.2 Entwicklung bis zur Hypnose

Die Wurzeln der modernen Hypnose liegen dort, wo im 17. Jahrhundert Anhänger des Exorzismus mit bestimmten Ritualen Teufelsaustreibungen vollzogen. Dabei wurden u. a. Magnete verwandt. Franz Anton Mesmer (1735–1815) begann damit seine Karriere. Er studierte Theologie, Philosophie, Jura und schloss mit dem Medizinexamen ab. Seine Dissertation *De influxu planetorum* (*Über den Einfluss der Planeten*; 1755) wurde später sehr bekannt, war jedoch (wie sich zwei Jahrhunderte später herausstellte) ein Plagiat, zum Großteil abgeschrieben aus einem 1704 veröffentlichten Buch des englischen Arztes Richard Mead.

Mesmer beobachtete Exorzismuszeremonien und baute darauf seine Experimente auf. Schnell konnte er unter dem Einfluss von Magneten – bei bestimmten Ritualen – Heilungen unterschiedlichster Krankheiten bewirken. Es entstand die Lehre des Magnetismus, und ein wahres Magnetisierfieber brach aus. Mesmer war der Auffassung, dass eine in Lebewesen enthaltene Magnetenergie (= animalischer Magnetismus) derartige Wirkungen erzielte. Später erkannte er jedoch, dass sämtliche Prozeduren auch ohne Magnete wirksam waren. Deshalb führte Mesmer die Wirkung seines Handelns auf eine Energie zurück, die er *Fluidum* nannte. Er war der Trendsetter der feinen Welt und hatte bald in Paris (da inzwischen mit einer reichen Frau verheiratet) ein großes Anwesen, auf dem er Einzel- und Gruppentherapien erfolgreich abhielt.

Nach einigen Jahren wurde die Wirkung dieser Methode von der Königlichen Akademie in Paris (1784) überprüft, die offiziell keine Wirkkräfte feststellen konnte. Daraufhin fielen Mesmer und die nach ihm benannte Strömung des Mesmerismus schnell in Ungnade bei der Bevölkerung, ja, sie wurde sogar verboten. Mesmer floh daraufhin nach Deutschland.

Trotz der öffentlichen Verachtung des Mesmerismus blieben einige Personen neugierig, so der schottische Augenarzt James Braid (1795–1860). Es stellte bei seinen Experimenten fest, dass es beim Mesmerisieren auf eine ruhige, ja monotone Stimme bei der Einleitung ankommt, aber auch auf das Anblicken eines möglichst glänzenden Punktes.

Da Braid annahm, es handle sich dabei um schlafähnliche Zustände, nannte er das Phänomen Hypnose – nach dem griechischen Gott des Schlafes, Hypnos. Dieser Begriff wurde bis heute beibehalten, obwohl fälschlich, da Hypnose überhaupt nichts mit Schlafen zu tun hat. Die Augen sind eigentlich nur geschlossen, damit man sich bei seinen Vorstellungen besser gegen Störinformationen abschirmen kann.

In der griechischen Mythologie begegnen wir Hypnos, dem Gott des Schlafes, mit seinem Zwillingsbruder Thanatos, dem Gott des Todes, des ewigen Schlafes, beide Söhne von Nyx, der Nacht. Hypnos hat an seiner einen Schläfe eine entfaltete Vogelschwinge als Symbol dafür, dass im Schlaf die Seele in eine andere Welt „entfliegt"; an der anderen Schläfe befindet sich eine Mohnkapsel, die auf den Bezug von Hypnos zum Schlaf hinweist. Sein Sohn ist Morpheus, der Gott der Träume. (Aus diesen Darstellungen erkennen wir, dass bereits in der Antike aus Mohn Morphium gewonnen wurde und Träume schon damals eine besondere religiöse und schicksalbezogene Bedeutung hatten.)

2

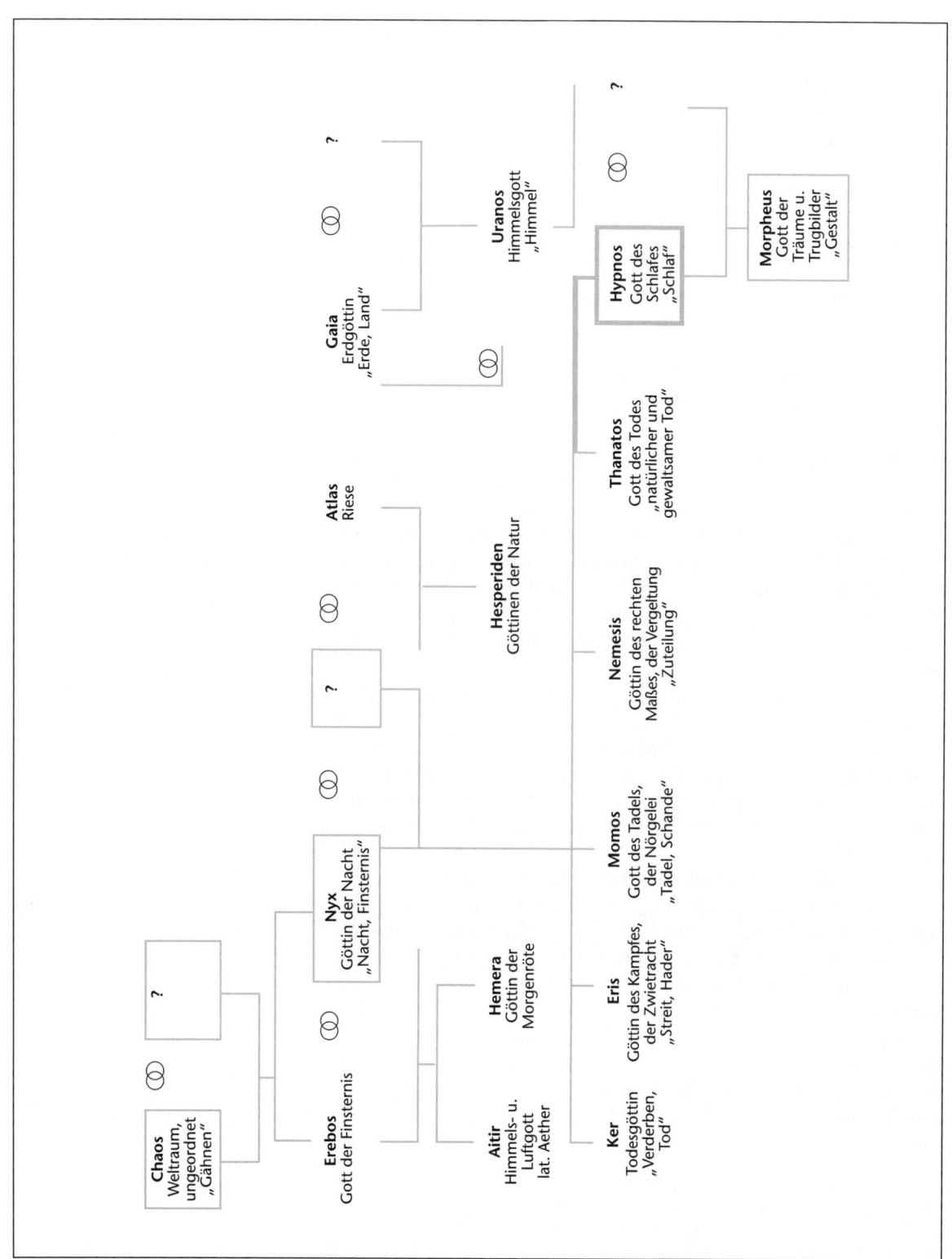

Abb. 1.1: Stammbaum von Hypnos im griechischen Götterhimmel – so weit das bei den relativ ungeordneten Verwandtschaftsverhältnissen in der Antike zu klären ist. (Die für Hypnos relevante Genealogie ist umrandet; in Anführungszeichen stehen die deutschen Übersetzungen der griechischen Worte; ⚭ *= Heirat)*

Kapitel 2

Auswirkungen des Mesmerismus, des Magnetismus, der Hypnose

Wenn sich ein neues Wissenschaftsgebiet entwickelt und sogar die Aufmerksamkeit der Öffentlichkeit auf sich zieht, dann hat dies mitunter Auswirkung auf die unterschiedlichen Kunst- und Wissenschaftsformen. Der im 18. Jahrhundert aufkommende Mesmerismus und die Hypnose begegnen einem Zeitalter voller Wissensdurst und wissenschaftlichem Pioniergeist.

Wie nachfolgend deutlich wird, sind die Begriffe „Mesmerismus" und – veraltet – „Magnetismus" bis zum Anfang des 20. Jahrhunderts üblich und werden nur zögerlich von dem international anerkannten Begriff „Hypnose" abgelöst.

Beschäftigt man sich intensiv mit Hypnose, dann erkennt man immer deutlicher, in wie vielen Bereichen, hier im Sektor der Literatur, sie durch ihre Autoren Einfluss genommen hat.

Um die recht umfangreichen Informationen angemessen darzustellen, sind sie möglichst nach ihrem historischen Auftreten geordnet. Da viele Rituale mündlich tradiert werden, sind entsprechende historische Hypnoseinstruktionen selten in verschriftlichter Form zu finden.

Hypnosetechniken sind in allen historischen und gegenwärtigen Kulturen der Welt bekannt, meist jedoch unter sehr verschiedenen Namen, da Hypnose zu sehr verschiedenen Zwecken benutzt wurde und benutzt wird.

Mahabharata
Wie schon im Kapitel 1 erwähnt, liegen die ersten Hypnosedarstellungen in der Literatur bereits 3000 Jahre zurück: In der *Mahabharata* wird Vipula erwähnt, der für seinen Lehrer dessen Frau mittels Hypnose beschützen wird.

Shakespeare
Auch bei Shakespeare lassen sich Hinweise für Hypnotismus finden, der zur Verhaltensbeeinflussung benutzt wird. So analysiert Mac-Hovec (1981), dass der große Schriftsteller in seinem Spätwerk *Der Sturm* bereits 125 Jahre vor Bekanntwerden der Hypnose durch Mesmer suggestive und hypnotische Elemente verwendet: Prospero, der rechtmäßige (aber um sein Recht betrogene) Herzog von Mailand, versucht, mit Zauberkräften die Sinne seiner Widersacher zu beeinflussen und auf diesem Wege zu seinem Recht zu gelangen.

Hier sind zahlreiche Beispiele zu finden für Halluzination, Verkennung etc. Eine gesamte Schiffsmannschaft unterliegt den Beeinflus-

3 🔲

2.1 Wirkungen auf die Literatur

2.1.1 Von Indien bis England

sungen Prosperos, ohne sich dessen bewusst zu sein. Sie verfällt auf sein Kommando in Schlaf und ist Prospero im Sinne der Dramaturgie zu Willen. Prospero kann letztlich mittels seines hypnotischen Zaubers bewirken, dass die Bösewichter Prügel bekommen und er – mit dem Fürsten ausgesöhnt – in seine Heimat zurückkehren kann.

2.1.2 Hypnose beeinflusst die Literatur der Romantik

Den literarischen Höhepunkt findet die Hypnosedarstellung im 18. und 19. Jahrhundert. Mesmerismus wird zu einem durchaus zentralen Thema der Romantik. Er wird nach der „Verdammung" durch den Bericht der Königlichen Untersuchungskommission (1784) für die Literatur wieder entdeckt (s. Absch. 1.2), sodass es sogar zu einer „Literarisierung des Mesmerismus" kommt (Müller 1988, S. 71). Einzelne Aspekte und Weiterentwicklungen sind hier kurz zusammengestellt. Da es sich um eine Zeiterscheinung handelt, also um ein bestimmtes Anliegen von ca. zwei Generationen, sind die Lebensdaten der Personen mit angegeben.

In Frankreich gibt Alexandre Dumas (1802–1870) der Gestalt des Abbé de Faria (1756–1819), einem Verfechter des Magnetismus, den Platz einer Hauptfigur im Roman *Der Graf von Monte Christo*.

Der Magnetiseur Charles Lafontaine berichtet 1886 in seinen Memoiren ausführlich populärwissenschaftlich vom Magnetismus: Man kann sie fast als Lehrbuch betrachten.

In Honore Balzacs (1799–1850) *Louis Lambert* und *Ursule Mirouet* ist Magnetismus bedeutsam, und der Betrüger Cagliostro wird als großer Magnetiseur dargestellt. Dieser Alessandro von Cagliostro (1743–1795), eigentlich Guiseppe Balsamo, war ziemlich zwielichtig und hatte „somnambule Medizin" praktiziert. Da man in Hypnose scheinbar schlief und dabei sogar umherlaufen konnte, wurde dieses sehr beeindruckende Phänomen nun als das Problem des „Schlafwandelns" (= Somnambulismus) besonders in den Vordergrund gestellt. Frédéric Soulié (1800–1847) hat sich mit dem 700 Seiten starken Roman *Le Magnétiséur* in zwei Bänden mit dem Thema befasst.

In England veröffentlicht Robert Browning (1812–1889) sein obskures Gedicht *Mesmerism* (1855), in dem ein Magnetiseur aus der Ferne einer Frau befiehlt, in sein Haus zu kommen. Letztlich erschrickt er über seine geistige Macht und bittet, dass er sie niemals missbrauchen werde (Vers V, zit. nach Cahn 1988, S. 104):

Fühlte: Ich hab' sie gebannt
auf die Schwelle da,
mir zum Greifen nah,
von des blauschwarzen Haares Band
zu dem Fuße im Lichtgewand –

Weiter sind im englischsprachigen Raum zu nennen: Charles Dickens (1812–1870) mit *Bleak House*; in Nordamerika übernimmt der uns allen bekannt Edgar Allan Poe (1809–1849) das Thema des Magnetismus in *The Facts in the Case of Mr. Valdemar* (1846) und in *Willion Wilson* (1839).

Im Bestseller *Trilby* (1894) von George du Maurier führt der böse Musiklehrer Svengali Hypnose bei einer armen Näherin durch und macht sie zur berühmten Sängerin, aber auch zu seiner von ihm und seiner Hypnose abhängigen Ehefrau. Der Begriff des „Svengali-Blicks" ist heute im englischen Sprachraum ein Ausdruck für den durchdringenden bösartigen Blick, auch für Zauberkunststücke mit übersinnlichen Fähigkeiten, wenn sie dramaturgisch wirkungsvoll mit Blicken verbunden sind.

In Deutschland sind E. T. A. Hoffmanns (1776–1822) Romane und Novellen stark vom Hypnotismus beeinflusst. In seiner traditionellen Novelle *Der Magnetiseur* unterwirft der Titel-„Held" das Mädchen seiner Macht und beraubt es seiner Energien, indem er die „Strahlen" aus ihr heraus wie in einem Brennspiegel bündelt und sich einverleibt – und am Ende ist das Mädchen tot. Hoffmann stellt hier seine Auffassung dar, dass durch den Mesmerismus ein Zwang zur Aufgabe des Selbstbewusstseins, des eigenen Ichs, besteht. Ohne Reflexion erfolgt der Übergang in eine Fremdbestimmung und bewirkt dadurch ein „beglückendes Erlebnis des Autonomieverlustes" (Müller 1988, S. 74). Dies hat wiederum Heinrich von Kleist (1777–1811) beeinflusst und fand im *Käthchen von Heilbronn* seinen Ausdruck. Hier also Hypnotismus als „Transporteur der Ängste und Lüste" (Müller 1988, S. 83).

Aus den Demonstrationen des Mesmerismus folgerte man, dass die Person unter Hypnose (= die magnetisierte/mesmerisierte Person) ein vollkommen anderes Bewusstsein habe als im „Normalleben" – also führe sie ein Doppelleben. E. T. A. Hoffmann war besonders vom Thema des Doppelgängers beeindruckt, so in den Werken *Das Sanktus* und *Die Elixiere des Teufels*.

Eine Reihe psychischer Probleme wurden nun aufgrund der Faszination durch Magnetismus aufgegriffen, so z. B. das des Wahns in Hoffmanns *Der Sandmann*. Hier wird die Ichgrenze aufgelöst, ist ungeschützt und dem Bösen ausgeliefert. Dieses Besessenheitsmodell bietet Entlastung. „Nicht ich bin es gewesen, sondern das Urböse" (Müller 1988, S. 83).

In den Novellen *Sandmann* und *Das öde Haus* wird der Thematik des Blicks (und seiner Varianten) eine zentrale Bedeutung gegeben. Die Negativfiguren Copolla und Copelius verkaufen an die Hauptperson Nathanael bzw. Theodor ein Fernrohr, wundersame Brillen bzw. Taschenspiegel. Da ital. *coppa* „Augenhöhle" bedeutet, wird hier die symbolische Verknüpfung deutlich. Der Blick durch diese optischen Geräte verschafft Nathanael bzw. Theodor vermeintlichen Einblick bei seinen von ihm verehrten Damen und scheinbare Nähe zu ihnen, ermöglicht der Hauptfigur jedoch gleichzeitig Distanz und fördert das Aufkommen von Phantasien und Projektionen – bis hin zu pathologischen Verkennungen. Diese optischen Geräte fungieren als Instrumente, die zwischen den beiden Welten (Vernunft – Wahnsinn, Realität – Traumwelt) vermitteln und lassen Grenzüberschreitungen zu (Loquai 1990). Hier erkennen wir die Faszination, die in dieser Zeit von der Erkenntnis und der Möglichkeit ausgeht, beim Menschen auch andere Ebenen als die nur rational bekannten zu entdecken – und diese faszinierenden Welten durch Blicke (hier wohl durchaus hypnotische Blicke) erreichen zu können.

Aus dem oben angedeuteten Doppelgängerthema entwickelte sich das Thema des „anderen Selbst", der gespaltenen oder sogar multiplen Persönlichkeit, bis hin zum Spiritismus, kulminierend in

Stevensons (1850–1894) Roman *The Strange Case of Dr. Jeckyll and Mr. Hyde* (1886). Bei Friedrich Nietzsche (1844–1900) klingt das Persönlichkeitsproblem an als das des „doppelten Ichs" in Zarathustra „als Produkt einer zweiten Persönlichkeit, die sich insgeheim entwikkelt hatte, bis sie eines Tages plötzlich ans Licht trat" (Ellenberger 1973, S. 248 f.).

Auch der Romantiker Novalis (eigentlich Friedrich Leopold Freiherr von Hardenberg; 1772–1801) nimmt das Thema der psychischen Veränderung auf.

In der Philosophie sieht Schelling (1775–1854) im magnetischen Somnambulismus die Möglichkeit, die Verbindung zwischen dem Menschen und der Weltseele herzustellen – und auch Arthur Schopenhauer (1788–1860) zeigt an diesem Thema Interesse (Ellenberger 1973).

2.1.3 Märchen und Sagen

Machen wir nun vorerst einen Sprung zur weit verbreiteten Volksliteratur der Märchen.

In dem Märchen *Des Kaisers neue Kleider* (Hans Christian Andersen; 1805–1875) geben sich zwei Betrüger als Weber aus und berichten, die schönsten Stoffe weben zu können. In diesem lehrreichen Stück wird zwar deren Technik der Massenhypnose nicht näher erläutert, die betrügerischen Bereicherungsmotive sind jedoch offensichtlich. „… die Kleider, die von dem Zeug genäht wurden, sollten die wunderbare Eigenschaft besitzen, daß sie für jeden Menschen unsichtbar seien, der nicht für sein Amt tauge oder der unverzeihlich dumm sei."

Erinnern wir uns an *Frau Holle* (Gebrüder Grimm). Die schöne und fleißige der beiden Schwestern muss stets niedrige Arbeiten verrichten. Sie muss täglich so viel spinnen, bis ihr das Blut aus den Fingern fließt. Sie gerät dann ob ihrer in den Brunnen gefallenen Spule so in Herzensnot, dass sie hinterherspringt, um die Spule zu holen. Sie verliert die Besinnung und liegt dann auf der uns bekannten schönen Wiese, um dort ihre phantastischen Abenteuer zu bestehen. Wahrscheinlich haben die monotone Tätigkeit des Spinnens und der Blick auf die ebenfalls monotone Wasserfläche des Brunnens das so unterdrückte Mädchen in einen autohypnotischen Zustand, in Trance, einen Dämmerzustand oder eine Phantasiewelt (je nach Standpunkt des Interpreten) versetzt. Wahrscheinlich wollte sie aus ihrer ärmlichen und geplagten Realität durch ihre Tagträume entfliehen. Sie kann in Trance jene Bedürfnisse befriedigen und das Leben aktualisieren, das ihr die Realität nicht gestattet. Das sind uns allen wohl bekannte Verhaltensweisen. Jeder von uns hat bereits ähnliche Mechanismen angewandt.

Die Sage *Der Rattenfänger von Hameln*, die möglicherweise auf einen realen historischen Ursprung zurückgreift, berichtet von der Rachsucht des vom Stadtrat um sein Honorar betrogenen Flötenspielers, der die Kinder wie in Trance hinter sich herlockt.

2.1.4 Autoren der Weltliteratur

Johann Wolfgang von Goethe: *Faust*

Johann Wolfgang von Goethe (1749–1832) wendet sich mit seinem *Faust* (1829), dem Schwarzkünstler, der Psychologie des Unbewussten zu und lässt durch ihn wahrscheinlich die Anwendung imaginativer/suggestiver/hypnotischer Verfahren indirekt deutlich werden (Schmitz 1951).

In der magischen Schlacht:
Ich sehe nichts als Wasserlügen,
Nur Menschenaugen lassen sich betrügen!

Im Studierzimmer:
Doch hast Du Speise, die nicht sättigt ...?

In Auerbachs Keller erfolgen Suggestionen:
Trauben trägt der Weinstock!
Hörner der Ziegenbock;
Der Wein ist deftig, Holz der Reben,
Der hölzerne Tisch kann Wein auch geben.
Ein tiefer Blick in die Natur!
Hier ist ein Wunder, glaubet nur!

Lewis Carroll: *Alice im Wunderland* (1869)

Wendet nicht Alice aus *Alice im Wunderland* ähnlich wie das fleißige Mädchen bei Frau Holle Autohypnose an? Lewis Carroll (1832–1898) beginnt sein Buch:

„Alice war es allmählich leid, neben ihrer Schwester am Bachufer stillzusitzen und nichts zu tun: Denn sie hatte wohl ein- oder zweimal einen Blick in das Buch geworfen, in dem ihre Schwester las, aber nirgends waren darin Bilder oder Unterhaltungen abgedruckt – ‚und was für einen Zweck haben schließlich Bücher‘, sagte Alice, ‚in denen überhaupt keine Bilder und Unterhaltungen vorkommen?‘“

In diesem Zustand der sensorischen oder kognitiven Deprivation (= Reizentzug), die durch Eintönigkeit und Langeweile bewirkt wurde, sieht sie ein weißes Kaninchen und begibt sich mit ihm in die Phantasiewelt des Wunderlandes. In der japanischen Zeichentrickverfilmung des Märchens, die 1983 im deutschen Fernsehprogramm in der Kinderstunde gesendet wurde, ist dieser Aspekt der Realitätsflucht sehr deutlich herausgearbeitet. Sobald Alice Aufgaben übertragen werden, die sie überfordern oder die sie ablehnen möchte, reagiert sie mit der Realitätsflucht in die Welt des Wunderlandes. So z. B., wenn sie bei Besuch stillsitzen soll, langweiligen Erzählungen Erwachsener zuhört etc.

Der Autor des Originalwerks, Charles Ludwig Dodgson, wechselte in dieser Geschichte sowohl seinen Namen als auch seine Gestalt. Er war Dozent der Mathematik und Logistik am Christ Church College in Oxford. Er galt als liebenswürdig, menschenscheu, verschroben und wurde von seinen Studenten als pedantisch eingestuft (Enzensberger 1963). Unter dem Namen Lewis Carroll flüchtete er dann selbst vor seiner Identität in die unbegrenzte Welt der Gedanken und schuf verschiedene solcher surrealistisch-phantastischen Geschichten.

Mark Twain

Mark Twain (eigentlich Samuel Langhorne Clemens; 1835–1910) hatte in seiner Jugendzeit als ca. 15-Jähriger im Jahre 1850 eine Begegnung mit dem Mesmerismus. In seinem kleinen Wohnort trat ein Magier auf, der mesmerisierte. Seine Mitwirkenden hatten eine magische Scheibe in den Händen und wurden vom Magier zum

Mitarbeiten ausgewählt, wenn sie auf diese Scheibe mit besonderer Schläfrigkeit reagierten. Samuel besuchte jeden Abend die Vorstellungen, wurde jedoch beim Anblick der Scheibe nicht müde. So musste er stets den Gesellen Hicks bewundern (und auch heimlich beneiden), wenn dieser Angst vor suggerierten Schlangen hatte, herrliche Sonnenuntergänge bewunderte etc. Samuel wollte nun auch im Mittelpunkt der Bewunderung seines Ortes stehen. So simulierte er das schläfrige Verhalten und tat all das willig und intensiv, was der Magier ihm suggerierte. Dabei nutzte er die Gelegenheit, bei geeigneter Suggestion einen Revolver zu zücken und auf seinen Schulfeind loszustürmen, um ihn von allen bejubelt in die Flucht zu schlagen. Auch die Demonstrationsstiche in seine Arme hielt er tapfer aus, da er ja schmerzunempfindlich sein musste. So genoss Samuel nun das höchste Ansehen in seinem Ort. Als er dann 45 Jahre später als Mark Twain seiner Mutter berichtete, wie er das alles simuliert hatte, glaubte sie ihm davon kein einziges Wort, weil er so überzeugend agiert hatte. Hier wirkten die Suggestionen in eine völlig andere Richtung, da Vorurteile ungern revidiert werden (DeVoto 1922).

Thomas Mann: *Mario und der Zauberer* (1930)

Thomas Mann (1875–1955) erlebte 1926 im italienischen Firte dei Marmi den Auftritt eines Hypnose- und Zauberkünstlers, wie er dies Hugo von Hofmannsthal brieflich mitteilte. Daraus erarbeitete er 1930 *Mario und der Zauberer*, ein Werk des psychologischen Realismus (Sporn 1983). Die Novelle hat den Untertitel *Ein tragisches Reiseerlebnis*. Hier wird der Bühnenauftritt des „Unterhaltungskünstlers, Forzadore, Illusionista und Prestigiatore (so bezeichnete er sich)" Cipolla beschrieben (Mann 1930, Ausg. 1980, S. 79). Wer kann sich nicht an diese Literatur erinnern, die fast zur Pflichtlektüre des Deutschunterrichts gehört! Besteht für den Zauberer die Indikation der Hypnose anfangs darin, die Zuschauer in Erstaunen zu versetzten, so wird sie immer mehr dazu eingesetzt, die Macht dieses Magiers zu demonstrieren. Die Namensgebung „Cipolla" ist möglicherweise der Negativfigur „Coppola" von E. T. A. Hoffmanns *Der Sandmann* entlehnt, der den tragischen Helden verfolgt und um seinen Verstand bringt. Da ital. *cipolla* = „Zwiebel", finden wir den Hinweis auf eine vielschichtige Person.

Thomas Mann beschreibt den durch den Hypnotiseur herbeigeführten Kontrollverlust unter Hypnose ungeheuerlich plastisch. Cipolla lässt Leute ihr gutes Benehmen vergessen und sie die Zunge herausstrecken oder sich nach einer Schmerzsuggestion entsprechend verhalten: „Der junge Mann hob langsam die Unterarme, und während er sie anpressend über dem Leib kreuzte, verbog sich sein Körper, wandte sich seitlich vornüber, tiefer und tiefer, ... so daß er endlich, ein Bild verrenkter Pein, beinahe am Boden hockte" (S. 92). Weiter lässt er die Zuschauer die Zahlen aussprechen, die für seine Rechenoperationen richtig sind. Der unvorteilhaft aussehende und recht schüchterne Mario imaginiert das von ihm verehrte Mädchen und küsst es vermeintlich – unter dem Gejohle der Zuschauermenge. Cipolla lockt Frau Angiolieri, eine angesehene Bürgerin, von ihrem Ehemann weg, der sie entsetzt zurückzurufen sucht. Frau Angiolieri folgt dem Fingerwinken des Cipolla recht schnell und wortlos, bis dieser seine Demonstration abbricht. Diese Dame handelt bestimmt gegen ihre „öffentliche Moral". Inwieweit sie hier auf Wünsche des Unbewussten reagiert, kann nicht beantwortet werden.

Weiter erfahren wir, dass Cipolla „den in Tiefschlaf Gebannten nicht nur mit Nacken und Füßen auf die Lehnen zweier Stühle legt, sondern sich ihm auf den Leib setzen konnte, ohne daß der brettstarre Körper nachgab. Der Anblick des Unholds, hockend auf der verholzten Gestalt, war unglaubwürdig und scheußlich" (S. 102). Der Bühnenartist wendet seine Kunst auch in der Gruppe an, indem er mehrere Personen nach seinem Peitschenknallen Stepp tanzen lässt.

Thomas Mann hat uns durch die Allegorisierung des Magnetismus (Müller 1988) in dieser Novelle recht klar verdeutlicht, wie stark wir psychisch und politisch „hypnotisierbar" sind. Er zeigte die Grenzen auf, die wir nicht so schnell wahrnehmen, wenn die Faszination eines Geschehens zu groß ist. Es ist seine Warnung vor dem übermächtigen Verführer (1930!), der alle anscheinend gegen ihren Willen macht- und kritiklos macht. Nur der Titelheld Mario konnte sich als Einzelperson wehren, indem er Cipolla dann niederschoss. Diese Warnung wurde von wenigen verstanden und verzweifelt umzusetzen versucht.

Aldous Huxley: *Schöne neue Welt* (1932)

Aldous Huxley (1894–1963) beschreibt in seiner Antiutopie *Schöne neue Welt* (1932) die Wohlstandsgesellschaft im Jahr 632 nach Ford, in der alle Menschen am Luxus teilhaben, in der Unruhe, Elend und Krankheit überwunden, in der aber auch Freiheit, Religion, Kunst und Humanität auf der Strecke geblieben sind. Eine totale Herrschaft garantiert ein genormtes Glück. Er kommt darin zum Schluss: Sozialer und technischer Fortschritt und verfeinerte Methoden der psychologischen Manipulation lassen erwarten, dass diese grausige Voraussage sich in einem Bruchteil der veranschlagten Zeitspanne verwirklichen lasse. Die damals erst kürzlich entdeckten Lerngesetze und die Möglichkeiten des Konditionierens, aber auch des Hypnotisierens eröffnen neue Denk-, aber auch Angstmodelle. Mittels der „Bokanowskymethode" des Romans lassen sich Embryonen beliebig oft vervielfältigen, mittels der Hypnopädie die daraus erwachsenen Kinder ideologisch synchronisieren.

Achtzig Gitterbettchen mit biologisch identischen schlafenden Kindern stehen im Dämmerlicht eines Schlafsaals. Im Schlaf das Lernen in Hypnose.

Stimme aus dem Lautsprecher:
„Alpha-Kinder tragen Grau. Sie arbeiten viel mehr als wir, weil sie so schrecklich klug sind. Oh, wie froh bin ich, daß ich ein Beta bin und nicht so viel arbeiten muß! Wir Betas sind etwas viel Besseres als Gammas und Deltas. Gammas sind dumm."
Direktor des Institutes:
„Bis sie aufwachen, werden sie es jetzt noch vierzig- bis fünfzigmal wiederholt bekommen, dann Donnerstag und Sonnabend wieder. Hundertzwanzig Wiederholungen, dreimal in der Woche, dreißig Monate lang ...
Hypnopädie ist das beste Mittel zur Stärkung der sittlichen und sozialen Gefühle, das es je gegeben hat. So lernen diese Kinder die

Anfangsgründe des Kastenbewußtseins ... Bis endlich der Geist des Kindes aus lauter Einflüstern besteht, die Summe dieser Einflüsterungen selbst den Geist des Kindes bildet. Und nicht nur den des Kindes; auch des Erwachsenen – zeit seines Lebens. Der urteilende, begehrende, abwägende Verstand – er ist aus diesen Einflüsterungen aufgebaut. Und alle diese Einflüsterungen sind *unsere* Einflüsterungen!" (S. 38 f.)

Tatsächlich gab es zur damaligen Zeit den Wissenschaftsbereich der Hypnopädagogik. Das Klonen von Embryonen ist inzwischen möglich – und die Massensuggestion via Massenmedien ist allgemein bekannt.

Aber wir müssen in der allgemeinen und schulischen Erziehung zur Gewissens- und Schulbildung nicht unbedingt Hypnose verwenden; die alltäglichen Erziehungssituationen enthalten genug suggestive Elemente, die so unterschwellig einwirken, dass wir deren (gewollte und ungewollte) Wirkung erst viele Jahre später erkennen (siehe hierzu z. B. zur Selffulfilling Prophecy in Abschn. 23.2.2).

Wir vollziehen einen Zeitsprung.

2.1.5 Literatur der Gegenwart

Auch für die Autoren der Gegenwartsliteratur hat Hypnose ihre Faszination beibehalten. Hier soll bewusst die breite Palette unterschiedlicher Genres angesprochen werden. Da die Genres sehr gemischt sind, folgen wir der Chronologie.

Einige der nachfolgenden Werke werden etwas ausführlicher zitiert, da gerade in Kriminalromanen das Faszinierende und für die Laien das Beängstigende der Hypnose pointiert dargestellt wird – kaum anders als im Comic. Die Zitate aus den einzelnen Gebieten sind hier chronologisch aufgeführt.

Filmtheorie

S. Kracauer befasste sich mit der Filmtheorie und der Psychologie des Films. In seinem Grundlagenwerk *Theorie des Films* (1964) ist er der Auffassung, dass sich der Kinobesucher in ähnlicher psychischer Lage befinde wie ein Hypnotisierter: „Gebannt vom leuchtenden Rechteck vor seinen Augen – das dem glitzernden Gegenstand in der Hand des Hypnotiseurs gleicht –, bleibt ihm nichts anderes übrig, als den Suggestionen zu erliegen, die in sein leeres Inneres eindringen. Film ist ein unvergleichliches Propagandainstrument."

Romane

Lita Grey Chaplin: *Ich war Charlie Chaplins Frau – die intimen Memoiren der Lita Grey Chaplin* (1966)
In dem biographischen Roman berichtet die Autorin, die mit 15 Jahren von Charlie Chaplin ein Kind erwartete, dass sie als Zwölfjährige von Charlie Chaplin persönlich in dessen Garderobe gebeten worden war. Dies hatte ihrer Mutter sehr missfallen und sie zu harten Worten gegenüber dem Filmgiganten veranlasst. Dieser entschuldigte sich etwas später sehr höflich bei ihr: „Ob er es bewusst oder unbewusst tat, auf jeden Fall hatte Mr. Chaplin seinen ganzen Charme aufgeboten, um sich Mama aus dem Weg zu schaffen. Am nächsten Tag gab er sich unter den Augen meiner nunmehr von ihm hypnotisierten Mutter rein geschäftlich. Er brachte mich mit zwei

Kameramännern zusammen ..." (S. 49 f.). Wahrscheinlich will die Autorin mit „hypnotisiert" ausdrücken, dass ihre Mutter nun unbewusst in ihrem Willen beeinflusst und kritiklos war.

Jerry Cotton: *Der Hypnose-Mörder* (1971)

J. C. ist natürlich ein Pseudonym und eine Kultfigur des Kriminalromans, mit Höhepunkt der Verfilmung in den 60er- und 70er-Jahren. J. C.s Merkmale: mit rotem Jaguar und Kollegen Phil Decker unermüdlich in New York als FBI-Agent tätig, „der sein Leben dem Kampf gegen Gangster gewidmet hat. Durch Mut und Entschlossenheit erobert er sich die Herzen von Millionen Lesern in mehr als 50 Ländern" (Umschlagtext von Band Nr. 117).

Im Band *Der Hypnose-Mörder* (1971) finden wir mehrere komplexe Handlungen verschachtelt. Es begegnet das sexy Girl Carol Canavan in der Pause einer Sexparty einem bärtigen jungen Mann: „Der Blick, der Carol traf, wirkte seltsam starr und leer. Sie erschrak ... Wie eine Marionette, die an unsichtbaren Fäden gezogen wird, setzte er einen Fuß vor den anderen und kam näher" (S. 7). Jener Bärtige ist Hank Morteen, drogenabhängig und als malender Künstler fast immer mittellos. Als er mal wieder in LSD-Rausch ist: „... da war es wieder! Etwas Fremdes, Unheimliches! Etwas, das wie eine verdrängte, verschüttete Erinnerung an die Oberfläche drängte und sich nicht aufhalten ließ ... Wie in Trance griff er nach dem Pinsel und ... malte das Porträt einer Frau. Das schöne, im Tod starre Gesicht von Carol Canavan ..." (S. 39 f.). Da der Leser meist mehr weiß als der Held, erfährt er von einem Lee Villard, dass der frisch verwitwete Andrew Canavan früher unter dem Künstlername Cado mit Lee im Varieté arbeitete und Lee ihn nun wegen seiner dunklen Vergangenheit erpressen will. (Ich hoffe, dass Sie, verehrte Leserinnen und Leser, diesen komplizierten Romanverschachtelungen noch folgen können.) Aber Mr. Canavan ruft Hank Morteen an: „Adrian Cado. Es ist so weit ..." Der Erpresser Villard war vorsichtig: „Was auch immer geschah – er würde Canavan alias Cado nicht Auge in Auge gegenübertreten. Das schwor er sich. Wenn es so weit kam, war er verloren." Deshalb verabredet er sich *nachts* im Park mit ihm, wird aber trotz dieser Vorsichtsmaßnahme erschossen.

Nach Verfolgungsjagden mit seinem roten Jaguar, Einsätzen seines 38ers, empfindlichen aktiven und passiven *uppercut*s (Kinnhaken) und Sprengen eines Rauschgiftsyndikats kommt nun auch Jerry Cotton auf die Spur, dass Canavan mit dem Raubvogelprofil früher ein erfolgreicher Showhypnotiseur war. Der von Jerry Cotton befragte Hypnosespezialist Doc Shapiro klärt ihn auf, dass Verbrechen unter Hypnose möglich ist: „Ein hoch begabter Hypnotiseur und ein sensibler, ohnehin gegen alle möglichen Einflüsse empfänglicher Künstlertyp – das wäre der klassische Fall" (S. 162).

Hank Morteen malt unter LSD inzwischen sein nächstes Opfer. Er erledigte seine Mordaufträge, wenn er von Cado den telefonischen Hypnoseauftrag dazu erhielt (s. o.). Die im LSD-Trip aufgehobene Erinnerungsunfähigkeit war natürlich vom Schurken Cado nicht eingeplant, wird von Jerry Cotton aber aufgedeckt. Zum dramatischen Schluss hin geht Jerry Cotton zu Canavan und wird von ihm mit der Pistole bedroht: „Deutlich spürte ich Cados Blick, den hellen, zwingenden Blick dieser hypnotischen Augen, und konzentrierte meine ganze Willenskraft darauf, ihm standzuhalten … ich spürte mit jeder Faser, wie etwas Fremdes, Unheimliches von mir Besitz zu ergreifen drohte … Ich grub meine Zähne in die Unterlippe, bis ich das Blut schmeckte … aber tief in meinem Inneren wühlten Erinnerungen, die sich nicht einschläfern ließen" (S. 172). Wie alle Leserinnen und Leser es erahnen können: Jerry Cotton unterliegt nicht und kann mithilfe des Freundes Phil Decker nun Cado festnehmen, damit ihm der Prozess als „Psycho-Killer" und „Magier von Manhattan" gemacht werden kann.

John Irving: *Das Hotel New Hampshire* (1982)

In seinem fünften Roman, *Das Hotel New Hampshire,* schreibt Irving fabulierend, ironisch, slapstickartig. So berichtet er von einem merkwürdigen Österreicher Freud, der mit seinem Motorrad fahrenden Schwarzbären namens State o' Maine besonderen Eindruck macht: „Aber nicht einmal Franny konnte uns von dem hypnotisierenden Zauber Freuds und seines Bären ablenken; wir Kinder waren ebenso in deren Bann wie mein Vater und meine Mutter damals, im Sommer 1939" (S. 35). Meint er mit „hypnotisierend" die Faszination, die von dieser urkomischen Konstellation ausgeht?

Felice Picano: *Hypnose* (1988)

Der amerikanische Autor führt uns mit seinem Roman *Hypnose* (1988; in der Serie *Horror*) zur Jahrhundertwende in die Stadt Center City in Kearny County, Nebraska. Staatsanwalt Ransom findet den reichen Mr. Lane erhängt, aber entspannt lächelnd vor, seine Haushälterin verhält sich wie eine Irre, und seine Witwe, Mrs. Carrie Lane, nimmt Mr. Dinsmore in ihr Haus auf, der alsbald als alleiniger Geschäftsführer Laden, Lagerhaus, Hotel und Farm des Verblichenen immer gewinnbringender verwaltet. Dinsmores Frau wird ertrunken, aber ebenfalls entspannt lächelnd aufgefunden.

Das macht misstrauisch – besonders den Staatsanwalt! Er stellt fest, dass Dinsmore als Fremder in die Stadt gekommen war, eine äußerst dubiose und eindeutig schillernde Vergangenheit hatte, dann aber, als Zahnarzt tätig, durch seine gepflegte Erscheinung den Damen auffiel und dafür bekannt war, dass er schmerzlose Zahnextraktionen durchführte, was sehr willkommen war. „Am auffallendsten waren jedoch seine Augen. Nur mittelgroß, absolut perfekt zu beiden Seiten der kleinen, geraden Nase sitzend, waren sie von einem Blau, das mit elektrischem Strom aufgeladen schien. Diese Augen blickten nicht, sie flogen blitzend umher …" (S. 27).

Durch seine Recherchen erfährt Ransom, dass der alte und inzwischen abgehalfterte Mr. Carr früher ein hoch geschätzter Arzt in England war, der als Kollege beim großen James Braid (s. Abschn. 1.2) in der Royal Academy of Medicine Hypnose gelernt und als dessen Assistent Berühmtheit erlangt hatte. Als er später in Amerika Dinsmore in der Kunst der Hypnose unterwies, wurde er von diesem mit jener Methode willenlos gemacht und zu seinem Gehilfen degradiert. „Er dringt durch Risse in Sie ein, von deren Vorhandensein Sie nie auch nur etwas geahnt haben, und er erweitert sie zu einem Abgrund. Er versteckt sich darin wie ein Raubtier" (S. 275).

Staatsanwalt Ransom ist so gründlich, dass er sich von Dinsmore einen Zahn extrahieren lässt, um seine Methode kennen zu lernen: „Das also hieß es, unter Hypnose zu stehen: ein Loch im Gedankengewebe, eine Lücke im Bewusstsein, der betreffende Zeitraum einfach futsch" (S. 121).

Sehr spannend und wie in einem packenden Filmdrehbuch wird der Gerichtsprozess geschildert, in dem die Witwe Carrie Lane sogar im Zeugenstand vom Angeklagten Dinsmore mit Blicken traktiert wird. Sie kann erst angemessen aussagen, als sie blickgeschützt hinter einer Glimmerscheibe verborgen ist. Versucht er sogar, mit seinem Hypnoseblick die Geschworenen zu beeinflussen? Auf dem Wege der üblichen Verwirrungen erfahren wir, dass Dinsmore Mr. Lane und seine eigene Frau Margaret mit Hypnose willenlos gemacht hatte und ihnen so lange Depression und wirtschaftlichen Ruin suggerierte, bis sie Selbstmord begingen. Die hübsche Witwe Carrie wurde ihm durch Hypnose sogar sexuell und in vielen Varianten (wie man sie von alten französischen Postkarten kennt) hörig! Seine früheren Zahnpatienten haben nun gehobene Posten bei ihm und führen erstaunlicherweise stets seine Geschäftsanweisungen widerspruchslos aus.

Dramatisch wird es, als Dinsmore bei seiner wiederholten Verhaftung sogar den Staatsanwalt Ransom ansieht: „Alles Licht schien sich zu verstärken, alles andere – Menschen, Stimmen, Geräusche, Bewegung – schien weit, weit davonzuschwimmen. Jetzt gab es nur noch Lichter, funkelnde, gleißende, blitzende Lichter, die von einem einzigen Punkt ausgingen – dem funkelnden, gleißenden, blitzenden Mittelpunkt von Dinsmores Augen. Blendende Helle. Und mit ihr die Antwort, die Ransom suchte – die Tat, die es zu verrichten galt ..." (S. 319). In mehreren gekonnt geschilderten Höhepunkten gelangt der Autor zum spannenden Schluss, der hier jedoch nicht verraten, sondern selbst gelesen werden sollte!

Mit diesen vielschichtigen Themen der Hypnose werden wir uns noch ausführlich beschäftigen.

Jostein Gaarder: *Sofies Welt. Roman über die Geschichte der Philosophie* (1993)

Der Erfolgsautor Gaarder beschreibt in seinem Kultroman (bis 1999 über zwei Millionen Mal verkauft) die „Weltseele" in der Philosophie der Romantik „als ein ‚Ich' ..., das in einem mehr oder weniger traumhaften Zustand die Dinge aus der Welt schafft." Alberto Knox, der kauzig-aktive Philosoph und Lehrer Sofies erklärt dies so: „Der Dichter konnte das Gefühl haben, daß die Geschichte, die er schrieb, aus einer ihm innewohnenden Kraft heraus entstand. Er konnte fast wie unter Hypnose schreiben" (S. 417). Diese Form der von ihm angenommenen Hypnosewirkung erklärt er dann seiner 15-jährigen Elevin nicht näher, da er wahrscheinlich annimmt, das sei allgemein bekannt.

Als Gaarder dann durch Alberto Knox über die Philosophie Sigmund Freuds und den Begriff des Rationalisierens berichtet, führt er folgendes Beispiel an: „Ich kann dich hypnotisieren und dann dazu bringen, daß du ein Fenster aufmachst. Ich befehle dir also, daß du aufstehen und das Fenster aufmachen sollst, wenn ich mit den Fingern trommle. Ich trommle auf den Tisch – und du öffnest das Fenster. Dann frage ich dich, warum du das Fenster aufgemacht hast.

Vielleicht antwortest du, daß es dir zu warm war. Aber das ist nicht der eigentliche Grund. Du willst dir nicht eingestehen, daß du meinem hypnotischen Befehl gehorcht hast. Und dann ‚rationalisierst' du, Sofie" (S. 514 f.). Übernimmt hier der Autor hurtig Vorurteile über Hypnose – oder was könnte es sonst sein? Wir werden in unseren Analysen mehr darüber erfahren.

Wolfgang Hohlbein: *Nach dem großen Feuer* (1996)

Auf dem Umschlagklappentext des Jugendlichenromans steht: „Wie hypnotisiert betritt Thomas das glitzernde UFO, das gekommen ist, um ihn zu holen für ein Abenteuer, das er sein Leben lang nicht vergessen wird …" Versteht dieser Autor wohl unter „hypnotisiert" so etwas wie „sich immens oder fasziniert angezogen fühlen"?

Peter Zadek: *Die Leute müssen mitsingen* (1998)

Der Schauspieler, Regessieur und große Inspirator der deutschen Theaterszene berichtet in seinen Memoiren von seiner Begegnung mit Rainer Werner Fassbinder: „Damit war der Bann gebrochen, und getragen von der absoluten Sicherheit, die Rainer ausstrahlte, spielte ich die Szene. Ich glaube sogar, daß mir der richtige Text einfiel. Er hatte eine hypnotische, befreiende Wirkung auf die Schauspieler, eine große Konzentration, und er schaffte es, ganz schnell seine Phantasie für die Szene auf uns alle zu übertragen."

Wissenschaftliche Darstellungen

David Ritchie: *Gehirn und Computer. Die Evolution einer neuen Intelligenz* (1984)

Der Autor zeichnet die Geschichte der menschlichen Intelligenz bis hin ins Computerzeitalter auf. So berichtet er von den Entwurfzeichnungen für Computerchips: „Es hat schon Informatik-Studenten gegeben, die zu lange auf eine solche Zeichnung geblickt haben und dann völlig hypnotisiert auf die Straße getaumelt sind und ein Verkehrschaos ausgelöst haben" (S. 103). Später berichtet er von der Entwicklung künstlicher Intelligenz: „In meiner Phantasie sprach ein Computer zum anderen: DIESE WESEN KÖNNEN NICHT INTELLIGENT SEIN, PRZ-10. WIR KÖNNEN SIE JA SO LEICHT HYPNOTISIEREN" (S. 200). Hier wird Hypnose als sinnen- und bewusstseinsverwirrend angesehen. Hypnotisierbar sein wird hier mit dumm sein gleichgesetzt. Die Durchführung von Hypnose ist angeblich so leicht, dass sogar künstlich intelligente Computer dies vermögen.

Samuel Noah Kramer: *Die Wiege der Kultur* (1984)

Es werden die frühen Kulturen Mesopotamiens, die der Sumerer und Assyrer beschrieben, die vor über 3000 Jahren bereits hoch entwickelt waren. „Die frühesten Beterstatuetten aus Tell Asmar sind trotz der rohen Technik Kunstwerke von hohem Rang. Die Intensität des Blickes, starr und hypnotisch, und die Demut der gefalteten Hände offenbaren tiefes, religiöses Gefühl" (S. 144).

William H. Calvin: *Der Strom, der bergauf fließt* (1994)

In seinem umfangreichen und interessanten Buch unternimmt Calvin eine Reise durch die Evolution, indem er sich auf einer fiktiven

Floßfahrt auf dem Colorado-River durch den Grand Canyon befindet. Der sehr kritische und wissenschaftlich ausgerichtete Autor berichtet präzise über die Entwicklung von Welt und Lebewesen. Als er dann jedoch von einer herrlichen Mondscheinnacht im Canyon erzählt, erwähnt er, dass die gesamte Situation „hypnotisch" sei. Was versteht er wohl darunter?

Berand Ceysson u. Genevieve Bresc-Bautier: *Renaissance* (1997) In *Renaissance*, dem dritten Band des voluminösen und differenzierten vierbändigen Werks *Skulptur*, wird die Epoche der Renaissance historisch eingeleitet. „... Das Abendland war infolge lange andauernder Kriege gespalten; kraftlos und geschlagen dem türkischen Vorstoß ausgeliefert, ließ es diesen wie hypnotisiert über sich ergehen" (S. II).

Sonstige Medien

Wenn wir uns mit Gegenwartsliteratur befassen, dann muss auch die bekannte oder vielleicht weltbekannte Literatur zitiert werden, die nicht unbedingt Weltliteratur ist.

Penthouse

Im Herrenmagazin *Penthouse* war mehrfach ganzseitig inseriert: „How to get girls trough Hypnotism!" (Penthouse 1979, S. 253). Der Leser kann erlernen, mittels einer neuen, modernisierten Methode Girls zu bekommen. Es wird auch versichert, dass diese Methode anders wirke als alles, was man vorher je gesehen habe. Es wird die Methode „called S/A Hypnotism" angepriesen. Hinter dem Kürzel „S/A" wird sich Self- und Autohypnosis verbergen. Die Indikation ist hier wohl recht eindeutig, zumal versprochen wird: „You may soon find yourself with more girls than any ten men put together!" Dies muss ja stimmen, da Hypnose angepriesen wird als „the most powerful forces known to man working for you". Der Interessent konnte diese Form damals für

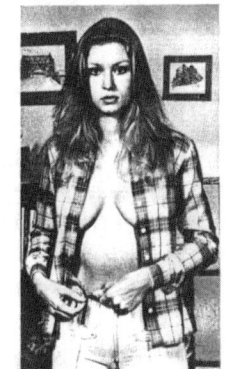

Abb. 2.1: Ausriß aus der Zeitschrift Penthouse von 1979

$ 11,95 erwerben – inklusive 3-D-Foto-Book als Gratiszugabe. Der Anwender wird bitter enttäuscht sein, wenn es sich hier wahrscheinlich um dilettantische Anweisungen zur Überwindung eigener Ängste und Probleme handelt.

Hör zu

In der Fernsehzeitschrift *Hör zu* wird am 21.7.1995 der Film *Der Tätowierte* im Kurztext wie folgt angekündigt: „Carl (Rod Steiger) ist auf dem ganzen Körper tätowiert. Kein Betrachter kann sich der beunruhigenden, hypnotischen Wirkung der Bilder entziehen."

Computerzeitschrift *RUN*

Die satirische Story *Kurian mit dem Pendel* in der Computerzeitschrift *RUN* empfiehlt das Computerprogramm *The Hypnotist*: „Stadtneurotiker können jetzt ihren Homecomputer als Psychiater einsetzen. Das Programm *The Hypnotist* bietet Hilfe in fast allen Lebenslagen" (Kramer 1984, S. 112).

Ein Jahr später ist diese Satire bereits traurige Realität geworden. So wird für den Homecomputer nun das Programm *Sublimal Suggestion and Self-Hypnosis* von der Softwarefirma The New Life Institute angeboten. Nach der altbekannten Werbemethode der unterschwelligen Wahrnehmung kann sich nun der Computerfan für je 3/100 Sekunden eine Botschaft geben, während er mit seinen anderen Computerprogrammen wie Textverarbeitung oder Statistik beschäftigt ist (P. M. Computerheft 1985, S. 99). Der findige PC-Anwender kann hier leicht versucht sein, andere Suggestionen einzubauen und sie jemandem unterzuschieben. Der Computer kann nun endlich auch hier „hilfreich" sein. Computer kennen keine Moral – und ihre Anwender sind stets fasziniert von dem, was „machbar" ist (von Hentig, 1984).

PC-Zeitschrift und PC-Programme

Der Zeitschrift *CD DIREKT* (1/1995) ist ihrem Namen entsprechend eine CD-ROM preiswert beigefügt. Auf ihr befindet sich nun das, was vor einigen Jahren noch als Satire erschienen war: das Programm *Hypnose*. Nach einem ansprechend gestalteten Eingangsbild wird der Leser informiert: „Die Idee zu diesem Programm kam dem Autor während einer Hypnosesitzung, in der er angeödet gen Himmel sah und sprach ... Wenn mir jemand diese zermürbende Arbeit abnehmen würde. Sprach's, und schon kam die Eingebung zu diesem Programm." Dieser von der Problemarbeit mit Menschen angeödete Herr Thienel (nach Eigenaussage hat er über 2000 Personen mit Hypnose in ein früheres Leben geführt) belehrt dann mit einigem Halbkorrekten über Hypnose und warnt: „Das Programm kann recht tiefe Hypnosezustände auslösen. Ich lehne jede Verantwortung ab. Also die Benutzung des Programms geschieht auf eigene Gefahr." Das ist nie verkehrt und macht natürlich erst recht neugierig. Nun kommt er zur Anwendungsbreite für PC-Freaks: „Möglicherweise kennen Sie ein Problem, dem Sie einfach nicht Herr werden können ... Hypnose kann hier ansetzen und die verantwortliche Situation wieder sichtbar – also erlebbar machen. Nach mehrmaligem Erleben der Situation löst sich dann das Engramm auf, denn was bewußt wurde, kann kein Problem mehr bereiten." Dann macht er Reklame für Kassetten und

Bücher, natürlich auch für das eigene. „Hypnose wartet auf Sie und Ihr positives Denken. Noch eine Warnung: Hypnotisieren Sie nicht gleich die ganze Familie. Sie wären der Fernsehwerbung dann hilflos ausgeliefert (sind Sie sowieso)." (Anm. des Autors: Die Zitate wurden tatsächlich wörtlich vom Bildschirm übernommen.)

Nun öffnet sich endlich ein Dialogfenster mit der bayerisch-koketten Fragestellung: „Welche Hypnose hätten's denn gern???" Man kann auf die Möglichkeiten „leicht", „mittel" und „schwer" mit der Maus klicken. Wums: Bildschirm schwarz und darauf in sich geschachtelte, parallele Rechtecke, die scheinbar zur Mitte hin wandern. Je nach vorheriger Stärkewahl wandern sie ganz schön schnell und erzeugen eine Art Tunneleindruck. In der Mitte des Bildschirms stehen dann Instruktionen, die Augen offen zu halten und sie dann letztlich zu schließen. Nach einigen Sekunden fängt das Gerät dann an zu fiepen, um das Programm zu beenden etc. Das war's dann. Welche Art von Verulkung hätten Sie denn gern?

Esoterik-Software
In der PC-Zeitschrift *Shopping & More* (1997/98) der Pearl Agency wird die „Sensationelle Hypnose-CD-Serie von Alexander Cain" angeboten. Jede der 13 CD-ROM ist zum Preis von 38,80 DM erhältlich: „Glück und Beruf, Partnerschaft und Privatleben ist kein Zufall, sondern tatsächlich ‚machbar'! Unter Anleitung des erfahrenen Hypnotiseurs A. Cain und basierend auf wissenschaftlich erwiesenen und praxiserprobten Techniken werden Sie durch diese Hypnose-CDs in die Lage versetzt, die geballte Kraft Ihres Unterbewußtseins zu nutzen und selbst zu lenken. In multimedialen Hypnose-Sitzungen am PC, unterstützt durch Sprache, Musik und animierte Grafikeffekte, erleben Sie einen Zustand der absoluten Tiefen-Entspannung und nehmen so die positiven Suggestionen auf, die in Ihrem Unterbewußtsein dauerhaft positive Veränderungen bewirken. Systemanforderungen für alle Hypnose-CDs: PC ab 486DX-50 mit Windows 3.1/3.11 oder Windows 95/NT ..." (S. 95).

2.2 Wirkungen auf die Musik

In der Musik finden wir Mesmer durch W. A. Mozarts (1756–1791) Werk *Cosi fan tutte* (1790) verewigt (zit. nach Thuillier 1990, S. 375):

Quest è quel pezzo	Hier der Magnetstein
Di calamita	Solls euch beweisen.
Pietra mersmerica	Ihn brauchte Mesmer einst,
Ch'ebbe l'origine	Der seinen Ursprung nahm
Nell'Alemagna	Aus Teutschlands Gauen.
Che poi si celebre	Und so berühmt war
Là in Francia su.	In Frankia.

Die Literatur von E. T. A. Hoffmann wiederum ist weiterverarbeitet in Jaques Offenbachs Oper *Hoffmanns Erzählungen* (1881), so *Der Sandmann, Abenteuer der Silvesternacht, Rat Crespel.*

In der chronologischen Betrachtung kommen wir zu Louis Armstrong, der in seinem Lied *Jeepers Creepers* (1938) mitteilt: „... when you get hypnotized with those eyes ..."

In der Hypnosewanderung durch die Musiklandschaft müssen wir nun große Schritte zurücklegen und gelangen in die Gegenwart.

Untermalungsgesang zur Einleitung einer abendlichen Fernsehsendung der ARD über Hypnose (ca. 1985; Autor und Interpreten leider nicht recherchierbar, da mir nur Teile der Videoaufzeichnung vorliegen):

> Hypnose, Hypnose
> ist Mode, ist in.
> Kaum quatscht einer Soße,
> schon sind alle hin,
> verbiegen sich die Gabeln
> und ähnliches Besteck.
> Gebogen zu Parabeln
> steht das Publikum, oh Schreck!
> Hereinspaziert! Ganz prächtig
> ist unser, ist unser, ist unser Hypnodrom.

Die Vorstellung ist beendet.
Gehirne können links am Ausgang gegen Garderobenmarken gerne wieder in Empfang genommen werden.

> Hypnose, Hypnose,
> jetzt lerne ich den Trick:
> Die Welt, ich bedroh' se mit starrem Geblick.
> Und liegt die ganze Menschheit
> durch mich in schwerem Traum …

Auf der CD *Bravo Hits 13* (1996) ist von Wigfield der Song *Sexy Eyes* zu hören, der Disco-Hit. Der Text berichtet in der ersten Hälfte in der für uns relevanten Passage sehr tiefsinnig über Folgendes:

> *Uu aa sexy eyes.*
> *I'm gonna to take you to paradise.*
> *Hey hey my my can't you see?*
> *You were born to dance with me.*
>
> *Uu aa sexy eyes.*
> *You know I'm never gonna tell you lies.*
> *Hey hey my my look at me!*
> *You can be feeling free.*
>
> *Nanana nanananane.*
> *Nanana nanananane.*
> *Nanana nanananane.*
> *Nananana nanana.*
> *Nanana nanananane.*
> *Nanana nanananane.*
> *Nanana nanananane.*
> *Nananana nanana.*
>
> *Uu aa sexy eyes.*

I'm gonna to take you to paradise.
Hey hey my my can't you see?
You were born to dance with me.
Uu aa hold me tight.
Yes, I guess, you've got me hypnotized!
Hey hey my my don't you know:
I'm gonna love you so.

Sexy eyes, oh eyes,
with your sexy, sexy eyes.
(Diese letzten zwei Zeilen werden insgesamt sechsmal gesungen.)

Nanana nanananane.

(Die nun folgenden Zeilen sind inzwischen weitgehend bekannt und müssen nicht mehr vollständig zitiert werden; aus unterschiedlichsten Günden wurde bereits eine mehrstöckige Trance erreicht.)

2.3 Wirkungen auf die Medizin

In der Medizin zeichnet sich in der Nachfolge von Mesmer ein Trend ab, das Verhalten von Menschen nun auch als seelisch bedingt anzusehen. Man hatte bislang noch nicht erkannt, dass einiges psychisch bedingt sein kann. Psychologie als forschende Wissenschaft gibt es erst ab Ende des 19. Jahrhunderts. Es entwickelt sich aufgrund der Gesamtströmungen, aber besonders aufgrund der Ergebnisse des Magnetismus/Somnambulismus/Hypnotismus die Annahme, dass nicht alles in unserem Leben körperlich-materiell bedingt ist, sondern auch seelisch bedingt sein kann. Dies ist der Grundstein der dynamischen Psychiatrie und Hypolite Bernheims (1840–1919) Definition der Suggestion. Pierre Janet (1859–1947) entwickelt die Theorie der Dissoziation und der Behandlung dissoziativer Zustände, die z. B. nach starken Belastungen auftreten (wie Missbrauch, Unfall, Krieg). Diese Behandlungsansätze haben teilweise heute noch ihre Gültigkeit in der modernen Psychotherapie.

Weiter wird unter dem Eindruck der Hypnosewirkungen die Theorie der „dualen Persönlichkeit" entwickelt, die die Annahme eines „doppelten Ichs" beinhaltet, das parallel in unserer Seele wohnt, und heute noch diagnostische Gültigkeit im Konzept der „gespaltenen Persönlichkeit = Schizophrenie" und der „multiplen Persönlichkeit" hat. Auch die Forschung zum „Wahn" beginnt sich nun zu differenzieren.

Dann aber entwickelt sich in unserem Jahrhundert die Wissenschaft weiter: Die nun entstehende Psychologie und Psychotherapie geben der Psyche ihren bestimmten Stellenwert. Dabei entdecken sie sowohl für die Medizin als auch für die Psychologie die wesentlichen Aspekte der „Ein-*Bild*-ung" wieder: die Imagination – und damit verbunden die Hypnose. Dies führte auch letztlich dazu, die bislang getrennt betrachteten Aspekte von Seele und Körper wieder als Leib-Seele-Einheit zu betrachten … „Wieso?" Sie waren nie getrennt! … Mehr zu den Weiterentwicklungen der Hypnose im nächsten Abschnitt.

Kapitel 3

Entwicklungen in der modernen Wissenschaft

Lange Zeit hatte man, Mesmers Denkrichtung folgend, angenommen, dass Magnetkräfte oder Materie i. S. eines Fluidums die Macht der Hypnose auszeichnet. Hypolite Bernheim fand dann jedoch, dass es sich bei der Hypnose nicht um materielle Kräfte (wie Magnetkraft etc.) oder um „bloße Einbildung" handelte. Er prägte den Begriff der „Suggestion" als Zeichen dafür, dass hierbei psychische Prozesse wirksam waren. Eine revolutionäre Denkweise, dass die Seele etwas bewirken kann!

3.1 Von Sigmund Freud mit Hypnose zur modernen Psychologie

Der junge Wiener Arzt Sigmund Freud (1856–1939) lernte Hypnose in Frankreich kennen und stellte sie seinen Wiener Kollegen vor. In dem später weltbekannten Fall der hysterisch gelähmten Anna O. wandte er Hypnose erfolgreich an. Er folgerte daraus, dass körperliche Symptome seelische Ursachen haben können. Da die Wirkungen jedoch immer nur kurze Zeit anhielten, nahm er nun weiter an, dass man mit bestimmten Methoden jene postulierten seelischen Ursachen finden müsse. Mit diesen Folgerungen wurde er sowohl der Begründer der Psychosomatik als auch der modernen Psychotherapie. Er entwickelte auf der Basis dieser Erkenntnis die Psychoanalyse.

☐ 4

Leider konnte Freud selbst (auch nach eigenen Aussagen) schlecht hypnotisieren und hatte deshalb nicht immer Erfolg damit. Gleichzeitig störte ihn die körperliche Nähe bei der damals gebräuchlichen Einleitung der Hypnose. Insgesamt führten ihn seine Beobachtungen zu der voreiligen und damit falschen Folgerung, mit Hypnose könne man keine Ursachen erkennen, Hypnose mache passiv und sei allgemein wenig brauchbar für die Behandlung. Diese Vorurteile wurden von vielen unreflektiert bis in die Gegenwart übernommen.

In den USA und in England entwickelte sich Hypnose wissenschaftlich schnell weiter und wurde dort zum offiziellen Bestandteil der Ärzteausbildung erklärt. Nahezu jede Universität dort befasst sich mit der wissenschaftlichen Erforschung von Hypnose. Im Bereich der Psychotherapie ist sie in den letzten zwei Jahrzehnten auch in Deutschland immer bekannter geworden. Zunehmend mehr Psychologen, Psychotherapeuten, Ärzte und Zahnärzte wählen Hypnose als qualifizierte Zusatzausbildung.

3.2 Anwendungsbereiche der modernen Hypnose

Der Bereich der Hypnose hat sich bis hin zur Gegenwart in zahlreichen Forschungs- und Praxisbereichen weiterentwickelt. Auf der einen Seite steht die Experimentelle Hypnose, die sich mit den grundsätzlichen Wissenschaftsaspekten und Theorien auseinander setzt. Hier werden die Probleme der Hypnotisierbarkeit erforscht, aber auch, welche Aspekte bei der Hypnose wirksam sind – welche Auswirkungen im Gehirn etc. festzustellen sind. In der Angewandten Hypnoseforschung befasst man sich mit den zahlreichen Praxisproblemen.

Experimentelle Hypnose		Angewandte Hypnose
Wissenschaftliche Untersuchungen	G e g e n s e i t i g e B e e i n f l u s s u n g	**1. Psychologie, Psychotherapie** Angstbehandlungen, Essprobleme, Schlafstörungen, Sexualstörungen, Lern- u. Leistungsstörungen, Psychosomatik, Verhaltensstörungen, Neurosen, teilw. Psychosen, Abhängigkeiten, Stressmanagement, Krebserkrankungen und Immunschwächen
Experimente kontrollierte Laborbedingungen		**2. Medizin** Herz- Kreislauferkrankungen, Allergien Hauterkrankungen, Krebserkrankungen neurologische Störungen, Gynäkologie Chirurgie (Operationen ohne Narkose)
Erforschung von Grundphänomenen, z. B.: Wahrnehmung, Reizverarbeitung, Emotionen, Gedächtnis, Hirnaktivitäten, Hypnotisierbarkeit, Suggestibilität, Therapieanwendungen		**3. Zahnmedizin** Entspannung der Patienten, Angstabbau Schmerzbewältigung, Kontrolle von Würganfällen Blutungsreduktion bei Operationen, Hämophilie Gewöhnungsverbesserung z. B. bei Prothesen.
Theoriebildungen z. B. zu: Wahrnehmung, Reizverarbeitung, Emotionen, Gedächtnis, Hirnaktivitäten, Hypnostisierbarkeit, Suggestibilität, Therapieverfahren,		**4. Sport** Wettkampfangst Optimierung motorischer Fähigkeiten Aufbau positiver mentaler Bilder Wettkampfeinstellung u. -fertigkeiten Schmerzprobleme, Versagensängste **5. Gericht** in USA häufig benutzt: Zeugen- und Opferbefragung Aufhebung von Amnesien Verbesserung der Erinnerungsfähigkeit Behandlung von Verbrechensfolgen, (siehe unter Psychotherapie)

6. Show- und Bühnenhypnose	
Hypnose als Zaubertrick vermarktet: Keine Hypnose, sondern Analogieschluß:	*6. Show- und Bühnenhypnose* *7. Tierhypnose*

Tab. 3.1: Wissenschaftsbereiche der modernen Hypnose

Da viele der Problemstellungen der Experimentellen und Angewandten Hypnose ausführlich dargestellt werden (z. B. in Abschn. 19.2), soll an dieser Stelle mit einer Übersicht (s. Tabelle 3.1) die Komplexität der Hypnosebereiche verdeutlicht werden. Abschließend wird dann die Show- und Tierhypnose erwähnt, denen später jeweils eigene Kapitel gewidmet sind (s. Kap. 26 u. 27).

Teil II

Geschichte des Comic
Wie die Bilder sprechen lernten

Kapitel 4

Geschichte des Comic

Comics sind nicht nur bunte Bildchen. Sie haben eine sehr lebhafte und dynamische Entwicklung genommen. Zum Verständnis des Themas „Hypnose in der Kunst des Comics" ist es unerlässlich, sich mit der Entwicklung dieses Literaturgenres zu befassen.

4.1 Von früher bis heute

Die Geschichte des Comics beginnt dort, wo das gemalte oder gezeichnete Bild und das geschriebene Wort in bestimmter Weise miteinander vereint werden. Auf der einen Seite haben wir also die Entstehung des Bildes, das von unseren Vorfahren vor ca. 32 000 Jahren auf Höhlenwände gemalt wurde. Erste dieser Dokumente werden mit der C-14-Methode auf dieses Alter festgelegt, 1994 entdeckt in der Jean-Marie-Chauvet-Grotte in der Ardèche.

Auf der anderen Seite steht die wesentlich später auftretende schriftliche Fixierung von Ereignissen oder gedanklichen Prozessen – niedergelegt in der vorkeilschriftlichen mesopotamischen Schrift, ca. 4 000 v. Chr. (Pope 1978).

Äußerst erstaunlich ist, dass beide Kunstbereiche bzw. Ausdrucksmöglichkeiten sehr lange völlig isoliert voneinander benutzt wurden. Das mag möglicherweise sehr positiv gewesen sein, damit sich visuelle und sprachliche Ideen und damit verbundene Stilrichtungen entwickeln konnten.

Wäre Michelangelo so sprachbegabt gewesen, seinen Figuren einen ebenbürtigen Text beifügen zu können? Sein David mit einer Sprechblase? Oder wäre Shakespeare zeichnerisch so begabt gewesen, seinen Macbeth in einzelne, rahmenbegrenzte Bildsequenzen unterteilt darzustellen? Das wollen wir nicht weiterspinnen.

Bei den „alten Ägyptern" sind Vorläufer des Comics zu finden, da Bilder in einer Zeitfolge über Handlungsabläufe berichten. Der 70 Meter lange Teppich von Bayeux (ca. 1080) informiert in szenischen Abfolgen über die Eroberung Englands durch die Normannen (1066).

Sehr wenig bekannt ist, dass Friedrich Schiller 1786 eine Bildergeschichte, *Adventuren des neuen Telemach*, mit angedeuteten Sprechblasen verfasste, die er Gottfried Körner zu dessen dreißigsten Geburtstag überreichte. Diese Arbeit wurde erst 1862 veröffentlicht.

Die Anfänge jener Comics, wie sie uns heute geläufig sind, sind in Europa zu finden. Im 19. Jahrhundert waren in den Zeitungen lustige Bilderbogen beliebt wie die *Images d'Espinal* (Frankreich), die *Neuruppiner Bilderbogen, Münchner Bilderbogen* oder die *Fliegenden Blätter* in Deutschland. Charakteristisch für sie ist: Erzählung in mehreren Bildern, die durch einzelne Bildkästen voneinander getrennt sind und in Wechselbeziehung zum Text stehen. Auch anthropomorphisierte Figuren (= wie Menschen aussehende und so handelnde Tiere) sind zu finden. Wilhelm Busch arbeitete 1859 an den *Fliegenden Blättern* mit und veröffentlichte dort 1865 *Max und Moritz* als Fortsetzungsgeschichte. Die Werke Wilhelm Buschs können somit als die Ausgangsbasis für spätere Comics angesehen werden, zumal sie als Vorbild für den „echten" Comicstrip, die *Katzenjammer Kids,* dienten (Ersterscheinung am 16.12.1897).

In Deutschland und den USA wurde es gegen Ende des 19. Jahrhunderts für Zeitungen immer interessanter, zur Erhöhung der Auflage achtseitige Sonderteile als Humorbeilagen beizufügen. Diese verloren anfangs in Deutschland an Bedeutung, wurden jedoch in den USA immer beliebter. So entstanden aus den anfänglichen Witzblättern z. B. des *Yellow Kid* (1897) kontinuierliche Ausgaben, die sich weiterentwickelten. Auch hier war der wirtschaftliche Faktor bedeutsam. Da die beiden Zeitungsimperien von Pulitzer und Hearst um die wachsende Gunst ihrer Leser bemüht waren, gaben sie bereits ab 1890 immer mehr Witzbeilagen hinzu, so 1897 die bereits erwähnten *Katzenjammer Kids,* denen dann *Dreams of the Rarebit Fiend, Little Nemo in Slumberland* etc. folgten und schnell stilistische Weiterentwicklungen erfuhren.

In der Comicforschung wird der 5. Mai 1895 als der Geburtstag des Comics angesehen, da an diesem Tag der Zeichner Outcault seine Figur *Yellow Kid* erstmals exklusiv für die Zeitschrift *World* zeichnete. Hiermit ist sogar ein Stück Pressegeschichte verknüpft, denn nach langen Experimente konnte man nun zum ersten Mal die Farbe Gelb in der Zeitung drucken und nutzte dies natürlich sofort werbewirksam mit dem verkaufsfördernden *Yellow Kid* aus. Gelb hatte sich als Erfolgsfarbe herausgestellt, und damit verbunden warb man mit sensationellen Presseaktionen um Leser, sodass man seitdem die Sensationspresse als Yellow press bezeichnet. Nach dem Comicexperten Knigge (1996) ereignete sich der Geburtstag des Comics erst am 25. Oktober 1896, da an diesem Tag erstmals anstatt eines komplexen Einzelbildes mehrere Bilder in einer Erzählfolge und mit Sprechblasen erscheinen.

Der immense Comicerfolg in den USA ist u. a. darauf zurückzuführen, dass um die Jahrhundertwende sehr viele fremdsprachige Immigranten zwar Literatur kaum verstanden, jedoch beim Comic sofort angesprochen wurden und Freude daran hatten (Horn 1996). „So läßt sich eine jahrtausendealte evolutionäre Linie ziehen" (Platthaus 1998, S. 27).

Bereits vor der Jahrhundertwende erfindet man kleine, bewegte Zeichenfilme, die relativ schnell die Herzen des Publikums erobern werden. In Frankreich vervollständigt Émile Cohl den Film *Phantasmagorie,* der am 17. August 1908 uraufgeführt wurde.

In Deutschland bleibt man auf der Ebene der einfachen Zeichengeschichten, die nur vereinzelt in Erscheinung treten, so z. B. die vom Margarinehersteller produzierte *Rama-Post vom kleinen Coco.*

Die Comicblütezeit und ihre Explosion erfolgt in den USA zu Anfang der Dreißigerjahre; genannt seien hier die Klassiker *Popeye* (Elzie Segar) und *Krazy Cat* (George Harriman), gefolgt von der ersten vierfarbigen Comiczeitschrift, *The Funnies* (1929). Von nun an kommt es zu einer rasanten Entwicklung, in der zahlreiche Genres, Stilelemente entstehen, die in unserem Rahmen nur noch übersichtsartig gestreift werden können. Übrigens bedient man sich oft anthropomorphisierter Tiere. In den Anfängen des Comics sind diese noch

5

nicht festgelegt und laufen wahlweise auf allen vieren oder sind Zweibeiner.

Die zeichnerischen Darstellungen waren stets sehr aufwendig. Deshalb ließ Walt Disney zur Zeitersparnis bei seinen Figuren einen Finger weg; das fiel nicht weiter auf und wurde aus besagten ökonomischen Gründen schnell von anderen Zeichnern übernommen. (Aus gleichem Grunde wurde in der Kriegszeit in Filmen auch Micky Maus' Schwanz weggelassen.)

In den 40er-Jahren werden in den USA vermehrt Comics mit kriegsunterstützenden Heldengeschichten produziert, im Titelbild meist mit der Flagge des Union Jack unterlegt. So erscheinen: *The National Comic Uncle Sam; Adventures of the Army and Navy; Military Comics; The American Air Forces; Our Flag Comics; Wonder Comics; Victory Comics; Major Victory; Canadian Heroes*. Nach dem Krieg folgen dann die Comics, mit denen man vergessen und ins „normale" Leben zurückfinden möchte: Lustiges wie Donald Duck, Liebesromanzen, Detektivgeschichten etc. In den 50er-Jahren treten vermehrt Horror-, Vampir- und Gruselcomics auf, denen allerdings immer mehr die inhaltliche, bildliche und sprachliche Qualität fehlt. In den USA gab es deshalb damals eine starke gegen Comics gerichtete Strömung, verbunden mit umfassenden Hetzveranstaltungen in den neuen Massenmedien Film und Fernsehen (mehr dazu in Abschn. 5.6).

Das Comicfieber der USA erreicht erst später Europa. Nach Deutschland gelangen die Comics zum Kriegsende durch amerikanische GIs – und auch dieser Bestandteil des *American way of life* wird schnell adaptiert. „Das in den Vereinigten Staaten weiterentwickelte Produkt erscheint gewissermaßen als reimportierte Raffinade ... in Deutschland ... und erlebt hier eine boomartige Konjunktur ..." (Hesse-Quack 1973, S. 84).

Marksteine in der deutschen Comicgeschichte sind die ca. 1945 erschienenen Werbeheftchen von *Lurchi*, der Symbolfigur der Schuhfabrik Salamander, deren Geschichten stets endeten mit: „Und aus dem Walde tönt es noch: Salamander, lebe hoch." Übrigens gibt es diese in entsprechend modernisierter, jedoch nicht minder nostalgischer Form heute immer noch – für Fans sogar als Buch gebunden.

Dann kommt ca. 1951 *Nick Knatterton*, der von Manfred Schmidt gezeichnete Detektiv („Kombiniere ...") in der Illustrierten *Quick*, dessen Taten heute auch noch als Trickfilme im Fernsehen zu bewundern sind. Und dann boomt der Comic!

1951 das Erscheinen der ersten deutschsprachigen Ausgabe der *Micky Maus* von Walt Disney in einer Auflagenstärke von 400 000 Exemplaren. (Ach, hätte ich dieses schöne Heft heute noch!!! SEUFZ! Es wäre auf der Comicbörse nun 5 000,– DM wert. Dafür besitze ich glücklicherweise die Reprintausgabe. Diese deutsche Erstausgabe befasste sich bereits mit Hypnose und hat hier vielleicht meine Affinität zu diesem Wissenschaftsbereich im zarten Kindesalter geprägt.)

Schnell folgen dann andere Serien wie: *Tarzan, Akim, Sigurd, Prinz Eisenherz, Fix und Foxi*; man könnte diese Reihe nostalgisch seufzend beliebig erweitern. Bereits Anfang der Fünfzigerjahre erscheinen drei bis fünf Millionen Comics auf dem westdeutschen Markt (Doetsch 1958, zit. nach Pforte 1973).

Wie sehr diese anfängliche Gruppe der Bildbesessenen auch kulturell beeinflusst, wird erst im Laufe der Zeit deutlich: Im Jahr 1965 wird erstmalig in Europa – in Paris – eine Schau amerikanischer Comics ausgestellt. Im gleichen Jahr findet im italienischen Bordighera der erste internationale Comickongress statt. Der Bereich Comicstrip ist bereits 1973 das größte Feld der Ikonografie und umfasst zu dieser Zeit ca. 20 Millionen Bilder.

Inzwischen lassen sich die Bilder und Figuren nicht mehr aus unserem Leben wegdenken: Da ist einerseits der umfassende Buch- und Heftchenmarkt (etwas mehr darüber nachher) mit Millionenumsätzen, damit verbunden dann die gesamte nachfolgende Produktion: Postkarten, Geschenkpapier, Kaffeetöpfe, Spardosen, Lesezeichen, Radiergummis; weiter die Unterhaltungsindustrie: Kino- und Fernsehfilme mit Comicfiguren, die nun Animationen genannt werden. Das Werbefernsehen, besonders in den Nachmittagsstunden, den Sendezeiten für die Kinder, bedient sich der Figuren; die angeschwappte Computerwelle hat sie bereits in ihre Spiele integriert. Sollen heute die großen Kinotrickfilme wirklich hohe Gewinne abwerfen, dann wird Monate vorher ein Werbefeldzug hoch gerüstet, mit dem neben dem Film sofort die entsprechenden Produkte zum Film erscheinen; so wirbt man gegenseitig um die Millionenbeträge aus den Familienkassen. In den mit Fernsehern bestückten Kinderzimmern liegt täglich das Angebot von Cartoons vor. Der deutsche „Kinderkanal" strahlt seit Anfang 1997 in der Zeit zwischen halb acht Uhr morgens und 19 Uhr abends mehrere Zeichentrickfilme täglich aus (am Wochenende bereits ab 6 Uhr früh). An den Wochenenden (im Jahr 1999) bei RTL: 5.30–11.05 Uhr; SAT 1: 5.15–8.25 Uhr; PRO 7: 6.55–11.50 Uhr (Stand 1999). Das erscheint den geneigten Lesern und Leserinnen eine ganze Menge? In England gibt es beim Sender TNT das Cartoon Network, das von 5.00 a. m. bis 7.00 p. m. sendet: "Fun throughout the day, including favourite characters from cartoon classics and the latest animated antics" (laut einer Fernsehprogrammzeitschrift). Übrigens werden – dem Trend der Sprachverkürzung folgend – Cartoons in Kennerkreisen nur noch Toons genannt. Der Comic und seine Fangemeinde feierten inzwischen seinen 100. Geburtstag – und er entwickelt sich weiterhin prächtig.

Da Comics inzwischen ernst genommen werden, befasst man sich auf unterschiedlichsten Ebenen mit ihnen, was jedoch im vorgegebenen Rahmen nur kurz behandelt werden kann.

Genannt seien hier grundlegende Werke im Grobüberblick.

Entwicklungen

Beispiele sind: *Comic-Handbuch* (Fuchs u. Reitberger 1978); *Vom Geist der Superhelden. Comic Strips. Zur Theorie der Bildergeschichte* (Zimmermann 1973); *Reich – stark – mächtig: Die Phantasiehelden unserer Kinder* (von Hänisch 1982); *Comics. Vom Massenblatt ins multimediale Abenteuer* (Knigge 1996); *Super Heroes. A Modern Mythology* (Reynolds 1994). Einiges mehr folgt in Kapitel 7.

Ideologisch-kritische Literatur

How to read Donald Duck. Imperialist ideology in the Disney Comic (Dorfman a. Mattelart, 1975); *Carl Barks: Dagobert und Donald Duck.*

4.2 Weiterentwicklungen

4.2.1 Entwicklungen, Theorien, Analysen

18

Welteroberung aus Entenperspektive (Kunzle 1991). Die Autoren finden in ihren politisch orientierten Analysen, dass die Disneycomics angefüllt sind mit imperialistischen Ansprüchen und rassistischen Vorurteilen – alles letztlich ein Ausdruck des amerikanischen Dollarimperialismus. Später mehr darüber, siehe Kapitel 5.

Theorie des Comics

Will Eisner ist der Comicvater von *The Spirit* (1941). Er ist m. W. der erste Autor, der sich seriös in seinem Buch *Comics & sequential art* (1985, 13. Aufl. 1994) mit dieser neuen Stilrichtung auseinander setzt. Sein Buch *Graphic storytelling* hat Eisner (1995) als eine wissenschaftlich-psychologische Abhandlung abgefasst, die sehr viel Tiefgang hat und in ihrem Stil auch reichlich mit Bilddokumenten versehen ist.

Comics richtig lesen (McCloud 1994): Dieses Buch ist ausgezeichnet, da es in Weiterführung von W. Eisner sehr umfassend über Theorie, Kunst und Psychologie des Comics informiert – und äußerst intelligent in Comicform! Es stand auf der Auswahlliste vom „Deutschen Jugendliteraturpreis". Wir beziehen uns später darauf, siehe Abschn. 7.

Analysen, wissenschaftliche

Modellvorstellungen psychisch abweichenden Verhaltens in der Unterhaltungsliteratur (Kagelmann 1982). Der Autor untersucht wissenschaftlich präzise unterschiedliche Klischeebildungen. Wir werden später ausführlich darauf zu sprechen kommen (s. Abschn. 5.3).

Sex im Comic (Knigge 1985) versucht, die Bedeutung des Sex im Massenmedium des Comics zu klären. *Comic: Zensiert* (Schnurrer, Spiegel, Seim u. Hiebing 1996) setzt sich mit den unterschiedlichen Kritikansätzen und damit verbundenen Zensuren in der Comicgeschichte auseinander.

Im *Lexikon der Onomatopöien* (Havlik 1981) ist akribisch erforscht, welche lautmalerischen Gebilde vorkommen – und welchen Ereignissen sie zuzuordnen sind (s. Abschn. 5.2 und 7.2).

Da der Comic unsere Sprache beeinflusste, muss auch *Das Erika Fuchs Buch* (Bohn 1996) unbedingt erwähnt sein. Es befasst sich mit der geistreichen deutschen Übersetzerin der Disneytexte.

Comics Anno (Kagelmann 1991), das erste wissenschaftliche Jahrbuch zur Comicforschung, enthält Analysen, humorig, zu einzelnen Genres, Comicfiguren und Geschichten.

Die Ducks. Psychogramm einer Sippe (Grobian Gans 1983): Wir erfahren, dass Nepotismus als Lebenslüge betrieben wird, dass Dagobert Duck ein asexueller Psychopath ist, und diskutieren das Problem, ob Franz Gans Knecht oder Liebhaber bei Oma Duck ist.

Das wahre Leben des Donald D. – Entenhausens unglaubliche Geschichte (Martin S. Gans 1986): Besorgt wird gefragt, ob Donald sexuell verklemmt oder schwul ist – gegebenenfalls gemeinsam mit Gustav Gans. Gleichzeitig erfahren wir, dass Oma Duck die Ökozeitschriften abonniert hat und selber darin Kolumnen schreibt; ein Artikel heißt „Erpel verpißt euch, und keiner vermißt euch!" (Anm.: historische Äußerung, getroffen vor der Rechtschreibreform).

Der Fall Entenhausen. Die Machenschaften von Dagobert, Donald und der übrigen Brut auf dem juristischen Prüfstand (Bremer 1994): Der sachkundige Autor prüft das Rechtssystem in Entenhausen, erkennt, dass die Ducksippe notorisch exhibitionistisch ist, da ihre Mitglieder in der Öffentlichkeit ständig ohne Hosen rumlaufen, und dass Dagobert Goldschnüffelei betreibt – eine strafbare Handlung wegen Betäubungsmittelmissbrauchs. Ja, beim Fähnlein Fieselschweif wird die Verwendung verfassungswidriger Kennzeichen festgestellt. Sind denn Enten etwa schlechtere Menschen? Mit dieser Grundfrage werden wir uns später befassen (s. Abschn. 8.9 und 17.6).

Wollen wir mehr über die zahlreichen Comicfiguren wissen, dann sehen wir nach in *Freunde fürs Leben* (Jenrich 1996): In dem Buch erzählen mehrere Autoren über ihre persönlichen Begegnungen mit den Comicfiguren. In dem ausgezeichneten Werk *Who's Who im Comic* (Kagelmann 1997) stellt der äußerst sachkundige Fachautor jede Figur in ihrem historischen Werdegang und ihren persönlichen Eigenarten präzise dar. Die Zuspitzung dieses Themas ist *Who´s Who in Entenhausen* (Grote 1997), ebenfalls ein *must for insider*. Darin sind alle Charaktere aufgeführt, die Carl Barks' (der klassische Vater der Disney-Comicfiguren) Werke nur hergeben.

Kunstbücher zum Herstellen von Comics und von Animationsfilmen

4.2.2 Kunst und Film

Mit unterschiedlichsten Stilmitteln werden Laien und Künstler in die Maltechniken und den künstlerischen Aufbau von Comics eingeführt: *Wie man Comix macht* (Acevedo 1982); *How to draw and sell comic strips* (McKenzie 1988). Mit Grundproblemen von Trickfilmen (= Animationsfilmen) befasst sich *Timing for Animation* (Whitacker a. Halas 1981). Interessant sind die vom Cartoonisten Christopher Hart interaktiv gestaltete CD-ROM *How to Draw Cartoons* (1996) und der interaktive *Comic-Zeichenkurs* von Comic Planets (1996) nach dem italienischen *Corso di Fumetti Comico*.

Abgeleitete Kunst

Viele Werke von Roy Lichtenstein (bereits in den 60er-Jahren beginnend) sind überdimensionale Vergrößerungen von Comiczeichnungen oder diesen nachgestaltet – bis hinein in die Punktrasterung. Der Pop-Art-Künstler Jess Collins fertigte in seinem Werk *Tricky Cad* (1959) eine Collage aus Zeitungsblättern mit Bildergeschichten des Comicstrips *Dick Tracy*. Im Ölbild *Les tribulations d'une téléphone* (1965) verwendet Bernard Rancilliac ebenfalls Comicelemente.

Am 4.1.1994 ist Premiere in Castrop-Rauxel, Liebesdrama von Alexeij Sagerer: *Tödliche Liebe oder Eine zuviel*, Untertitel *Comics I in Oper*. Das Publikum sitzt im Geschehen, umgeben von vier Bühnen. Der Komponist bedient sich in der schrillen Liebesgeschichte der Sprechblasensprache des BRÜLL, KLATSCH, KREISCH. Das Stück genießt inzwischen in München den Ruf eines Kultstücks.

In dem Abenteuerroman *Tim und Struppi in der Neuen Welt* (Orig. 1993; dtsch. 1997) spannt der Amerikaner Fredric Tutten zwei der berühmtesten Comicfiguren mit einigen der prominentesten Personen der modernen Weltliteratur zusammen: „Eine Provokation für Thomas-Mann-Fundamentalisten und Pflichtlektüre für Tim-und-Struppi-Fans" (*Schwäbische Zeitung*).

Filme über Comics

Am 24.1.1995 widmete der Sender ARTE seine lange Themennacht der Ehrenrettung der Comickultur, mit Interviews, Empfehlungen und diversen Filmen. In einem weiteren Themenabend (22.10.1995) stehen Tim und Struppi und sein Zeichner Hergé für fast sechs Stunden im Mittelpunkt. Am 22.5.1995 bringt der Sender 3SAT das Thema *Was geschah wirklich zwischen den Bildern?* und berichtet über die Anfänge des Zeichentrickfilms usw. ARTE zeigt am 17.5.1995 den *Themenabend Comiczeichner – Meister der Sprechblase*, u. a. mit Interviews mit René Goscinny, dem geistigen Vater von Asterix, Lucky Luke und Isnogud, und mit Robert Crumb, dem berühmtesten Underground-Cartoonisten und Vater des Kultfilms *Fritz the Cat*.

Comicfilme

Ohne weiteren Kommentar sollen folgende abendfüllende Filme genannt werden: *Steamboat Willy; Schneewittchen und die sieben Zwerge; Bambi; Fritz the Cat; Das Dschungelbuch; Tim und Struppi; Die Schöne und das Biest; Aladin; König der Löwen; Prinzessin Mononoke.* Nahezu ungezählt sind die Kurzfilme mit Micky Maus, Donald Duck, Bugs Bunny, Tom und Jerry etc. – alle heute immer noch aktuell und beliebt.

Comics als Filmvorlage

Der umgekehrte Weg wird hier beschritten, indem Comicgeschichten und -gestalten zu Filmen mit realen Schauspielern verarbeitet werden: *Superman; Batman; Supergirl; Tarzan; Popeye; Der nackte Mann; Fred Feuerstein* etc.

3-D-Comics als Filme

In den 50er-Jahren wurden 3-D-Darstellungen populär, die man mittels einer rot-grünen Brille zu einem beeindruckend räumlichen Leben erwecken konnte. Beispiele sind: *Abbott und Costello; Adventures in 3-D; Animal Fun E-D; Batman; Captain 3-D; Felix the Cat; The House of terror; Mighty Mouse.*

4.2.3 Zeitschriften, Kataloge, Börsen

Fachzeitschriften

Die Sprechblase. Das Deutsche Comic-Magazin (20. Jahrgang 1999), *Comixene. Das Comicfachmagazin* (12. Jahrgang) und *RRAAH!* (11. Jahrgang): Sie machen sich Sorgen über die Weiterentwicklungen von Fix und Foxi, klären über die Ursprünge von Asterix auf, informieren über Kunstrichtungen, Märkte, Neuerscheinungen – teilen also alles das mit, was der versierte Liebhaber wissen muss. Weiter zu nennen sind Comic-Fachmagazine – mit sehr unterschiedlichen Spezialisierungen – wie: *Comic Speedline, Reddition, HIT Comics, Splash, Comics & more, Strapazin, Zack, Treffer, Stripspiegel, Comic Forum.*

COMIC Speedline (65 Ausgaben) befasst sich mit der Geschichte und Zukunft von Comics und deren Zeichner und gibt viele Insiderinformationen.

Aus den USA seien erwähnt *The Comics Journal, Graphix Magazin RAW, Animation Magazine.*

Eine Besonderheit für Fachleute ist *Animania. Videos, Mangas & More* (Ersterscheinung 1994). Hier hat man sich auf den japanischen

Zeichentrickkult spezialisiert. Die Japaner haben aufgrund ihrer geographischen Randlage und kulturellen Eigenständigkeit lange Zeit kaum Comics akzeptiert. Doch dann haben sie – u. a. auch bedingt durch ihre Mentalität, Symbole, Gestik und Mimik – ihre eigenen interessanten Stilrichtungen entwickelt, die für unsere abendländische Betrachtungs- und Denkweise mitunter fremd wirken und deshalb in den letzten Jahren immer beliebter werden. Die Bezeichnung *Manga*, das japanische Wort für Comics, setzt sich zusammen aus *man* = spontan und *ga* = Bild. Sie wurde 1815 vom japanischen Zeichner Katsushika Hokusai für seine Skizzenbücher verwendet, in die er einzelne Bildfolgen einarbeitete.

Lexika, Nachschlagewerke

Das *Lexikon der Comics* (Langhans 1991) ist immens detailliert. Die Fans wurden bis 1997 in 22 Ergänzungslieferungen in vier Ordnern über fast alles aus der Comicwelt informiert.

Das *große illustrierte Ehapa-Comic-Lexikon* (Fossati 1993) ist ein umfangreiches Werk und informiert tatsächlich von A bis Z über alles Wissenswerte aus 100 Jahren Comicwelt.

Cartoons: One hundred years of cinema animation (Bendazzi 1994) befasst sich äußerst ausführlich mit der Filmgeschichte des Cartoons.

Falls man alles über die Produkte des Zeichners Tex Avery, des Schöpfers von Bugs Bunny, Kater Silvester, Daffy Duck, Elmer Fudd etc. etc. wissen möchte, dann schlage man nach in *Tex Avery* (Brion 1986). Zu seinem 50. Geburtstag wurde Donald Duck besonders geehrt (Disney 1984).

Carl Barks. Werkverzeichnis der Comics (Grote 1995) befasst sich mit dem Lebenswerk jenes Zeichners, der Donald und viele seiner Kameraden zeichnerisch und inhaltlich zum amüsanten Leben erweckte.

Kataloge

Selbstverständlich gibt es nationale und internationale *Comic-Preiskataloge*, wie den von Skodzik und Hethke (1994) oder von Krägermann (1996), denen man die inzwischen gewaltig gestiegenen Preise der wertvollen Sammlerheftchen entnehmen kann. Hier erleben wir ähnlich rege Entwicklungen wie bei den diversen Briefmarkenkatalogen und Sammlerbörsen.

Comicinfos auf CD-ROM

„Die technisch aktuellste Information erreicht uns über CD-ROM am PC: Der Carlsen Comic Park präsentiert das Gesamtverzeichnis aller Carlsen Comics erstmals in digitaler Form: über 800 Titel mit Coverabbildung und Inhaltsangabe, dazu mehr als 140 Leseproben, rund 80 Biographien von Zeichnern und Autoren sowie mehrere exklusive Video-Interviews. Eine Fülle von Informationen, einfach und klar gegliedert, mit zwölf 3-D-Landschaften, interessanten Spielen und einer exzellenten Graphik, die ein Höchstmaß an Unterhaltung bieten." Die CD-ROM (Carlson Comics 1996) hält, was dieser Infotext verspricht. Beeindruckend präsentiert!

Vom bekannten Zeichner Gerhard Seyfried wird 1998 die CD-ROM *Elektronisches Imperium* herausgegeben – animiert, vertont, verlinkt. Neue Entwicklungen zeichnen sich ab. Mausklick anstatt knisterndes Umblättern?

Comics in Börsen und Ausstellungen

Bekannt sind in vielen Orten die Comicbörsen, in denen so mancher Fan das preiswert zu ergattern erhofft, was er in den Comicfachläden eventuell nicht mehr bekommen kann.

Beeindruckend war die Ausstellung *Überall ist Entenhausen – Ein Stück moderner Kulturgeschichte*, die 1995 im Museum Bochum 40 000 Besucher anzog, unter anderem mit den historischen Exponaten *Duckfretete* und *Duckamun I*. Ebenfalls 1995 fand die Ausstellung *Donald. Die Ente ist Mensch. Lebenswerk des Zeichners Carl Barks* im Museum für Angewandte Kunst in Köln statt. Die Ankündigung der folgenden italienischen Ausstellung verdeutlicht den Einfluss von Comics bereits auf dem Plakat: *Gulp! 100 ani a fumetti. Un secolo di disegni, evventure, fantasie.* 3 aprile – 30 giono 1996 in Ferrera, Castello Estense.

Die Ausstellung *Hugo Pratt* 1996 in Venedig in der Galleria Arte Moderne im Palazzo Casa Pesaro huldigt seinem früheren Bewohner, dem Erzähler und Zeichner Hugo Pratt (1927–1995), der durch seine Serie *Corto Maltese* Weltruhm erlangte. Seine Karriere spiegelt wie keine andere die Geschichte des italienischen Comics wider. Sein Erzählkonzept von z. B. *Südseeballaden* und *Die Wüstenskorpione* hebt die Grenze zwischen historischen Fakten und Fiktionen auf. Neben Samuel Beckett ist er der einzige Nichtfranzose, der zum Chevalier des Arts des Lettres geschlagen wurde; es ist die höchste Auszeichnung des französischen Staates an einen Künstler (vgl. Carlsen Comics 1996).

Sehr bekannt in Fachkreisen ist das *Internationale Comic-Festival* in Erlangen. Seit acht Jahren wird vom Kulturamt der Stadt die Comicbörse veranstaltet: Fachmesse mit Verlagen, Buchhandlungen, Stars, Verleihung des Max-und-Moritz-Preises, mit Vorträgen, Talkshows, Seminaren etc. etc.

Eine Übersichtsausstellung zum 100. Geburtstags des Comics gab es im Rheinischen Landesmuseum Bonn zur Jahreswende 1996/97. In der neuen Ludwig Galerie Schloß Oberhausen war die Ausstellung *Götter, Helden und Idole* zu sehen, dazu passend im Nebengebäude ... *als Mickey Mouse nach Deutschland kam*, gestaltet von Carsten Laqua, der das namensgebende Buch geschrieben hat (Laqua 1992). Die Anschlussausstellung *Von Yellow Kid bis Superman* von Peter Pachnicke und Carsten Laqua in der Ludwig Galerie Oberhausen 1998 befasste sich gezielt mit der Entwicklung unserer klassischen Comichelden, die unsere Kultur erheblich beeinflussten.

Clubs

Natürlich gibt es seit den Fünfzigerjahren den *Micky-Maus-Club*, dessen Nachfolger im Fernsehen Kinderzimmer füllt und Kinderspielplätze entvölkert.

Für Erwachsene bietet sich die *Deutsche Organisation der nichtkommerziellen Anhänger des lauteren Donaldismus* (ca. 500 Mitglieder), kurz D.O.N.A.L.D., an. Sie hielt 1994 ihren 17. Jahreskongress in Wien ab. Man informierte sich dort in Fachvorträgen u. a. über die Ursachen der eigenartigen Wachstums- und Schrumpelungsphänomene in Entenhausen und belohnte sich durch „Klatsch-Klatsch-

Klatsch"-Rufe. Der Kongressbeobachter des *Stern* (Brand 1994) musste feststellen, dass man dort sehr besorgt war, da ja schon der einfallsreiche Kaufhauserpresser des Jahres sich „Dagobert" nannte.

Mediales Spielzeug

Gezeichnete Comicfiguren wurden schnell in die Alltagswelt übernommen und für Gebrauchsgegenstände von Aschenbecher bis Zahnbürste adaptiert. Da viele Gegenstände in der Umgebung von Kindern nicht mehr der realen Umwelt, sondern den Figuren der Medien (z. B. Comicheft, Fernsehsendung, Werbung) nachgestaltet sind, wurde in der Pädagogik der Begriff „mediales Spielzeug" geprägt. Es ist ein Teil der allmählich verschwindenden Realität in der Entwicklung des Kindes. In New York erfolgt seit 1927 jährlich *Macy's Thanksgiving Day Parade*, auf der das Spiezeughaus Macy's traditionell sein Weihnachtssortiment vorstellt und u. a. riesige heliumgefüllte Ballons in Gestalt von Comicfiguren präsentiert. Ca. 50 Millionen Fernsehzuschauer aus aller Welt verfolgen dieses Spektakel. Bis zu 350 000 Dollar investieren Spielzeughersteller und Filmverleiher, um bei der Parade mitwirken zu können.

Computergrafiken

Seitdem es Computer gibt, begannen auch Künstler, dieses Medium zu nutzen, so auch Comickünstler, die ganz zu Anfang mit plumpen Klötzchengrafiken Figuren schufen und animierten und sie in der Folge immer mehr mit immensen grafischen Effekten versahen. Langsam entwickeln sich hier Kunstrichtungen, die Tusche, Bleistift und Papier verlassen und sich ausschließlich der digitalen Konstruktion von Bildern und ihren Erzählungen zuwenden.

Computerspiele

Aus den PC-Grafiken resultierten dann u. a. zahlreiche Computerspiele unterschiedlichen Genres und Niveaus – vom primitiven Ballerspiel bis zum intelligenten Abenteuerspiel.

Inzwischen gibt es eine Reihe digital erzeugter Comics – via CD-ROM auf dem Bildschirm abrufbar. Vielleicht gibt es demnächst Donald Duck im Cyberspace – und seine Fans können ihn im virtuellen Entenhausen besuchen.

Internet

Die logische Konsequenz war dann natürlich, auch das Internet für Comics zu nutzen. Inzwischen gibt es weltweit ungezählte Anbieter relevanter Adressen von Onlinekonferenzen und Comics und deren Sammler. Comickünstler haben hier auch eine Multiplikationsform gefunden, um auf der Datenautobahn ihre Werke Verlegern anzubieten.

Zeichenfiguren wurden Bestandteil unserer Kultur

Wie Zeichenfiguren unsere Kultur beeinflussen, wird an den Barbie-Puppen deutlich. Ihr Vorbild ist die gezeichnete Peggy, die vor vielen Jahrzehnten täglich in der Bild-Zeitung erschien. Eine amerikanische Firma erwarb die Herstellungslizenz und machte daraus ein Produkt, das wohl in keinem Mädchenzimmer fehlt. Es entstand eine neue Spielkultur.

Das Bild unseres geschätzten Weihnachtsmannes ist in unserem Erleben vermeintlich seit langem tradiert. „Erst 1931 wurde der aktuelle Weihnachtsmann geboren. Da zeichnete ihn Haddon Sundblom – für eine Coca-Cola-Werbung" (*Westdeutsche Allgemeine Zeitung*, Notiz vom 22.12.1995). Mal sehen, welche Firmen weiterhin unsere „Traditionen" formen.

4.3 Definitionen: Erscheinungsformen, Inhalte, Stilrichtungen

Wie bereits deutlich wurde, haben wir es bei den Comics mit einer Vielfalt von Stil- und Erscheinungsformen zu tun, die in unterschiedliche Genres einzuteilen sind.

4.3.1 Erscheinungsformen

Unabhängig vom Inhalt werden die mit bunten Bildern und Sprechblasen bedruckten Medien in verschiedene Bereiche unterteilt.

Gag Strips: in sich abgeschlossene Witzstreifen, die eine spaßige Situation in zwei bis sechs Einzelbildern, den *panels*, darstellen.

Continuity Strips: von Tag zu Tag oder von Woche zu Woche als Fortsetzungsbericht erscheinende Bilderstreifen.

Comic Books: als Paperbacks, Hefte oder gebundene Bücher erscheinende Druckwerke.

Piccolos: kleine, querformatige Heftchen, 8 x 17 cm groß.

4.3.2 Inhalte und Stilrichtungen

Vom Inhalt, der künstlerischen Aussage und Botschaft her sind zahlreiche Unterformen des Comics zu nennen. Nachfolgend sollen für unsere Orientierungszwecke nur einige Vertreter des jeweiligen Genres kurz genannt werden. Diese angeführte Gliederung ist beliebig erweiterbar.

Da es sich hier lediglich um eine exemplarische Auflistung handelt, sind Autoren und Erscheinungsjahre nicht zitiert. Diese Beispiele erscheinen deshalb nicht im Literaturregister.

i) *Adventure Strips:* Es sind Abenteuergeschichten im breitesten Sinne des Begriffes.

i.i) Comics aus Wildwest: *Tom Bill* (erste Ausgabe 18 000,– DM wert); *Texasreiter Hot Jerry* (10 000,– DM); *Tom Mix* (5 400,– DM*); Zorro; Tex Willer; Hopalong Cassidy; Blueberry; Der Weg des Schamanen.*

i.ii) Urwald: *Tarzan; Akim; Tibor; Indiana Jones.*

i.iii) Kriminal: *Nick Knatterton; Spirit; Agent X8; Michael Frank; Stella Noris; Francis Albany; Inspector Canardo; Felidae* (als der Roman Bestseller wurde, folgte seine gezeichnete Ausgabe).

i.iv) Militär: *Rex Danny; Nick; Buck Danny.*

i.v) Geschichte: *Prinz Eisenherz.*

i.vi) Sonstige Abenteuer: *Abraham Stone; Andy Morgan; Michel Vaillant; Dead End; Corto Maltese; Fernandez.*

ii) *Fantastic Strips:* Erzählungen aus Phantasiewelten des Märchens oder der Zukunft.

ii.i) Sciencefiction: *Titanus; Im Reich der Mondroboter; Phantom; Star Wars: Das Geheimnis der Jedi-Ritter; Die Sternenwanderer; Valerian und Veronique; Die Bewohner des Himmels.*

ii.ii) Märchencomics: Bekannte oder neu kreierte Märchen werden grafisch erzählt: *Der Zauberer des Nebelwaldes; Alice im Wunderland; Cinderella; Die Schöne und das Biest; Das hässliche Entlein.*

iii) *Superhelden:* Hier lassen sich sicherlich Unterklassifizierungen finden. Als Hauptrichtugen seien genannt: *Superman; Batman; Superwoman; Batgirl; Spiderman.*

iv) *Horror* und *Mystery:* Es sind jene Inhalte, die in den Fünfzigerjahren die Zensoren erzürnten.

iv.i) Grusel- und Verbrechergeschichten: *Gespenstergeschichten; Das Geisterschiff; Phantom.*

iv.ii) *Mystery Comics: Unglaubliche Abenteuer; Herr der Ringe; Hobbits.*

v) *Historical Strips, True* oder *Classic Comics:* Bildliche Darstellungen historischer Ereignisse oder von Vorlagen aus Roman oder Film und Fernsehen.

v.i.) Reale Geschichtsereignisse: *Alexander der Große; Jugurtha; Julius Caesar; Cleopatra; Die Schlacht bei Salamis; Der erste Punische Krieg; Die Illias.* Primärautoren sind hier Vergil, Pulybius, Caesar, Herodot, Homer.

v.ii) Geschichtsereignisse und Romangestalten: Bildliche Nacherzählung klassischer literarischer Werke: *Ivanhoe; Reise zum Mittelpunkt der Erde; Die letzten Sachsenkönige; Robinson Crusoe; Wilhelm Tell; Moby Dick* (von Will Eisner!). Allein von Stevensons *Die Schatzinsel* konnte ich sieben verschiedene Comicausgaben ermitteln.

v.iii) Romangestalten: *Robin Hood; Faust; Hamlet; James Bond; Die Schöne und das Biest; TKKG.* Hier kann man fast alles finden: Cooper, Defoe, Dostojewski, Goethe, Gogol, Poe, Shakespeare, Tolstoi, Verne, Vergil, H. G. Wells, Wolfram von Eschenbach, Zola ... Auch Marcel Prousts *Auf der Suche nach der verlorenen Zeit* wird in Bildergeschichten umgesetzt.

v.iv) Film- und Fernsehgestalten bzw. -serien: *Black Beauty; Dick und Doof; Lassie; Hallo Spencer.* Auch diese Reihe wäre beliebig fortzusetzen.

vi) *Religionscomics: Jesus der Galiläer; Chris, die Kerze und die Geschichte vom Abendmahl;* auch Anliegen bestimmter Religionsgruppen oder das Leben des Buddha werden als Bildergeschichten erzählt.

vii) *Edu Grafs*: Educational Graphics sind belehrende bzw. unterrichtende Comics, gedacht zur Aufklärung und Information. Zahlreiche solche Instruktionsbücher wurden von Will Eisner, dem Vater von *The Spirit* erstellt, z. B. zu den Themen Schweißen, Automechanik, Elektronik, Teppichverlegen, Kunststoffbearbeitung. Vom gleichen Zeichner gibt es auch Ratschlagbücher in Comicform: *Ihre Karriere als Verläufer; Wie man einen Job bekommt* etc. Der „Asthmacomic" *Das atemberaubende Abenteuer* (1997) erklärt Kindern, woher diese Krankheit kommt und was dagegen hilft.

vii.i) Aufklärung: *Leo geht durch alles durch* (Bundeszentrale für gesundheitliche Aufklärung): Aufklärung zu Drogenproblemen.

vii.ii) Lehrbuch: *Comics richtig lesen* (McCloud 1994). *Freud für Anfänger* erzählt die Entwicklung der Psychoanalyse. *MS-DOS mühelos* ist ein „garantiert fröhlicher Cartoon-Computerkurs".

vii.iii) Philosophie: *Pilger Mu* schildert in kleinen Episoden die Grundhaltungen des Zen-Budhismus.

viii) *Erwachsenencomics*

viii.i) Erotikcomics: Hier werden entweder eigenständige Geschichten erotisch/pornographisch verarbeitet (z. B. in der Zeitschrift *Playboy*), oder es werden bestehende Geschichten umgearbeitet, um dann Geschichten entstehen zu lassen wie z. B.: *Dornmöschen; Schneeflittchen; home; Paulette; Mono Street; pip; Erotic Souvenir; Petits Annonces; Plaisirs Mangas* (auf CD). Vom Amourösen bis zum Schweinkram spiegelt sich menschliches Wünschen wider.

viii.ii) Alternative Szene, Polit: *Das kleine Arschloch; Gummi; Werner; Strahlende Zeiten; Vive les femmes; Mein wahres Wesen; Mein bester Freund; Der nackte Mann*.

viii.iii) Underground Comix: Das „x" verkörpert die Andersartigkeit gegenüber konservativen Produzenten. Als Ausdruck einer Subkultur begannen sie in den Sechzigerjahren: *The Fabulous Furry Freak Brothers; Fritz the Cat; U-Comix*.

viii.iv) Raubcomics und Plagiate: Unberechtige Vervielfältigungen der Originale, unautorisierte Verfremdungen, parodistische Verarbeitungen oder politisch-weltauschauliche Veränderungen kommen auf den Markt: *Donald Punk; Häuserkampf in Entenhausen; Der Sympathisanten Schlupf; Sexabenteuer von Lucky Luke*.

viii.v) Satire: *Pardon; Mad; National Lampoon; Bonbon* (in der Zeitschrift *Stern*); *Schwester Kaloderma* (in: *Pommes für den Papst*); *Bertis Buben* (1998).

ix) *Surrealismuscomics, teilweise philosophisch: Spacedog; Der Wirbel; Der Ursprung; Träume; Zerbrochene Zeit; Die verlorene Zukunft; Mort Cinder; Der 9. Traum.*

x) *Humorcomics: Popey; Peanuts; Lupo Alberto; Fix und Foxi; Donald Duck; Asterix; Ottifanten; Max; Clever und Smart; Krazy Cat; Micky Maus* (deutsche Erstausgabe 1951: inzwischen 5000,– DM wert); *Cubito; Im Jenseits ist die Hölle los; Bugs Bunny; Fred Feuerstein; Mosaik* (aus der ehemaligen DDR; am 24.7.1998 in der 500. Ausgabe).

Kapitel 5

Comic und Kunst

Comics sind inzwischen zu beliebten Sammler- und Kunstobjekten geworden. Um uns mit ihrer Bedeutung in der Kunst auseinander setzen zu können, soll im Überblick dargestellt werden, durch welche Gestaltungselemente sie wirksam sind.

5.1 Was ist eigentlich ein Comic?

In den vorhergehenden Kapiteln wurde versucht, das „Phänomen" des Comics nach seinen Erscheinungsformen, Inhalten und Stilrichtungen zu definieren bzw. im Überblick strukturiert darzustellen.

Nun soll das beschrieben werden, was die Grundsubstanz des Comics ausmacht.

Suchen wir im Duden (1990, Fremdwörterbuch), so finden wir unter unserem Stichwort:

> **Comic** [*komik*; Kurzw. für Comic strip; *amerik.*] der; -s, -s (meist Plural): Bilderzählung. **Comicstrip** [*komik ßtrip*; „drolliger Streifen"], der; --[s], --s: mit Texten gekoppelte Bilderfortsetzungsgeschichte abenteuerlichen, grotesken od. utopischen Inhalts (z. B. Donald Duck, Asterix)

Folgen wir hier erst einmal einer Projektgruppe der Hamburger Universität, die für Comic den Begriff „Grafische Literatur" (Langhans 1991) verwendet.

Comic ist eine Form des Lesens. Comics werden immer mehr eine anerkannte Form des Lesens. Sie kommunizieren in einer „Sprache", die auf einer visuellen Erfahrung basiert, die sowohl der Hersteller als auch der Leser gemeinsam haben. Comic kann als „Lesen" im weitesten Sinne angesehen werden.

Die Regeln der Kunst (z. B. Perspektive, Symmetrie, Pinselstrich) werden über Regeln der Sprache gelegt und umgekehrt (z. B. Grammatik, Plot, Syntax). Ein Comicbuch lesen ist ein Akt sowohl ästhetischer Wahrnehmung als auch intellektueller Verarbeitung (Eisner 1994).

Der Künstler, der sich mit einer Geschichten enthaltenden Kunst für ein Massenpublikum befasst, ist danach bestrebt, eine Gestalt zu kreieren, eine in sich geschlossene Sprache, die als Vehikel für die Ausdrucksmöglichkeit der Komplexität von Gedanken, Geräuschen, Aktionen und Ideen dient, die in einer geordneten Abfolge von getrennten Kästen dargestellt sind. Es muss eine Interaktion zwischen Künstler und Leser aufgebaut werden, denn der Künstler ruft Imaginationen wach, die im Gedächtnis beider Kommunikationsteilnehmer gespeichert sind.

Die Bilder haben eine emotionale Funktion, die darin besteht, Reaktionen des Lesers auf die Handlungen zu erzeugen und ihn somit emotional in die Erzählung mit einzubeziehen.

Befragen wir nun weitere Experten, so erhalten wir noch differenziertere Auskünfte, so von Eisner (1994) und McCloud (1994):

Comic ('komik; amerik.) der; -s, -s: zu räumlichen Sequenzen angeordnete bildliche oder andere Zeichen, die Informationen vermitteln und/oder eine ästhetische Wirkung beim Betrachter erzeugen sollen (McCloud 1994).

Wie immer benötigen derartige Definition ausführliche Erläuterungen, um das gesamte Spektrum darzustellen.

5.2 Sequenzielle grafische Kunst

Comics sind demnach aufeinander folgende bzw. räumlich nebeneinander liegende bildliche Darstellungen (= sequenziell). Dies heißt, dass sie nicht wie beim Film zeitlich nacheinander, sondern räumlich nebeneinander angeordnet sind. Für den Comic ist der Raum das, was für den Film die Zeitabfolge ist.

Die Tatsache der Einzelbilder und Bilderkästen trennt die Szenen voneinander und wirkt als Interpunktion. Wenn die Bilder, Kästen und Seiten erst einmal in die angemessene Sequenz gebracht sind, dann dienen sie als Kriterium, mit dem man die Illusion der Zeit und der Zeitabfolge beurteilen kann.

Die Bilder des Comics korrespondieren somit nicht mit den Einzelbildern eines Kinofilmes. Sie sind vielmehr der Teil eines kreativen Prozesses als das Ergebnis einer Technologie.

Die Gestaltung der Elemente innerhalb eines Rahmens, ihre Beziehung zueinander und die Assoziation mit anderen Bildern innerhalb des Bildablaufes sind die grundlegende „Grammatik", mit der die Erzählung konstruiert wird.

Im Film wird der Betrachter mit jedem Bild nacheinander konfrontiert. Er hat hier gar keine Wahlmöglichkeit. Der Comic dagegen verlangt ein kontrolliertes Lesen. Durch die Bildgestaltung muss der Comicleser in der Abfolge des Lesens geleitet werden, damit er im Sinn der Geschichte und der Dramaturgie liest.

Ein einzelnes Bild ist also genauso wenig ein Film wie ein Comic. Die Abfolge mehrerer Bilder bestimmt ihre Funktion und ihre Aussage. Ein einzelnes Bild z. B. im Sinne des uns bekannten Bilderwitzes ist jedoch nur ein Cartoon – es sei denn, darin ist die Abfolge von Wort und Bild enthalten.

Diese oben getroffenen Definition macht bewusst keine Aussage über die möglichen Genres des Comics wie z. B. Geschichte, Sciencefiction etc. (siehe dort, Abschn. 4.3.2), künstlerische Techniken (z. B. Farbstift, Druck, Airbrush) und deren Kunstrichtungen (z. B. Naive, Naturalismus, Surrealismus).

5.2.1 Das Symbol (icon)

Comiczeichnungen sind Visualisierungen. In Bilderbüchern finden wir dagegen Illustrationen. Eine Visualisierung ersetzt den Text. Eine Illustration dagegen wiederholt, verstärkt, schmückt oder gibt ein Klima für eine Stimmung. Der Comickünstler ist in seiner Funktion mehr ein Visualisierer als ein Illustrator.

Ein wesentlicher Bestandteil des Comics ist die ikonografische Aussage- und Darstellungsform. So ist die Abbildung oder Zeichnung z. B. eines Hundes kein Hund, sondern sie ist die bildhafte Darstellung eines Hundes, repräsentiert also einen Hund.

Das geschriebene Wort KICHER ist kein Gekicher, sondern die Repräsentation für das sonst nur akustisch wahrnehmbare Gekicher.

Hierbei kommt es zu grafischen Verdichtungen, den Symbolen (amerik. *icons*). Diese können „konkrete" Symbole sein oder abstrakte Ideenkomplexe verkörpern wie das umzirkelte A der Atomwaffengegner. Dies beinhaltet: Betonung durch Vereinfachung.

Wörter sind vollkommen abstrakte *icons*: Das Wort „Mund" hat einen komplexen Aussagewert – und muss durch z. B. Adjektive näher definiert werden (der stumme, lächelnde, verkniffene, verbissene, sinnliche Mund).

Die Bilder eines Comics sind meist *icons*; ihre Abstraktion besteht in der Vereinfachung auf das Wesentliche der Aussage und betont diese dadurch. Mitunter entsprechen *icons* Brechts Forderung nach der „Entstellung zur Kenntlichkeit".

Icons und geschriebene Wörter sind optisch wahrgenommene Informationen. Der Übergang der Abstraktion vom *icon* zum Wort – und umgekehrt – ist oft fließend.

Durch die Vereinfachung werden Charakteristika und Charaktere besonders hervorgehoben. Bei ihrer Entwicklung beinhaltet dies: Die Erstellung eines Cartoons oder Comicbildes ist weniger durch die Art des Zeichnens bestimmt, sondern vielmehr durch die Art des Sehens der Dinge – und die Darstellung ihres Aussagewertes. Diese bildhaften Aussagen wurden durch ihre Abstraktion universeller, drücken gleichzeitig komplexe Sachverhalte aus, nehmen Typisierungen vor und geben sogar differenzierte Gefühlslagen wieder. Beispiel: die Person, die gerade einen wichtigen Erkenntnisprozess erfolgreich/ erfolglos abschließt; der stets böse Gauner Kater Karlo; der stets gute, emotional unnahbare, männlich-harte und gerechte Batman; das turtelnde Liebespaar kurz vor/bei/nach dem ersten Kuss (auch darzustellen als: GRÜBEL – SEUFZ – SCHMATZ – KICHER).

Da es sich stets um die ikonische Abstraktion einer Sichtweise des Künstlers handelt, sind damit gleichzeitig sehr subjektive Verarbeitungsweisen verbunden, die sich gerade in der subjektiven Darstellung ausdrücken – diese wiederum ist durch Stilrichtungen geprägt und bestimmt diese.

Auf der Wirkebene des Betrachters liegen vergleichbare subjektive Verarbeitungsprozesse vor. *Icons* erfordern die aktive Auseinandersetzung des Betrachters mit ihnen; nur dadurch gibt er ihnen Aussagewert und Bedeutungsgehalt. In den Strichen verbirgt sich die Energie, die nur das Gehirn des Lesers freisetzen kann.

Comics sind durch ihre *icons* und die Verwendung zahlreicher weiterer Stilmittel (s. u.) eine Form der Expression. Der Cartoon dagegen ist das Ergebnis einer Übertreibung und Vereinfachung. Der Cartoon ist eine Form des Impressionismus.

5.2.2 Intendierte ganzheitliche Gestaltauffassung

Ein weiteres Element des Comics besteht in der Nutzung unserer ganzheitlichen Gestaltauffassung.

Bei der Betrachtung z. B. eines Passfotos neigen wir dazu, aufgrund der *Gestaltkonstanz* unserer Wahrnehmung unaufgefordert den Rest der nicht sichtbaren Person zu ergänzen. Bleiben auf dem Foto bestimmte Merkmale einer Person erhalten, dann können wir sie auch in unterschiedlichen Altersphasen identifizieren.

Das Phänomen der *Zeitkonstanz* lässt uns die schnelle Bildfolge eines Films als zeitlich abfolgende Bewegung erleben – so auch bei der Abfolge der einzelnen Bilder des Comics.

Das Kind erlebt ab einem bestimmten Entwicklungsalter den hinter ein Kissen gerollten (und nun unsichtbaren) Ball als weiterhin existent, da es durch seine Erfahrungen *Objektkonstanz* erfahren hat. Das Leben bekommt durch diese Ordnungsprinzipien (erklärt durch die Theorien der Gestaltpsychologie und des Konstruktivismus) Kontinuität, Klarheit, Verlässlichkeit und Sinnhaftigkeit.

Der gute Filmschnitt arbeitet mit diesem Konstanzphänomen. Er soll an folgenden drei Bildsequenzen veranschaulicht sein:

1. Szene: Alte Frau mit Handtasche. Eine männlich-behaarte Hand greift hinein und entwendet die Geldbörse.
2. Szene: Ein großer, unregelmäßiger, rotgelber Stern füllt das Bild aus.
3. Szene: Nahaufnahme eines blutigen, blau umränderten Auges in einem Männergesicht.

Wir nehmen aufgrund dieser Informationen an:
Einer alten Frau wird von einem Mann Geld aus der Tasche gestohlen.
Daraufhin erfolgt ein aggressiver Akt, der dann ein blau geschlagenes Auge zur Folge hat. Jemand hat also den Diebstahl beobachtet und durch einen Faustschlag auf das Täterauge die Tat geahndet. Falls im nächsten Bild die alte Frau in Kampfpose steht oder Batman zu sehen ist, nehmen wir nun an, dass entweder das Mütterchen sehr wehrhaft war oder Batman ihm zu Hilfe kam.

Alle nicht gesehenen Tätigkeiten (wie Faustschlag) werden von uns als Kausalitäten innerhalb einer Zeitabfolge ergänzt und komplettieren die Geschichte zu einem sinnvollen Geschehen. Dies ist das Grundprinzip der Dramaturgie und des Filmschnitts. Je nach Handlung und Schnitt werden nicht nur logische Folgerungen, sondern auch Emotionen ausgelöst.
Gleiches ist im Comic intendiert – und die oben skizzierte Geschichte könnte ebenfalls durch drei bis vier Bilder auch im Comic erzählt werden. Bei richtiger bildlicher Erzählform wird Unsichtbares unaufgefordert in die identische Logik des Erzählflusses einbezogen. Beim Comic passiert also genau an der Nahtstelle zwischen zwei Bildern das psychologische Phänomen der Induktion, dass hier eine geschlossen ablaufende Wirklichkeit konstruiert wird. In dieser Lücke, von den Comicfans „Rinnstein" (amerik. *gutter*) genannt, wird diese Induktion bewirkt. Falls es in dieser intendierten Erwartungslinie Sprünge gibt, dann sind sie gewollt. Das Unerwartete trifft ein, sei es in der surrealistischen Darstellung, im Krimi, im Film oder in lustigen Gags, die durch unerwartete Wendungen (also gelenkte Fehlschlüsse des Betrachters) leben. „Wenn visuelle Symbole das Vokabular des Comics bilden, dann ist Induktion seine Grammatik" (McCloud 1994, S. 75).

Die Einzelbilder *(panels, boxes, frames)* geben mitunter direkt Informationen über Zeitabfolgen, so z. B. durch Fußspuren, brennende Lampen oder den scheinenden Mond. Sie sind darüber hinaus der Indika-

5.2.3 Die Einzelbilder und Seitengestaltung = Zeiteinteilung und subjektive Lenkung

tor für die Zeiteinteilung. Ihre Gestalt und Anordnung auf einer Seite sind wesentliche Stilelemente und Ausdrucksmittel. Wenn die Bilder dicht aneinander gesetzt werden, dann haben wir es auch im Wortsinne mit einer sehr eng ablaufenden Zeit zu tun.

Die Gestalt des Bildes ist ebenfalls ein wichtiger Faktor. Dort, wo ein klarer Zeitablauf dargestellt werden soll, haben auch die Kästen eine perfekte Abmessung.

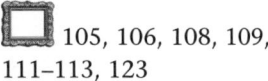 20, 35, 59, 67, 115

Der Bilderrahmen erzählt mit

Bei den frühen Comics waren die Einzelbilder in Kästen klar strukturiert und nach einem wiederkehrenden Raster angeordnet. Mitunter verlassen einzelne Bilder später das Format: Einzelne Elemente gehen über den Rahmen hinaus und drücken dadurch z. B. Expansion, Tempo, Freiheit, Einsamkeit aus. Oder es werden Kästen unterschiedlicher Formate benutzt, wobei die großen Kästen für Überblicksdarstellungen, Panoramen etc. bestimmt sind.

Später benutzen die Künstler unterschiedliche Bildformate (quer, hochkant etc.) und Bildrahmen (Kreise, Dreiecke etc.), die in sich geschachtelt als komplexe grafische Gestaltungselemente bestimmte Aussagen vermitteln sollen. Dies ist die „Sprache" der Bilderrahmen. Je nach Gestalt des Rahmens werden unterschiedliche Wahrnehmungen und Assoziationen hervorgerufen: Korrektheit, Zerfahrenheit, Modernität, Altertümlichkeit, Aggression, Verspieltheit. Dabei wird dieser Rahmen selbst gleichzeitig ein Teil der Gesamtgeschichte. Ja, dieser Rahmen wird ein Teil der Methoden, Dimensionen (räumlich, einsam, erhaben, eingeengt) zu suggerieren.

Die gesamte Bildseite ist ein Metapanel. Da das Lesen ein Seitenumblättern erfordert, tritt dadurch eine Pause auf. Dies ermöglicht einen Zeitsprung in der Erzählung, einen Szenenwechsel und bietet die Gelegenheit, die Aufmerksamkeit des Lesers erneut zu fokussieren. So muss die Gestaltung einer Seite im Comic auch den oben genannten Erfordernissen der Bildgestaltung entsprechen, indem sie u. a. Zeitperspektiven aufbaut oder zur nächsten Szene überleitet.

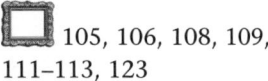 105, 106, 108, 109, 111–113, 123

Zeitabläufe

Durch die Panels fanden Bilder zu einer Ausdruckstärke, die vorher von keiner Zeichnung erreicht wurde, „weil die Randlinien im Comic den Faktor Zeit in die bildende Kunst eingeführt haben" (Platthaus 1998, S. 11).

Zeit und räumliche Anordnung sind gerade beim Comic besonders eng verknüpfte Elemente. Da die subjektive Wirkung intendiert ist, kann auch ein großformatiger Kasten Details enthalten (z. B. das erschrockene Auge), während die Gesamtszene im winzigen Format erscheint.

Zeitliche Abläufe können auch in mehrere Bilder aufgeteilt sein wie z. B. die Bewegungsphasen beim Laufen.

Die Zeitabfolge der einzelnen Bilder oder Szenen ist also sehr unterschiedlich. Je nach gewünschter Aussage können in einem Bild mehrere Prozesse simultan ablaufen wie z. B. bei einer Party, auf der sich mehrere Personen gleichzeitig unterhalten; die grafische Aufteilung und Anordnung der Sprechblasen erlaubt dies. Es ist auch möglich, dass ein Ablauf von Sekundenbruchteilen in mehrere Bilder unterteilt wird, um die Dramatik zu erhöhen: Die Pistolenkugel verlässt den Lauf, fliegt, durchbohrt das Opfer, das dann hinfällt. Im anderen Extremfall können sehr lang andauernde Abläufe in wenigen Bildern verdichtet werden: Das kleine Kind und die heute erwachsene Person erscheinen in aufeinander folgenden Bildern.

Die Bildabfolge wird also nicht nach einer objektiven Chronologie dargestellt, sondern nach dramaturgischen Gesichtspunkten, die subjektiv wirken sollen! Auch im alltäglichen Leben läuft die objektive Zeit subjektiv unterschiedlich schnell ab – je nach Geschehnis.

Im Comic hat das Element der Linie sehr unterschiedliche Funktionen – je nach Richtung, Platzierung und Form.

Linien als Bewegungselemente

Im Comic ist es gebräuchlich, Bewegungen in einem einzigen Bild zu zeigen und sie durch besondere typische grafische Elemente zu kennzeichnen: die Bewegungslinien. In das statische Bild werden auf diese Weise dynamische Komponenten eingearbeitet. Diese dem Comic eigenen Linien folgen dem bewegten Objekt (Arm, Auto, Fliege) und der Bewegungsgestalt (Gerade, Kreis, Welle etc.). Ihre Strichstärke und Strichstruktur zeigt die Intensität und Schnelligkeit der Bewegung an. So wird ein gewaltsamer bogenförmiger Faustschlag mit anderen Bewegungslinien dargestellt als der bogenförmige Flug eines Schmetterlings.

Rudolph Dirks, der Zeichner der *Katzenjammer Kids* (1902), hat erstmalig Bewegung durch entsprechende Linien dargestellt.

Linie und Ausdrucksgehalt

Der Ausdrucksgehalt der Linien ist ein wichtiges Gestaltungs- und Aussageelement des Comics. Durch sie können Gefühle, Geräusche, Stimmungen und Bewusstseinszustände vermittelt werden. Nicht nur, dass eine kalte Atmosphäre im Büro durch Eiszapfen darstellbar ist. Auch eckige Gestaltungselemente in der Strichführung oder der Hintergrundabstraktion können dies vermitteln. Im Kontrast dazu weisen runde, geschwungene Linien auf warme, harmonische, einheitliche Stimmungen hin.

Gestalt, Richtung und Form der Linien haben unterschiedlichen Ausdrucksgehalt und verursachen dadurch einfache, aber auch komplexe Gefühle: Der von links unten nach rechts oben geführte Strich hat positive, aufstrebende Tendenzen; der Strich von links oben nach rechts unten weist auf Depression, Abnahme, Vergangenheit hin. Jede Strichkonstellation hat also durch ihre spezifische Form eine Ausdrucksgestalt, die psychisch auf uns wirkt und damit bestimmte inhaltliche und emotionale Aussagegehalte vermittelt.

So wird als international still vereinbarte Konvention eine Spirale als Symbol verwandt für: schwindende Sinne, Verrücktheit, Verwirrtheit, Ohnmacht, verändertern Bewusstseinszustand, Hypnose. Wir werden darauf noch mit differenzierten Ausführungen zurückkommen (s. Kap. 14 und Abschn. 23.5).

Diese Ausdrucksfunktion der Linien wird auch bei der Gestaltung der Charaktere besonders eingesetzt: Das eckige Gesicht Batmans signalisiert männlich-herbe Entschlossenheit, während die großen,

5.2.4 Linien und Ausdrucksgestalten

5, 14, 57, 60, 88, 97,
111–113, 137, 138, 141, 143

13, 14

runden Augen von Schneewittchen, kombiniert mit ihrer Stupsnase und der hohen Stirn, Reize des Kindchenschemas sind und Beschützerinstinkte auslösen. Das so gezeichnete weibliche Wesen wird als sympathisch, schutzbedürftig und begehrlich wahrgenommen. Das mehr zackelig gezeichnete Gesicht des Lustmörders (seine flache Stirn, wahlweise seine weichen Gesichtszüge) weisen auf seine Abnormität hin usw. usw.

An dieser Stelle sei jedoch auch darauf verwiesen, dass Bedeutungsgehalte der Linien durchaus auch in anderen Kunstbereichen verwendet wurden, jedoch weniger in dieser direkten expressiven Form. In Trondheim (Norwegen) ist in der Nidaros-Kathedrale des 12. Jahrhunderts auf einem Wandbild die angemessene Glaubensorientierung der Christen fast anschaulich comicartig dargestellt. Der abgebildete „halbherzige" Christ hat seine Gedanken zwar zum Himmel gerichtet, aber sie zielen indirekt auf weltliche Güter, verdeutlicht durch eine bogenförmig gestrichelte Linie für das bedauernswerte Abschweifen. Der wahre christliche Gedanke wird jedoch durch eine gerade, gestreckte gestrichelte Linie, direkt in den Himmel gerichtet, verdeutlicht und entsprechend kommentiert. Hier werden die Linien zur Darstellung von Kognitionsrichtungen verwendet.

Bei der Benutzung des Nimbus bzw. Heiligenscheines in Form einer Scheibe oder eines Strahlenkranzes um den Kopf einer Person sollen seit der späten Antike, besonders im Osten, Götter, Heroen und Herrscher in ihrer Bedeutung hervorgehoben werden. Auf einem kurdischen Plakat im Syrien der Gegenwart wird auf diese Weise ein politischer Führer nonverbal besonders gekennzeichnet.

Linien und Synästhesie

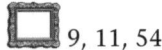 9, 11, 54

Da Comics grafische Darstellungen sind, kam man sehr schnell dazu, unterschiedliche Wahrnehmungsmodalitäten – also Sinneserfahrungen und Gefühlsempfindungen – mit diesem Medium darzustellen.

Im entsprechenden Kontext weisen aufsteigende Wellenlinien am Kothaufen auf Gestank hin, Zacken vor dem Radio auf laute Geräusche, Herzen zwischen dem Pärchen auf Verliebtheit, Blitze am Rücken auf Schmerz, Blitze vor dem Auge auf vernichtende Wut, kleine vom Auge wegfliegende Dolche auf die durchbohrenden Absichten usw. Durch einfache grafische (monosensorische) Mittel werden somit unterschiedliche und teilweise sehr komplexe Wahrnehmungen bzw. Gefühle und Bewertungen vermittelt (= Synästhesie). Im Comicbereich war es ebenfalls Dirks (*Katzenjammer Kids*, 1902; s. o.), der dieses Ausdrucksmittel erstmalig einsetzte, so z. B. Schreck durch Schweißtropfen oder Schmerz durch Sternchen symbolisierte.

Expression der Körpergestalt und Mimik

Die Körperpose ist Teil einer Sequenz aufeinander folgender Bewegungen, die zusammen eine Handlung darstellen. In einem isoliert dargestellten Bild erzählt die eingefrorene Körperhaltung bereits einen Teil der Geschichte, indem sie über die Zeit vor und nach dem Ereignis informiert. Durch die Auswahl der entsprechenden Körperhaltung wird sowohl der Zeitablauf als auch die Emotion kommuniziert.

Der Gesichtsausdruck wird von den Künstlern oft dazu benutzt, die gesamte Befindlichkeit und Bewegung einer Person darzustellen.

Der Gesichtsausdruck ist dabei ein erzählender Aspekt. Diese Form der Pantomime wird oft übertrieben dargestellt, um im Ausdrucksgehalt erkannt zu werden, ihn möglichst schnell zu kommunizieren, vergleichbar mit den übertriebenen mimischen und pantomimischen Darstellungen im Stummfilm.

Rahmen etc.

Wie bereits dargestellt, ist der Rahmen nicht nur eine Begrenzungslinie eines Comicbildes. Er vermittelt über die Zeitabläufe hinausgehend emotionale Informationen der Geschichte. In gleicher Weise ist der Hintergrund nicht nur Dekoration, sondern Bestandteil der Erzählung – und hat ebenfalls expressive Funktion.

12, 95

Letztlich können durch die Wahl der entsprechenden Perspektive (Frosch-, Vogelperspektive etc.) unterschiedliche emotionale Zustände beim Leser erzeugt werden.

Es gibt vollkommen textfreie Comics, die allein durch ihre Bildaussagen erzählerisch Informationen, Stimmungen etc. vermitteln, z. B. *Space Dog* (1993). In alten Comics bzw. deren Vorläufern erscheint der Text oft unterhalb des Bildes und ist meist erzählend wie z. B. bei *Max und Moritz* von Wilhelm Busch. Die Zuordnung der Sprechanteile einzelner Personen wird dadurch häufig erschwert, Aussagegehalte werden bei gleichem Schrifttyp auf gleicher Wichtigkeitsstufe gehalten. Es musste also etwas erfunden werden, was auf den Sprecher hinweist, was die genaue Zuordnung zwischen Sprecher und Text ermöglicht. Wir finden bereits in der Zeit nach der Französischen Revolution in Spottblättern die Vorläufer der heutigen Sprachmitteilungen im Comic: Der gesprochene Text erscheint in kleinen Streifen direkt vor dem Mund der jeweiligen Sprecher. Eine zeitliche Abfolge der unterschiedlichen Mitteilungen ist daraus jedoch nicht zu entnehmen.

5.2.5 Die Sprechblase

7–12

Das neue Stilelement ist die Sprechblase (amerik. *word balloon, balloon*) und ist comictypisch: Sie gibt etwas nicht Sichtbares, die Sprache, wieder und ordnet sie fast immer in eine zeitliche Abfolge. Der italienische Begriff *fumetto* informiert hier bereits in bildhafter Sprache, dass es sich um ein ausgeatmetes „Rauchwölkchen" handelt.

Die Sprechblase enthält meist verbale Mitteilungen, die bei üblichen Erzählungen nur im laufenden Text zu finden sind. Abbildungen unterstreichen dann die Aussagen. Im Comic werden ja gerade Text und Bild kombiniert.

Die Aussage ist durch den über oder vor dem Sprecher angeordneten Text erkennbar. Zur Betonung, Hervorhebung gegenüber dem Hintergrund und zur besonderen ausdrucksbedingten Unterstreichung wurde eine Textumrahmung, diese Sprechblase, erfunden. Sie ist meist rund, und ihr Pfeil weist auf den Urheber, also den Sprecher, hin. Zusätzlich zu ihrer Grundfunktion der Vermittlung von Wortinhalten bestimmt ihre räumliche Anordnung im Bild die zeitliche Abfolge ihrer Aussage.

Zur Betonung der Bildsprache kann die Gestalt der Buchstaben und der Sprechblase über ihren Inhalt hinausgehend informieren: Die Dicke der Buchstaben gibt die Lautstärke an; geflüsterte Worte sind in einer gestrichelten Blase; das eisig gesprochene Nein der

12

Angebeteten erscheint in einer aus Eiszapfen gebildeten Blase; die Sprechblase als dunkle Wolke ist der Ausdruck für Depression oder Trübsalblasen; Betrunkene sprechen in einer verschwommenen Blasengestalt, Ausländer gegebenenfalls in gotischer Schrift.

7, 11, 61

D. h., zur weiteren Unterstützung der inhaltlich und emotional getroffenen sprachlichen Aussagen dient die Gestalt (und Gestaltung) und Umrahmung der Sprechblase als besonderer Ausdrucksträger.

Das ist die Regel. Aber im Comic gibt es herrlich viele Regelüberschreitungen – wie im Alltagsleben –, und dadurch ist vieles so lebendig. Nicht nur Sprache, auch Gedanken können in Sprechblasen ausgedrückt werden, sei es nun in verbaler Form oder sehr bildhaft-simpel als „??" (= Verwunderung) oder „!!" (= Erkenntnis) oder „$$" (= Geldgier) – und vermitteln durch diese Icons bereits komplexe emotionale oder kognitive Vorgänge. Sprechblasen können sogar ihrerseits wiederum

8, 9, 11

ganze Bilder enthalten. Meist ist das dann der Fall, wenn eine Person fürchterlich wütend ist und schimpft. Ihre Flüche und unfrommen Wünsche sind dann in entsprechend bösen Symbolen oder Bildern wiedergegeben. Das informiert immens und verletzt kein Sprachgefühl. Letztlich können ganze Szenen in der Sprechblase auftreten, um bestimmte Wünsche oder komplexe Imaginationen wiederzugeben – quasi der Comic im Comic.

5.2.6 Die Onomatopöien

13–16; 59, 79, 96, 103, 123, 125

Hier handelt es sich um eine für den Comic typische Darstellungsform. Es sind die lautmalerischen Nachahmungen von Klangereignissen, die den Gesamtinhalt unterstreichen. Die fehlende akustische Ebene des gedruckten Comics wird durch dieses Stilmittel typisch beeinflusst. Inzwischen gibt es bereits ein Lexikon dieser Onomatopöien (Havlik 1981). Der lexikalische Teil umfasste damals schon 2222 Stichwörter, nach ihrer Bedeutung unter 222 Themen eingeordnet, mit 111 ausgewählten Abbildungen. Dies verdeutlicht, wie umfassend das Darstellungsspektrum ist (und welchen Humor der Lexikonautor hat). Gerade diese Onomatopöien werden in besonderer Weise durch ihre Form und Anordnung bildgestalterisch ausgebaut und eingesetzt.

Beispiele aus dem Lexikon der Onomatopöien
AARGHH: von einem Dolch getroffen zusammenbrechen
BRITZZZEL: elektrische Funken, versengende Sonnenstrahlen
CROAK (engl. krächzen, quaken): Frosch; surreale, turbulente Szene; Straßenlärm; mit einem Hammer Klavier spielen
HUST: husten (Anmerkung des Autors: englisch oft KOFF anstatt COUGH)
KICHER: kicherndes Gelächter
KLICK: eine Tür öffnen, schließen, versperren; leer geschossener Revolver; Kameraverschluss; Helmvisier schnappt zu; zuschnappende Handschellen; Springmesser; Prägezange; Geigerzähler; Schreibmaschine; fallende Münze; morsen, Morsetaste; Lichtschalter betätigen; eine Auslösetaste drücken, einen Schalthebel umlegen; Geräusche in einer Rechenzentrale; Computer spuckt Ergebnis-Papierstreifen aus …
SCHLUCK: aus Verlegenheit oder Angst schlucken; mittlerweile wird es auch aus der englischsprachigen Form als GULP übernommen.

SNAP (engl: haschen, ergreifen; zerbrechen; knipsen; zuschnappen):
Fingerschnippen; eine Tür eindrücken; Peitschenhieb; Arm oder
Bein wird gebrochen; jemandem wird der Kopf abgerissen; beim
Masseur; ein Seil reißt ab; einen Schalter umlegen; Teleportation
VROAAAMMMMM: vorbeirasendes Motorrad
ZZZZ: schlafen

Wie tiefsinnig diese Onomatopöien betrachtet werden, wird im Folgenden deutlich: „Einer der schönsten Laute, den Erika Fuchs (Anm. des Autors: deutsche Übersetzerin von Donald Duck etc.) geschaffen hat, ist sicherlich das KLICKERADOMS aus *Nächtliche Ruhestörung*, ein Jahrhundertgeräusch, entstanden aus dem Runterschmeißen (man kann es nicht anders nennen!) einer Emaillewanne mit alten Glühbirnen und Flaschen, vergleichbar dem Tristan-Akkord Wagners. Dieser Laut drückt inhaltlich den Willen aus, andere Mitbürger absichtlich mit einer Akkumulation aus nervtötenden Frequenzen fertigzumachen, wie es mit reiner Musik nie ähnlich perfekt gelingen würde. Das KA-RASH des Originals (aus CRASH) ist ein verzögerter Crash. KLICKERADOMS dagegen von bedrohlicher Unheimlichkeit" (Bohn 1996, S. 65).

Mit der Bedeutung der Onomatopöien für die Hypnosedarstellung im Comic werden wir uns in Abschnitt 12.4 befassen.

5.3 Comic als Kunst – Kunst als Comic

Hier soll keinesfalls die Diskussion in Form eines Abituraufsatzes „Was ist Kunst?" aufgegriffen werden. Pädagogen und Jugendschützer der 50er-Jahre würden damals ein eindeutiges „Nein!" bei der gleichzeitigen Nennung von Kunst und Comic geschmettert haben – aber wir wissen, dass sich das alles änderte.

Besonders deutlich wird das am Kriminalroman *Felidae* (Pirincci 1989), in dem nicht Menschen, sondern Katzen die Hauptfiguren sind. Der Autor Akif Pirincci hatte sein Manuskript von 30 Verlagen abgelehnt bekommen, bis schließlich der Verlag Goldmann die Zusage gab und damit einen Bestseller startete, der nun auch als Zeichentrickfilm, als Comicbuch etc. weitervermarktet wird.

Möglicherweise sind wir gerade durch dieses Beispiel an die bekannte Frage gekommen, ob Kunst von Können kommt oder ob Kunst das ist, was gefällt. Konnte sie jemand bislang klar und kompetent beantworten? Sicherlich gibt es unschöne, dumme, schlechte etc. Comics, und nicht jeder Mann/jede Frau hat Donald Duck, Tank Girl oder Prinz Eisenherz als Kunst-Kult-Figur in sein/ihr Herz geschlossen. Nicht alle mögen die grafischen Gestalten, Stilrichtungen und Erzählungen von Walt Disney, Tex Avery, Carl Barks oder Möbius oder ... Subjektiv Vergleichbares gilt auch bezüglich der Autoren, Maler oder Komponisten diverser Stilrichtungen oder Darstellungen ... Halt! Kehren wir zurück in die Antike!

Dort begegnen uns die Musen, die Töchter des Zeus und Göttinnen der Kunst und der höheren Geistigkeit. Die haben unsere abendländische Auffassung von Kunst beeinflusst. Wenn wir ihre bildhaften Darstellungen in der Antike betrachten, dann begegnen wir den von uns weiter oben vorgestellten *icons* = ihren symbolhaften Darstellungsformen: *Klio*: Geschichte (*icon* = Schriftrolle); *Kalliope*: Epos (*icon*

= Schreibtafel); *Melpomene*: Tragödie (tragische Maske); *Thalia*: Komödie (komische Maske); *Urania*: Astronomie (Himmelsglobus); *Euterpe*: Flötenmusik (Flöte); *Terpsychore*: chorische Lyrik (Saiteninstrument); *Polyhymnia*: Tanz (ohne Attribut).

Unter dieser über Jahrtausende währenden Prägung musste eine Einengung auf diese Künste bestehen bleiben. Später legte man Kunst fest auf: Dichtung, Musik, bildende Künste (Baukunst, Bildhauerkunst, Malerei, Grafik, Kunstgewerbe), die darstellenden und die ausübenden Künste (Vortragskunst, Tanz, Theater, Pantomime).

> **Kunst**
> „Als Wurzel der Kunst gilt die Einbildungskraft, die Kraft der Bilder, die Imagination, die in Gegensatz zur frei schweifenden Phantasie gestellt ist. Sie wird gelenkt durch die Kreativität, die schöpferische Kraft des Künstlers; dieser scheint daher mitunter – auf Grund seiner Fähigkeit des Schaffens aus dem Nichts – dem Schöpfer aller Dinge näher zu kommen" (Brockhaus Enzyklopädie 1970).

Während des Lesens dieser lexikalischen Definition von Kunst wird bereits sehr vieles deutlich: Genau dies trifft auf den Comic zu, als Schnittstelle von Bild und Dichtung: der Kreuzungspunkt von Kalliope, Melpomene, Thalia und der Grafik. Kunst wird sich also am technischen Fortschritt orientieren. So wurde der Kinofilm relativ schnell nach seiner technischen Entwicklung als siebte Kunst bezeichnet. Seine Inhalte sind klar erkennbar der Kunst von Pantomime, Vortragskunst, Theater, Tanz zuzuordnen; lediglich die neue technische Entwicklung von Bildaufnahme- und Wiedergabeverfahren musste abgewartet werden, um mit ihr stilistische Ausdrucksmittel zur Verfügung zu haben.

Beim Comic bedurfte es nie einer gewissen Entwicklung von Technologie wie beim Film, um damit eine neue Gestaltungsform zu finden. Schon seit Jahrhunderten hätte man Bild und Text zur neuen Gattung Comic kreuzen können, aber die entsprechende Zeitentwicklung, Lebenseinstellung und Form der Kommunikation war dafür noch nicht geschaffen. So nahm erst im Jahr 1971 der „französische Literatur- und Filmwissenschaftler Francis Lacassin den Comic als ,neunte Kunst' in die ,Grande Encyclopédie Alphapétique Larousse' auf" (Knigge 1994).

H. C. Artmann schreibt in seinem 1964 publizierten Roman *Das Suchen nach dem gestrigen Tag oder Schnee auf dem heißen Brotwecken*: „Der einzige Mensch, der heutzutage noch versteht, ordentlich die Welt zu besehen, ist Donald Duck ... Es wäre heute immerhin an der Zeit, Comic Writing als das anzuerkennen, was sie schon längst geworden ist, nämlich Literatur ..." (zit. nach Riha 1973, S. 41).

Platthaus (1998, S. 11) äußert sich klar: „Der Comic ist die demokratischste aller Kunstformen, weil jeder ihn lesen und verstehen kann. Seine Zielgruppe war immer die Masse."

Über den Künstler Burne Hogarth, seit 1936 Zeichner des Waldparzivals Tarzan, wird künstlerisch geurteilt: „Hogarths animistischer Kosmos schlägt sich in der sorgsam orchestrierten Unruhe seiner Zeichnungen nieder. Als Kenner des Jugendstils und des japanischen

Farbholzschnitts weiß er die ständig brodelnde Unruhe des Urwaldes in ein Geflecht bedrohlich geschärfter Lianen umzusetzen. Innerhalb seines Bilderblocks schaltet er beweglich mit den Feldergrößen, um Akzente herauszuarbeiten. Panoramische Bilder stehen neben Massenszenen, Nahsichten und der zerlegten, sich wie zu einem Kameraschwenk zusammensetzenden Bewegung. Diese Kinetik hat Ausdrucksfunktion" (Metken 1970, S. 47).

Deutlich wird diese Ausdrucksfunktion durch Sterckx (1990) hervorgehoben, der die Arbeit des Zeichners Georges Remy alias Hergé beschreibt, des Vaters von Tim und Struppi und Schöpfers von über 800 Charakteren: „Sein Zeichenstil ist also untrennbar mit den Bildern verbunden, die er komponiert und die scheinbar keine andere Daseinsberechtigung haben, als mit der Erzählung zu verschmelzen. Über den Strich selber, die Kunst, Figuren, Formen und Hintergründe zu zeichnen, gäbe es also nichts zu sagen – keine bildhafte Strichführung in der Art eines Milton Caniff, kein theatralisches Bild wie bei Adgar P. Jacobs, keine komponierten Tableaus wie die von Moebius oder Druillet. Die Kunst des Zeichners Hergé hat nicht nur die sogenannte ‚line claire' (klare Linie) hervorgebracht, sondern die reine Durchsichtigkeit erreicht" (S. 4).

Hergé selbst nimmt Stellung zur Bewertung des Comics:

„Wie man in der Literatur der Literatur den Hals abdrehen muss, muss man im Comic dem Ästhetizismus den Hals abdrehen. Wenn es schön ist, um so besser, gewiss, aber das ist nicht das Ziel. Das Ziel für mich ist, eine Geschichte zu erzählen, auf klarste Art und Weise, damit man sie versteht; mag sie bewegend, traurig oder lustig sein, vor allem muß sie Rückgrat haben" (zit. nach Lamers 1993).

Der amerikanische Künstler Roy Lichtenstein erstellte das Comicbild eines melancholischen Teenagers durch Rasterpunkte, Titel: *I know how you must feel, Brad*. „Szenen aus dem amerikanischen Gefühlsleben, Abziehbilder schockierender Banalitäten, wie sie bis dahin aus der zeitgenössischen Kunst ausgeschlossen waren, ‚hypnotisch in ihrer unheimlichen Leere'" (Riha 1973, S. 41). An dieser Stelle sei mir mal wieder so wie in Abschnitt 2.1.4 die kritische Frage gestattet: „Was meint der Autor hier mit ‚hypnotisch'?"

Comics als Kunst? Wenn wir sie als Kunstobjekte betrachten, dann ist diese Frage sehr schnell beantwortet, da eine Zeichnung Hergés, des van Goghs der Comiczeichner, im Dezember 1990 für 3,1 Millionen Francs ersteigert wurde.

Lassen wir zum Abschluss dieser Erörterung Pablo Picasso zu Wort kommen, der 1966 in einem Interview der Tageszeitung *France Soir* bekannte:

„Das einzige, was ich im Leben bedaure, ist, keine Comics gezeichnet zu haben" (zit. nach Platthaus 1998, S. 245).

Kapitel 6

Striche mit Persönlichkeit
Klassische Hauptfiguren des Comics

Im Comic leben die Geschichten von der Persönlichkeit der Hauptfiguren. Diese sind dann nicht mehr gezeichnete Tuscheprodukte, sondern Bestandteile einer Dramaturgie. Ihr Charakter begeistert, entrüstet und fasziniert, wird zum Vorbild.

Für Leser, die Comics nur oberflächlich kennen, ist es ungewohnt, mit anthropomorphen Figuren konfrontiert zu sein: mit Enten oder Hunden, die menschlich – allzu menschlich – handeln und über diesen Verfremdungseffekt uns teilweise den Spiegel vorhalten. Beispiele sind: Donald Duck, Micky Maus, Goofy, Lupo, Fix und Foxi, Lurchi. Derartige Anthropomorphismen sind in der Kulturgeschichte des gesamten Erdballs bekannt. Hierzu nur wenige Beispiele: Im Alten Ägypten hatte der Sonnengott *Re* einen Falkenkopf, ebenso *Horus*. *Anubis* war der Schakalgott, *Seth* eselsköpfig, *Thot* als Ibis oder Pavian dargestellt und *Suchos* der Krokodilgott usw. In Indien begegnen wir dem elefantenköpfigen Gott der Klugheit, des Lernens, der Wissenschaft und Politik, Herr der Scharen (Ganas) des Shiva, daher *Ganesha*. Die *Sphinx* ist bei den Hethitern, Ägyptern und Griechen bekannt. In unserer abendländischen Sozialisierung begegnen wir den *Zentauren* und *Faunen* der griechischen Mythologie, und spätestens seit der Bibel und ihrer Illustrierung im Mittelalter sind wir auch in direkter Nähe mit Anthropomorphem vertraut: Teufel und Engeln. Anthropomorphes hat also stets eine durchaus wichtige und schicksalhafte Rolle in der Kultur- und Religionsgeschichte der Völker gespielt.

Auch in den Sagen und Mythen begegnen wir ihm; hier jedoch meist nur bei transhumanen Intimkontakten – Beispiel: der als Schwan aktive Zeus, flatternd über oder mit Leda. Aber auch in unseren Märchen findet man Anthropomorphes: sprechende Ameisen, Schlangenkönigin, weise Raben oder die Rentnerband der Bremer Stadtmusikanten.

In den folgenden Abschnitten sollen nur wenige Helden kurz umrissen werden. Auch hier sollen nur grobe Skizzierungen einen kleinen Einblick in die Thematik geben. Die geneigte Leserschar bemerkt hier deutlich, dass der Autor sich nur durch konsequente Anwendung moderner Selbstkontrollmethoden (i. S. v. Kanfer et. al. 1991) an dieser Stelle begrenzen kann.

6.1 Donald Duck

Donalds Karriere beginnt im Juni 1934 in einer Nebenrolle in dem berühmt gewordenen Micky-Maus-Trickfilm *Steam Boat Willy* von Walt Disney – übrigens der erste Tonfilm in der Geschichte des Films!

Walt Disney wird der Begründer eines gigantisches Imperiums, das auch nach seinem Tod 1964 in den Comiczeitschriften, Zeichentrickfilmen, Werbeprodukten und Erlebniswelten weiterlebt und nun zu den allergrößten Mediengiganten (falls sich dies noch weiter steigern lässt) zählt. Donald Duck wurde über viele Jahre von Carl Barks gezeichnet, der auch später zahlreiche Figuren wie Onkel Dagobert kreierte.

Donalds geheimer Wunsch ist: ein lokaler Held zu sein, mit dem Recht auf eine Statue im Park (Donald Duck, Nr. 441; Donald Duck, 7/1968). Da er so herrlich unbeherrscht ist, seinen Gefühlen meist unreflektiert freien Lauf lassen kann und sich oft so verhält, als sei er im Endstadium einer immensen Flatulenz, ist er uns sympathisch. Er hat vom Zeichner und von uns die Erlaubnis, spontan vieles falsch und richtig zu tun – aber spontan zu sein. Davon träumt doch der Alltagsmensch! Sie nicht?

Sicherlich hat Entenhausen einige bürgerliche Beengtheiten. Wahrscheinlich ist Entenhausen die kleine Stadt Hemet des Mittelwestens, in der der Zeichenvater Carl Barks lebt. (Nach der kommunalen Neuordnung behaupteten viele Bewohner des Ruhrgebietes, dass Witten an der Ruhr mit Entenhausen gemeint sein könnte, denn man musste von dem Autokennzeichen WIT auf EN wechseln. Mutmaßlich ein kryptischer Hinweis von Comicfans auf Entenhausen. Entenhausen ist überall – *for better and for worse*.) Diese Stadt Entenhausen hat Dynamik, beherbergt sowohl dreiste Panzerknacker als auch gloriose Erfinder wie Daniel Düsentrieb („Dem Ingeniör ist nichts zu schwör!"). In ihrer Nähe ist Natur mit tausend Abenteuern! Komm, Donald, entführe uns dorthin!

Diese Identifikation mit Donald ging sogar weiter. Donald Duck wurde „eine Weile zum erklärten Liebling einiger linker Gruppierungen, weshalb der Bayernkurier sogleich argwöhnte, hier werde die Jugend links ideologisiert" (Fuchs u. Reitberger 1978, S. 110). Ach, Donald, von solcher Bedeutsamkeit träumst du stets! Merkst du nicht, dass das Animalisch-Impulsive in dir dich so begehrenswert macht?

Fast alle Figuren aus der Produktion von Walt Disney (aber auch von Kaukas Fix und Foxi oder in Yps mit Gimmik etc.) sind anthropomorphisierte Tiere. Derartige Darstellungen sind bereits in den ersten und heute so genannten primitiven Kulturen zu finden. Das Tier wird zum Symbolträger, zum Totemtier, zum kulturellen Mittelpunkt bei wichtigen Stammeszeremonien wie z. B. den Initiations- und Fruchtbarkeitsriten.

6.2 Superman

17

Die als *Superman* bekannte Figur kam am 18.6.1938 durch die irdische Zeichnerhand von Joe Shuster und den Dichterfüller des Texters Jerry Siegel in einem Comicstrip zur Welt. Seine außerirdische Identität wird durch seinen Vater, einen Wissenschaftler auf dem Planeten Krypton, definiert. Bevor der Heimatplanet durch das Schicksal der Explosion vernichtet wurde, schickte sein Vater ihn als Säugling in einer neu erfundenen Rakete in Richtung Erde. Dort gefunden, wurde er in ein Waisenhaus gebracht. Bald wird vielen jedoch klar, dass diese kinderbettzerkleinernde Kreatur über okkulte Gewalten und übernatürliche Kräfte verfügt.

Als Erwachsener ist er zwar der hervorragende Reporter Clark Kent, und in seinem blauen Anzug mit Brille wirkt er bieder, relativ langweilig, umständlich und unbeholfen, besonders natürlich bei den Rendezvous mit Damen. Sobald jedoch Ungerechtigkeiten in der Luft liegen, zieht er sich kurz zurück, um in sein typisches Superman-

Outfit zu schlüpfen (Cape plus Slip über der Hose) und erlebt dann eine Wandlung: Er hat Superkräfte, kann sogar im luftleeren Raum fliegen, Autos in den und aus dem Weg stellen, Raketen aufhalten, mit Superpuste Feuer löschen etc. Für uns relevant ist sein Blick: Er durchdringt wie mit Röntgen- und Infrarotstrahlen Gegenstände, Wände etc., arbeitet wie ein Riesenfernrohr oder Mikroskop und dient auch mittels Hitzestrahlen der Vernichtung böser Mächte und baulicher Machenschaften (vgl. Abschn. 13.5, „Der Superblick").

Er tritt instinktsicher für das Gute ein und gewinnt in abstrusen Abenteuern gegen noch abstrusere Bösewichte wie *Mr. Mxyztplk* aus der fünften Dimension.

Dieser „Muskelprotz in Badehose mit dem berühmten S auf dem gewölbten Brusttrikot" (Metken 1970, S. 65) ist verfügbarer Weltpolizist. „das genialste hirn arbeitet mit denkanstößen, die wir uns als raw power vorstellen müssen. wo es, bei seinen sklaven etwa, der unmittelbaren zerstörungskraft nicht bedarf, beherrscht es seinen kreis wie die in ihn eindringenden gegner durch geistigen einfluß: hypnose, telepathie, gehirnwäsche (bilder für die macht der argumentation)" (Wiener 1973, S. 137; Anm. des Autors: Die Kleinschreibung ist ideologischer Grundbestandteil des Artikels).

Hier wird das bereits bekannte Thema des Herkules und des Samson verarbeitet, kombiniert mit der Problematik der gespaltenen (dualen) Persönlichkeit, die ständig neue dramatische Situationen braucht, um diese Gespaltenheit weiterhin zu bestätigen. (Siehe hierzu die Anmerkungen zur Verarbeitung dieses Themas im Roman *Dr. Jeckyll und Mr. Hyde* in Anschn. 2.1.2.) Alte Menschheitsträume und -ängste werden in diesen Geschichten modern gestylt.

In der modernen TV-Version säuselt Lois – der erste S-Fan – liebesversunken: „Es ist der Glaube an Superman. Die Hoffnung, die er wecken kann." Das ist der amerikanische Traum. *God's own nation!* Deutschlands Comicantwort auf dieses markige Nationalsymbol waren Lurchi und Lupo und Superwastl – eine unterbelichtete, dafür übergewichtige Persiflage auf Superman, die in gelbem, viel zu engem Trikot mit Mäntelchen auf Bumsi (seinem ebenfalls gelben, atomgetriebenen Flugroller) diverse Abenteuer besteht.

6.3 Supermans Duplikate

Supermans so begehrenswerte Fähigkeiten ziehen eine Reihe von Folgegenerationen im Comicstrip nach sich. Das goldene Zeitalter der Superman-Derivate begann 1940 und kann in deutlichem Zusammenhang mit dem Angriff der Japaner auf Pearl Harbour und den Kriegsfolgen gesehen werden. Aktuelle politische Ereignisse liefern den Stoff für Supermänner (Neuberger 1996): *Captain Marvel, Captain America, The Human Torch, The Flash, Submarine, Hawkman Robin, Wunderboy, Jimmy Olsen, Der rote Blitz, Aquaman, Spiderman, Ironman, Thor* usw. Inzwischen mögen es über tausend geworden sein. Als Korrektur der maskulinen Überfrachtung wird 1942 von dem Psychologen William Moulton Marston *Wonder Woman* geschaffen, der später *Spider Woman* etc. folgen. Auch Supertiere (Hunde, Pferde, Affen etc.) sind bekannt. Weitere emanzipierte oder der Kinderwelt adaptierte Formen sind später *Supergirl, Superboy, Supergoof*.

Ein alter Menschheitstraum von der physikalische und körperliche Gesetze überwindenden Supermacht wird hier zeichnerisch realisiert. Dieses Thema ist bereits aus der altbabylonischen Zeit vom Gilgamesch-Epos her bekannt (Gilgamesch war um ca. 2700 v. Ch. ein mächtiger König der Sumerer; von Hänisch 1982).

Supermans Parallelfigur ist *Batman*. Er wurde im Jahr 1939 von Bob Kane kreiert. Als normales Kind Bruce Wayne verliert er seine Eltern bei einem Raubüberfall und gelobt an deren Grabe Rache. Als Millionenerbe trainiert er seinen Körper und studiert heimlich Kriminalistik, um mit den neuesten Errungenschaften der Technik Bösen das Handwerk zu legen. Typisch für ihn sind seine Fledermausflügel, körpernah geschnittenes Trikot mit Bat-Emblem und sein Bat-Gürtel, in dessen Taschen er alle erforderlichen technischen Utensilien beherbergt.

6.3.1 Batman

„Tarzans Film- und Fernsehschrei ist aus fünf Tonspuren zusammengesetzt: Das Blöken eines Kamels, das Heulen einer Hyäne, das Knurren eines Hundes und das auf einer Violine gespielte G sind über Johnny Weissmüllers langsames und um eine Oktav höher abgespieltes Jodeln gelegt" (von Hänisch 1982, S. 43). (Möglicherweise handelt es sich jedoch nur um eine Freestyle-Variante des Alpenjodlers, da die Eltern des Tarzan-Darstellers Johnny Weissmüller aus Österreich eingewandert waren.)

6.3.2 Tarzan

Tarzan ist die nostalgische Öko- und Ethnovariante von Superman. Er bleibt geradlinig, naiv und braucht kein dramatisches Alibi einer dualen Persönlichkeit. Als Säugling wird er im Urwald von Menschenaffen aufgefunden, großgezogen und teilt sich das entwicklungspsychologisch so bedeutsame Schicksal mit Kaspar Hauser und Mogli, den so genannten Wolfskindern. Sie erhielten in den zeitlich begrenzten so genannten sensiblen Phasen nicht die altersentsprechenden Entfaltungs- und Lernimpulse – und bleiben oft ihr ganzes Leben lang defizitär (Sprachbeispiel: „Ich Tarzan – du Jane."). Dennoch entwickelte er sich proper und konnte sich sogar ohne sprachliches Vorbild selbst das Lesen beibringen!

Von Jahr zu Jahr nimmt das Interesse an *Tim und Struppi* weiter zu, indem sie zur Inspiration für so gut wie jede Geisteswissenschaft werden, von Philosophie und Psychoanalyse über Anthropologie, Semiotik und Geschichte bis hin zu Kommunikationstheorien.

6.3.3 Tim (und Struppi)

11 ▢

Aber wer ist dieser phänomenale Tim, Quelle für so viel Inspiration und Exegese wirklich?

Die Zeit nannte ihn den „James Bond für Brave". „Er kann schießen wie Lucky Luke (lieber schießt er aber nicht). Er kann fahren wie Michel Vaillant (hat aber kein Auto). Er kann zuschlagen wie Rick Master (wenn es sein muß). Er ist listig wie Asterix der Gallier (nur nicht so besserwisserisch). Kurz gesagt: Tim kann viel, und trotzdem gelang es ihm nie, die Zweifel an seiner Person auszuräumen. Brav, blaß, bieder. Ein junger Mann ohne Eigenschaften. Keine Eltern hat er, und in 54 Jahren, in denen Hergé ihn zeichnete, durfte er nicht einen Blick auf ein Mädel werfen" (Lamers 1993).

„Er ist einfach Tim, der Reporter. Genaugenommen ist er ein ungeheurer Faulpelz, denn man sieht ihn nicht arbeiten. Er reist durch die ganze Welt, besitzt natürlich keine Kreditkarte und auch kein Scheckheft. Man kann also annehmen, daß der Belgische Franc direkt in allen Ländern der Welt gilt. Man sieht Tim und Struppi nie in einer Bank Geld wechseln. Spesenabrechnungen gibt es für sie keine. Er ist ein Journalist ohne Zeitung. In gewisser Weise der Traum eines jeden Journalisten: viel Geld zu haben, durch die ganze Welt zu reisen, berühmt zu werden, neue Leute kennenzulernen. Und trotzdem ist er bis ins Mark hinein journalistisch. Er ist bei allen wichtigen Ereignissen zur Stelle, fliegt sogar mit zum Mond. Sein Kommentar: ,Oh, das ist großartig!', und weit und breit keine CNN-Camera, die diesen kleinen, für die Menschheit jedoch großen Schritt filmt. Wissen Sie, Jahre später haben es die Amerikaner Tim und Struppi nachgemacht – aber erst Jahre später" (Lefort 1995).

6.4 Das Fazit zu den Comichelden?

Die Comicsuperhelden entstanden während der großen Wirtschaftsdepression, in der Millionen Menschen Armut, Arbeitslosigkeit und Machtlosigkeit erlebten. Amerikas Eintritt in den Weltkrieg gab den Superhelden gleich ein ganzes Bündel an neuen Feinden mit. Batman und Superman haben 1969 in den USA neun von zehn der meistverkauften Comics ausgemacht und agieren immer noch als übernationale Helden. Betagt, aber topfit.

Gemeinsamer Nenner: Schicksal

Manche klassische Helden teilen gemeinsame ungewöhnliche Schicksale: Perseus (Sohn von Zeus) wurde mit seiner Mutter in einer Arche ins Meer geworfen; Herakles wurde ausgesetzt, ebenso Ödipus und Moses. Achilles wird dem weisen Zentauren Chiron anvertraut, Romulus und Remus werden von einer Wölfin gesäugt; auch Mogli, Siegfried und Tarzan werden von einem Muttertier großgezogen. Letzterer überlebt als Säugling den Flugzeugabsturz im Dschungel. Superman wird mit einer Rakete auf der Erde ausgesetzt. Batman, der Fledermausbeflügelte, verlor seine Eltern in früher Kindheit, als die Familie Opfer eines Überfalls wurde. Der Student Peter Parker wird von einer radioaktiven Spinne gebissen und erwirbt als Spiderman ihre Fähigkeiten; auch er lebt nicht bei seinen Eltern, sondern bei Tante May und Onkel Ben. Insgesamt sind ihre außergewöhnlichen Kräfte auf einen Unfall oder kosmisches Schicksal zurückzuführen.

Wir sehen: Viele der Superhelden müssen ihre Kräfte nicht in einer Eltern-Kind-Beziehung erproben, haben also keinen ödipalen Konflikt auszutragen und haben somit mehr Energien für ihre schweren Aufgaben zur Verfügung.

Mythologie und Kontinuität

Die Geschichten sind meist mystisch und verwenden wissenschaftliche und magische Begriffe, um den Anschein des Wunders zu erwekken. Das ist ein Teil moderner Mythologie. Die verwandte Mythologie ist in der Grundidee oft dem Alten Testament entnommen, beinhaltet Versuchung und Erliegen.

Die Mythologie der Supergestalten begründet sich auf Kontinuität (Reynolds 1994). Jede Seifenoper lebt von der *Kontinuität ihrer Charaktere*; es muss Verlässlichkeit herrschen, damit in der Welt des Zuschauers ebenfalls vieles stabil bleiben kann.

Es gibt auch eine *hierarchische Kontinuität* (Reynolds 1994), nach der sich die Superhelden besiegen dürfen; das ist eine Art von Hackordnung, innerhalb deren ein Superheld aufgrund seines Images körperlich gewinnen oder sich unterordnen muss. Superman steht in dieser Hackordnung sicherlich an oberster Stelle. Mit dieser Position ist jedoch nicht gleichzeitig die Beliebtheit innerhalb der Leserschar verbunden.

Es gibt auch eine *strukturelle Kontinuität* ihres Daseins. Die meisten sind in den besten Mannesjahren, also zwischen 25 und 30 Jahre alt. Diese bleiben ihnen über Jahrzehnte erhalten. Das beinhaltet auch ihre Mythologie: die Suppression der Zeit; man kann sich auf sie über Generationen hinweg verlassen, da sie in ihrem Typus stabil bleiben. Zu genau dieser Mythologie gehört auch, dass sich ihre Geschichten anscheinend wiederholen, sich stets ähneln – ähnlich denen der Arthus-Sagen (Reynolds 1994). In einer Seifenoper muss vieles in den Geschichten stets kontinuierlich sein; das Gute und das Böse müssen nebeneinander existieren – und Siege dürfen immer nur vorübergehend aufkommen. Das finden wir auch bei Tarzan, Jerry Cotton, Sherlock Holmes, Mrs. Marple und Angélique. Sie können ihre Erfolge nie auskosten und danach glücklicher leben.

Kostüm und Kraft

Das Kostüm des Helden ist ein Signum der Supermacht und ist mit seiner Herkunft stark gekoppelt. Es ist ein Erkennungszeichen, eine Art Uniform und grenzt ihn gegenüber Normalbürgern und gegenüber der gewöhnlichen Welt ab. (Aber auch die Bösen haben ihre deutlich erkennbaren Zeichen, damit alles in rechter, erkennbarer Ordnung bleibt.) Bei vielen wird das Kostüm erst zur Aktion angelegt und kennzeichnet somit ihre Heldenidentität – mitunter auch den anderen Teil ihrer dualen Persönlichkeit. Das Kostüm hat mitunter auch die Funktion einer magischen Requisite, da nur in Verbindung mit diesem Kleidungsstück die Macht ausgeübt werden kann. Da sich hier die Männlichkeit plötzlich potenziert, ist das Kostüm also mehr als nur das Anzeichen eines geänderten Verhaltens; es wird selbst zum sexuellen Fetisch.

Superhelden und Superheldinnen tragen meist sehr knapp geschnittene und körperbetonende Kostüme; handelt es sich hier um eine Mischung aus Sexualangst und Sexualbegierde, seine Bedürfnisse angemessen artikulieren zu dürfen? Gerade Superheldinnen tragen aufreizende, sexualbetonte Kleidung, meist in Verbindung mit Insignien der Macht (Pistole, Peitsche, Kette). Die Nähe zu erotischen Wünschen, verbunden mit Besitzstreben und Macht, ist gegeben. Die Kleidung schafft jedoch auch eine Gemeinschaft ihrer Träger; sie weist auf eine Gemeinschaft hin, die sich abhebt vom normalbürgerlichen und bekannten Leben und in die anderen Welten des Außerirdischen, Mutanten, Superbösen, Übernatürlichen führt.

Geschlechts- und bedürfnislos

Der Superheld aus dem Pantheon des Viefarbendrucks bezahlt für seine überstarken Mächte – analog zu manchen Kriegern in traditionellen Gesellschaften, die für ihre Stärke im Kampf mit sexueller Abstinenz, Verzicht auf bestimmte Speisen oder Anerkennung anderer Tabus „zahlen", die dazu da sind, das „Maskuline" in ihnen weiterhin zu isolieren und zu schützen. Hier handelt es sich meist um

Rituale, die beim Übergang von der Adoleszenz zur Männlichkeit ausgeübt werden, die natürlich für die Teenager-Leser interessant sind.

Allen Superhelden ist gemeinsam, dass sie (falls sie das Gute vertreten) nahezu ohne persönliche Bedürfnisse, ohne besondere emotionale Regungen, besonders ohne Sexualtrieb auszukommen scheinen und Frauen gegenüber stets sehr zuvorkommend sind. Technik steht anstelle von menschlichen Beziehungen. Will Eisner, der geistige und Zeichnervater des legendären *Spirit*, meint, dass Superhelden stets eindimensional sind und primär durch ihre physischen Fähigkeiten Aktionen vorwärts treiben (Eisner 1995). Superhelden agieren nie von sich aus kreativ. Sie sind stets Antagonisten der Bösewichte. Sie „wären ohne Verbrecher absolute Nullen" (von Hänisch 1982, S. 75), ihr Lebenssinn baut wahrscheinlich nur auf Kränkungen auf, die in langwierigen Psychotherapien aufgearbeitet werden müssten. – Doch was würden in der Zwischenzeit die irdischen und kosmischen Gegner alles anstellen können?

Comicfiguren hier als Schicksalsgestalten und gleichzeitig Menschheitstraum!? Jerry Siegel (Zeichnervater von Superman): „Wir betonen nicht die intellektuelle Seite von Superman. Leute träumen nicht davon, superintelligent zu sein" (zit. nach Wiener 1973, S. 137).

Identifikation und Perspektive

„Diese Helden sind in allem das suggestive Gegenbild des Lesers, der fühlt, daß die Verhältnisse, in die er verstrickt ist, seine individuellen Möglichkeiten und Chancen übersteigen" (Riha 1973, S. 51). Auch in unserem Großstadtdschungel wachsen derartig „abgestürzte", unterversorgte und vernachlässigte Kinder auf. Sehr selten haben sie die reale Chance, so wie Tarzan und Konsorten zu werden. Vielleicht sind gerade diese Tarzan-Comics für sie hilfreich. Mogli, das clevere und märchenhaft normale Wolfskind aus dem *Dschungelbuch*, gibt hier Hoffnung – zumindest auf dem Bildschirm.

Kontinuität der Ausgangssituation

Ein Comic ist stets als eine abgeschlossene Episode anzusehen. Damit ein Comic lebt, dürfen die Protagonisten in der nächsten Geschichte nichts aus der vorhergehenden dazugelernt haben. „Abhängigkeiten von vorgängigen Geschehnissen oder eine Kontinuität der Erzählung über mehrere Geschichten hinweg zerstören die exemplarische Situation und banalisieren die Charaktere, die ihre konstitutive Zeitlosigkeit einbüßen. Die einzige Kontinuität liegt in der Monotonie der Ausgangssituation" (Platthaus 1998, S. 33).

Alt und zeitlos

Bemerkenswert ist, dass keiner der Helden altert. An dieser Stelle werden sie von uns realen Menschen bestimmt beneidet. Aber Gezeichnete dürfen sich auch nicht weiterentwickeln!

Im Jahr 1998 waren unter anderem folgende Comicgeburtstage zu feiern:

- Michel Vaillant, der Formel-1-Fahrer, siegt im ewigen Rennen gegen die Zeit schon seit 40 Jahren.
- In Deutschland feiern Fix und Foxi mit ihrer Sippe ihren 45. Geburtstag.

- Lucky Luke, der coolste Cowboy, wird 51 Jahre alt (17 Alben, 78 Hefte, in 30 Sprachen übersetzt, 250 Millionen verkaufte Hefte).
- Die Peanuts sind vom selben Jahrgang (350 Millionen tägliche Leser).
- Der schwertbewehrte Comicrecke Prinz Eisenherz ist über 60 Jahre alt, und seine 3000 Seiten umfassende gesamte Story wird bis zum Jahr 2002 vollständig beim Carlsen-Verlag vorliegen. Sein neues Zeichnerteam machte ihn, der Zeit angepasst, zum depressiven und brutalen Ritter.
- Auf deutscher Ebene ist Lurchi der Veteran von 60 Jahren, der in über 100 Heften allen Schuhe tragenden Kindern bekannt ist („Und im Walde tönt es noch: Salamander lebe hoch!“).
- Superman ist inzwischen 60.
- Donald Duck ist 65 Jahre alt – sein Ruhm ist weltweit und nahezu unzählbar, aber er muss noch immer, mit Matrosenanzug bekleidet, Trotzanfälle produzieren.
- Tim mit Struppi haben ihr erstes Abenteuer 1929 bestanden und sind in aller Welt bekannt.
- Micky Maus ist mit 70 Jahren sicherlich der Oldie. Am 17.11.1928 geboren, hatte er bis 1953 eine intensive Filmkarriere mit einem Comeback 1983, mit insgesamt 121 Filmen und unzähligen Comicgeschichten.

Die Helden unserer Kindheit müssen immer jung bleiben, damit wir nicht älter werden! – „Genie ist die wiedergewonnene Kindheit“ (Baudelaire).

Kapitel 7

Comics als Teil unserer Gesellschaft

Comics haben in unterschiedlichster Form Einzug in unser Alltagsleben gehalten. Sie beeinflussen unsere Kultur, spiegeln unsere Gesellschaft wider, beschäftigen Lehrende und Lernende, sind jedoch auch ein beachtlicher Wirtschaftsfaktor.

7.1 Comic als Ideologieträger

Selten reflektieren wir beim Lesen der bunten Bilder, welche Art von Botschaften uns die Zeichner oder Herausgeber geben wollen. Durch die Sprechblasen ihrer Strichhelden erfahren wir sie.

Den bedeutendsten Comicpersönlichkeiten werden wir in den Darstellungen über Hypnose bzw. in der Auseinandersetzung mit Hypnose in den späteren Kapiteln intensiv begegnen. Also sollten nicht nur deren Charakter und Entstehung (wie in Kap. 6 geschehen) umrissen werden, sondern auch ihre ideologische Bedeutung.

7.1.1 Dagobert Ducks despotische Dollardepots und Donald Duck als imperialistischer Helfer

In seiner Analyse zeigt Kunzle (1991) auf, dass der für Disney von 1947 bis 1966 tätige und inzwischen legendäre Zeichner Carl Barks zahlreiche aktuelle Themen der Zeitgeschichte aufgreift, so den Vietnamkrieg, den Kalten Krieg, die Kubakrise, Sozialismus, Ölprobleme, Nuklear- und Weltraumprobleme, Dritte Welt und Kultur. Diese spiegeln, in Barks' typischem humorvollen Zynismus überspannt und zuweilen grotesk dargestellt, amerikanische Probleme und Einstellungen wider.

Disneys Infantilismen?
Onkel Donald ist klein, kindhaftrundlich und fast im Kindchenschema dargestellt. Dahinter verbirgt sich der typische Amerikaner mit seinen Ansprüchen an das Leben – und seiner Einstellung zum Rest der Welt, die fast als ein Teil Amerikas wahrgenommen wird. Seine Steigerung ist Dagobert Duck, der in der deutschen Namensgebung verharmlost wurde. Im amerikanischen Original ist es Uncle Scrooge McDuck – eine Steigerung der Geldgier an sich. Sein Vorname ist von Charles Dickens' Figur *Scrooge* (= Geizkragen) entlehnt – und der schottische Hausname spricht weiter klar für sich. Die Initialen seines Namens = U. S. = *Uncle Sam* sind ein eindeutiger Bezug. Dieser Dagobert ist das Sinnbild des amerikanischen Dollarimperialismus. Er wirkt onkel– und gönnerhaft; wenn es jedoch um das liebe Geld geht, wird er rauschähnlich besessen. Seine Bäder im Geldspeicher („Darin baden und wühlen und die Goldtalerchen auf die Glatze prasseln lassen") machen seine fetischistische Beziehung zum Geld deutlich. Geld hat hier einen Wert an sich erhalten, den es nicht nur zu beschützen, sondern zu vermehren gilt. In Bezug auf den wahren Reichtum von Onkel Dagobert sind alle Berichterstatter sehr verunsichert. Das mag bestimmt an seinem stets wachsenden Kapital liegen, eventuell auch an seinen Verschleierungstaktiken gegenüber dem

Finanzamt – wie das so bei Prominenten üblich ist. Aber hierzu fehlen uns klare Hinweise. Auch ist zu vermuten, dass es sich um Übersetzungsunsicherheiten handelt. In den USA (und Frankreich) werden tausend Millionen (10^9) als Billion bezeichnet. In den meisten europäischen Ländern wird jedoch eine Billion als eine Million Millionen (10^{12}) definiert. Die amerikanische Billion ist demnach eine europäische Milliarde. Nutzt der Kapitalist Dagobert diese sprachliche Verunsicherung in Scheinfirmen Gewinn bringend aus? Am realistischsten sind wohl jene Comicforscher, die Dagobert Ducks Kapital in Phantastrillionenhöhe einschätzen.

Die chilenischen Autoren Ariel Dorfman und Armand Mattelart produzierten 1971 das Buch *Para Leer al Pato Donald*, das von faschistischen Gruppen verbannt und verbrannt wurde, dann 1975 in den USA in der Fassung *How to read Donald Duck* erschien – und ebenfalls geächtet wurde. Die Autoren werfen Disney und damit den Handlungsweisen seiner Figuren imperialistische Machenschaften vor. Es wird ein Bild der Herrschaftsrasse umrissen, das den scheinbar (meist offensichtlich) dumm-primitiven, unbeholfenen, rücksichtslosen, bestechlichen und schmutzigen Völkern der Dritten Welt die Beglückung durch amerikanische Kultur und Konsum bringt. Im Vordergrund stehen kapitalistische Gewinne, und Kaufaktionen werden konstant wiederholt. Das Ideal der Bourgeoisie wird vermittelt: Man erhält ein Produkt ohne den Arbeiter (und dessen Probleme): „Disnification is Dollarification" (Dorfman a. Mattelart 1975, S. 62). Danach besteht Disneys magische Welt aus Variationen einer zirkulären repressiven Ordnung. Sie vermittelt bei jeder Figur und deren Ideen den Eindruck einer autonomen Persönlichkeit mit der Freiheit der Wahl. Alle sind sie jedoch Dominatoren, die eine Mauer von den Dominierten trennt; innerhalb eines bankrotten Wohlfahrtsstaates strahlen sie Glücklichkeit aus, und Glück macht dann alle gleich. Dies drückt sich auch in den Produkten „Disneyland" und „Disneyworld" aus. Disney ist durch seinen Konzern „restlos in die ökonomischen Strukturen der USA verwoben; er liefert nicht nur ein Gegenbild, sondern zählt auch zu den Ursachen des häßlichen Amerika" (Kunzle 1991, S. 8).

Letztlich verkörpern diese Comics eine männliche und „reine" Welt. Disney schloss in seinem Konzern Frauen von gehobenen Positionen aus und hielt den Anteil von Juden und Katholiken gering (Dorfman a. Matellart 1975, S. 21).

Die imperialistische Einstellung jener Zeit macht sich auch auf andere Weise bemerkbar. Der Zeichner Carl Barks ist der „primäre Comic-Künstler, der es geschafft hat, aus der Anonymität auszubrechen, zu der der Disney-Konzern ihn und andere, die im Comic- oder im Zeichentrickfilm-Bereich tätig waren, gezwungen hatte – ein hervorragendes Beispiel für die Enteignung des Künstlers durch seinen Arbeitgeber" (Kunzle 1991, S. 12). Jerry Siegel und Joseph Shuster, die 1934 Superman schufen, wurden von ihrem Verleger gefeuert, als sie mehr Geld forderten – ohne weitere Ansprüche auf die späteren Millionen. Erst nach dem Filmhit *Superman* wurde ihnen eine lebenslange Beteiligung von jährlich 20 000 Dollar und die Rückgabe ihrer Urheberrechte gewährt (*Westdeutsche Allgemeine Zeitung*, 1.2.1996). Hier treffen wir auf einen konzernübergreifenden Machtanspruch. Bei der Literaturcomicanalyse für das vorliegende Buch konnten die

Zeichner und Texter oft nur mühevoll gefunden werden – wenn überhaupt. Deshalb sind sie im Literaturverzeichnis erwähnt, falls sie auffindbar waren.

Typisch in dieser Welt ist auch, dass man bei Disneys Figuren die Mutter vergeblich sucht; sie ist als Konzept nicht vorhanden. Dorfman and Matellart (1975) nehmen an, dass Walt Disney seine Kindheit hasste, seine Eltern ablehnte. Das kann dann eventuell verstehbar machen, warum er seine berühmten Parks mehr für Erwachsene konzipierte (auf jedes Kind kamen vier erwachsene Besucher) und warum er sich darüber beklagte, dass er seine Filmpreise „nur" für beste Kinderfilme erhielt.

Disney führt in eine Phantasiewelt, die kindlich macht: „Man kann nicht zu seiner Kindheit zurückkehren, ohne dabei kindisch zu werden", wie Marx es ausdrückte (zit. nach Dorfman a. Matellart 1975, S. 98).

Wahrscheinlich stimmt hier doch die Aussage des Show-, Talk- und Gummibärenmasters Thomas Gottschalk: „In Amerika kann man alt werden, ohne erwachsen werden zu müssen."

Wie Micky unter die Nazis fiel
Unter diesem Titel hat C. Laqua (1992) sehr detailliert recherchiert. Der allererste Trickfilm Disneys, *Oswald und die Straßenbahn*, wurde 1927 auch in Deutschland vorgeführt und mit Begeisterung aufgenommen. Ihm folgte dann 1928 als erster Mickey-Mouse-Film *Steamboat Willie* und leitete einen Siegeszug der Micky Maus ein. Bereits 1935 haben weltweit 468 Millionen Menschen Disney-Trickfilme genossen. Trotz der beginnenden Agitationen und gelegentlichen Angriffe gegen Micky Maus („Hinweg mit der jüdischen Volksverdummung!") blieb sie der Liebling der Bevölkerung, und Walt Disney erhielt anlässlich seiner Europareise 1935 vom Micky-Maus-Fan Benito Mussolini eine Widmung: „a Walt Disney with cordial regards and compliments" (zit. nach Laqua 1992, S. 68). Auch Adolf Hitler hatte Freude an den Micky-Maus-Filmen und erhielt 1937 von Joseph Goebbels 30 Filme geschenkt. Jener Joseph Goebbels war auch begeistert von dem Film *Schneewittchen* – „ein künstlerischer Hochgenuß" –, verhinderte jedoch die Einfuhr, da das Regime die Devisen anderweitig benötigte und der Film deutlich den Vorsprung der Amerikaner in der Zeichentrickfilmtechnik zeigte. Letzteres lief auf eine Blamage für den deutschen Film hinaus (Laqua 1992). Auch wenn man wegen der Mitarbeit von nichtarischen Künstlern Filme vereinzelt nicht zuließ, durfte Micky Maus offiziell bewundert werden – aber die restriktiven Devisenausfuhrbestimmungen machten sie immer rarer.

Ein ca. zehn Jahre altes Kind malte seiner Freundin oder seinem Freund zum Geburtstag im Jahr 1944 einen Comic-Filmstreifen mit einer Micky-Maus-Geschichte als Glückwunsch. Er wurde in Theresienstadt gemalt, ist heute in der Pinkas-Synagoge in Prag zu sehen, in der die Namen und Lebensdaten der 77 297 jüdischen Opfer aus Böhmen und Mähren aufgezeichnet sind.

Micky Maus als Kriegspropagandist
Auch zu Kriegszwecken wurde Micky Maus herangezogen, so als Maskottchen der deutschen Legion Condor, die General Franco im Spanischen Bürgerkrieg unterstützte.

Walt Disney produzierte während der Kriegszeit – teilweise auch aus Eigeninitiative – zahlreiche Propagandafilme mit Held Micky Maus, z. B. *The Nazi Submarine* (1932), *Mickey Mouse on a Secret Mission* (1943) und *The War Orphans* (1944). Es sind unter anderem auch solche Filme, die Major A. Severskys Theorie der Effektivität unterstützen, die die Schaden-Kosten-Relation und das strategische Bombardement von Besiedlungszentren (Dresden, Hiroshima) beinhaltete (ebd.). Mickey Mouse wurde ein beliebtes Maskottchen der amerikanischen Streitkräfte. Jede Truppeneinheit konnte sich bei Disney entsprechende Abzeichen *(war insignia)* bestellen – später auch für den Korea- und Vietnamkrieg. Bis 1972 wurden über 2 000 dieser Insignien produziert. Die Beliebtheit der Mickey Mouse „kulminiert" letztlich darin, dass ihr Name als ein Codename für die Truppenlandung in der Normandie diente. In der Darstellung der Comicgeschichte wurde auch deutlich (s. Kap. 4), dass gerade in der Kriegszeit viele Comics der USA vom Krieg handelten und letztendlich die GIs moralisch unterstützen sollten.

Superman als Lebensretter
Millionen von Minen bedrohen in der Gegenwart immer noch die Bevölkerung in zahlreichen Ländern der Erde. Spielende und ahnungslose Kinder sind besonders gefährdet. Die Kinderhilfsorganisation UNICEF hat im Herbst 1996 bosnische Kinder auf die Gefahr von Minen aufmerksam gemacht und dazu einen besonderen Supermancomic benutzt, um die Kinder gezielt zu erreichen. Diese Hefte werden von den NATO-Friedenstruppen verteilt.

19

Mit seinen Figuren *Fix und Foxi*, *Lupo*, *Tante Eusebia* usw. initiierte Rolf Kauka in den 60er-Jahren eine steile Kariere der deutschsprachigen Comics. Auch die erste deutsche Version von *Asterix* erscheint in seinem Verlag. Bleicher (1996) berichtet kritisch, dass bei dem belgischen Original regelrecht eine Germanisierung erfolgte: „Aus den Galliern wurden dumm-deutsche, Phrasen dreschende Germanen, die inhaltliche Auseinandersetzung der handelnden Figuren wurde zu einer Auseinandersetzung mit rein tagespolitischen Themen ..." (S. 106). Asterix ist Siggi (germ. Siegfried), Obelix ist Babarras (Barras = Militär), Troubadix wird Parlamet (= Parlament). Unterschiedliche Fachautoren setzen sich im Zusammenhang mit Kauka auch mit dem in seinen Heften deutlich werdenden Antisemitismus, mit Diskriminierung von Behinderten und mit braunen Sprechblasen auseinander. „Wer immer im Hause Kauka dafür verantwortlich war, muß sich den Vorwurf gefallen lassen, in diskriminierender Weise mit dem traurigen Kapitel deutscher Geschichte Schindluder getrieben zu haben. Juden als Kollaborateure – letztlich (trotz zeitlichem Abstand) gegen Nazi-Deutschland – darzustellen, ist unverzeihlich und fahrlässig!" (Bleicher 1996, S. 111).

Rolf Kauka, nun in Atlanta lebend, hat bereits Anfang der Siebzigerjahre seinen Comicverlag für 28 Millionen DM verkauft, verbunden mit 1 Mio. Jahresrente (nach zuverlässiger Aussage der stets informierten *Bild-Zeitung* vom 27.1.1995). Laut Mitteilung aus gleicher Quelle sank die Auflage von *Fix und Foxi* von 1,6 Mio. auf 53 000 Hefte. Deshalb wolle Kauka die Serie nach 42 Jahren einstellen. Der

7.1.2 Asterix als rechter Helfer

Nachfolger habe zu starke Veränderungen vorgenommen. Dazu Kauka (lt. *Bild*): „So geht es nicht mehr weiter! *Fix & Foxi* wird immer schlechter! Und jetzt gibt's in den Heften auch noch Rock, Pop und Sex. Das kann ich nicht verantworten." – Kein Kommentar!

Kehren wir jedoch zu Asterix und seinem geistigen Vater René Goscinny und dem Zeichenvater Uderzo zurück. Mit ihrem Asterix haben sie den Comic von den Kinderschuhen befreit. Erwachsene konnten nun Comics lesen, ohne rot zu werden. Diese Erwachsenen fanden teilweise auch den Zugang zu den aufkommenden Undergroundcomics, von denen man dann rot werden konnte.

7.1.3 Comics als Spiegel des Politgeschehens

In Comics werden direkt oder indirekt auch Aussagen über den herrschenden Zeitgeist oder das Politgeschehen getroffen (vgl. auch Abschn. 7.1.1). Dies erzeugte von deren Anfang bis heute bemerkenswerte Reaktionen. Kann es wohl daran liegen, dass manches im Comic so bildhaft prägnant ist?

Comics werden verb(r)annt und bereinigt

Comics wurden in den USA während der MacCarthy-Ära (1949–1954) stark verfolgt. Der Senator hatte auf Dauer gesehen jedoch wenig Erfolg. Der Verleger M. Gaines gründete ein Magazin, das sich mit der Parodie der Comics befasste. *MAD* war geboren – und entwickelte sich dank seiner antiautoritären Grundeinstellung zu einem Erfolg ohnegleichen. In den 70er-Jahren erlebte das Magazin allein in den USA eine Auflagenhöhe von drei Millionen Exemplaren pro Nummer (Jenrich 1995). In Deutschland wurde es vom Redakteur Herbert Feuerstein (später TV-Gagspezialist) hochgepäppelt und musste nun mit Band 300 im Oktober 1995 eingestellt werden. Galionsfigur Segelohr Alfred Neumann hat ausgegrinst.

Aber halt! Auch im Comicbereich gibt es *revivals*! Ab Oktober 1998 erscheint das Fachblatt für pubertierende Halbtagszyniker wieder auf dem deutschen Buchmarkt, nur der Biss von Herbert Feuerstein fehlt ihm. Dafür kam es pünktlich zur Mad-TV-Ausstrahlung auf RTL.

Klischees werden verändert

Auf unserem Weg durch die Comicgeschichte finden wir weitere ideologische Aspekte: Seit 1955 wird Mickey nun zum „Abbild des typischen amerikanischen Mittelstandsbürgers. Exotische Lokalitäten wurden aus dem Strip ebenso verbannt wie alle Arten von nichtweißen Nordamerikanern" (Czerwionka 1991). Sogar ältere Comicausgaben wurden in Bild und Text „bereinigt", so z. B. Hergés *Tim und Struppi im Kongo* von 1930/31.

In den frühen Comics (z. B. *Micky Maus, Tim und Struppi*) sind, dem damaligen Zeitgeist entsprechend, zahlreiche rassistische Vorurteile enthalten. Man war bis in die Sechzigerjahre mit der diskriminierenden Darstellung von ethnischen oder religiösen Gruppen nicht zimperlich, da diesbezüglich kaum problembewusst. In späteren Jahren ging man kritischer mit diesen Themen um, und alte Ausgaben wurden bei Neuauflagen entsprechend stark überarbeitet. Auch hier sind die modernen Herausgeber, Comicautoren und -zeichner ihrem neuen Ideologieverständnis entsprechend besonders auf Gleichberechtigung und Unterstützung Benachteiligter kritisch bedacht.

Maus als Nazischerge?

Art Spiegelman hat in seinem hervorragenden Werk *Maus* (1986) auf der Comicebene sehr ernsthaft die Situation und vor allem die Gräuel der Naziherrschaft in Polen dargestellt. Dazu gehört in den Zeichnungen natürlich auch die Übernahme der Symbole und Embleme der damaligen Zeit. Als 1990 im 4. Internationalen Comicsalon in Erlangen *Maus*-Poster plakatiert worden waren, ließ die zuständige Richterin diese mit der Begründung beschlagnahmen, sie würden den Nationalsozialismus mit seinen Symbolen positiv darstellen. Dies bewirkte auch im Ausland ein ungeheures Medienecho. Dabei sollte man als Hintergrund die Information haben, dass Art Spiegelman Jude ist und sein Vater das KZ überlebt hat. Für undifferenzierte Denker gelten plastische Antischriften oder Antikriegsfilme mitunter als Pro. Spiegelman wurde 1992 für *Maus* mit dem Pulitzer-Preis ausgezeichnet.

Kriminelle Kondome?

In ihrem Buch *Comic: Zensiert* machen Schnurrer, Spiegel, Seim und Hiebing (1996) auf die immer noch bestehende Zensur bei Comics aufmerksam. So wurden Busen und Waffen wegretuschiert, selbst Lucky Luke hat anstatt der Zigarette nur noch einen Grashalm im Mund. Insgesamt sind derzeit 109 Comics in Deutschland indiziert, sieben verboten. Letztere sind so genannte Raubdrucke, in denen also bekannte Lizenzfiguren umgearbeitet wurden; so entstanden *Donald Duck – Häuserkampf in Entenhausen*, *Asterix und das Atomkraftwerk*, *Asterix im Hüttendorf* und *Fick und Fotzi*.

In ähnlicher Weise wie bei Art Spiegelman wurden im November 1996 Comics wie *Kondom des Grauens* (Ralf König) von einem übereifrigen Staatsanwalt als jugendgefährdend beschlagnahmt und aus den Regalen der Buchläden entfernt. Recht schnell musste sein Handeln als unrechtmäßig beurteilt werden, denn bereits seit langem war besagter Comic von offiziellen Zensurstellen ohne Einschränkungen akzeptiert worden. Um dem durch diese Aktion angeschlagenen Verlag Hilfe zu leisten, haben 45 Musiker und 55 Zeichner einen Benefiz-Sampler zusammengestellt; die Gewinne gehen an den Rechtshilfefonds „Gegen Zensur".

Denken wir historisch zurück, so wandte sich die *Biblia Pauperum*, die Armenbibel, ebenfalls mit Bildern an die großen Bevölkerungsteile, die nicht lesen konnten. Heute müssen wir uns in ähnlicher Weise wie früher verständlich machen – ebenfalls mediengerecht, um zu motivieren. Kirche sucht hier endlich einen jugendgerechten Weg, um Jugend zu erreichen.

„Jesus hatte eine rote Knollennase, einen kartoffelförmigen Kopf, abstehende Ohren, winzige Knopfaugen und genau 13 Barthaare. So stellt ihn zumindest Rüdiger Pfeffer, Zeichner des aktuellen Bibel-Comics *Jesus der Galiläer*, ... dar" (Wagner 1995). Er soll ein religiöses Pendant zu *Asterix der Gallier* sein. Nach vielen Anfeindungen durch entsprechende Kreise steht diese Ausgabe auf der Empfehlungsliste des Katholischen Kinderbuchpreises 1995. Zeitgemäße Verkündigung: Tip, tip, tip, tip – der Evangelist Lukas sitzt an seiner Schreibmaschine, der Verkündigungsengel kommt aus dem Fernseher zu Maria;

7.1.4 Verkündigung in Sprechblasen

Joseph und die schwangere Maria brausen mit dem Motorrad nach Bethlehem, um „die Geschichte mit dem Finanzamt" zu erledigen – usw. Um des ökumenischen Gleichgewichts willen sei auch *Chris, die Kerze und die Geschichte vom Abendmahl* (Küstenmacher 1996) erwähnt.

7.1.5 Tim und Struppi und der Dalai-Lama

Durch sein Album *Tim und Struppi in Tibet* (Orig.: *Tintin au Tibet*, 1956) hat der Zeichner Hergé, der selbst nie in Tibet gewesen war, seinen zahlreichen Lesern dieses Land mit seiner Spiritualität näher bringen können. Im indischen Dharamsala gibt es ein tibetisches Kinderdorf für verwaiste tibetische Kinder. Ein Haus dort ist sogar „Tintin Home" benannt. Über Hergés Bilder aus dem Tibet-Album lernen diese Kinder, Nähe zu ihrer entfernten Heimat entwickeln.

Tenzin Gyatso, der 14. Dalai-Lama und religiöses Oberhaupt der Tibeter, Friedensnobelpreisträger von 1989 für seinen gewaltlosen Kampf, wurde in Dharamsala über *Tim und Struppi in Tibet* befragt (Peeters u. Sterckx 1995).

Der Dalai-Lama erklärt: „Das Buch gefiel mir sofort; eine wunderbare Arbeit. Es ist phantastisch, eine sehr schöne Geschichte. Auch die Zeichnungen sind sehr schön. Beides, die Zeichnungen und die Geschichte sind sehr anziehend. Das kann eine sehr nützliche Art sein, die Menschen über Tibet zu informieren: ihnen die tibetanischen Lamas, die Wunder und die seltsamen Erfahrungen, aber auch den Migu und den Yeti nahezubringen! Ich glaube, der Junge, Tintin, will immer mehr wissen. Er ist sehr neugierig. Aufgrund dieser Neugierde ist er fest entschlossen, die Dinge mit eigenen Augen zu sehen und zu erfassen. Diese Entschlossenheit gefällt mir. Das ist der richtige Weg zum Fortschritt. Außerdem finde ich das Buch sehr jovial. Dabei denke ich auch an den Captain. Sein Verhalten bringt einen oft zum Lachen! Sehr schön."

7.2 Rolle der Frau im Comic

Schauen wir uns die Rolle der Frau im Comic an unterschiedlichen Frauenfiguren an!

Wandlungen

Blondi, 1929 geschaffen, ist über Jahrzehnte die bieder erscheinende, oft naiv wirkende Hausfrau, auf die vordergründig Blondinenwitze zutreffen könnten. Sie mausert sich im Laufe der Dekaden zur erfolgreichen Managerin des selbst gegründeten Partyservice und ist ihrem oft naiven, müden und stets verfressenen Mann Dankwart häufig durch Cleverness und weibliche Raffinesse überlegen.

Minnie Maus ist inzwischen ebenfalls hoch betagt, im Bild der Gegenwart jedoch stets in den besten Frauenjahren. In alten Storys ist sie meist damenhaft: naiv, leicht zickig und kümmert sich mehr um Frauenkränzchen als um ihre eigene Entwicklung. Später wird sie mit dem Wandel des Frauenbildes emanzipierter, aktiver, selbstständiger.

Daisy Duck durchläuft einen ähnlichen ideologiebedingten Sozialisierungsprozess – nur sie ist insgesamt temperamentvoller und ruppig, um sich gegenüber dem oft cholerischen Donald behaupten zu können. Wie beeindruckend Daisy ihr Frauenbewusstsein entwickelt hat, ist in der allseits als kritisch geltenden *taz* (*Die Tageszeitung*, Berlin) zu erfahren. „Das neue Idol des Feminismus ist, wie man dem *Spiegel* entnehmen konnte, Daisy Duck. Weil sie ‚die Konvention des

Datings' bricht, also nicht am ersten Abend mit dem Mann ins Bett geht, der ihr Essen bezahlt, empfindet die Feministin Marlene Streeruwitz Ms. Duck als Siegerin über Macho-Gelüste. Jenseits dieser Comic-Figur sei der Feminismus gescheitert" (Kahlweit 1996).

Sowohl *Minnie* als auch *Daisy* sind zwar sehr weiblich, vom Grundkonzept her jedoch asexuell. Die Disney-Welt ist sogar aseptisch. Küsse (SCHMATZ) werden äußerst selten vergeben – und dann nur spontan als überschwängliche Belohnung für besondere Heldentaten. Natürlich nur keusch-distanziert auf Wange oder Scheitel des errötenden Erwählten. Diese Enthaltsamkeit geht so weit, dass Donald Homosexualität unterstellt wird, da er diese sexuell reduzierten weiblichen Kontakte widerspruchlos akzeptiert (Gans 1986). Hier scheint es sich um eine „entogene" Sexualproblematik zu handeln.

Viele Jahrzehnte waren diese Heldinnen in der zweiten Reihe anzutreffen, wohl um die Wirkungen der männlichen Hauptfiguren zu unterstreichen. Angefangen von *Minnie Maus* bis zu *Wonder Woman* sind sie meist Dummerchen, die dazu dienen, von Bösewichtern gefangen genommen zu werden, um dann vom Helden glorios befreit zu werden; auch *Lois Lane*, die Freundin von Superman.

Bat-Woman ist weniger bekannt; sie ist die weibliche Parallele zu Batman, fledermausbeflügelt im Partnerlook mit einem hautengen Strampelanzug (neudeutsch: Body) für muskulöse Erwachsene gekleidet und ebenfalls von einem übersensiblen, futuristisch gestylten Rechtsempfinden weiblich beseelt, das für eine moderne Version von Heinrich von Kleists 1810 verfasstem *Michael Kohlhaas* Grundelemente liefern könnte.

Historisch bedeutsam ist natürlich auch „die rachsüchtige *Cat-Woman*, die mit Latex-Anzügen die Zukunft des Mannes ins Wanken brachte; die blonde Sternschnuppe *Barbarella*, die mit pervers-unschuldigem Sexappeal das Universum rettete. Beide begannen ihre Karriere als Comicstrip-Girls, besaßen aber auch etwas, das wichtiger war als ihre Aufträge und Abenteuer: jenes gewisse Etwas, einen Look, einen Stil, konzentrierten Zeitgeist, mit dem jede Frau das tat, was eine Frau tun muss ..." (Dünnwald 1995). WOW!!

Die Frauenfigur der Gegenwart des Jahres 2033 ist *Tank Girl*, bürgerlich Rebecca Buck. „Als flippige Punk-Barbie mit Springerstiefeln und Wonderbra kämpft sich Tank Girl 100 Minuten lang ab (Anm.: in dem neuen Film), um das Armani-Jacket von Erzschurke Kesslee ... zu beschmuddeln" (ebd.). In *Prinz*, dem *Szenekalender des Ruhrgebiets*, wird sie als „Brutalo-Göre mit Faible für große Wummen und große Schwänze" beschrieben (*Prinz*, Ausg. Mai 1995, S. 64), die bereits 787 Tote hinter sich hat und sexuelle Beziehungen mit Kängurus schätzt. Insgesamt ein strammes Vorbild für die Jugend, das jeder liebend gerne zur Schwiegertochter hätte ... Die Serie wurde jedoch wegen zu geringer Nachfrage eingestellt.

Wir sehen: Durch Comicstorys sind wir mit unterschiedlichen Frauenbildern konfrontiert, die sowohl Feministinnen zu schaffen machen, indem sie die Sprechblasen von *Wonder Woman* verändern, als auch den Zensurbehörden, die Märchenfiguren enterotisieren, indem sie ihnen den Busen wegretuschieren und dadurch fast entweiblichen. Wenn wir jedoch Barbarellas Auftreten (1962) bewundern, dann auch wegen ihrer emanzipatorischen Handlungen. Das Mädchen *Yinni* ist in den Serien von *Yinni und Yan* im Yps-Team diskussionslos gleichberechtigt. Zunehmend haben in den modernen Comics Frauen entsprechend gleichberechtigte Rollen bzw. treten selbstsicher auf.

Sexualsignale als Kontinuität

In vielen Erwachsenencomics haben Frauen jedoch weiterhin sexuelle Bedeutung. So treten sie in sehr vielen Sciencefictiongeschichten mit erheblichen Rundungen und fast nackt auf – und das bestimmt nicht, weil das intergalaktische Klima durch Auswirkungen des terrestrischen Ozonlochs und des Treibhausklimas dies erforderlich machen sollte. Gerade bei ihnen ist dadurch die am Kostüm erkennbare Grenze zwischen Superheldin und Superschurkin nur noch schwer erkennbar. Hier wird auch eine Konstruktion von sexueller Nähe und weiblicher Unerreichbarkeit geschaffen, wie sie sonst in zahlreichen älteren Filmen aus den USA, im Playboy-Club und in diversen Herrenmagazinen vorgeführt wird. Ihre Kleidung ist fast immer wie ein angedeuteter Striptease; die Frau schlechthin wird dadurch zum Objekt von Begierden, unabhängig, ob „gute" oder „böse" Frauen sich darin behüllen. Sie zeigen Sexualität und verneinen sie gleichzeitig durch ihre kalte Stärke, mit der sie gegen die Bösewichte auftreten.

20

Auch die Comicfrauen der Gegenwart entsprechen diesen Klischees: In *Wonder Woman #1* muss sich „Diana in ein Lack- und Lederkostum zwängen, das wohl ein Sado-Masochist in seinen feuchten Träumen entworfen hat ... Makellose Beine bis zum Hals und ein paar luftballongroße Brüste, die jeder Schwerkraft trotzen, sind schnell zum Markenzeichen des Brasilianers (Anm. des Autors: Michael Deodato Jr., Zeichner der Figur) geworden" (*Comic Speedline* 1998, S. 58.)

„Noch scheinen die Aufräumarbeiten nicht beendet: Die meisten Babes bräuchten schon Superkräfte, um nicht aus ihren knappen Kostümen zu fallen, lassen Kritiker nicht locker. Besonders stolpern sie über aufgedunsene Brüste, die selbst Silikon-Fans erbleichen lassen ... Die Comic-Evolution wird voluminöse Oberweiten noch zwingen, wenigstens auf Kopfgröße zu schrumpfen" (Schafarczyk 1995).

7.3 Analyse: Abweichendes Verhalten

Sehr richtig stellt Kagelmann (1975) in seinem Artikel *Guten Tag! Wer von Ihnen ist Napoleon?* fest, dass sich die Psychologie bis dato wenig mit Comics beschäftigt hat – ungeachtet der beeindruckenden Auflagenzahlen. Ein Medium, das vorwiegend von Kindern und Jugendlichen gelesen wurde, fand damals in der ernsten Wissenschaft kaum Beachtung. In Comics sind besonders häufig Elemente „psychisch abweichenden Verhaltens dargestellt, besonders Wahnvorstellungen, Neurosen, Zwangsvorstellungen, psychische Schocks und Gedächtnisstörungen bzw. -ausfälle. Der Behinderte hatte im Comic eine Sonderstellung – um ihn noch pointierter und abweichender darzustellen" (Kagelmann u. Zimmermann 1980).

In einer späteren und sehr breit angelegten Analyse untersucht Kagelmann (1982) die Darstellung psychisch abweichenden Verhaltens in der Massenunterhaltungsliteratur (in Romanheften und -taschenbüchern sowie in Comics). Da sie einen enorm hohen Verbreitungsgrad haben, wird angenommen, dass sie ein starkes Wirkpotenzial in der Meinungsbildung darstellen.

Im Jahr 1964 wurden in der BRD 357 Millionen Romanhefte (Groschenhefte; 1972: ca. 370 Mill.) aufgelegt; also besaß jeder Einwohner im Schnitt damals 6 Stück.

Zur Analyse ausgewählt wurden von Kagelmann 197 Romane und 195 Comics mit insgesamt 18 551 bzw. 10 222 Seiten. Festgestellt wurden darin 0,003 bis 2,7 % an „Fällen" mit psychisch abweichendem Verhalten. Die Analyse ist in Tabelle 7.1 dargestellt.

Beschreibungs-/Einordnungskriterium	Prozentanteil
Personen mit psychisch abweichendem Verhalten:	
haben Hauptrollen in der Story	57 %
sind männlich	66 %
sind Erwachsene	65 %
ihr Aktionsland ist USA	51 %
oder Kosmos	11 %
werden negativ charakterisiert	53 %
sind häßlich oder sehr häßlich	54 %
sind mittel- bis sehr schwer gestört	79 %
sind mehrfach auffällig (körperl., verbal)	47 %
haben einen negativen Sozialstatus	63 %
sind implizit oder explizit gefährlich	72 %
sind stark bis sehr stark aggressiv	67 %
begehen Verbrechen	63 %

Tabelle 7.1: Beschreibung und Einordnung von Personen mit psychisch abweichendem Verhalten in der Massenunterhaltungsliteratur (nach Kagelmann 1982)

Die Analyse Kagelmanns (1982) macht deutlich, dass in der Massenunterhaltungsliteratur extreme und meist negative Klassifizierungen von abweichenden Verhaltensweisen vorgenommen werden. Es erfolgen Übertreibungen, die die traditionellen Vorstellungen des Laien von psychischen Störungen wahrscheinlich bestätigen und weiter aufrechterhalten.

Im Gegensatz zu diesen Negativdarstellungen werden Therapieinstitutionen, die sich mit seelisch Gestör.ten befassen, jedoch häufig positiv dargestellt. Dies entspricht auch mehr dem Einstellungstrend der Gesellschaft dieser Jahre. Die Behandlung mit „Hypnose" ist in der Massenunterhaltungsliteratur jedoch weiterhin ein Sonderfall. Sie wird außerordentlich oft und negativ übertrieben dargestellt. Möglicherweise sind die unter Hypnose erzielbaren Verhaltensweisen für Laien (und die Autoren der Massenunterhaltungsliteratur) fremdartig und mit Angst besetzt. Da man als Laie über Hypnose nur wenige und meist über Vorurteile vermittelte „Informationen" besitzt, nutzt man sie als dramaturgisches Mittel, um Verrücktheit, Beeinflussung, Bewusstseinsbeeinträchtigung und Unerklärlichkeiten im menschlichen Verhalten in Wort und Bild darzustellen.

7.4 Wirtschaftliche Aspekte

Bei den Comics haben wir es nicht lediglich mit einigen gedruckten Jugendlichen-Bilderheften zu tun. Durch unsere Sozialisierung sind Comics schon seit langem auch für Erwachsene (bzw. die damit erwachsen Gewordenen) bedeutungsvoll geworden. Jede gut sortierte Buchhandlung, jeder Bahnhofsladen, Kiosk, Supermarkt verfügt über ein breit gefächertes Sortiment an Comics. Inzwischen hat jede größere Stadt mindestens einen Comic-Fachladen, deren Besitzer mich stets mit immensem Fachwissen verblüffen – verbunden mit einem gewissen Glanz in den Augen, der Begeisterung, Liebe zum Detail und für diese Kunstform signalisiert. Aus kommerzieller Perspektive betrachtet, handelt es sich hier aber auch um erhebliche Marktanteile, die von Spezialisten angeboten werden.

Die weltweite Verbreitung von Disney-Comics zeigte bereits 1962 eine Auflagenhöhe von 50 Millionen in 50 Ländern und 15 verschiedenen Sprachen (*Newsweek*, 31.12.1962, S. 48–51).

Allein 1970 wurde der erfolgreich Strip *Blondie* in 1148 Zeitungen mit einer Gesamtauflage von 56 Millionen gedruckt; wenn man von drei Lesern pro Zeitungsexemplar ausgeht, haben täglich ca. 168 Millionen Menschen weltweit *Blondie* gelesen. Deutsche Leser kennen *Blondie* seit dem 3.2.1953; sie gab damals gemeinsam mit ihrem Ehemann Dankwart ihr Debut in der *Westdeutschen Allgemeinen Zeitung* und erscheint seitdem dort täglich. In der gleichen Zeitung sind seit dem 1.1.1973 ebenfalls täglich die *Peanuts* zu finden: Comics als Begleiter unseres Alltagslebens!

Die Mitteilungen des für deutsche Comics bedeutsamen Ehapa-Verlages machen ebenfalls deutlich, dass wir es im Comicbereich mit umfassenden Märkten zu tun haben. Es wird hier unterschieden zwischen Comicmagazinen (Vertrieb über Zeitschriftenhandel) und Comicalben (über den Buchhandel). Aus der Ehapa Comic Collection werden ca. 500 Comictitel via Buchhandel vertrieben.

Der andere und sehr kooperative Comicgigant, der Carlsen-Verlag, hat im Verlagsprogramm 800 Titel; pro Halbjahr erscheinen 60 neue. Ein durchschnittlicher Comic erfährt dort eine Auflage von 8000 bis 10 000 Exemplaren, an der Spitze stehen die Bände der Serie *Die Abenteuer des Marsupilamis* mit einer Startauflage von ca. 70 000 Exemplaren.

Nach groben Marktschätzungen erscheinen in Deutschland jährlich ca. 500–600 Comictitel. Für Interessierte sind in den Tabellen 7.2 bis 7.5 einige genauere Zahlen, Daten, Fakten aufgelistet.

Laut Eigenauskunft des Ehapa-Verlages ist die Micky Maus „der populäre Auflagenrenner im Comic Markt. Optimismus, Charme, Witz und Action – all das vermittelt der seit über 40 Jahren in Deutschland erscheinende Klassiker." Der riesige Verlag – ein Unternehmen der Egmont-Gruppe – betreibt intensive Marktanalysen. Die differenzierte Analyse des Marktrenners Micky Maus sei hier in Tabelle 7.2 und 7.3 dargestellt.

Exemplare
3.000 für hochpreisige Sammlerausgaben
5.000 Standardauflage für Neuanfänge von Reihen
10.000 Durchschnittsauflage für durchgesetzte Reihen
50.000 bestverkauftes Erstlingsalbum (Joe Bar Team)
120.000 *Asterix*, Band 29
1.000.000 Gesamtauflage über Buchhandel pro Jahr

Tabelle 7.2: Ehapa-Verlag: Auflagen Buchhandel = Comic-Bücher u. Hardcover (1994; Angaben aus: Comics mit Charakter, *Informationsbroschüre des Ehapa-Verlages)*

Titel; Gesellschaft	Durchschnittliche Vertriebsauflage 1993
Micky Maus; The Walt Disney Company	2.926.940
Donald Duck; TheWalt Disney Company	110.230
Lustige Taschenbücher; The Walt Disney Company	702.462
Donald Duck Sonderheft; The Walt Disney Company	197.430
Dumbo, Vorschulmagazin; The Walt Disney Company	179.553
Garfield; United Feature Syndicate	106.110
Familie Feuerstein; Hanna Barbera Productions Inc.	154.555
Bugs Bunny; Warner Bros.	230.000
Tom & Jerry; Turner Entertainment Co.	150.000
Jahresvertriebsauflage des Verlages	4.757.200 Hefte

Tabelle 7.3: Ehapa-Verlag: Auflagen Grosso, über Zeitschriftenhandel = Comic-Heftchen (Leseranalyse 1993; aus: Comics mit Charakter, *Infobroschüre des Ehapa-Verlages)*

Der Comic ist ein Massenmedium geworden. Die historische Entwicklung ist z. B. deutlich an *Tim und Struppi* zu erkennen:

Anfang der 30er-Jahre erscheint *Tim und Struppi* (Orig.: *Tintin et Moulin*) in den Heftchen *Le petit vinglième* mit wenigen tausend Exemplaren. Der später publizierende Castermann-Verlag dachte deshalb bereits daran, die Serie aufzugeben. Ab 1950, mit dem Titel *Reiseziel Mond,* stiegen dann jedoch die jährlichen Verkaufszahlen auf 400 000 Exemplare; 1970 wurde die Millionengrenze überschritten. Heute werden von jedem Abenteuer im Durchschnitt 8 500 000 Exemplare abgesetzt. Der Carlsen-Verlag hat insgesamt 200 Millionen Exemplare produziert. Die Abenteuer werden in mehr als 50 Sprachen und Dialekte übersetzt und erfreuen sich besonders in Spanien und Japan besonderer Beliebtheit, weniger in den USA und in Deutschland.

Erscheinungsweise: jede Woche donnerstags – Copy-Preis: 2,80 DM				
Leser-Struktur				
bei Schülern:	nach Geschlecht:		nach Alter:	
	60 % Jungen		37 %	7–9 Jahre
	40 % Mädchen		41 %	10–12 Jahre
			22 %	13–15 Jahre
Gesamtbevölkerung	nach Geschlecht		nach Alter:	
	45 % Männer		24 %	14–19 Jahre
	55 % Frauen		24 %	20–29 Jahr
			31 %	30–39 Jahre
verkaufte Auflage				
im II. Quartal 1993: 731.735 Exemplare = 2.926.940 im Jahr				
60 % der *Micky Maus*-Leser sind älter als 12 Jahre!				
Reichweite				
bei den 7–15jährigen :	21,6 %	=	1.650.000 Leser	
14–19jährigen :	9,3 %	=	420.000 Leser	
in der Gesamtbevölkerung :	2,8 %	=	1.780.000 Leser	
Kontaktqualität				
Leser-pro-Seite-Index: 93,1, d. h.: eine durchschnittliche *Micky Maus*-Ausgabe wird zu 93,1 % durchgelesen oder angeschaut.				
weitester Leserkreis aktuell: 4,86 Mio. Leser, entspricht: 63,7 % der 7–15jährigen				

Tabelle 7.4: Marktanalyse von Micky Maus „Die Nummer 1 im Comic Markt!" *(Leseranalyse 1993, aus:* Comics mit Charakter; *Infobroschüre des Ehapa-Verlages)*

Art der Ausgabe	Anzahl der Ausgaben
Werkeditionen	28
Hardcocer	29
Kochspaß	4
fremdsprachig	20
französisch	29
englisch	31
altgriechisch	1
Mundart	3
Einzeltitel	6
Sammelband	8
Gesamtumfang	159 Ausgaben

Tabelle 7.5: Asterix-*Ausgaben in Zahlen*
(nach Tock Tock, Kundenmagazin des Ehapa-Verlages, Herbst 1996)

Werke des 1975 verstorbenen Zeichners Hergé werden heute auf dem Kunstmarkt gehandelt. Eine im Dezember 1990 versteigerte Original-zeichnung erreichte den Preis von 3,1 Millionen Francs.

Anfang der 90er-Jahre war im Verlag Carlsen Comics der Anteil der Comics am Gesamtumsatz von 20 auf 60 Prozent hochgeschnellt. Monatlich wurden bis zu 20 Alben publiziert. Ende der 90er-Jahre wird nun aus unterschiedlichen Quellen von einer Krise im Comic-geschäft berichtet; der Umsatz mit Strip-Alben ist auf ein Drittel gesunken. Es ist in allen Verlagen eine Rezession auf dem klassischen Comicalben-Markt festzustellen. Möglicherweise sind die Kinder, die am Computer groß wurden, mehr an Action gewohnt; Lesen bedeutet für sie eventuell mehr Arbeit. Die klassischen Verlagshäuser haben zusätzlich wahrscheinlich die Modetrends im Comic unbeachtet gelassen. Neue Storys wie *Spawn* und *Lobo* kommen mehr der Fernseh- und Computermentalität der Jugend entgegen. Diese Heftchen im Kiosk-Format boomen deutlich: „An die Stelle der klassischen Helden sind düstere Gestalten getreten, die moralfrei metzeln – all das aber ist gar nicht so rasant und grell gestaltet wie ein Videoclip oder ein Computerspiel" (*Spiegel* 1998, S. 168). Sogar der Westdeutsche Rund-funk widmete am 6.10.1998 diesem Problem einen Filmbeitrag: *Comics in der Krise? –Vom Zeitungsstrip zum Multimedia.*

Konzern	Umsatz	Mitarbeiter
1. Time Warner	24,6 Milliarden Dollar	65.500
2. Disney	22,8 Milliarden Dollar	85.200
3. Bertelsmann	15,9 Milliarden Dollar	58.000
4. Viacom	13,2 Milliarden Dollar	60.800
Summen	76,5 Milliarden Dollar	269.500

Tabelle 7.6: Die vier größten Medienkonzerne der Welt: Umsatz und Mitarbeiterzahl
(nach: Der Spiegel, 25/1996, S. 123)

Anders drückt es ein Leser der Comic-Fachzeitschrift *Speedline* (Heft 65, 1998) aus: „… die Superhelden-Babes als Airbag der vor die Wand laufenden Comic-Industrie."

7.5 Kritik am Comic

Wenn wir die Anfänge der modernen Comics als Massenproduktion der Printmedien betrachten, dann war es den Verlegern gerade recht, mit dieser neuen Form von sprachlicher und bildlicher Mitteilung ihre Auflagenhöhen deutlich zu verbessern. Jedoch war diese Darstellungsform, in der Bild und Text kombiniert wurden, für viele ungewohnt, daher suspekt und kritikwürdig.

Tatsächlich waren in den Anfängen des amerikanischen Comics oft die Texte sehr einfach, mitunter in breitestem Slang gehalten. Die bislang nur komplexe ästhetische Bildkompositionen gewohnte Leserschaft war in analoger Weise zum Text nun mit einfachen, oft naiv gestalteten Bildern konfrontiert. Das verunsichert und ruft nach Ahndung und dem starken Mann, der die Kultur rettet, der vor allem die Kinder vor dem Sittenverfall bewahrt (vgl. Vorwort).

Sittenverfall in den USA?

Als dann in den 50er-Jahren primitive Horror- und Gruselcomics erschienen, war das Maß voll. Es kam zu einer Verfolgungskampagne in den USA. 20 Millionen Comicheftchen pro Monat – mit suspekter Schrift-Bild-Kombination –, und dann noch hirnlos gruselig: Das war zu viel für die Sittenwächter! In dem Film *Confidential File* (ca. 1953) wird die Passivität der Kinder beklagt, da sie nur Comics lesen. Nachfolgend ein Auszug des gesprochenen Filmtextes: „Wenn sie wenigstens etwas Richtiges lesen würden, nicht über Ehebruch, Grauen und Perversionen, schmutzige Verbrechen … In der Realität der Kinder sind Fiktives und Realität eins; gefühlsmäßig kann ein Comic so wirken wie etwas Erlebtes. Horror und Verbrechen verstören die Kinder. Ich meine nicht die tiefen Gefühlsveränderungen, sondern den Soforteffekt. Spannung und Grauen machen es zu einem Nervenbündel, am Ende ist das Kind ‚fertig'. Will man eine Generation aus Sturmtruppen und Kanonenfutter, die nicht lesen kann, dann sind Comics gut, geradezu perfekt."

Es erfolgte 1954 ein großes Hearing im *Senate Subcommittee on Juvenile Delinquency*. Das Komitee stellte fest, dass Comics einen wesentlichen Einfluss auf die Jugendkriminalität haben – worauf Verbrennungen von Comics folgten. Ein Mr. Gershom Legman kritisiert: „… die degenerierten (Comic-Hersteller, die) … ganz zweifellos ins Gefängnis gehören" und „… Comic-Firmen, bei denen nur Homosexuelle arbeiten und die aus … phallischen Wolkenkratzern heraus wirken" (zit. nach Jörns u. Langhans 1991).

Dies bewegte die Verleger dazu, die *Comic Code Authority* als eine eigene Zensur einzuführen. Dieses Regelwerk trat am 26. September 1954 in Kraft. Bald wurde dann die *Comic Magazine Association* gegründet, die die Wörter „Horror", „Terror" etc. verbot. Als Folge davon mussten 440 Hefte nach der Kontrolle überarbeitet werden, 126 wurden sofort als ungeeignet abgewiesen. Mehr als 5656 Zeichnungen wurden ausgesondert und durch regelkonforme Bilder ersetzt. Als wirtschaftliche Konsequenz ergab sich daraus, dass von den ca. 30 Verlagen 24 nicht mehr verkaufsfähig blieben.

Nach dieser Regelung wurde ebenfalls alles eliminiert, was im Comic gut war: die Meinungsfreiheit, sich sprachlich und bildlich auszudrücken. Die Zensur wurde dann jedoch langsam aufgeweicht, als in der Zeitschrift *MAD* sogar McCarthy, der überharte Kommunistenjäger, mit seinen Aktionen karikiert wurde – die Moralsklerosen der 50er-Jahre wurden in den Gegenbewegungen der Liberalisierungen während der 60er-Jahre wieder aufgeweicht (Hiebing 1996; vgl. auch Abschn. 7.1.3).

Wie bereits in Abschnitt 4.1 erwähnt, wurden jedoch weniger als zehn Jahre vorher während der Kriegszeiten Comics zu Propagandazwecken benutzt. In den 80er-Jahren wurden bei der US-Army zahlreiche Comicdarstellungen in den Gebrauchsanweisungen für die unterschiedlichen Waffensysteme eingesetzt, da viele GIs Analphabeten waren. Der Zweck scheint hier jeweils die Mittel zu heiligen.

Kulturuntergang in Deutschland?

Auch in Deutschland gelangen die Comics schnell – nämlich im gleichen Jahrzehnt wie in den USA – in den Mittelpunkt der Kulturkritik und erhalten (zit. nach Pforte 1973) Bezeichnungen wie „Wegbereiter des Neo-Alphabetismus", „Esperanto der Analphabeten", Comicproduzenten sind „Missionare des internationalen Infantilismus"; befürchtet wird ein „Wiederprimitivwerden" und die „Rückkehr zur Auflösung von Handlungen in eine Reihe von Einzelbildern".

Pädagogen prognostizieren „seelische Schäden, Neurosen, wenn nicht gar Kriminalität im Gefolge der Comics" (Baumgärtner, zit. nach Pforte 1973). Befürchtet werden sprachliche, moralische und charakterliche Deformationen, Entwicklungsschädigungen etc.

Entsprechend erscheinen deutsche Fachstellungnahmen, die den oben genannten amerikanischen kaum nachstehen (zit. nach Fuchs u. Reitberger 1978, S. 143):

- *Der Rückfall ins Primitive* (Willi K. Cordt 1954, S. 162*),*
- *Die Pest der Comic Books* (W. Rest 1954, S. 213–316),
- *Der Giftstrom der Comic-Books* (G. Brinkmann 1955, S. 68 f.),
- *Comics, eine sittliche Gefahr für unsere Jugend* (M. Klug 1955, S. 195–198),
- *Der Bilditiotismus triumphiert. Ergebnis einer Schmökergrab-Aktion in der Stadbücherei Hagen* (W. Hoppe 1955, S. 181–286).

Schließlich schreitet Mitte der 50er-Jahre der Kölner Volkswartbund gegen Comics ein und setzt einige auf die *Liste der jugendgefährdenden Schriften*. Dieser moralische und materielle Druck führt wiederum die Verleger dazu, 1955 die „Freiwillige Selbstkontrolle für Serienbilder (FSS)" einzurichten (Pforte 1973).

Alles wiederholt sich wie in den USA: Text- und Bildkorrekturen – und es erfolgen sogar einige Indizierungen. Der Erfolg ist groß: Die Auflagenhöhen rutschen ab, einige Serien gehen ein. Schließlich werden zur Empfehlung angemessener Alternativen Umtauschaktionen angeboten: Comics gegen „gute" Literatur, um das Abendland zu retten. Ähnliche, jedoch sinnvollere Aktionen finden 1994 in den USA statt, indem Kindern und Jugendlichen angeboten wird, Schusswaffen gegen Spielzeug oder gegen Eintrittskarten für Rock- oder Popkonzerte einzutauschen.

Den Comics wird oft vorgeworfen, eine allgemeine Sprachverarmung zu bewirken, die mit einer Zunahme im Gebrauch der Onomatopöien (das ist WUM, KICHER, PENG; Sie erfuhren davon in Abschn. 5.2.6) verbunden sei. Die Analyse von Hill (1943) zeigte damals schon, dass das Sprachniveau der Comics dem der spannenden Jugendliteratur vergleichbar ist; grammatikalisch falsche Wörter und Onomatopöien kommen in beiden Gattungen bei 5,4 Prozent des Vokabulars vor (zit. nach Hesse-Quack 1973).

Wie würde das Ergebnis heute, nach einer über fünfzigjährigen Sozialisation mit dieser Bilder- und Sprachwelt, aussehen? – WOW!!!

Aggressionsbereitschaft nimmt zu?

Nicht zu übersehen sind die teilweise immensen Aggressionen, die vor allem in Sciencefiction und Landsercomics wiedergegeben sind. Besonders in den Cartoons der 50er- und 60er-Jahre (*Bugs Bunny, Schweinchen Dick, Kater Silvester* etc.) treten überstarke Aggressionen auf, die oft auch unmotiviert und isoliert am Gag orientiert sind. Es sind Einzelfälle bekannt, in denen Kinder derartige Aktionen imitierten (z. B. eine Flasche auf den Kopf schlagen) und gefährliche Verletzungen bewirkten. Von jüngeren Kindern wird diese Überzeichnung in Comics nicht erkannt; die Ernsthaftigkeit der Ursache-Wirkungs-Beziehungen ist ihnen noch wenig geläufig. Sie imitieren, weil darüber gelacht wird. Also ist hier der Erwachsene zu hinterfragen, der zu junge Kinder mit aggressiven Inhalten kommentarlos konfrontiert.

Ob allein Comics derartige Reaktionen auslösen, wurde wahrscheinlich noch nicht untersucht. Bewegte Bilder wie Film oder Fernsehen sind eindrucksvoll und bewirken sicherlich schnelle Identifikation bzw. Nachahmung. Dies zeigt allein die Beobachtung des Pausenverhaltens von Schulkindern am Montag; an ihren Spielen ist deutlich zu erkennen, welche Fernsehsendungen von ihnen am Wochenende konsumiert wurden. – Action mit Brutalo ist seit langem in!

„Der grundlegende Fehler aller dieser Vorwürfe ist die ihnen zugrundeliegende Unterstellung einer linearen Beziehung zwischen dem Lesen von Comics und dem dadurch verursachten Abnehmen anderer, wie man sagt, kulturell wertvoller Aktivitäten und die Unterstellung einer linearen Beziehung zwischen dem Inhalt der Comics und der Wirkung dieser Inhalte auf die Leser" (Hesse-Quack 1973, S. 86).

Heute, einige Jahre nach diesen Kontroversen, ist die Kritik sehr ruhig geworden, und Pädagogen freuen sich nun ihrerseits, wenn Asterix ihnen im Englischunterricht hilft und Donald Duck Latein, die tote Sprache, aktiv belebt. In unserem Sprachraum hat die seit der deutschen Erstausgabe der Micky Maus (1951) tätige Übersetzerin Frau Dr. Erika Fuchs durch Begriffe wie ÄCHZ, WÜRG, STÖHN die Jugendsprache bis in unsere Tage hinein geprägt. Die inzwischen hochbetagte Kunsthistorikerin ist seit langem zur Chefredakteurin im renommierten Ehapa-Verlag avanciert und erfreut sich großer Beliebtheit, was sich in ihren zahlreichen Zeitungs- und Fernsehinterviews zeigt. Ja, es gibt nun sogar *Das Erika Fuchs Buch* (Bohn 1996). Diejenige, die die Kritik auslöste, steht heute im Blickpunkt kulturellen Interesses. Wir sehen: Sogar Kritiker und Pädagogen entwickeln sich!

Da Comics jedoch gleichzeitig auch ein Spiegel unserer Gesellschaft sind, wird in ihnen durchaus eine zunehmende Aggressionsbereitschaft ersichtlich. Die Figur *Spawn* ist eine Höllengeburt, ein Antiheld; dreckig, zerfetzt, gruselig. Mächte der Finsternis, CIA, Kindesmisshandlung, Obdachlosigkeit, Rassismus ... „Spawn-Erfinder McFarlane vergreift sich an allem, was zu einer blutrünstigen Story taugt. Der Erfolg gibt ihm recht: Die erste US-Ausgabe ... verkaufte sich 1,7millionenmal", weltweit sind es 80 Millionen verkaufte Exemplare (Schafarczyk 1997).

Der Zeitschrift *Focus* entnehmen wir Ähnliches: „Nippons Kinder im Blutrausch: Ob groß, ob klein – die Japaner lieben wüste Comic-Heftchen, die Mangas, besonders wenn sie verfilmt werden. Der erfolgreichste Film aller Zeiten ist *Prinzessin Mononoke*. Mehr als zehn Millionen Zuschauer haben das Zeichentrick-Massaker ... (in 3,5 Monaten) gesehen. Damit ist der Kassenrekord von Spielbergs ‚E.T.' nach 15 Jahren gebrochen" (*Focus*, 11/1997).

Die Analyse der Berner Strafrechtsprofessors K.-L. Kunz (1998) weist einen Wandel in der Kriminalstatistik aller Micky-Maus-Hefte von 1952 bis 1995 auf. Während früher Kriminalität noch ein mehr spielerisches Ausleben von Individualität war, ist sie im Verlauf der über vier Folgejahrzehnte zu einem gesellschaftlichen Missstand geworden. Haben Entenhausens rechtschaffene Bürger 1952 nur 121 Delikte um Donald Duck zu beklagen gehabt, stieg deren Zahl 1995 auf 804 an; in den Micky-Maus-Geschichten erhöhte sich die Quote von 61 auf 310.

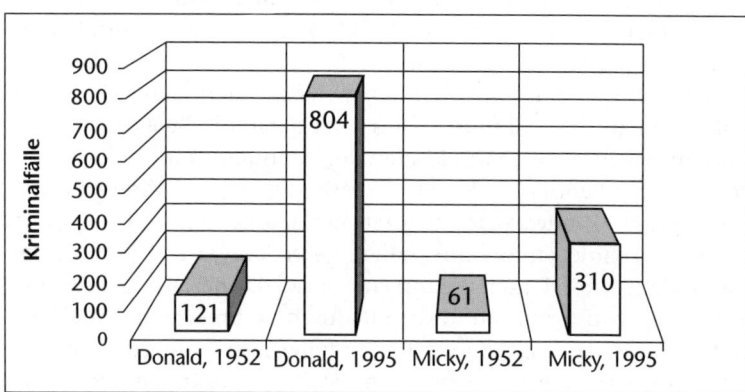

Abb. 7.1: Kriminalstatistik in Entenhausen 1952–1995 – Spiegel unserer Gesellschaft: Auch Donald und Micky sind krimineller geworden! Delikte, je nach Comic-Genre (nach Kunz, 1998)

Die Kriminalitätsrate in Entenhausen stieg also in 43 Jahren um das 6,6- bzw. 5,1fache an. Da es sich hier meist um durch Cleverness von Donald oder Micky aufgeklärte Fälle handelt, müssen wir von weit höheren Quoten ausgehen. Ein deutlicher Spiegel unserer Zeitentwicklung außerhalb von Entenhausen!

7.6 Pädagogische und psychologische Bedeutung des Comics

Sicherlich bedarf es differenzierterer Betrachtungsweisen, den pädagogischen und psychologischen Stellenwert des Comics darzustellen. Dies kann für unsere Zwecke leider nur punktuell, impulsartig erfolgen.

An erster Stelle ist die ursprüngliche Hauptfunktion des Comics, sein Unterhaltungswert, zu nennen, um – ähnlich wie im Märchen – gute und böse Mächte auftreten und gewinnen bzw. verlieren zu lassen und dadurch eventuell eine Moral zu vermitteln oder nur zu Schadenfreude oder Erleichterung zu verhelfen.

Innerhalb von ca. fünf Jahrzehnten haben auch wir in Deutschland Comicerfahrung gewonnen, und jene Anfangskritik hat sich mittlerweile relativiert – ähnlich wie die gegenüber den Anfängen des Films und Fernsehens.

Inzwischen sind Comics zu unserem festen und akzeptierten Kulturbestandteil geworden: Schon seit langem wird von Grundschulpädagogen die Lektüre von *Tim und Struppi* leseunwilligen Grundschülern zur Motivation empfohlen, in weiterführenden Schulen greift man auf *Asterix* zurück, um den Fremdsprachenunterricht in Englisch, Französisch oder Latein altersentsprechend und abwechslungsreich zu würzen. Für diesen Pädagogikbereich wurde auch Donald Duck engagiert.

Sie erinnern sich: In Abschnitt 4.3.2 ist eine Übersicht der Comicarten aufgeführt, in der auch jene beispielhaft genannt sind, die z. B. Jugendliche in Computertechnik und Kondomgebrauch unterweisen, vor Drogenkonsum und Aids warnen, über Berufe informieren oder das Neue Testament altersangemessen näher bringen wollen. Es sind im wahrsten Sinne edukative, also pädagogisch motivierte und konzipierte Werke.

Für viele Kinder ist der Comic bestimmt eine Erweiterungsmöglichkeit ihrer Phantasien, damit verbunden die Erfahrung anderer Welten oder Lebensräume wie Urwald, Universum, Entenhausen. Nicht zu unterschätzen ist hierbei die immense Möglichkeit der Identifikation mit den verschiedenen Heldentypen. Hier ist für alle Kinder unterschiedlichen Alters und Gemüts eine Figur zu finden. Hier kann sich das schwache Kind wie Superman fühlen und seinen Unzulänglichkeiten ohne *encountergroup* oder Suchtmittel entfliehen.

Diese Identifikationsmöglichkeit und die Vertrautheit mit derartigen Helden (wie den Helden aus Fernsehserien) wird auch in der Psychotherapie von Kindern genutzt (Lazarus a. Abramovitz 1962): Bei einem Kind mit einer Hundephobie zum Beispiel erzählt der Therapeut/die Therapeutin in einer Vorstellungsübung oder mit Hypnose, dass sich dessen Lieblingsheld (z. B. Tarzan) in therapeutisch relevante Situationen begibt und diese Abenteuer dann erfolgreich besteht. Also wird Tarzan anfangs einem kleinen Hund begegnen und sich mit ihm in der allgemein bekannten Urwaldsprache („Ich Tarzan, du Hund!") unterhalten, ihn letztlich streicheln, bis Tarzan dann im weiteren Therapieverlauf auch mit großen Hunden souverän und angstfrei enge Kontakte aufnimmt („Ich Tarzan, wir gute Freunde!"). Durch diese Art der Identifikation oder das Lernen am erfolgreichen Modell kann das Kind seine Angst überwinden lernen. Meine zahlreichen Praxiserfahrungen können dies nur bestätigen.

Guten Kinder- und Jugendlichenpsychotherapeuten müssen unbedingt auch relevante Comics geläufig sein; sie sind hier fast Fachliteratur.

Teil III

Analysen
Dem Hypnotiseur ist nichts zu schwör

Kapitel 8

Hypnotiseur und „Klient" im Comic

Zum Beginn unserer Analysen des Vorgehens bei der Hypnose und ihrer Wirkungsweisen soll die Person des Hypnotiseurs betrachtet werden. Von alters her ist sie die Hauptperson beim Hypnotisieren. Sie scheint besondere Fähigkeiten zu besitzen, die sie kraft ihrer Ausbildung und Kompetenz dann auf andere Personen übertragen kann. Ihr Gegenüber ist dazu mehr Beiwerk oder, besser ... warten wir es ab!

8.1 Merkmale der Hypnotiseure

In unseren Comicbetrachtungen reicht das Material vom Jahr 1938 bis 1998. In der ersten Stufe dieser Analysen sollen Tätigkeit, Herkunft und Aussehen der Hypnotiseure unter die Lupe genommen werden. Untersucht wurden insgesamt 99 eindeutige Hypnosesituationen. Sie wurden danach analysiert, welchem Beruf oder welchen Tätigkeiten sowohl Hypnotiseur als auch deren Klienten bzw. Opfer nachgehen. Falls die beiden Gegenspieler Hypnotiseur und „Klient" zwar mehrfach mit Hypnose agierten, jedoch ihre Rolle beibehielten, ging dies jeweils nur einmal in die Auswertung ein. Die Zuordnung erfolgte nach dem Prinzip des Hauptschwerpunktes der Tätigkeit.

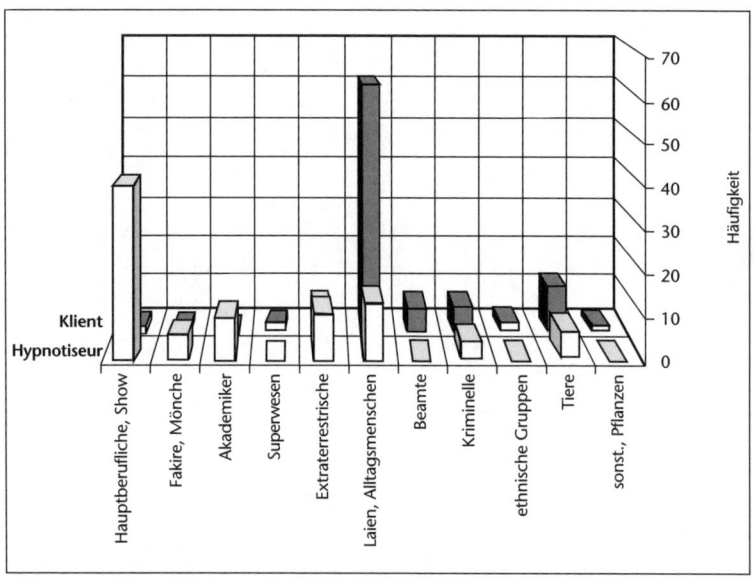

Abb. 8.1: Tätigkeitsmerkmale von Hypnotiseur und Klient im Comic

Den oben aufgeführten Klassifizierungen entsprechend, sollen die einzelnen Typisierungen erklärt werden. Die Zuordnung nach bestimmten Tätigkeitsmerkmalen erfolgte ebenfalls nach dem Prinzip des Hauptschwerpunktes der Tätigkeit. Bei Donald Duck konnte ohne Mühen das Tätigkeitsmerkmal „Laien und Alltagsmenschen" erkannt werden. Aber was macht man mit einem Mönch, der im Showgewerbe auftritt? Dieser spezielle Fall wurde der Rubrik 1 zugeschrieben: „Hauptberuflich tätige Hypnotiseure im Showbusiness", denn echte Mönche sind dort selten oder nie vorzufinden. Ein Fakir wie Rabad Rabadadi, der mit Hypnose kriminelle Handlungen begeht, ist primär ein Fakir und wird dort zugeordnet. Die Zuordnung zur Rubrik „Kriminelle etc." erfolgte, wenn sich eine Person spätestens am Ende der Geschichte als Krimineller entlarvt, outet und wenn deutlich wurde, dass sie vorwiegend durch Kriminalität ihren Unterhalt bestreitet.

In der Comicwelt sind vorwiegend Profis tätig, wenn es um Hypnose geht. Es sind Hauptberufler wie Showhypnotiseure und Magier. In unserer Analyse von 99 Situationen sind die 41 Personen diesbezüglich Profis.

8.1.1 Der Hauptberufliche als Hypnotiseur im Showgewerbe

Meistens wird der Hypnotiseur exotisch dargestellt. Der Fakir Ragdalam tritt in Varietés auf, trägt einen seriösen schwarzen Frack, Turban und Sonnenbrille bei seinen Shows. Er ist nach seinen eigenen Aussagen vom Maharadscha von Hamalpur mit dem Orden der Großen Naja Rose ausgezeichnet (*Die sieben Kristallkugeln*, 1985). Später, als er das Varieté über den Künstlerausgang diskret verlässt, werden wir Zeuge davon, dass er nun normale europäische Kleidung trägt, was ja nicht ungewöhnlich für Bühnenkünstler ist, aber sein tropisch-brauner Exoten-Teint ist nun einer normalen, hellen europäischen Gesichtsfarbe gewichen. Er verkörpert den typischen Showhypnotiseur, der urdeutsch ist, sich jedoch mittels Theaterschminke und geeigneter Utensilien des Maskenbildners und einer ausgeklügelten exotischen Vorgeschichte den Anstrich des fernöstlichen Weisen und kaum Durchschaubaren gibt.

21

Hip No Lung ist deutlich ein Vertreter aus dem Reich der Mitte: „Hypnose ist jahltausendealte Tladition in China, mit beluhigendel Wilkung und völlig schmelzlos, hihi!" (*Die große Hypnose*, o. J.). Er ist mit Kimono und langem Zopf der Archetyp des Showchinesen. Nachdem er eine perfekte Show zur Belustigung des Publikums absolviert hat, entpuppt er sich als Erpresser, der den unter Hypnose stehenden Leuten das Geld abnehmen will.

22

Wenn sich Hypnotiseure nicht als exotisch vermarkten, dann müssen sie berufsbedingt seriös aussehen, besonders wenn sie auf der Bühne oder im Fernsehen auftreten.

Der Showhypnotiseur der Ottifanten (*Das Buch der Ottifanten*, 1988, S. 73) tritt im eigenen Showzelt auf und erscheint im gepflegten Frack mit Zylinder. In gleicher Weise gepflegt ist Professor Pankratius Puhmandl, der im seriösen blauen Abendanzug auftritt (*Hypnotisiert*, 1981). Der im Fernsehen erscheinende Showhypnotiseur in der Geschichte von Henry's Cat (*The Hypnotist*, 1983) ist ebenfalls blau befrackt, hat jedoch eine grünlichgelbe Gesichtsfarbe und schaut mit seinen senkrecht geschlitzten Pupillen aus bläulichen Augen böse und Angst einflößend drein.

24

Gundel Gaukelei, Entenhausens einzige und deshalb besonders aktive Hexe, ist in unsere Kategorien schwer einzuordnen, da sie sowohl als Magierin, hauptberufliche, aber auch als Kriminelle einzustufen wäre. Sie ist ebenfalls sofort an ihrem schlichten schwarzen

Kleid (Grufti-Look) erkennbar, das uns Unangenehmes prophezeit – wenn sie nicht gerade verkleidet ist. Aus diesem Grund mag sie eher dem Bereich der Magier zugeordnet werden.

In unserer Comicanalyse wurde nicht die weltbekannte Romanfigur Cavaliere Cipolla (*Mario und der Zauberer*, Mann 1930, S. 82–88) aufgenommen. Sein Typus darf jedoch nicht unerwähnt bleiben: „Ein Mann schwer bestimmbaren Alters, aber keineswegs mehr jung, mit scharf zerrüttetem Gesicht, stechenden Augen, faltig verschlossenem Mund, kleinem schwarz gewichsten Schnurrbärtchen, ... kleine, helle Augen, mit schlaffen Säcken darunter, ... schadhaft, abgenutzte, spitze Zähne ... er spricht mit metallischer Stimme." Hinzu kommt seine Behinderung „als eine Art Hüft- und Gesäßbuckel, der den Gang zwar nicht behinderte, aber grotesk gestaltete". Der Kettenraucher trinkt viel Likör auf der Bühne, scheint eitel und somit verletzlich zu sein.

8.1.2 Fakire, Mönche und Sektenvertreter

▢ 25, 35, 51

Fakire und vergleichbare Vertreter religiöser Gemeinschaften haben mit insgesamt 6 % geringe Ambitionen zur Hypnoseanwendung.

Da ist zum Beispiel der berühmte Fakir Rabad Rabadadi. Er trägt die indisch enge Herrenkleidung, sein unverkennbares Ganovengesicht wird von einem stattlichen Turban gekrönt. Seine Vergangenheit muss nicht rühmlich gewesen sein, da die Panzerknacker ihn im Knast kennen lernten (*Donald in Hypnose*, 1970).

In der Geschichte *Felina* (1981) ist der Mönch Lobjak wohl echt: „Der Tibetaner mit hypnotischen Kräften ist Anhänger eines sehr eigenartigen Tantra-Buddhismus: Er strebt nach ‚om', ohne ‚samsara' zu entsagen. Das sagt alles! Er ist ein treuer Freund Felinas ..." Das ist natürlich besonders aufschlussreich ... Seine Kleidung ist eine abenteuerliche Mischung aus Mönchsgewand und dekorativem mittelalterlichen Bischofsornat, später mehr uniformähnlich-asiatisch. Bei *Ray Banana* (1982) finden wir hinterhältig hypnotisierende Sektenmitglieder vor, die jedoch meist recht „normal" aussehen, was ja oft deren typische Tarnung ist. Berühmt und trickreich ist auch Al Kazar, der als Fakir (entsprechend lang, dünn, beturbant) gemeinsam mit drei anderen Magiern im Varieté auftritt. Sein Partner ist dabei ein kleiner, knubbeliger Mönch in der braunen Kutte des Ordensmannes, der Hypnose perfekt beherrscht (*Alles wie verhext*, 1984).

8.1.3 Der gelernte akademische Fachmann

▢ 28

Akademische Fachleute für Hypnose wie Ärzte und Psychologen sind mit 11 % sehr selten. Sie treten stets im statusumwehten weißen Kittel auf, so der Tierpsychiater Dr. Hartmann (*Micky Maus und der sprechende Hund*, 1951), Hermanns Hausarzt (*Mehr Pech kann niemand haben*, 1984) oder Professor Orville Orb (*Rat einmal*, 1988).

Gelegentlich wird der Fachmann jedoch nicht so neutral dargestellt, sondern wie in der Analyse von Kagelmann (1975) als „Irren"-Arzt, der durch seine bunt karierte Jacke und sein irres Verhalten auffällig ist. Dieses Klischee wird bestimmt durch die Professoren Dicks, Tricks und Icks widergespiegelt. Sie haben zwar weiße Professorenkittel an, lachen jedoch irre, haben Wahnsinnsmotive und sehen aus wie eine Kreuzung aus Gorilla und Orang-Utan (*Micky im Bann der Höllenstrahlen*, 1932/33).

Extraterrestische haben als Hypnotiseure einen Anteil von 13 %. Auf der Erde lebende Superwesen haben zwar besondere hypnotische „Fähigkeiten" wie z. B. Laserblick etc., hypnotisieren jedoch nie.

Ihrem Aussehen ist in der Phantasie und damit in der Comiczeichen-Realität keinerlei Grenzen gesetzt, angefangen von Superman mit seinem uns allen bekannten Dreifarben-Body bis hin zu jenen gewalttätigen Gestalten wie dem mysteriösen Radioaktiven (*Der mächtige Thor gegen den mysteriösen Radioaktiven*, 1962) oder vollbusigen Frauengestalten, die unbedingt hypnotisieren müssen, so *Dragonfly (What if … the X-Men died on their first mission?*, 1990). Die genaue Beschreibung jenes Genres und der gigantischen Hypnosekünste wird später ausführlich erfolgen (Abschn. 16.1).

8.1.4 Supergestalten und Extraterrestrische

57, 95 🔲

Wenden Laien (mit 13 % vertreten) gewollt oder gagbedingt Hypnose an, so benötigen sie dazu keine besondere Kleidung und selten Requisiten. Aus der Situation heraus werden sie aktiv, so z. B. Donald Duck, Blondie, Maus Kaspar. Eine Altersanalyse dieser Personengruppe wäre besonders schwierig. Meist sind es Erwachsene. Eine Ausnahme bilden die Neffen Tick, Trick und Track, die in einer Geschichte ihren spontanen Hypnoseerfolg haben (*Die Schatzsuche geht weiter*, 1982). Es sind Menschen oder Enten wie du und ich, die sich durch keinerlei besonderes Aussehen oder Fähigkeit von anderen Personen oder Antropomorphen unterscheiden.

8.1.5 Laien und Alltagsmenschen

30 🔲

Kriminelle sind ebenfalls als Hypnotiseure tätig, jedoch mit 4 % seltener als angenommen.

Zum Glück finden wir selten ausgesprochen Kriminelle, die sich der Macht der Hypnose bedienen – wenn wir nun von Fakir Rabad Rabadadi und Hip No Lung absehen, die ihren Beruf kriminell missbrauchen. Dazu werden Sie später selbstverständlich mehr erfahren. Der normale Schurke ist entweder ein Agent der bereits verdächtigen Brutopier (*Das Geheimnis des schwarzen Kastens*, 1980), als Spion deutlich erkennbar (*Operation Rückschlag*, 1972), oder entpuppt sich als Ganove, der sich die Mächte der Hypnose unrechtmäßig aneignete und sich ihrer bediente wie der bekannte Kriminelle Plattnase (*Ein gefährliches Programm*, 1983). Getarnt ist vor allem der Zyklotrop, ein Herr mit unfeinen Drohungen, um an Macht und Geld zu kommen (*Der Plan des Zyklotrop*, 1985). Wie später jedoch deutlich wird, begehen besonders Showhypnotiseure und Sektenvertreter gerne kriminelle Handlungen mithilfe von Hypnose. Diese im Comic bestehende Korrelation konnte im realen Alltagsleben nicht klar bewiesen werden, da die Dunkelziffer schwer einzuschätzen ist. Entsprechende Hinweise und sogar Gerichtsverhandlungen sind jedoch bekannt.

8.1.6 Kriminelle Elemente

In der Analyse sind Tiere mit 7 % selten hypnotisch aktiv. Das allen bekannte klassische Beispiel ist hier die Schlange Kaa aus dem *Dschungelbuch* (1979). Ihr Aussehen ist schlangentypisch: lang, schlank und hinterlistig. In einer anderen Story (*Die Hexe zur See*, 1988) hat eine Riesenschlange hypnotische Fähigkeiten und will damit Gundel Gaukelei in den Bann ihrer erwürgenden Umarmungen bringen.

8.1.7 Tiere als Hypnotiseure

27, 143–145 🔲

Gerade mit dem Bereich „Schlangen als Hypnotiseure" werden wir uns in einem der späteren Abschnitte (s. Abschn. 13.4) intensiv beschäftigen, besonders das Thema der aktiven und passiven Tierhypnose wird diskutiert (s. Kap. 27). Bekannt sind uns jedoch noch ein junger Kojote und ein Wildpferdpony, die sich den Hypnoseversuchen Donalds durch Gegenhypnose widersetzten (*Dressur eines Kojoten*, 1994; *Reine Liebe und Güte*, 1991).

8.1.8 Sonstige

Ethnische Gruppierungen, Pflanzen und Beamte treten nie als Hypnotiseure auf. Gegebenenfalls haben Letztere keine Nebenerwerbserlaubnis.

8.2 Ausbildung der Comichypnotiseure

Über die Ausbildung seiner gezeichneten Akteure schweigen sich der Comickünstler und der von ihm geschaffene Hypnotiseur meist beharrlich aus – wie im richtigen Leben. Daraus kann eventuell geschlossen werden, dass Hypnotisieren entweder eine besondere Begabung sein kann, die keiner Ausbildung bedarf, sondern mehr des charismatischen Erkennens. Oder man kann folgern, dass die Ausbildung als bekannt und damit als traditionell üblich angesehen wird, eventuell auch, dass man sie als irrelevant ansieht ...

Von den bereits oben erwähnten exotischen Hypnotiseuren ist die Ausbildung irgendwo im Fernen Osten erworben worden. Bei Lobjak, dem Tibeter, nehmen wir eine Mönchsschule, ein malerisches Kloster auf den Hängen des Himalaja an – das passt zu seinem Auftreten. Bei Rabad Rabadadi – Sie erinnern sich, er war im Knast gewesen – lässt zwar das Turban-Outfit auf eine indische Schulung schließen, aber gegenüber dem Vorbestraften ist man misstrauisch. Hyp No Lung dagegen ist wieder anzusehen, dass er in harter traditioneller mentaler Kung-Fu-Schulung Übersinnliches erworben hat; wahrscheinlich ist er dann durch die westliche Kultur korrumpiert und dekadent geworden.

Lediglich der Fakir Ragdalam informiert uns über seine Ausbildung. Nach seinen Angaben hat ihm das Geheimnis der übersinnlichen Kräfte der Yogi Chandra Patnagar offenbart (*Die sieben Kristallkugeln*, 1985). Unsere Beobachtungen am Bühnenausgang haben jedoch aufgedeckt, dass diese Selbstauskunft zu Showzwecken erfunden sein muss.

Bei Pankratius Puhmandl kündet die Plakatwand an, dass er Professor für Hypnose und Okkultismus ist. Wenn jemand mit so großflächigen Plakaten wirbt, dann kann er nicht falsche Titel benutzen (!?). Indirekt nehmen wir bei dieser Berufsbezeichnung gleich an, Hypnose sei eine Variante des Okkultismus. Letztlich stellen wir uns aber auch die Frage: „Warum muss ein Professor auf der Bühne auftreten?" Gut, manch einer ist eben volksnah, und ihm gelingt es dann eventuell, sein elfenbeinumtürmtes Wissen populärwissenschaftlich und vor allem anschaulich zu vermitteln. Im Fernsehen trat ja auch schon mal ein Professor auf, der „Weißt du, wieviel Sternlein stehen?" sang, um dann wissenschaftlich kompetent über die Himmelskunde zu berichten. Das fördert Zuschauerzahlen und bleibt im Gedächtnis (wie man sieht).

Bei den anderen Showhypnotiseuren wird keine Ausbildung angegeben. Dies entspricht ebenfalls der Realität. Bereits für 19,80 DM ist im Zauberfachhandel eine kleine Broschüre zu erwerben, die in die Geheimnisse der Bühnenhypnose einweiht. Auf ca. 15 Schreibmaschinenseiten werden viele „Gags" vermittelt.

8.2.1 Fachliteratur

27, 34

Da es bekanntlich Fachbücher über Hypnose gibt, stehen diese auch der breiten Öffentlichkeit zur Verfügung. Blondi liest die Instruktionen aus dem der Stadtbücherei entliehenen Buch vor. Auch Spion studiert fleißig mit seiner Katze zusammen das Werk *Hypnose* und ist danach sofort in der Lage, sehr aggressive und autoaggressive Handlungen zu vollbringen. So bezieht auch Donald Duck sein Wissen über Hypnose aus der Literatur, als er ein Wildpferdfohlen zähmen möchte: „Ich werde die Bestie hypnotisieren ... Hab' ein dickes Buch darüber gelesen!" *(Reine Liebe und Güte,* 1991). (Anm. des Autors: Wahrscheinlich war es das *Lehrbuch Hypnose* eines gewissen Herrn K., 1989, 1993, 1997.) Seine Erfolg versprechenden sprüchereichen Neffen Tick, Trick und Track erinnern sich an das Buch *Erfolgreich mit Hypnose,* als Oma Duck einen kleinen Kojoten gefangen hat, denn darin steht, dass man wilde Tiere am besten mit Hypnose zähmen kann *(Dressur eines Kojoten,* 1994). Zu jener Fachliteratur müssen wir dann auch das Pfadfinderhandbuch (des Fähnleins Fieselschweif) der Neffen rechnen, in dem alles Wissen der Welt vereint zu sein scheint. So enthält es auch ein Kapitel über Hypnose *(Die Schatzsuche geht weiter,* 1982).

8.2.2 Fernsehen und sonstige Medien

Doch Donald braucht dieses gerade genannte Buch seiner Neffen nicht. Er hat im Fernsehen gesehen, „wie's geht", und kann sofort beginnen *(Dressur eines Kojoten,* 1994). Henry's Cat muss wohl die gleiche Erfolgsshow im Fernsehen verfolgt haben und beginnt spontan nach der Fernsehdemonstration des Showhypnotiseurs, dies nachzuahmen, und ist sofort auf verschiedenen Ebenen erfolgreich *(The Hypnotist,* 1963).

8.2.3 Fernkurs

26

In *MAD,* dem verrückten Szene-Quatsch-Taschenbuch, wollen die Akteure King Kong drehbuchgerecht zum Einschlafen bringen und benutzen dabei als Buch den Band *Learn Hypnotism* eines Fernkurses *(Son of mighty Joe Kong,* 1970).

Die peinlichste kommerzielle Ausnutzung der Hypnose ist im Herrenmagazin *Penthouse* (1979) zu finden. Eine ganzseitige Reklame verheißt, dass man mittels des Fernkurses Selbsthypnose schneller Mädchen kontaktieren wird: „Mädchen werden von Ihnen natürlich angezogen!" Das Bild des halb ausgezogenen Mädchens suggeriert es (s. Abschn. 2.1.5).

8.2.4 Lernen durch Beobachtung

Typisch für Laien ist, dass sie meist aus einer Situation heraus das bereits Geschehene nachahmen und so ihre gagbezogenen Wirkungen erreichen, siehe Dagobert. Er konnte die Aktivitäten Rabad Rabadadis beobachten und dann an den Panzerknackern sinnvoll realisieren *(Donald in Hypnose,* 1981).

8.2.5 Naturbegabungen

Snoopy, der sympathische Wunderhund, beherrscht Hypnose wahrscheinlich aufgrund einer Naturbegabung, die möglicherweise von seiner Fressgier unterstützt wird. Da von ihm jedoch bekannt ist, dass er in seiner Hundehütte einen echten van Gogh hängen hat und er auch Werke der Weltliteratur liest, wird ihm die relevante Hypnosefachliteratur bestimmt zugänglich sein.

Die Hypnoseausbildung von Außergalaktischen ist nicht bekannt – aber ihre Fähigkeiten und Blickmächte wurden ja nicht erworben, sondern sind genuin extraterrestrischen Ursprungs.

8.2.6 Fachqualifikation durch Aus- und Weiterbildung

Im Kontrast zu diesen Laienhypnotiseuren im Comic stehen die Berufsgruppen, die Hypnose durch Zusatzausbildungen erwerben können: Dr. Hartmann als Tierpsychiater, Hermanns Hausarzt, Professor Orville Orb, Professor Pumandl und Psychologieprofessoren – auch wenn sie irre aussehen. Bei ihnen ist anzunehmen, dass sie eine qualifizierte Ausbildung nach den Richtlinien der *International Society of Hypnosis* (ISH), dem Dachverband der nationalen Hypnoseverbände, erhielten. Dies ist eine Zusatzausbildung für reale Psychologen, Ärzte und Zahnärzte.

8.2.7 Echte Hypnotiseure haben keine Macht, aber eine Fachausbildung

Nach der Darstellung dieser sehr unterschiedlichen Karriereformen liegt der Schluss nahe, dass man die Fähigkeit zum Hypnotisieren entweder besitzt oder rasch autodidaktisch erwerben und damit sehr schnell kuriose oder vernichtende Effekte erzielen kann.

Tatsächlich wird bei fast allen Personen, die der seriösen Hypnose unkundig sind, angenommen, Hypnotisieren sei eine gewissen Fähigkeit im Sinne einer Willensmacht (Energiebeeinflussung etc.), die der Hypnoseanwender besitzt und die er nicht in besonderem Maße erlernen muss. Die Realität sieht glücklicherweise anders aus. Hierbei muss vorausgeschickt werden, dass stets zwischen der seriösen Klinischen Hypnose und der Showhypnose unterschieden werden muss! Zwar ist der Erwerb der Fähigeit zur Hypnose nirgends geschützt, jedoch sind in der seriösen Ausbildung in Klinischer Hypnose nur die Vertreter der klinisch-therapeutisch tätigen Berufe zugelassen: Psychologen und Psychotherapeuten, Ärzte, Zahnärzte. Nur Mitgliedern dieser Berufsgruppen ist es erlaubt, therapeutische Interventionen an Menschen durchzuführen (zusätzlich: Heilpraktikern). Die Vertreter akademischer Berufe wie Psychologe und Arzt können nach ihrem abgeschlossenen Studium eine Zusatzausbildung durch einen seriösen Verband und entsprechende Experten erwerben – in über 224 Ausbildungsstunden. Die in der Therapie angewandte Hypnose verlangt ein hohes Maß an Fachkompetenz und Verantwortung und wird deshalb von vielen Fachleuten oft erst *nach* Abschluss der Zusatzausbildungen zum Facharzt oder Psychotherapeuten erworben. Zusätzlich zur erlangten seriösen Fachkompetenz sind jedoch auch Sozialfaktoren wirksam – wie in Anschnitt 8.5 und 8.6 dargestellt.

In der unterhaltenden Showhypnose dagegen begegnen wir ähnlichen Personen wie Fakir Ragdalam. Sie stellen sich mit selbst erfundenen Titeln und Kompetenzen vor. Ihre vermeintlich umfassende Ausbildung haben sie meist autodidaktisch aus oben genannten – in Zauberläden erworbenen – einfachen Anleitungsheftchen zusammengelesen. Die von ihnen als Hypnose apostrophierten Vorgehensweisen (z. B. bei der Induktion) und die bewirkten Effekte sind vorwiegend einfache, aber verblüffende ... Halt! Nicht an dieser Stelle soll das alles schon erklärt werden. Mehr dazu erfahren Sie im Kapitel 26 über Showhypnose.

Die im Comic oft dargestellte Anwendung durch Laien ist in der Realität bestimmt nicht auszuschließen, wird jedoch extrem selten jene Spontan- oder Supereffekte erzielen, die den Comicleser erheitern oder ängstigen. Auch diese Wirkungen werden später ausführlich dargestellt und diskutiert (z. B. im Kap. 26).

8.3 Analyse der Klienten in der Hypnose

In der weiteren Fachanalyse sollen die Interaktionen und sozialen Beziehungsgeflechte der Hypnotiseure näher betrachtet werden. Dazu müssen wir jedoch vorher untersuchen, welche Art von Personen, welche Protagonisten oder Klienten, ihnen gegenüberstehen. Betrachten wir dazu nochmals Abb. 8.1.

Die Auswertung unserer Comicberge zeigt folgendes Ergebnis:
1. Am häufigsten werden Laien hypnotisiert (61 %).
2. Mit großem Abstand folgen: Superwesen, Extraterrestrische, Tiere, Beamte und Kriminelle mit jeweils 6–7 %. (Die Reihenfolge der Angaben ist hier unpolemisch und allein durch die Prozentangaben bedingt.)
3. Extrem selten (1–2 %) sind Fakire, Mönche, Sektenvertreter, Hauptberufliche, ethnische Gruppen und Gegenstände etc. „Klienten" bei der Hypnose.
4. Nicht hypnotisiert werden Akademiker.

Diese Untersuchung zeigt, dass der kleine Mann von nebenan (Donald Duck als Prototyp) schnell vermeintlich übergeordneten Kräften ausgesetzt sein kann, während andere durch ihre besonderen Fähigkeiten der Abwehr (z. B. Extraterrestrische) oder ihre mentale Distanz (z. B. Mönche) nicht oder selten Gegenstand des Hypnotisierens sind. Sektenvertreter und hauptberuflich tätige Hypnotiseure kennen wahrscheinlich die Tricks und reagieren nicht mehr darauf. Da ethnische Gruppen im Comic immer seltener anzutreffen sind, ist allein deren Seltenheit ein Erklärungsgrund für ihr geringes Agieren als „Klienten". Akademiker werden im Comic wahrscheinlich deshalb nicht hypnotisiert, weil ihre seriösen oder spröden Verhaltensweisen nicht als Gag nutzbar gemacht werden könnten.

Da Hypnotisierbarkeit aber mit einer umfangreichen Imaginationsfähigkeit verbunden ist, ist der geringe Anteil hypnotisierter Beamter hier kaum verwunderlich.

Mit dem Spezialthema der Tierhypnose befassen wir uns in Kapitel 27 besonders ausführlich.

8.4 Geschlechterverhältnisse

Die Anwendung der Hypnose ist vorwiegend für Männer reserviert. Von insgesamt 83 verschiedenen (im Comic) geschlechtsbestimmbaren Hypnoseaktiven sind 73 Männer (= 87 %). Diese Relation ist in Tabelle 8.1 wiedergegeben und der letzten Spalte zu entnehmen.

		Klienten		
	Geschlecht	männlich	weiblich	Summen
Hypnotiseure	männlich	72	1	73
	weiblich	8	2	10
	Summen	80	3	83

Tabelle 8.1: Hypnoseaktivitäten der Geschlechter im Comic

Stellen wir ihnen nun die Geschlechter ihrer „Klienten" gegenüber! Statistische Berechnungen nach dem CHI-Quadrat-Test (einem dafür relevanten mathematischen Verfahren) zeigen hier deutlich eine signifikante Vorherrschaft der Männer gegenüber den Frauen (p < 2). Nur Gundel Gaukelei, Blondie und wenige Mitschwestern emanzipierten sich bei der Comichypnose.

In der Realität sieht es auch hier anders aus. Da ich selbst seit über 15 Jahren Ausbilder und Supervisor für Hypnose bin, muss ich feststellen, dass sich in diesem Bereich die Geschlechter ungefähr die Waage halten – ähnlich wie bei vielen psychotherapeutischen Berufen.

8.5 Status des Hypnotiseurs

Wenn im Comic so viele Hypnotiseure recht zwielichtige Berufe haben, ihre Ausbildung nicht immer durchschaubar ist, wie ist dann ihr sozialer Status im Vergleich zu ihren Klienten zu bewerten? Für diese Analyse wurde jeweils in der Zweierbeziehung Hypnotiseur/ Klient eingeschätzt, ob der Status des Hypnotiseurs hoch, gleich oder niedrig ist im Vergleich zu dem seines Klienten. Diese Werte sind in Tabelle 8.2 wiedergegeben. (Da beim Hypnotisieren von Pflanzen oder Gegenständen keine Sozialbeziehung anzunehmen ist, kann in solchen Fällen auch kein Sozialstatus ermittelt werden.)

Status des Hypnotiseurs	Anzahl der Fälle
hoch	66
gleich	15
niedrig	16
Summe	97

Tabelle 8.2: Analyse der Statuswirkung des Hypnotiseurs

Sehr anschaulich wird deutlich, dass der Hypnotiseur überzufällig einen hohen Status besitzt. Dieser Statusabstand ist signifikant (CHI-Quadrat: p < .001). D. h., der hohe Status eines Hypnotiseurs ist im Comic mit bewiesener Gesetzmäßigkeit vorzufinden. Diese Aussage wird z. B. bei Professor Puhmandl bestätigt. Aber in unserer Analyse gingen nicht nur Berufe und Ausbildung in die Statusbewertung mit ein, sondern auch z. B. familiärer Status. Demnach hat Dagobert Duck sicherlich einen höheren Status als sein Neffe Donald!

Darin erkennen wir nun auch eine wichtige Aussage der seriösen experimentellen Hypnose: Soziale Erwartungshaltungen und damit verbunden Statuserwartungen gegenüber dem Hypnotiseur wirken sich auf das Gelingen der Hypnose aus, besonders in der Showhypnose.

Hier kommen wir zu einem wichtigen Forschungsergebnis:

Die „Macht" der Hypnose besteht vorwiegend in dem Status, die dem Hypnotiseur zugeschrieben wird. Dazu trägt er einerseits durch seine Ausbildung, Kleidung und sein Auftreten bei. Andererseits müssen andere Personen (hier „Klienten") davon wissen. Für diese Informationen kann der Hypnotiseur selbst sorgen, indem er Bücher schreibt, Vorträge und Seminare hält oder in diversen Medien erscheint oder als Showhypnotiseur zusätzlich Werbung treibt. Ein weiterer Teil wird durch Mundpropaganda und, wie bereits erwähnt, Erwartungshaltungen bewirkt. Letztere sind wiederum durch vorgenannte Faktoren erzeugt. Aus diesen Gründen sind bekannte (aber seriöse!) Therapeuten sicherlich erfolgreicher als unbekannte.

8.6 Struktur der sozialen Beziehung zwischen Hypnotiseur und Medium

Da im Comic Hypnose oft überfallartig ausgeführt wird, besteht selten eine soziale Beziehung zwischen Hypnotiseur und „Medium" bzw. „Opfer", es sei denn aufgrund von langen Erfahrungen gewachsener tiefer Ablehnung, von Hass und Aggression, so bei Spion und Gegenspion, Superman und Außergalaktischen sowie Gundel Gaukelei und Dagobert Duck.

Nur selten haben die beiden Parteien vor der Hypnose Kontakte. Zu den Ausnahmen gehören meist Verwandte wie Donald, seine Neffen, Onkel Dagobert sowie Blondie und ihr Mann Dankwart. Insgesamt ist die Kommunikation sehr kurz, einseitig ausgerichtet und befehlend-autoritär.

Gerade die neue Hypnoseforschung zeigt auf, dass die Kommunikation zwischen Therapeut und Patient recht positiv gestaltet sein muss, um auf dieser Grundlage Hypnose erfolgreich induzieren zu können. Ist das Beziehungsverhältnis demokratisch-partnerschaftlich, mehr sozialintegrativ, besteht ein Vertrauensverhältnis und ein Mindestmaß an Sympathie, dann wird sich ein Patient auf die spezielle Kommunikation der Induktion (= Hypnoseeinleitung; siehe Kap. 12) einlassen und angemessen kooperieren. Therapeut und Patient sind Teile eines differenzierten Kommunikationssystems, das beide etablieren und bestimmen. Je weniger die genannten Faktoren realisiert sind, umso ungleichgewichtiger wird das System und umso erfolgloser wird die Induktionsbemühung des Therapeuten und damit die Hypnosewirkung beim Patienten.

Dieser wichtige soziale Aspekt wird später unter dem Begriff des „Rapports" noch weiter und ausführlicher dargestellt (Anschn. 18.1).

8.7 Das Honorar

28 ☐

Da im Comic fremde Auftraggeber in Erscheinung treten, muss auch die Frage der Finanzierung analysiert werden, die nur sehr selten zur Darstellung kommt.

Bei Fakir Ragdalam wird es sich um ein entsprechendes Künstlerhonorar handeln – abhängig von der entsprechenden Gewerkschaftszugehörigkeit. Sein Berufskollege Ottifant dagegen tritt als Freischaffender im eigenen Zelt auf. Sein Einkommen ist sicherlich sehr von Witterung und Pressearbeit abhängig. Möglicherweise müssen wir hier auch unterscheiden zwischen seinem Einkommen und dem, was das Finanzamt weiß ... aber wir finden hierzu keine klaren Angaben – wie es dem Finanzamt gegenüber so üblich ist.

Rabad Rabadadi, der einen mündlich formulierten Werkvertrag mit den Panzerknackern einging, verlangt 2000 Taler (*Donald in Hypnose*, 1981). Nach Abbruch des erfolglos ausgeführten Auftrages besteht er auf der Bezahlung und versucht sie mittels Hypnose einzutreiben. Diese Summe würde bei der Gesamttätigkeit des Fakirs einem Stundenlohn von 666,66 Talern entsprechen. Da der Kurs des Entenhausen-Talers z. Zt. an der Börse nicht bekannt ist, können heute keine klaren Devisenumrechnungen angestellt werden.

Hermanns Arzt dagegen verlangt eine angemessene Liquidation, wenn er 150,– DM pro Stunde suggeriert (*Mehr Pech kann niemand haben*, 1984). Dr. Hartmann, der Tierpsychiater, stellt zwar eine Rechnung aus, ihre Höhe erfahren wir jedoch nicht: Im Moment der Rechnungsübergabe beißt ihn der geheilte Hund Schnapp ins Bein – eventuell kann das als eine instinktive Abwehrreaktion gegenüber dem hohen Arzthonorar interpretiert werden; der Comiczeichner verwendet jedoch diese Polemik nicht verbal-expressiv (*Micky Maus und der sprechende Hund*, 1951).

El Prahl, der Showhypnotiseur im Kursaal von Bagdad, erhält von Isnogud, dem bösartigen Wesir, 150 000 Piaster und einen Maravedi fünfzig versprochen, wenn er den Kalifen Harun el Pussah durch Hypnose in einen Esel verwandelt (*Augenschmaus*, 1975). Ein stolzer Preis, der garantiert den 2,3fachen Satz bei Privatpatienten bei weitem überschreitet, aber hier handelt es sich ja auch um frei vereinbarte Tarife bzw. Honorarangebote, die keinerlei Auskunft über bestehende Preisgefüge geben.

Wenn wir Dagobert und Donald im Hypnoseduell erleben (*Das Hypnotisierspiel*, 1981), so kann deren Tätigkeit gegebenenfalls mehr als „Gefälligkeit unter Verwandten" verstanden werden und ist somit honorar- und auch steuerfrei.

Im Alltag außerhalb des Comics begegnen wir der Realität, dass Hypnose von den Krankenkassen immer noch primär als Entspannungsverfahren angesehen wird und demnach mit einem sehr niedrigen Honorar vergütet wird. In der Psychotherapie ist Hypnose generell kein eigenständiges Verfahren, sondern wird von anerkannten Psychotherapeuten im Rahmen ihrer Fachqualifikation als z. B. Verhaltenstherapeut oder Psychoanalytiker in Ergänzung ihrer oder als Kombination mit ihren Methoden angewandt. Entsprechend wird also das Honorar unabhängig von der Hypnoseanwendung abgerechnet. Diese Liquidation entspricht ungefähr 50 % bis 100 % der von Hermanns Arzt.

8.8 Analysen zur biologischen Abstammung von Hypnotiseur und Klient

Da wir im Comic die phantasiegeschmückte Möglichkeit haben, alles und jeden aktiv werden zu lassen, finden wir hier auch antropomorphisierte Gestalten. In der weiteren Anlayse soll nun festgestellt werden, ob bestimmte Spezies häufiger als andere vertreten sind – und ob hier eine typischen Therapeut-Klient-Konstellation erkennbar ist. Die Daten sind in Abb. 8.2 zusammengestellt.

Die Auswertung zeigt, dass Menschen mit 55 Nennungen (= 55 %) am häufigsten als Hypnotiseure auftreten – und auch am häufigsten Menschen hypnotisieren (52 %). Lediglich viermal nimmt ein Hypnotiseur einen Hund, eine Krähe, einen Löwe oder eine Schlange als zu hypnotisierenden Gegenpart.

Nun folgen Enten und Hunde in einer auffallenden Clusterbildung: 21 % der Hypnotiseure sind Hunde, 17 % sind Enten.

Sehr selten werden hypnotisiert: Affen, Katzen, Mäuse, Schlangen, Fische (mit jeweils 1–2 %). Ebenfalls extrem selten sind als

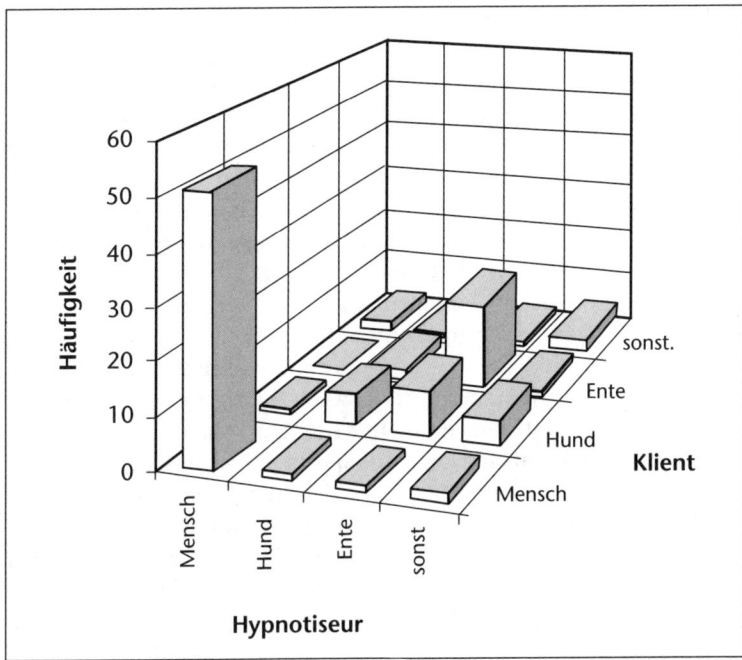

Abb. 8.2: Analyse der biologischen Abstammung von Hypnotiseur und Klient im Comic

Hypnotiseure: Affen, Katzen, Mäuse, Schlangen, Fische. Die allseits bekannte Aktivität der Schlange Kaa ist zwar oft in der Comicliteratur zu finden, ändert jedoch nichts an der insgesamt geringen Quote der Hypnosetätigkeiten seitens der Schlangen.

Die Analyse zeigt sofort, dass man im Comic auch am liebsten in der Hypnoseanwendung unter sich bleiben möchte: Vorwiegend hypnotisieren menschliche Hypnotiseure auch Menschen, Hunde ihresgleichen etc. (s. Abb. 8.2).

Dem geübten und im Bilderblick geschulten Comicleser und natürlich auch der Comicleserin sticht in dieser Analyse jedoch die Hund-Enten-Beziehung deutlich ins Auge. Das verlangt nach einer differenzierteren Betrachtungsweise.

Bremer ist in seinem köstlichen Buch *Der Fall Entenhausen. Die Machenschaften von Dagobert, Donald und der übrigen Brut auf dem juristischen Prüfstand* (1994, S. 1) der Auffassung, dass sich die Bevölkerung Entenhausens „mehrheitlich aus gesetzestreuen Canoiden zusammensetzt". Ja, er geht sogar so weit: „Die wahren Übeltäter sind in Entenhausen nicht die Canoiden, sondern die Enten, die in exhibitionistischer Provokation nicht einmal Hosen in der Öffentlichkeit tragen" (ebd., S. 12). Vergessen wurden hier von Bremer die weltbekannten Panzerknacker, die sicherlich Kaniden (= Hundeähnliche; Bremer verwendet die Schreibweise „Canoiden") sind. Sie scheinen in das Weltbild seiner Kanophilie nicht zu passen, da sie öfter im Gefängnis waren. Auch der Komplize Kater Karlos ist ein Kanide. Diese Beispiele stellen die Eindeutigkeit der von Bremer getroffenen Aussage infrage und machen deutlich, wie sehr wissenschaftliche Aussagen von Glaubenssystemen beeinflusst werden.

8.9 Beitrag zur Kaniden-Anatinen-Kontroverse

Wir befinden uns hier mitten in der Kaniden-Anatinen-Kontroverse!

Jene Hundeartigen (= Kaniden) bestehen weltweit aus 500 Rassen und Schlägen, „und es gelingt auch dem erfahrenen Hundeliebhaber kaum noch, die Übersicht zu behalten" (Bürger 1988). Diese Aussage trifft Bremer sicherlich hart: Wie können derartige Spezies, deren Rassen nicht einmal von Fachleuten überschaubar sind, für den Normalbürger durchschaubar bleiben? Verfolgen wir deren mögliche Abstammung, dann wird es eindeutiger. Es gibt mindestens fünf Theorien, die versuchen wollen, den Urvater des Hundestammbaums ausfindig zu machen, darunter raten auch Prominente wie Charles Darwin und Konrad Lorenz mit. Man argumentiert mit Goldschakalen, Wölfen, Kojoten und muss letztlich traurig annehmen, dass es sich um polyphyletische (= mehrstämmige) Ableitungen handelt (Messent 1986). Kann eine derartige Spezies mit so unklarer Genealogie für Gesetzestreue garantieren – wie es Bremer gerne sehen möchte? Hinzu kommt, dass die oben genannte Vielfalt der Rassen nur ein scheinbares Zeichen für Exklusivität ist. Letztlich sind alle Rassen des Haushundes unter dem lateinischen Namen *Canis familiaris* wieder zu finden. (An dieser Stelle ein Hinweis an Rassenfanatiker und Überhebliche bei den Menschen: Alle Menschen sind als biologische Art *Homo sapiens* gleich, keiner ist hier „exklusiver!")

Im Kontrast dazu stehen die Entenvögel (= Anatinae). Sie sind klar definiert eine Unterfamilie der Gänsevögel, haben in ihrer Verwandtschaft auch die Schwäne. Das ist eine klare Genealogie, die nicht einmal von Anatinae-Hassern oder von Kanophilen infrage gestellt werden kann. Möglicherweise versuchte Konrad Lorenz bereits in seinen frühen Schriften unbewusst Klarheit in diese Frontenbildung zu bringen, da er sowohl über Anatinen forschte (Lorenz 1941: *Vergleichende Bewegungsstudien an Anatinen*) als auch über Hunde (Lorenz 1965: *So kam der Mensch auf den Hund*). Letztlich wurde er jedoch mit seiner Prägungsforschung an Enten und an seinen Graugänsen – Anatinen (!) – berühmt. Dies zeigt recht klar seine Position in dieser Kontroverse. Kenner der Vergleichenden Verhaltensforschung hätten jedoch bereits aus seinem 1940 geschriebenen Artikel *Durch Domestikation verursachte Störungen arteigenen Verhaltens* seine kryptische, aber deutliche Kaniden-Kritik ableiten können.

Unsere eigenen Analysen zu diesem Fachdisput können eventuell zu weiterer Klarheit führen. Von den insgesamt 31 Fällen von Hypnoseanwendung unseres selegierten Datenpools (Hund/Ente) sind als Hypnotiseure 15 Kaniden und 16 Anatinen tätig. Errechnen wir hier die Relation von Hypnotiseur vs. Klient (benutzt wurde der CHI-Quadrat-Test), dann sind auch hier weder Caniden noch Anatinen mit signifikanten Häufigkeiten ($p < 0.1$) überstark vertreten (s. Tab. 8.3).

	Klienten		
Hypnotiseur	Tierart	Hund	Ente	Summen
	Hund	6	9	15
	Ente	3	13	16
	Summen	9	22	31

Tabelle 8.3: Hypnotismus zwischen Hunden und Enten

Erweitern wir unsere Analyse aus dieser Kontroverse heraus auf über-geordnete Vergleichsmerkmale, dann gelangen wir zu anderen Ergeb-nissen. Betrachten wir einerseits die Kategorie „Säuger" (enthält Menschen, Anthropoiden, Hunde etc.) und vergleichen diese mit den Anatinen, dann finden wir unter ersterer Kategorie 72 Hypnotiseure und unter letzterer nur 16. Die statistische Berechnung (nach dem CHI-Quadrat-Test; s. Tab. 8.4) weist eine extrem signifikante ($p \ll 0.1$) Beziehung auf: Säuger sind in der deutlichen Überzahl und haben in der Hypnose signifikanten Einfluss auf Enten!

	Klienten			
	Tierart	Säuger	Ente	Summen
Hypnotiseur	Säuger	65	11	78
	Ente	3	13	16
	Summen	68	24	92

Tabelle 8.4: Hypnotismus zwischen Säugern und Enten

Wie lassen sich derartig überdeutliche Zusammenhänge erklären? Sicherlich sind hier phylogenetische Aspekte von Bedeutung. Vögel und Dinosaurier sind nach dem Perm, also vor 200 Millionen Jahren, entstanden, Säugetiere gehen erst vor schlappen 50 Millionen Jahren in Führung, und Anthropoiden gestalten sich erst nach Ende des Eozäns, also vor 50 Millionen Jahren. Hier haben wir die eindeutige Linienführung in der Beweiskette: Mit den neuzeitlicheren Konstruk-tionen der Entwicklung entstehen andere Hirnstrukturen, die in ihrer zunehmenden Differenzierung – wahrscheinlich unter wesentlicher Beteiligung des sich immer mehr entwickelnden Cortex – das ermög-lichen, was Hypnose ausmacht: Imaginationsfähigkeit, Fähigkeit zur Absorption in Richtung auf bestimmte Wahrnehmungsinhalte, Ganzheitlichkeit im Denken (Kossak 1997, S. 192 f.). Um Vorurteilen vorzubeugen: Diese gerade angeführten Aussagen treffen auch auf Beamte zu, da diese sich – wie in der weiter oben getroffenen Analyse (vgl. Tab. 8.1) dargestellt – durchaus als (schwach) hypnotisierbar erwiesen.

Kapitel 9

Motivation zur Hypnoseanwendung

Mit den unterschiedlichsten Personengruppen der Hypnoseanwender begegnen uns im Comic auch sehr verschiedene Beweggründe, die zu dieser Anwendung führen. Diese unterschiedlichen Motivationen der Hypnotiseure werden wir hier grob umreißen, deren Geschichte/n wird/werden jedoch später wesentlich genauer geschildert, wenn die Hypnosewirkungen erörtert werden. Dadurch wird die Spannung der einzelnen Geschichten nicht jetzt schon aufgelöst.

9.1 Kriminelle Motivation

☐ 29

Lassen Sie uns zuerst die literarischen und klassischen Vorläufer betrachten.

In Shakespeares *Der Sturm* (1611/1982) versucht Prospero die Sinne seiner Widersacher zu beeinflussen, um wieder an seine rechtmäßigen Latifundien zu kommen.

In dem Märchen *Des Kaisers neue Kleider* (Hans Christian Andersen 1938) geben sich zwei Betrüger als Weber aus und berichten, die schönsten Stoffe weben zu können. In diesem lehrreichen Stück wird zwar deren Technik der Massenhypnose nicht näher erläutert, die betrügerischen Bereicherungsmotive sind jedoch offensichtlich.

Die Sage *Der Rattenfänger von Hameln*, die möglicherweise auf realen historischen Ursprung zurückgeht, berichtet von der Rachsucht des vom Stadtrat um sein Honorar betrogenen Flötenspielers, der die Kinder wie in Trance hinter sich herlockt.

In Thomas Manns *Mario und der Zauberer* (1930) besteht die Indikation der Hypnose des Unterhaltungskünstlers Cipolla anfangs darin, die Zuschauer in Staunen zu versetzen, später, seine Macht über die Menschen zu demonstrieren!

Die bereits erwähnten Panzerknacker wollen mittels Hypnose die Codenummer des Safes erfahren. Nach Befragung ihres ehemaligen Knastkollegen Rabad Rabadadi beraten sie: „Er meint, wir sollen uns Donald, den Neffen des Alten, schnappen. Während der Hypnose quetschen wir ihn so lange aus, bis er uns verrät, wie wir an den Zaster rankommen" (*Donald in Hypnose*, 1981).

Bei *Spion und Spion*, zwei nimmer der gegenseitigen Arglist und Aggression müden Kontrahenten, ist stets jedes Mittel recht, um den jeweiligen Gegner zur Belustigung des Lesers auszuschalten. Gelingt es den Figuren des Zeichners Prohias nicht, sich gegenseitig mit Bomben und skurrilen Zerstörungsmaschinen aus dem Weg zu räumen, so ersinnt ein Spion fürchterlichste Rache, indem er plant, durch Hypnose seinen Rivalen nebst dessen Hund zu eliminieren (*Operation Rückschlag*, 1977).

Der wenig bekannte, aber kernige Held *Ray Banana* im Stile eines Humphrey Bogart muss erleben, wie die futuristisch orientierte Sekte der Azureener durch ein Hypnosegerät Gewalt über Mitbürger gewinnen und sie auf diese Weise zu ihren Mitgliedern machen will

(*Abenteuer im 20. Jahrhundert*, 1982). Der stets siegreiche Superman soll sich mittels der Kraft eines Hypnos-Pulsators selbst vernichten (*Der stählerne Rächer*, 1982). In dem melodramatischen Opus *Felina* (1981) geht es um Intrigen und Phantastisches aus der Zeit um die Jahrhundertwende. Hier soll ein Zirkusdirektor einen Mord begehen und unter Hypnose dazu erpresst werden. Auch soll der Zeuge eines Mordes durch Hypnose mundtot gemacht werden.

Nicht zu vergessen ist die von uns wenig geliebte, aber dramaturgisch effektive Gundel Gaukelei, die sich durch Hypnoseanwendung bei Onkel Dagobert dessen Wundertalers bemächtigen will (*Geht Onkel Dagobert ins Netz?*, 1981).

Letztlich will die listige Schlange Kaa Mogli fressen (*Dschungelbuch*, 1987), ebenso will eine andere Riesenschlange Donald samt allen Verwandten und Gundel Gaukelei umschlingen (*Die Hexe zur See*, 1984).

Die Liste der aggressiven und kriminellen Motive der Hypnoseindikationen könnte hier noch erheblich erweitert werden.

Historisch findet sich in der *Mahabharata* der Fall einer Willensbeeinflussung: Die bislang treue Ehefrau von Vipulas Lehrer soll hypnotisiert werden, damit sie in Abwesenheit ihres Gatten nicht den Verführungskünsten Indras unterliege (vgl. Abschn. 1.1).

Blondie ist der Inbegriff des Comics auf der ganzen Welt geworden. Die naive junge Frau aus einer amerikanischen Durschnittsehe möchte eines Tages von ihrem stets müden Ehemann Dankwart das Dach repariert haben. Da er selten zu Tätigkeiten zu motivieren ist und den Großteil seiner Freizeit schlafend auf der Couch verbringt, versucht sie es nach vielen vergeblichen Anläufen eines Tages mit Hypnose (*Blondie*, 1983). Diese ist in der vorgelegten Sammlung wohl die harmloseste Indikation. Über die direkten Wirkungen der Hypnose werden wir im relevanten Kapitel mehr erfahren. Dort werden Sie auch erfahren, ob Blondie erfolgreich war – ob sie mittels Hypnose gewohnte Verhaltensmuster ihres Mannes Dankwart durchbrechen konnte (s. Abschn. 17.5). Im Herrenmagazin *Penthouse* wird versprochen, dass man durch eine clevere Hypnosemethode viele Girls haben könne (Originaltext s. Abschn. 2.1.5).

Die uns bekannte Blondie setzt in einer anderen Bilderstory den von ihr so benannten „Hypnose-Trick" ein, um von ihrem recht sparsamen Mann Dankwart mal wieder Geld für ihre ausgedehnten Einkäufe zu erhalten (*Blondie*, 1985; vgl. auch Abschn. 20.2).

Die Figur Hermann des Zeichners Jim Unger ist ein Mensch wie du und ich; er hat die seltene Gabe, stets in merkwürdige Situationen zu geraten. Als er eines Tages beim Arzt ist, wendet dieser bei ihm Hypnose an: „Wiederholen Sie: ‚Hypnose ist 150 Mark pro Stunde wert'" (*Mehr Pech kann niemand haben*, 1984). Diese Handlung spiegelt eventuell den Rezeptskandal der letzten Jahre wider.

„Das Gespenst der Arbeitslosigkeit ist Donalds ständiger Begleiter ... Oft bleibt ihm nur der Weg zu Onkel Dagobert, der Donalds Geldnot skrupellos ausnutzt und ihn zur völligen Selbstaufgabe zwingt" (Gans 1983, S. 56). Diese Problematik, die von dem Autor Grobian Gans (Pseudonym für ein Autorenkollektiv) trefflich ge-

9.2 Verhaltens- und Erlebensbeeinflussung

30, 79 □

9.3 Geldbeschaffung

28 □

kennzeichnet ist, führt Dagobert Duck zu stets neuen Ideen, nicht nur noch mehr Geld zu scheffeln, sondern seinen Neffen Donald hierfür mehr als Gewinn bringend einzusetzen. So schreckt er auch nicht davor zurück, ihn mittels einer Hypnotisierpistole zum Schuldeneintreiber zu machen (*Das Hypnotisierspiel*, 1981).

9.4 Realitätsflucht

Begeht nicht Alice aus *Alice im Wunderland* mittels Hypnose Realitätsflucht? Darüber haben wir bereits in Abschnitt 2.1.4 erfahren.

Erinnern wir uns wieder an *Frau Holle* (Gebrüder Grimm); die schöne und fleißige Schwester muss schmutzige und schwere Hausarbeit übernehmen. Als ihre Spinnspule in den Brunnen fällt, folgt sie ihr und landet auf einer herrlichen Wiese, um dort phantastische Abenteuer zu erleben. Viele von uns kennen eine vergleichbare Wunsch- und Phantasiewelt.

9.5 Hilfeleistung als Motivation

In unseren umfassenden Analysen müssen wir lange suchen, bis wir auch auf positive Einstellungen zur Anwendung der Hypnose kommen. In der *Mahabharata* möchte Herr Vipula die Frau seines Lehrers mit Hypnose feien gegen die Anfechtungen des lüsternen Gottes Indra. Inwiefern dies nun tatsächlich eine positive Einstellung des Herrn Vipula war, um die Lehrergattin zu schützen, wissen wir nicht. Die Frau ist ja nicht gefragt worden; vielleicht hätte sie gerne auf den Schutz verzichtet ...

Als Micky Maus den sprechenden Hund Schnapp behandeln lassen will, erfährt er vom hilfreichen Tierpsychiater Dr. Hartmann, dass Schnapp zur Behandlung wieder hypnotisiert werden muss (*Micky Maus und der sprechende Hund,* 1951). Dann finden wir noch die Neffen Donalds, die ganz verzweifelt sind, weil sie durch keinerlei Trick dessen Weihnachtswunsch herausbekommen können. Letztlich gehen sie mit ihm zu Professor Orville Orb, der ihnen mit seinen Hypnosekünsten behilflich sein soll (*Rate einmal*, 1988). Wir sehen: Jene lauteren Motive sind äußerst rar in der Comicwelt. Weiterhin sind positive Beweggründe zu finden, als Tick, Trick und Track ihren Onkel Donald stark machen wollen, damit er nicht schon wieder gegenüber dem großmäuligen Strandfuzzi unterlegen ist (*Wo rohe Kräfte sinnlos walten*, 1989). Letztlich müssen wir noch anerkennen, dass die Zauberer Zatara und Mandra ihre Zauber- und Hypnosefähigkeiten zum Wohle der Gesellschaft und Gerechtigkeit zur Verbechensbekämpfung einsetzen (s. Kap. 26).

9.6 Sonstige Motivation

Henry's Cat, ein freundlicher Kinderbuchkater, sieht eines Tages einen Hypnotiseur im Fernsehen und ist so davon beeindruckt, dass er die Methode zuerst bei sich selbst erfolgreich anwendet und dann Freunden damit helfen will, Dinge zu tun, die sie sonst nicht können, was natürlich fatal-lustige Folgen haben wird (*The Hypnotist*, 1963).

In der aggressiv-verrückten Zeitschrift *MAD* werden stets Filmhits karikiert. Als der Affe King Kong im Urwald gefangen werden soll, überlegen sich die Akteure, ob man ihm Tranquilizer geben soll oder besser die einschläfernden Seiten von *Reader's Digest*. Die Film-„Helden" entscheiden sich nach einem längeren Disput dafür, die Erfahrungen aus dem Fernkurs *Learn Hypnotism* einzusetzen. Währenddessen ist der gefürchtete Riesenaffe bereits aufgrund des dummen

Dialogs der Comicakteure in Tiefschlaf verfallen (*Son of the mighty Joe King*, 1970).

Die Maus Kaspar aus der großen Kinderzeitschrift *Yps* will mit einer besonderen Hypnosemethode Fische fangen (*Ein dicker Fisch*, 1979). Wir werden noch mehr davon hören.

So weit ein Überblick über einige Beweggründe, Hypnose im Comic anzuwenden. Insgesamt wohl kein sonderlich rühmliches Blatt, das hier für die Hypnose beschrieben wird. Die Vorstellungen umfassen tatsächlich nahezu den gesamten Bereich menschlichen Lebens und Strebens, der angeblich mittels Hypnose angepasst oder manipulierbar gemacht werden soll.

Da Hypnose jedoch primär eine therapeutische Methode ist, soll nun nicht weiter untersucht werden, welche Motivation bei der Anwendung besteht, sondern – in Kapitel 11 – welche Indikationen erfolgen.

Die in Abschnitt 7.3 beschriebene Analyse *abweichenden Verhaltens* (vgl. auch Kagelmann 1982) kann durch die hier durchgeführte Untersuchung bestätigt werden. Hypnose ist durch ihr häufiges Vorkommen „ein Ausdruck für die Charakterisierung ‚des‘ Psychischen: In der Macht der Hypnose können sich die scheinbar unbegrenzten Möglichkeiten des Eingeweihten, des Fachmannes (egal ob Psychologe oder Fakir), seine Umwelt nach seinem Willen zu beeinflussen oder zu manipulieren, manifestieren. Häufig dient denn auch die Hypnose kriminellen Zwecken" (Kagelmann 1975, S. 65). Die Analyse zeigt weiter, dass sie ein außerordentlich beliebtes Sujet ist. „Helden wie Bösewichter bedienen sich ihrer, um Verhaltensänderungen bei anderen Individuen zu erreichen (was auch immer klappt). Hypnose ist einfach und scheint bei jedermann, sogar bei Superhelden (!), zu funktionieren; sie kann auch zur Massenbeeinflussung, zur Massensuggestion eingesetzt werden. Meist reicht eine eindringliche Stimme und ein hypnotischer Blick, gelegentlich wird eine bunt rotierende Scheibe oder ähnliches zu Hilfe gezogen" (Kagelmann 1975, S. 70).

Auch die in unserer Studie gefundenen Häufigkeiten werden bestätigt. „Laien scheinen von der Möglichkeit, suggestive Manipulationen an anderen Individuen ausüben zu können, geradezu fasziniert zu sein; nur so erklärt sich die häufige Verwendung des Motivs ‚Hypnose‘ in den unterschiedlichsten, v. a. auch nicht-therapeutischen Kontexten (etwa: der Einsatz dieser Methode zu verbrecherischen Zwecken). Als exklusive Therapie-Möglichkeit wird die Hypnose nur zweimal genannt" (Kagelmann 1982, S. 232).

9.7 Motivation des Comiclesers: Wunsch nach unbegrenzten Möglichkeiten?

Kapitel 10

Ort der Handlungen

Wenn bereits die Personen und ihre Motivation so ausführlich analysiert wurden, dann sollte auch der Ort ihrer Hypnosetätigkeiten kurz betrachtet werden. Wir können uns jedoch eine differenzierte Analyse ersparen, da die Ergebnisse sehr eindeutig sind.

28, 59, 73, 80, 135–140 Aus unseren Comicdokumenten wird deutlich, dass Hypnose überall anwendbar ist: in geschlossenen Räumen, im Freien (Strand, Stadt, Dorf), in Theatersälen, Varietés und Jahrmarktzelten, Hinterzimmern von Verbrechern, Privatwohnungen des Bürgertums, Salons der feinen Gesellschaft und Lagerräumen. Hier begegnen wir glücklicherweise der Realität.

Tatsächlich ist Hypnose an allen Orten und bei nahezu allen Gelegenheiten anwendbar – vorausgesetzt, es ist ausreichend Ruhe vorhanden, damit man sich konzentrieren kann. Dieser Vorteil lässt sich in der Therapie immens und seriös nutzen. So kann der Examenskandidat während der Klausur zur Beruhigung und Konzentration Selbsthypnose durchführen. Der Angstpatient erlernt es, sich vor und während seiner Angstsituation zu entspannen und so zu handeln, wie in der Therapie eingeübt, z. B. bei der Auseinandersetzung mit seinem Chef, in einer Konfliktsituation, bei einem Vortrag oder künstlerischen Auftritt. Aber auch im Sport sind beliebige Örtlichkeiten zur Hypnoseanwendung denkbar, sowohl auf der Schneepiste als auch auf dem Fußballrasen, in der Halle oder auf dem Parkett. Nicht zu vergessen sind letztlich Operationstisch, Krankenbett, Zahnarztstuhl und Therapiesessel.

Insgesamt ist es die Aufgabe des Therapeuten, die geeigneten Suggestionen und Hypnosetechniken herauszufinden, um sie für die unterschiedlichen Bedürfnisse, Therapieformen und Räumlichkeiten seiner Patienten anzupassen.

Kapitel 11

Indikation der Hypnose

Jedes seriöse Verfahren hat seinen Sinn. Entsprechend hat es seine umrissenen Anwendungsbereiche. In der Medizin und Psychotherapie spricht man von der Indikation.

> **Indikation:** (lat. *indicare* anzeigen) Abk. Ind., sog. Heilanzeige, der Grund zur Verordnung eines bestimmten diagnostischen oder therapeutischen Verfahrens in einem definierten Krankheitsfall, der seine Anwendung hinreichend rechtfertigt, wobei grundsätzlich Aufklärungspflicht gegenüber dem Pat. besteht' (Pschyrembel 1990).

Lediglich bei Micky Maus' Hund liegt die klinisch eindeutige Indikationsstellung vor, d. h., ein psychisches oder medizinisches Problem erfordert eindeutig die Anwendung von Hypnose: Als der Tierpsychiater Dr. Hartmann erkennt, dass Mickys sprechender Hund hypnotisiert wurde, folgert er haarscharf, dass hier wieder Hypnose angezeigt sei, um die Wirkung aufzuheben (*Micky Maus und der sprechende Hund,* 1951).

Letztlich finden wir noch Professor Orville Orb, der bei Donald herausfinden soll, welchen Weihnachtswunsch er hat (*Rate einmal,* 1988). Die Indikation der Hypnose könnte hier lauten: „Erkundung kryptischer Wünsche für Christmas".

Der erfahrene Hypnosefachmann der Gegenwart wird anfangs erst eine ausführliche Diagnostik bzw. Psychodiagnostik betreiben, bis er die Indikation der Hypnosebehandlung stellt. Erst nach ausführlichen Vorbereitungsgesprächen wird er dann die Hypnose anwenden. Er wird die Anwendung stets mit seinen Patienten absprechen, damit sie über die Wirkweise informiert sind, ihre Fragen stellen können und so immer die Gelegenheit haben, ihre Bedenken oder Ängste zu äußern oder sich auch eventuell gegen die Anwendung der Methode zu entscheiden.

Teil IV

Einleitung der Hypnose
Peng! Du bist hypnotisiert!

Kapitel 12

Nun geht's los: Einleitung der Hypnose

Nach allen erforderlichen Vorerklärungen können wir uns endlich mit dem Beginn der Hypnose befassen. Es ist jener Teil, der für Beobachter stets faszinierend und teilweise unbegreiflich erscheint.

Auch hier werden wir erst die Comics analysieren und befragen, um dann die Realität der seriösen therapeutischen Hypnose der Fachleute gegenüberzustellen.

12.1 Schnelligkeit der Induktion

☐ 31, 32; 30, 50, 51, 57, 63, 74

In allen Comicdarstellungen wird die Hypnoseinduktion (= Einleitung) sehr schnell und unvermittelt, ja überfallartig erteilt. Der Hypnotiseur nähert sich meist wortlos, hebt seine Hände und gibt kurz eine Instruktion. Sein Gegenüber ist darauf nie vorbereitet, wird überrumpelt. Seine meist weit aufgerissenen Augen haben deutlich den Ausdruck des Überraschtseins: Der Betroffene ist fassungslos, kann die Situation noch nicht deuten und anderen Erfahrungen zuordnen. Er braucht Zeit, die plötzlichen Geschehnisse und Wahrnehmungen zu verarbeiten und in sein Lebenskonzept zu integrieren, während bereits das Geschehen weitergeht und er davon etwas verpassen könnte. Er ist überrumpelt. Die Handbewegungen dieser hypnotisierten Person drücken meist entsprechende Abwehr oder Verteidigung aus.

So weit können wir dieser grafischen Darstellungsform folgen: Nach Auffassung der Comiczeichner ist Hypnose ein plötzlicher, unvorbereiteter Eingriff, den der Betroffene fassungslos und reflektorisch abwehren will, der aber so schnell erfolgt, dass er bereits seine Wirkung im tiefsten Grunde der Seele erreicht hat.

So kann Rabad Rabadadi sogar unter seinem Versteck, dem Verdunkelungstuch der Porträtkamera, durch die Linse hindurch wortlos aktiv werden (*Donald in Hypnose*, 1970), der Höhepunkt der Infamie! Lobjak, der hilfreiche Tibetmönch, hypnotisiert wortlos, um Paolo zum Reden zu bringen, und lässt den Zirkusdirektor sich sogar selbst würgen. Später erreicht er ebenfalls schweigend Auskunft über die Auftraggeber eines Mordes (*Felina*, 1981). Maat Martina (alias Gundel Gaukelei) ist sehr schnell, um die gefährliche Riesenschlange und die Menschen fressenden Malayos zu bezwingen (*Hexe zur See*, 1988). Professor Pankraz Pumandl arbeitet ähnlich blitzartig (*Hypnotisiert*, 1981).

Da alle Helden und Außerplanetarischen wie Superman etc. mit Hypnose auch eine Demonstration ihrer Kraft verbinden und kriegerische Aggressionen austragen, müssen sie damit blitzschnell erfolgreich sein – mindestens mit Lichtgeschwindigkeit.

Es wird der Eindruck vermittelt, dass die Induktion jederzeit, in allen Situationen und ohne jegliche Vorbereitung blitzartig erfolgen kann – sogar blitzschnell erfolgen muss. Das fast immer ahnungslose Opfer kann sich also nie vorsehen, davor schützen oder sich dagegen wehren.

Die Wirkung der Hypnose wird danach primär durch das Schreck-moment erzielt, in welchem das Opfer noch reaktionsunfähig ist, keinen relevanten Handlungsplan bereithat oder nutzbar machen kann. Derartige Vorgehensweisen sind nur an einer einzigen Stelle der historischen Fachliteratur zur Hypnose zu finden: Lediglich Abbé Faria (1755–1819) verwandte eine „Schreckhypnose", indem er auf seinen Patienten zuging und ihn unvermittelt anschrie: „Schlafe!" (Kossak 1997).

Selbst der versierteste Fachmann wird nicht die Blitzerfolge erzielen, die uns im Comic aufgezeichnet werden – und wird mitunter neidisch auf die fiktiven Kollegen sein. Im Normalfall dauert in der ersten Sitzung die Einleitung der Hypnose eine halbe Minute bis drei Minuten.

Haben in der realen Therapie Therapeut und Patient längere Hypnoseerfahrung miteinander, dann wird eine schnelle Induktion wahrscheinlicher. Wesentliche Faktoren sind hier: Lern- und Übungseffekte, Aufbau einer Vertrauensbeziehung und positive Erwartungshaltungen des Patienten. Sind diese Hauptvariablen nicht angemessen erfüllt, wird der Erfolg äußerst fraglich sein, bzw. es wird keine Hypnosewirkung eintreten.

Auch die in der Showhypnose gezeigten Schnellerfolge sind jedoch keine solchen. Oft werden in der Showhypnose (im Fernsehen, auf Jahrmärkten oder in Discos) unter dem Begriff „Hypnose" schnelle Induktionen und erstaunlichste Effekte demonstriert, die keinerlei auch nur entfernte Beziehung zur Hypnose haben. Es sind oft geschickt gestaltete (Zauber-)Tricks, bei deren showmäßiger Darbietung die Erwähnung der Hypnose einen starken dramaturgischen Effekt hat. Dazu mehr in Kapitel 26.

12.2 Benutzte Wortformulierungen

Bei der Einleitung der Hypnose werden im Comic extrem selten verbale Instruktionen gegeben. Falls doch gesprochen wird, dann wird fast immer in Verbindung mit dem Hypnoseblick sofort der intendierte Auftrag in Befehlsform erteilt!

Der unter dem Tuch der Plattenkamera versteckte Rabad Rabadadi blickt durch die Kameralinse (*Donald in Hypnose*, 1970). Mit Hypnose-blick ruft er später auch: „Stehen geblieben! So ist's fein!", um die Panzerknacker in Trance zu versetzen.

Weiter ist festzustellen, dass einige Hypnotiseure in einer Art Geheimsprache ihre Suggestionen erteilen, so der Zyklotrop (*Der Plan des Zyklotrop*, 1985) mit z. B. „GNUTHCA! NEDNATSEGLLITS!" und Zatara (*Master Magician*, 1938) mit „OUY ERA WON NI YM RE-WOP!"oder „EMOC OT EM, GNOT!" Die aufgeweckte Leserschar hat die Sprache schnell entschlüsselt.

Als nächste Möglichkeit, jemanden zu hypnotisieren, wird die Instruktion der Entspannung oder Müdigkeit benutzt, angefangen von Kaa, der Schlange, über Donald bis hin zum Ottifanten: „Sie sind müde, Ihnen fallen die Augen zu! Sie werden schlafen, tief schlafen …" (*Buch der Ottifanten*, 1988, S. 73); Blondie suggeriert: „Du wirst müde … müde, immer müder …" Professor Pankraz Pumandl formu-

68, 132, 134 ⬜

34 ⬜

liert: „Schauen Sie mir in die Augen! Tiefer! Tiefer! Gut! Sie sind in meiner Gewalt!" (*Hypnotisiert,* 1981).

Sobald aggressive Handlungen erreicht oder durchgeführt werden sollen, wird nur noch böse-beeinflussend geblickt und fast immer geschwiegen – allein der Blick bringt die Vernichtung, so bei z. B. Spion und Spion, Superman, Gundel Gaukelei.

Diese nonverbale Möglichkeit der Hypnoseeinleitung ist besonders beachtlich, da hier allein durch die „Macht des Blickes" immense Energie übertragen wird, oft als Strahlenlinien sichtbar gemacht – so bei Lobjak, dem Tibetaner (Felina, 1981), dem Hund im Fernsehen (*The Hypnotist,* 1983) oder El Prahl (*Augenschmaus,* 1975).

Da man im Comic annimmt – und nicht nur dort –, dass Hypnose etwas Außergewöhnliches ist, so leitet man dann daraus schlussfolgernd ab, dass besondere und geheime Sprachmuster wirksam sind.

Hier wird der Comicleser ebenfalls vollkommen unzureichend informiert. Gerade bei der Induktion muss sich der Hypnotiseur sehr ausgefeilter Formulierungen bedienen, die er in langwierigen Ausbildungsseminaren erlernt. Diese Verbalinduktionen müssen sehr anschaulich und deutlich dem Denk- und Wertesystem des Patienten entsprechen. Sie sollen ihn indirekt und nondirektiv zur Mitarbeit motivieren und auf diese Weise langsam dazu bringen, dass er sich entspannter fühlt und die an ihn herangetragenen Suggestionen zulassen kann. Die in den Comics getroffenen Instruktionen sind autoritär-befehlend. Sie würden eher Abwehrhaltung und Widerstände des Patienten bewirken denn Kooperation. Im Comic wird die Formulierung also benutzt, um die gewünschte Dramatik des schier Unfassbaren zu steigern, die es in der Realsituation nicht gibt – und auf die kaum ein Patient so reagieren würde wie im Comic.

Realistisch ist jedoch, dass fast alle Hypnoseeinleitungen mit Entspannungs- und Müdigkeitssuggestionen beginnen. Diese erleichtern die Konzentration des Patienten auf seine Innenerlebnisse und seine Vorstellungswelt und reduzieren sogleich mögliche Anspannungen und Ängste. Ist der Patient entspannt, so wird er im Verlauf der Therapie leichter sogar problematische und potenziell ängstigende Themen zulassen können.

Nonverbale Einleitungen sind durchaus möglich, so werden z. B. in einer sehr entspannten Atmosphäre leichte Körperberührungen vorgenommen, die dann ähnlich wirksam sind wie Entspannungsinstruktionen.

12.3 Die „typische" Handbewegung

🖼 36, 37

Begleitend zum hypnotisch-stechenden Blick werden vom Comichypnotiseur meist bestimmte Handbewegungen gemacht. Der Hypnotiseur streckt dabei seine Arme und Hände aus, nahe in Richtung auf das Gesicht (besser: die Augen) des „Opfers" und führt dabei oft beschwörende Finger- und Handbewegungen aus. Meist sieht man dabei deutlich – durch Striche oder Blitze gekennzeichnet – die Energie des Hypnotiseurs auf den Klienten überstrahlen. Diese Art der „Energieübertragung" ist besonders bei Lobjak, dem Tibetaner, fest-

🖼 35; 57, 73

zustellen, der geradezu von einer Licht-Energie-Korona umgeben ist (*Felina,* 1981).

77; 23, 24, 51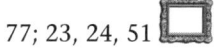

Diese Darstellungsweise ist ebenfalls in der früheren Annahme begründet, Hypnose sei mit einer physikalischen Energie (= Magnetismus) verbunden und transportiere darüber die Willenskraft des Hypnotiseurs. Alte zeitgenössische Darstellungen beinhalten dies (vgl. die historischen Darstellungen in Kap. 1). Wenn wir die Gestalten etwas showartig verfremden, haben wir fast die hypnotisierenden Comicfiguren der Gegenwart.

3

Die Handbewegung ist aus dramaturgischen Gründen beibehalten worden und als Effekt heischende Geste der Showhypnotiseure. Mit solchen Gesten soll allen Beteiligten nun das als übernatürlich angekündigte Ereignis auch sichtbar gemacht werden. Dem Zuschauer wird ein Showelement geboten, über das er staunen kann, da es die „Übersinnlichkeit" und „Unerklärbarkeit" des Verfahrens deutlich unterstreicht.

81, 86, 90, 132–134

In dieser „typischen" Handbewegung ist auch jenes beschwörende Element enthalten, das bei realen und im Comic gezeichneten Zauberern, Hexen, Magiern, Druiden und ähnlichen Personengruppen zu beobachten ist, die mit den Mächten des Schicksals und dem Unfassbaren professionell zu tun haben. Allein die Geste ist bereits suggestiv, indem sie die gewünschte (und oft irreführende) Botschaft energisch betont: „Du bist in meinem Machtkreis! Ich werde auf dich und dein Schicksal Einfluss nehmen!"

Die Figur Blondie des Zeichners Young gehört zu den wenigen Hypnoseanwendern, die ohne hypnotischen Blick und auch ohne „typische" Handbewegung auskommen. Aus ihrem in der Stadtbücherei entliehenen Buch liest sie die Hypnoseinstruktionen ab und wendet damit eine rein verbale moderne Methode an, indem sie lediglich mit ihren Fingern vor den Augen ihres Gatten Dankwart zappelt.

Auch Snoopy, der seinen Fressnapf allein mit seinem Blick heranholt, begnügt sich mit einer reinen und gleichzeitig sehr seltenen nonverbalen Form, ohne „typische" Hundbewegungen.

In der Realität der therapeutischen Hypnose des seriösen Fachmanns sieht es dagegen sehr langweilig aus, da er lediglich ruhig spricht – ohne Handbewegungen und Theatralik.

12.4 Darstellung durch Onomatopöien

Ein wesentlicher Aspekt des Comics sind seine Onomatopöien. Diese lautmalenden schriftlichen Darstellungen (s. Abschn. 5.2.6) werden bei der gerätelosen Hypnoseeinleitung nur sehr selten eingesetzt. Als Donald von Rabad Rabadadi hypnotisiert wird, so ist dies durch ein „SSSUMMMM!" veranschaulicht (*Donald in Hypnose,* 1981). Im *Lexikon der Onomatopöien* (Havlik 1981) ist nur „SUMM" zu finden: „... es summen z. B. eine Biene, eine Fliege, ein Echolot". Beachten wir mehr die Häufung des Anfangskonsonanten, so stoßen wir auf „SSSSSSST: zur Ruhe, zum Schweigen mahnen; fliegender Pfeil; geschleuderte Lanze ...".

Der Ex-Bühnenmagier Hypno arbeitet mit Sonnenbrille und tiefem Blick und ist mit „BOING" stets erfolgreich (*Donald Duck,* 1959).

Jenes „BOING" kommt laut Lexikon vor bei: „Schlag auf den Schädel; Fußtritt; jemand wird zu Boden geschleudert; Zusammenprall; Schlag gegen einen Gegenstand aus Gummi; eine Uhr geht kaputt; Kulissen stürzen ein; ein Zug prallt gegen ein Auto; einen Flipper-Spielautomaten rütteln".

□ 38

Kater Felix kommt mit dem Hypnoseblick und „ZISCH" zum Ziel. Dieses ist im Lexikon bekannt: „... aus einem Feuerwehrschlauch zischendes Wasser; der Teufel wird mit siedendem Wasser übergossen; flammenspeiender Drache; Blitzschlag; Rakete; Motorboot; geschleuderte Lanze; Luft strömt aus Autoreifen".

Das Gerät des Zyklotrop (*Der Plan des Zyklotrop*, 1985) arbeitet mit „DZZIII". Bekannt ist im Lexikon „DZING", „DZINGG": „... zersplitternde Glasscheibe, Kristallkugel; Kampflärm, abprallendes Geschoß". Im gleichen Comic arbeitet ein Handgerät mit „VRRZZ", aber

□ 68–71

auch mit „FRRRRRTSCHSCHZZZZ". Hierzu finden wir nur sehr lautähnliche Onomatopöien in unserem Nachschlagewerk: „FRRRP: Klapperschlange"; „FSSS: Gas strömt aus"; „FFFST: fauchende Katze, elektrischer Kontakt wird unterbrochen". Als Donald ein Wildpony fängt und es sehr widerspenstig seine Freiheit wiederhaben will, ist sein Hypnoseblick besonders streng und von „SIRR" begleitet. Das entspricht dem Klang einer fliegenden Lanze, eines geschleuderten Messers oder starken Energiestrahlen (vg. Kap. 27, Tierhypnose).

Ohne tiefsinnige Deutungen bemühen zu müssen, erkennen wir an dem Gebrauch der Onomatopöien bereits, dass die Hypnoseein-leitung im Comic eine äußerst schnelle Angelegenheit ist, die mit

□ 59

einer gewissen Wucht auf das Opfer trifft. Sie wirkt als eine wie auch immer zu definierende Energieladung, die zur Deformation, Beschädigung, Zerstörung benutzt werden kann.

Hypnose als psychische Destruktionswaffe? Sie werden darüber seitenweise immer mehr desillusioniert werden.

Im Therapiealltag geht es an dieser Stelle sehr ruhig zu, da die Hypnose fast immer mit Entspannungsinstruktionen eingeleitet wird – und der Patient wird dabei immer lockerer, kann sich nun bereitwilliger auf schwierige Problembearbeitungen einlassen, ist dabei jedoch keinesfalls willen- und machtlos. Das alles passt nicht in ein dynamisches Comickonzept und ist durch Onomatopöien schwerlich auszudrücken.

Zum Vorwort

1 Wilhelm Busch (1832–1908) war durch seine Bildergeschichten einer der Urväter der Comics. Hier *Tobias Knopp*. Biographisch bedeutsames Exemplar des Autors, gedruckt 1924.

1 Historische Entwicklungen der Hypnose

2 Die beiden Brüder Hypnos und Thanatos tragen die Seele eines Verstorbenen (nach einem Vasenbild, ca. 5 Jhdt., Athen).

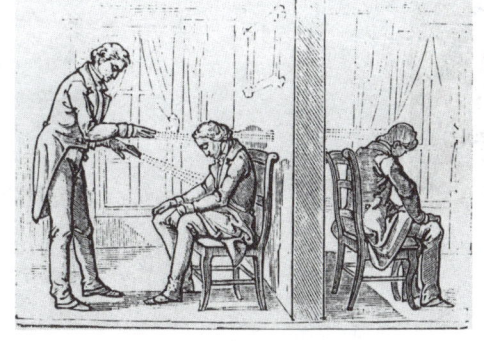

3 Diese Abbildung aus dem 19. Jhdt. veranschaulicht die Wirksamkeit der angenommenen Energiestrahlen, die sogar in das Nebenzimmer dringen (Bibliothek der Ancienne Faculté de Médicine in Paris).

3 Entwicklungen in der modernen Wissenschaft

4 Sigmund Freud (1856 – 1939) entwickelte auf der Basis seiner Hypnoseerkenntnisse die Psychoanalyse. Hier unkonventionell auf dem 50-Schilling-Schein Österreichs dargestellt.

4 Geschichte des Comics

5 Briefmarkenserie der US-Post (1995) als Ehrung amerikanischer Comicfiguren.

4.2.4 Zeitschriften, Kataloge, Börsen

6 Gesamtverzeichnis des Carlsen-Verlages auf CD-ROM (1996). Eine im Sinne der Comics gestaltete und beeindruckende Präsentation.

5.2.5 Die Sprechblase

7 Die Form der Sprechblase symbolisiert ihren Inhalt – kommentarlos (Bildausschnitt. *Light + Bold*, 1991).

8 Der Inhalt der Sprechblase kann eine kaum verbalisierbare Problemstellung verdeutlichen (*Der Weg zum Erfolg*, 1990).

9 Derbe Worte sind sehr ausdrucksstark mitzuteilen (*Die Katzenjammer Kids*, Orig. ca. 1897 (!), Reprint 1972).

10 Auch fremde Sprachen lassen sich in der Sprechblase darstellen (*Die Abenteuer der Barbarella*, 1971).

11 Die geheimen Gewissenskonflikte werden in der Sprechblase plötzlich deutlich (*Tim und Struppi in Tibet*, 1990).

12 Die Schriftgestalt der Sprechblase unterstreicht deren Inhalt (*Hägar*, 1975).

5.2.6 Die Onomatopöien

Onomatopöien sind die lautmalerische Nachahmung von Klangereignissen oder auch Ereignissen, die den Gesamtinhalt unterstreichen.

13 *Der stählerne Rächer* (1982).

14 *Ein Knall, ein Fall – wir sind am Ball!* (ca. 1984).

15 *Fauler Zauber mit den Augen* (1970).

16 *Der Plan des Zyklotrop* (1985).

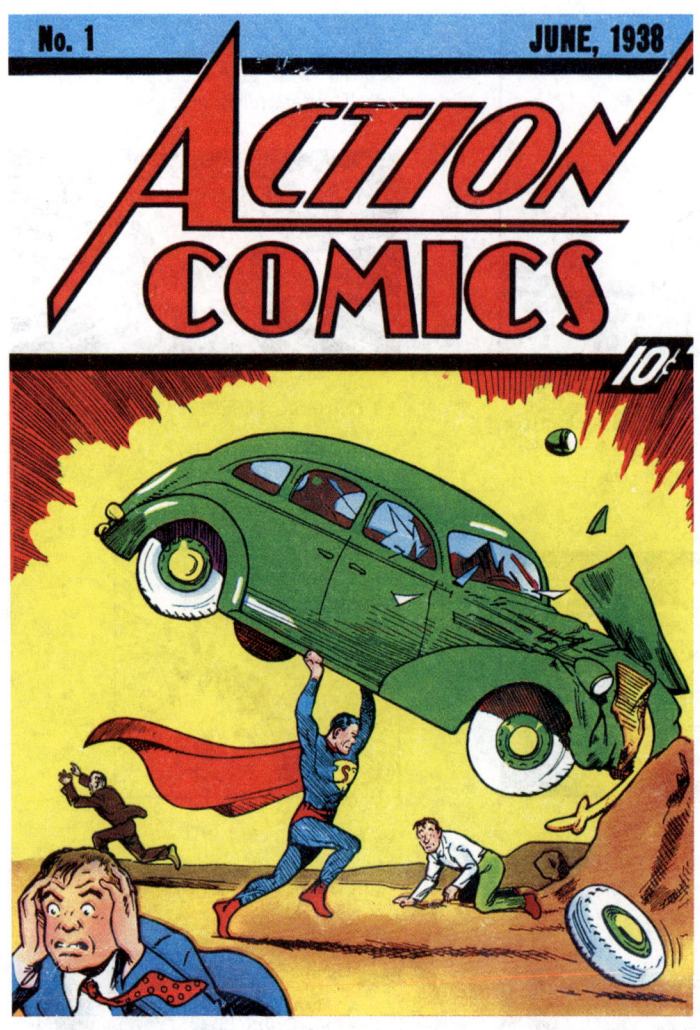

17 Superman in seiner Erstausgabe von 1938!

7.1 Comics als Ideologieträger

18 Kritische Auseinandersetzung: Titelseite von *How to read Donald Duck. Imperialist ideology in the Disney comics* (Dorfman & Matelaart 1975).

19 Supermans Bekanntheit wird genutzt, um als Lebensretter vor Minen in Bosnien zu warnen (Zeitungsausriss *Westdeutsche Allgemeine Zeitung*, 4. Nov. 1996).

7.2 Rolle der Frau im Comic

20 In der Beilage *Cocktail* wird die Rolle der Frau im Comic erörtert: emanzipiert sich langsam, wird aber immer noch mit überdimensionierten Brüsten dargestellt (*Westdeutsche Allgemeine Zeitung*, 21. Nov. 1995).

8.1.1 Der Hauptberufliche als Hypnotiseur im Showgewerbe

21 Ragdalam auf der Bühne mit seiner Selbstdarstellung (*Tim und Struppi und die sieben Kristallkugeln*, 1985).

22 Hip No Lung, der Bühnenhypnotiseur, erklärt die Hypnose (*Die große Hypnose*, 1987).

23 Mandra, der Magier im klassischen Outfit (*Mandra der Zauberer. Mitternacht in New York*, ca. 1968).

24 Ottifant vor eigenem Showzelt tätig (*Das Buch der Ottifanten*, 1988).

8.1.2 Fakire, Mönche und Sektenvertreter

25 Der Fakir und Showhypnotiseur Alkazar arbeitet sehr subtil – auf und hinter der Bühne (*Alles wie verhext*, 1984).

8.2 Ausbildung der Comichypnotiseure

26 Die beiden Filmleute unterhalten sich, ob sie mit einem Hypnosebuch gegen King Kong erfolgreich sein können (*Son of mighty Joe King*, 1964).

27 Spion studiert mit seinem Kater ein bekanntes Hypnoselehrbuch (*Operation Rückschlag*, 1972).

8.7 Das Honorar

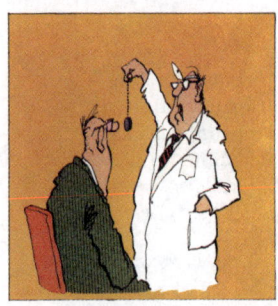

„Wiederholen Sie: 'Hypnose ist 150 Mark pro Stunde wert'."

28 Herrmanns Arzt geht sehr direkt vor, indem er gleich den Behandlungspreis in die Suggestionen einflicht (*Hermann*, 1984).

9 Motivation zur Hypnoseanwendung

29 Dieser Herr möchte mit Hypnose die Abhängigkeit bewirken (*Tod, wo ist dein Stachel ...?*, 1975).

30 Dr. Bubi Livingstone will auch mit Hypnose immer nur das „Eine" und kopiert dabei unglücklicherweise ein großes und bereits bekanntes Filmvorbild (Serienheld „Dr. Bubi Livingstone" in der Samstagsausgabe der *Westdeutschen Allgemeinen Zeitung*).

12.1 Schnelligkeit der Induktion

31 Der chinesische Bühnenhypnotiseur Hip No Lung ist hinter der Bühne aktiv (*Die große Hypnose*, 1987).

32 Miraculus kommt um die Ecke (*Fauler Zauber mit den Augen*, 1970).

12.2 Benutzte Wortformulierungen

33 Im Büro von Clever & Smart ist Miraculus mit prägnanten Worten tätig (*Fauler Zauber mit den Augen*, 1970).

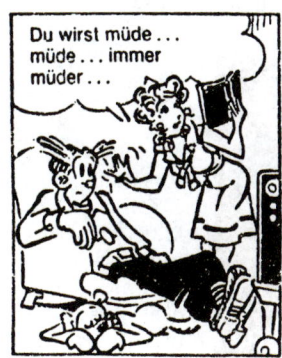

34 Sogar Anfänger können angeblich Hypnose sehr schnell anwenden: Blondie liest aus einem entsprechenden Buch aus der Stadtbücherei (*Blondie*, o. J.).

35 Der Tibetaner Lobjak macht Paolo mit Suggestionen mundtot (*Felina*, 1981).

12.3 Die „typische" Handbewegung

36 Miraculus, der Zauberer, in typischer Hypnotisiergeste (*Fauler Zauber mit den Augen*, 1970).

37 An den Spiralen bei den Händen Ragdalams sieht man deutlich, wie durch dessen beschwörende Gesten bei Yamilah die Sinne schwinden (*Tim und Struppi und die sieben Kristallkugeln*, 1985).

12.4 Hypnoseblick, dargestellt durch Onomatopöien

38 Felix, der Kater, arbeitet mit „ZISCH", vergleichbar mit starken Stromschlägen (*Felix, der Kater*, 1989).

13.1 Die Symbolik des Auges

39 Buddhas Augen auf einem tibetischen Tempel. Mitleid und Erbarmen sprechen aus seinem Blick, dem nichts verborgen bleibt. Das mystische dritte Auge als Symbol der Erleuchtung befindet sich zwischen den Brauen.

40 Mönch Lobjak, übersinnlich energiegeladen, hypnotisiert (*Felina*, 1981).

13.2.1 Augen zur Kommunikation

41 Die Wehmut ist allein im Blick zu erkennen (*Felix der Kater*, 1989).

42 Auch ohne den Text ist der Gesichtsausdruck eindeutig verstehbar (*Endstation Wahnsinn*, 1983).

43 Die erhoffte Ruheoase im Reich der Blicke und die damit verbundene Kultaussage: „Schau mir in die Augen, Kleines!" (Vergleiche hierzu auch die ähnliche Aussage von Dr. Bubi Livingstone in Abb. 30)

13.2.3 Die Trickkiste der Natur: Augenflecken zur Abschreckung

44

Tagpfauenauge (Inachis io);

Braunauge (Lasiommata maera);

Hochalpen-Apollo (Parnassius phoebus);

Kaiserfisch (Pommacantus imperator);

Kleines Nachtpfauenauge (Endia pavonia)

Autumeris acutissima

Pinzettfisch (Chelmon rostratus)

Kobra (Naja haje)

13.2.5 Der böse Blick

45 Abschreckendes Gesicht (apotropäische Plastik) über dem Eingang des „Uhrmacherhauses" (1733) in Königsberg, Bayern.

13.5 Der Superblick

47 Wachhund Benno verursacht mit seinem Blick beim Hühnerstallbelagerer Lupo Alberto einen Hexenschuss (*Eingewickelt*, 1988).

48 Die emanzipatorische Parallelleistung zu Supermans Fern- und Durchdringungsblick (*ZIGI und ZAGI, Lausbuben aus dem Weltall*, 1967).

49 Frauenpower: Supergirl kann mittels ihres Hitzeblickes Speisen zubereiten (*ZIGI und ZAGI, Lausbuben aus dem Weltall*, 1967).

13.4 Der Hypnoseblick der Schlange

46 Der Blick der Schlange ist nicht hypnotisch, jedoch starr. Die abgebildete, sehr harmlose heimische Ringelnatter (Natrix natrix) häutet sich gerade; entsprechend deutlich ist ihr Schuppenkleid als Gesamtüberzug zu erkennen.

14 Die Spirale

50 Der Hund vom einen Spion ist von der Katze des anderen Spion hypnotisiert (*Operation Rückschlag*, 1972).

51 Hier wird die Hypnosewirkung atmosphärisch verdeutlicht (*Alles wie verhext*, 1984).

52 Die Spirale – ein beliebtes graphisches Element, um Wahnsinn im Comic auszudrücken (In: *McCloud*, 1994, S. 127).

53 Tank Girl erhielt gerade von Dr. Unwin Stromschläge und ein Serum gegen soziale Fehler (*Ich habe Freunde in Bell's End*, 1994).

54 Durch die Spirale werden wir oft optisch auf den Mittelpunkt hin angezogen. Die Wirkung einer bekannten Energie wird spürbar (Ausschnitt aus einem Plakat, das für eine südamerikanische Tanztruppe wirbt).

55 Der Geschichtenheld Acquefacques befindet sich auf dem Behandlungstisch, damit er der Hirnwäsche unterzogen werden kann (*Der Wirbel*, 1994).

16.1 Hypnose als Waffe der Außergalaktischen

56 Mephisto übt Hypnosegewalt auf den Silberstürmer aus. Das kleine Abbild hinter seiner Stirn zeigt, dass er den Silberstürmer in seiner mentalen Gewalt hat (*Der galaktische Silberstürmer*, 1974).

57 Dragonfly kann aus der Luft überfallartig hypnotisieren (*What if ... the X-Men died on their first mission?*, 1990).

58 Der mysteriöse Radioaktive strahlt auch hypnotische Macht aus (*Der Mächtige Thor gegen den mysteriösen Radioaktiven*, 1974).

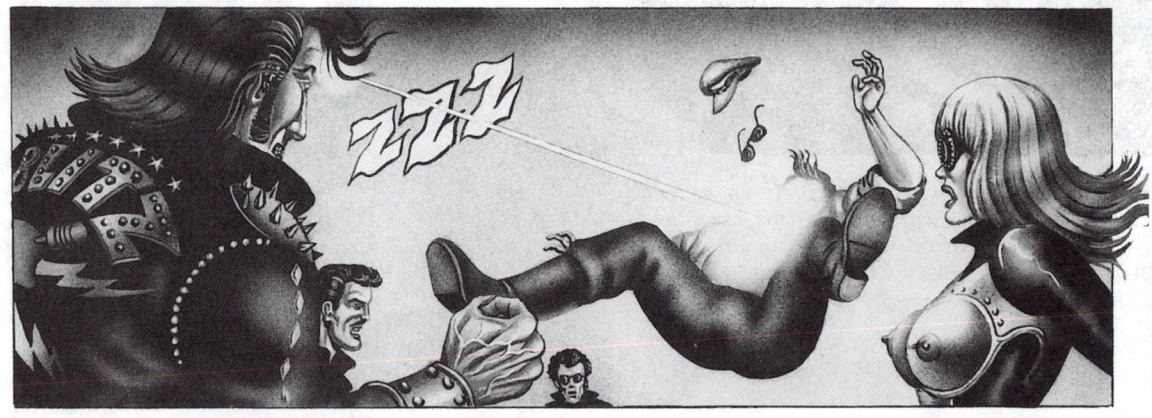

59 Die mental ausgesandten Strahlen des Außerirdischen treffen den Rocker gewaltig – seine Rockerbraut ist fasziniert (*Rockblitz*, 1980).

16.2 Die Klassiker der Geräteanwendung

„Und wenn du erwachst, wirst du dich an nichts mehr erinnern!"

60 Klassische Anwendung für den Hausgebrauch (Quelle unbekannt).

61 Maus Kaspar hat eine besondere Erfindung gemacht, die auf Fische wirkt (*Ein dicker Fisch*, 1979).

16.4.1 Optische Hilfsmittel

63 Der Spion hat sich hinter dem Handspiegel versteckt und leitet die Blickenergie zurück (*Operation Rückschlag*, 1972).

62 Henry's Cat übt vor dem Spiegel Selbsthypnose (*The Hypnotist*, 1983).

64 „Hypnose-Geräte" gibt es nicht nur in der Bilderwelt des Comics, sondern auch als Realangebot (*Tales of Suspense featuring Iron Man and Captain America*, 1966).

16.4.2 Elektronisch-akustische Hilfsmittel

65 Deutlich erkennbare bewusstseinsverändernde Wirkung des Gerätes Schlafo-Tief (*Ray Banana*, 1982).

16.4.3 Fernsehgeräte und Monitore

66 Manche PC-Programme sind so plastisch und eindringlich, dass sie auch Suggestionen sehr anschaulich vermitteln (Clipart aus dem Zeichenprogramm Corel-Draw 4).

16.5. Geräte mit Strahlenwirkung

67 Die Wirkung der Kandor-Strahlung zielt direkt auf das Gehirn (*Voodoo-Zauber gegen Superman*, 1975).

68 Handgerät im Einsatz – hier in Arbeitsteilung – mit Einleitungssuggestion (*Der Plan des Zyklotrop*, 1985).

69 Das stationäre Gerät des Zyklotrop zur intensiven Hirnwäsche. Hier verdeutlichen die Onomatopöien die gefährliche Wirkung (*Der Plan des Zyklotrop*, 1985).

70 Ausgleichende Gerechtigkeit: Nun trifft es sogar den Zyklotrop selbst. Merke: Auch Hypnotiseure können hypnotisierbar sein! (*Der Plan des Zyklotrop*, 1985).

71 Der Agent Jeannot schaltet das Beeinflussungsgerät ein (*Schwerer Schlag in Stalingrad*, 1985).

17.1. Erste Anzeichen: Wirkungen im Blick

72 Das Mädchen Ororea wurde vom Mönch hypnotisiert – wie man es deutlich an den schwebenden Blasen (= Symbol für Bewusstseinstrübung) und der Augenstellung erkennen kann (*Alles wie verhext*, 1984).

17.2 Willensveränderungen und Kontrollverlust durch Hypnose

73 Al Kazar arbeitet nonverbal (*Alles wie verhext*, 1984).

74 Suggestion der Willenlosigkeit – die Macht ist an den Augen und dem umgebenden Energienimbus zu erkennen (*Alles wie verhext*, 1984).

17.4 Veränderung von Gefühlszuständen

75 Die Aggressionen von Sarge bekommen eine gewisse ungesteuerte Eigendynamik. Merke: Therapeuten müssen gut ausgebildet sein, um mit allen Wirkungen der Hypnose umgehen zu können (*Sarge in The Candy Kid*, 1974).

76 Das Medium Yamilah hat auf der Bühne in Trance Fürchterliches erkannt und ihr schwinden die Sinne (*Tim und Struppi und die sieben Kristallkugeln*, 1985).

77 Der Tibetaner Lobjak beginnt seine Suggestionen, die sofort wirken und in Autoaggressionen übergehen (*Felina*, 1981).

17.5 Ausschalten oder Verändern der Moral

78 Der Militärbefehlshaber übergibt willenlos Geheimdokumente an den Zyklotrop (*Der Plan des Zyklotrop*, 1985).

79 Auch wissenschaftlich bewiesen: Unter Hypnose kann niemand dazu gebracht werden, etwas zu tun, was außerhalb seiner Moral ist (*Blondie*, o. J.).

80 Alte Menschheitsängste vor der Hypnose werden hier eindrucksvoll dargestellt (*Die große Hypnose*, 1987).

„Du wirst jetzt vom Fußballendspiel auf ‚Dallas' umschalten – und es wird dir nichts ausmachen . . ."

81 Viele Menschen meinen, dass man mittels Hypnose sogar besonders stark verankerte Lebenseinstellungen verändern könne (Quelle unbekannt).

„Danke, Direktorchen. Und jetzt den anderen Schuh!"

82 Auch hier wird der Traum jedes Angestellten mittels Hypnose realisiert (Quelle unbekannt).

17.6 Verrücktes oder außergewöhnliches Handeln

83 Wenn man an die Strahlenwirkung von Hypnose glaubt, dann hilft sicherlich eine Bleiabschirmung – wie hier bei Superman (*Voodoozauber gegen Supermann*, 1975).

84 Viele meinen, unter Hypnose sei die Sprache verändert (*Fauler Zauber mit den Augen*, 1970).

17.7 Beeinflussung von Fähigkeiten

85 Die sonst so ruhige Schildkröte Ted Tortoise hat nun Fähigkeiten als Boxer (*The Hypnotist*, 1983).

17.8 Durch Hypnose zur Metamorphose und zum Animalismus

86 Merlin hypnotisiert Hägar (*Disko-Fieber*, 1981).

87 Artspezifische Suggestionen für einen Hund (*Fauler Zauber mit den Augen*, 1970).

17.8.1 Hypnosewirkung: ein Säugetier oder Vogel sein

88 Der sonst schwächliche Sven Glückspilz als Gorilla (*Disko-Fieber*, 1981).

17.8.2 Hypnosewirkung: ein „einfaches" Tier oder ein Objekt sein

89 Die Suggestion, ein Karpfen zu sein, wird konsequent realisiert (*Ein dicker Fisch*, 1979).

90 Suggestionen werden oft wörtlich genommen (*Das Buch der Ottifanten*, 1988).

18.2.2 Automatisches Schreiben

91 Die Katzenjammerkids – „Urväter" der Comics – lassen Mama durch einen Wandschirm schreiben (*Die Katzenjammer Kids*, 1972).

18.3.3 Entspannung

92 Australischer Ureinwohner in tiefer Entrückung (*Abenteuer in Australien*, 1991).

93 Die Suggestion der Müdigkeit wurde hier wörtlich genommen. Das ist gleichzeitig ein Beweis dafür, dass die kognitive Kontrolle unter Hypnose nie vollständig aufgegeben wird (*Das Buch der Ottifanten*, 1988).

18.4.1 Hypnotische Halluzinationen

94 Halluzinationen können auch Reizüberflutung bewirken. Als Folge davon können körperliche Regungen ebenfalls halluziniert werden (*Der galaktische Silberstürmer*, 1974).

18.4.2 Hypnotische Taubheit und Blindheit

95 Waldwolf wird durch Blockade des Sehzentrums die Sehfähigkeit genommen (*Wer rettet die Prinzessin? Legion der Superhelden*, 1975).

18.4.3 Schmerz- und Berührungsunempfindlichkeit

96 Der Showhypnotiseur demonstriert die nachfolgende hypnotische Schmerzreduktion (*The Hypnotist*, 1983).

97 Selbst Zahnextraktionen sind unter Hypnose schmerzfrei (wahrscheinlich aus „*Le Rire*").

18.5.1 Altersregression

98 Zeitungsreklame für Weißblech zeigt die Effektivität der Altersregressionsmethode.

99 Beetle Bailey gibt die Suggestion zur Altersregression (*Sarge in The Candy Kid*, 1974)

100 Hier handelt es sich um eine vorgetäuschte Altersregression, da Maus Kaspar ein Dia in die Kristallkugel projiziert (*Hellseher*, 1986).

18.6.2 Posthypnotischer Auftrag

101 Ray Banana geht im posthypnotischen Befehl schnurgerade zur Sekte der Azureener (*Ray Banana*, 1982).

19.1.2 Gruppenhypnose

102 Unter der Strahlenwirkung des Zyklotropgerätes reagieren alle uniform (*Der Plan des Zyklotrop*, 1985).

19.2.4 Hypnose im Sport

103 Popeye arbeitet mit dem konditionierten kognitiven Auslöser „Spinatgeschmack", der bei anderen Personen eher eine Reaktionshemmung bewirken würde. Daraus zieht Popeye seine Vorteile (*Popeye und die Grommler*, 1976).

20.2 Gegenüberstellung von direkter und indirekter Suggestion

104 Merlin arbeitet sehr indirekt mit Hägar, um Sven Glückspilz zu erreichen. Wir sprechen hier von vicarious hypnosis – stellvertretender Hypnose –, falls es sie geben sollte (*Disko-Fieber*, 1981).

105 Blondie arbeitet mit scheinbar kontraindizierten Suggestionen (*Blondie*, o. J.).

106 Dankwarts Buch trifft genau das Bezugssystem seiner spezifischen Bedürfnisse und wirkt deshalb besonders effektiv (*Blondie*, o. J.).

107 Mitunter gibt man sich selbst indirekte Suggestionen und steigert sich dadurch in bestimmte Gefühlszustände (*Blondie*, o. J.).

20.3 Utilisation

108 Hägar richtet seinen Hund Snert indirekt ab und benutzt dabei die Methode der Utilisation (*Hägar*, o. J.).

109 Blondie arbeitet mit ihrer Körperhaltung nonverbal und nutzt Dankwarts Ungeduld (*Blondie*, o. J.).

21.1 Aktionsunfähigkeit des Hypnotiseurs

110 Die Chaoten Clever & Smart waren letztlich erfolgreich und beenden die Hypnose auf ihre Weise (*Fauler Zauber mit den Augen*, 1970).

111 Hip No Lungs bitteres Schicksal – Beendigung der Hypnose, Teil 1: Die Kellertreppe (*Die große Hypnose*, 1987).

112 Hip No Lung – Beendigung der Hypnose, Teil 2: Die Harke (*Die große Hypnose*, 1987).

113 Hip No Lung – Beendigung der Hypnose, Teil 3: Die Vollendung (*Die große Hypnose*, 1987).

21.2 Beendigung der Hypnosewirkung durch Dritte

114 Hägars Einsatz lässt Sven Glückspilz wieder in sich kehren und aus der Trance erwachen (*Disko-Fieber*, 1981).

115 Sequenz einer typischen Unterbrechung durch Dritte (*Abenteuer in Australien*, 1991).

21.5 Das Knipsen und Klatschen

116 Lobjak, der Tibetaner, schnalzt mit den Fingern, und die Wirkung der Hypnose lässt sofort nach (*Felina*, 1981).

22 Das Verhalten danach

117 Sarge ist nach der Altersregression verwirrt, da er sich an nichts mehr erinnern kann (*Sarge in The Candy Kid*, 1974).

118 Amusement der Zuschauer durch Ratlosigkeit der Bühnenakteure, da bei diesen Amnesie besteht (*Die große Hypnose*, 1987)

119 Paolo kann sich an alles erinnern und es notieren (*Felina*, 1981).

24.5.1 Darstellungsformen des „veränderten Bewusstseinszustandes" im Comic

Ursache: Schmerz, Qualen

120 Spirou wurde einer Hirnwäsche unterzogen (*Der Plan des Zyklotrop*, 1985).

121 Darstellung eines Schwächeanfalls, Wirkung eines Betäubungsmittels (*Kampf für den Frieden*, ca. 1968).

122 Kapitän Haddock nach einem Nasenstüber. Er zeigt verändertes mentales Verhalten, aber für ihn typische Verbalverhaltensweisen (*Tim und Struppi und die sieben Kristallkugeln*, 1985).

Ursache: Liebe

123 Blick, nachdem der Frosch von seiner Angebeteten einen Kuss erhielt (*Heinz*, 1988).

124 Auch im nonverbalen Comic wird deutlich: Spacedog ist verliebt (*Spacedog*, 1993).

Ursache: chemisch und ernährungsbedingte psychische Wirkungen

125 Die Beimengung von Triazolobenzoediazepam im Hundefutter kann verändertes Bewusstsein, verbunden mit Wutanfällen, auslösen (*Das sprechende Hundefutter*, 1989).

126 Häufiger Alkoholgenuss bei Kapitän Haddock verändert das Bewusstsein deutlich (*Tim und Struppi und die sieben Kristallkugeln*, 1985).

Ursache: Faszination durch außergewöhnliche Erlebnisse

127 Der stets an Speisen interessierte Dankwart hatte ein ausgezeichnetes Essen und damit verbunden Bewusstseinsveränderungen – wie hier deutlich erkennbar (*Blondie*, o. J.).

25 Grenzbereiche, Misslingen und Gefahren der Hypnose

128 Gefahr für den Dauerhypnotiseur Miraculus. Die Möglichkeit einer Berufskrankheit wird noch diskutiert (*Fauler Zauber mit den Augen*, 1970).

25.3 Umgebung und Störfaktoren

129 Grenze der Hypnose: Der Hypnotiseur benötigt ein Mindestmaß an Konzentration. Falls er zu stark mit anderen Problemen befasst ist, kann er sich nicht angemessen auf seine Suggestionen einstellen (*Fauler Zauber mit den Augen*, 1970).

25.7 Missbrauch von Hypnose

130 Stellvertretend für sehr viele Comicdarstellungen: Missbrauch von Hypnose durch einen Laien. Möglicherweise entspricht dies sogar der Realität außerhalb des Comics (*Sarge in The Candy Kid*, 1974).

25.9 Telekinese und Artverwandtes

131 Segnora Demonia arbeitet mit Voodoo-Formeln (*Der Fetisch*, 1983).

26 Showhypnose

132 Zataras Suggestionen. Man beachte die Sprache und das Erscheinungsjahr des Comics (*Zatara, Master Magician*, 1938).

133 Die Schnellinduktionen der Showhypnotiseure wirken vorwiegend durch ihre gut gesteuerte Reklame und die dadurch erzeugten Erwartungshaltungen (Quelle unbekannt).

134 Zatara arbeitet mit Handbestreichungen und energievollen Schnellsuggestionen (*Zatara, Master Magician*, 1938).

26.2 Die Hypnose-Bühnenshow im Comic
Der Showhypnotiseur Hip No Lung bei der Arbeit (*Die große Hypnose*, 1987).

135 Werbung von Freiwilligen: Formulierung eines Double Bind.

136 Die Induktion: Für alle Personen nachvollziehbar.

137 Suggestion der Müdigkeit: Selektion der hoch Hypnotisierbaren.

138 Der Freiwillige wird zum Huhn: Erstaunen und Ratlosigkeit beim Akteur, Belustigung im Publikum.

139 Lächerlichmachen und Bloßstellen auf der Bühne: Der Akteur ist ratlos.

140 Stepp tanzen: Bühnenhypnose als Möglichkeit, sich zur Schau zu stellen.

27 Tierhypnose – Trick oder Trance?

Mensch hypnotisiert Tier

141 Der Fisch nimmt die Suggestionen „Hund sein" sehr wörtlich (*Ein dicker Fisch*, 1979).

142 Das Experimentum mirabile de imaginatione gallinae Kircherei des Pater Kircher (1646): Das „hypnotisierte" Huhn bleibt allein aufgrund seiner reflektorischen Schreckstarre liegen.

Tiere als Hypnotiseure

143 Ohne Kommentar (Quelle unbekannt).

144 Der typisch durchdringende Hypnose-blick der Katze kann bei Katzenliebhabern Herzen öffnen und auch Dosendeckel (*Whiskas-Magazin*, Frühjahr 1991).

27.2 Schlangen und Hypnose

145 Endlich eine alternative Möglichkeit! (*Marunde*, o. J.)

29.2 Ignatz als Hypnotiseur (ca. 1929)

146 Selbst-studium zur Hypnose mittels Fachbuch.

147 Ignatz vor dem Spiegel, Selbsthypnose übend.

148 Der typische, energie-geladene Hypnoseblick.

149 Nonverbale Hypnose bei dem Polizisten Offisa Pupp.

29.3 Nowhere Bear (Yogi Bär: *Hypnose gut, alles gut*, 1973)

150 Yogi simuliert vor dem übenden Ranger Hypnose, um so an Leckerchen zu kommen.

151 Yogi schaut nach, ob Boo-Boo bereits hypnotisiert ist.

152 Boo-Boo sitzt in Trance auf dem Bettgestell und zwitschert wie ein Vogel.

153 Boo-Boo fliegt als Vogel aus der Bärenhöhle und das Comicdrama nimmt seinen hektisch-chaotischen Lauf.

154 Zum Abschluss nochmals ein Gesamtüberblick über das Hypnosegeschehen von der Titelseite des Originalwerkes (*Fauler Zauber mit den Augen*, 1970).

155 Vielleicht wurden manche Leserinnen und Leser ebenfalls sehr realitätsnah aus ihren Vorstellungsbildern über Hypnose gerüttelt (*Das dicke Ende kommt nach der Wende*, o. J.).

Kapitel 13

Der „hypnotische" Blick

Sehen wir im Fernsehen einen Hypnotiseur agieren, so blickt er meist tief und viel sagend (nichts sagende Worte murmelnd) in das klare Auge seines Mitspielers, das sich dann schnell ermüdend schließt. Auch die Abbildungen in diversen Büchern sind entsprechend, sodass man letztlich vom „hypnotischen" Blick spricht. Auch dieser soll hier analysiert werden! Gibt es überhaupt einen „hypnotischen" Blick – wie sieht der dann aus, und wie wirkt er?

Hiermit soll nicht die *Lehre vom Hypnotischen Blick* begründet werden, womöglich noch mit dem wohlklingenden Namen *Hypnoskopie* bedacht. Vielmehr wird der Versuch einer Entmystifizierung vorgenommen. Es soll eine Ent-Täuschung erfolgen.

Von allen Körperteilen und Organen haben nur wenige eine zentrale Bedeutung: Herz, Hand, Lunge (= Atem), Auge. Sie werden in nahezu allen Schriftkulturen besonders hervorgehoben und dargestellt (bzw. können dort klarer nachgewiesen werden).

Das Auge ist ein Organ zur Aufnahme des Lichtes; durch das Auge wird der physikalische Vorgang des Auftretens von Lichtwellen in neurophysiologische Prozesse verwandelt und zu unserer inneren – und auch seelischen – Verarbeitung weitergeleitet.

Bereits Plato bezeichnete das innere, geistige Schauen als „Auge der Seele"; es ist ein Spiegel der Seele, da es mehr ausdrücken kann als manche Worte (s. nachfolgenden Abschnitt). Das Sehen hat im Griechentum und Hellenismus eine große religiöse Bedeutung, ja die griechische Religion kann als eine Religion der Schau angesehen werden. Auch bei anderen Völkern der Antike wurde das Auge besonders hervorgehoben, so als Symbol des Sonnengottes, da dessen Lichtstrahlen überall eindringen und somit seinem Blick nichts verborgen bleibt. Die Allsichtigkeit des (Sonnen-)Gottes wird zur Allwissenheit und wird sowohl bei den Griechen, Römern, aber auch im Christentum gepriesen, so als „Auge der Welt, Auge der Gerechtigkeit, des Lebens" usw.

Der ägyptische Gott Osiris wird durch ein Auge symbolisiert; es signalisiert Allwissenheit, damit verbunden Herrschergewalt. Gleichzeitig ist das Erstarren des Auges ein Anzeichen des Todes. In den Hieroglyphen ist das Auge das Zeichen für Leben. Befindet es sich auf einem Amulett, dann schützt es gegen den „bösen Blick", der lebensschädlich sein könnte. Bei den Assyrern hat ein Sonnenauge, mit Flügeln versehen, große Bedeutung, was ebenfalls auf eine Allgegenwärtigkeit hinweist.

In der Heiligen Schrift des Christentums sind zahlreiche Hinweise auf das Auge als Symbol der Allwissenheit Gottes zu finden: Wachsamkeit, väterliche Fürsorge, forschender Richterblick (z. B. Sir. 23, 28; Psalm 33, 18). Weiter begegnen wir dem Flammenauge des

13.1 Die Symbolik des Auges

39

rettenden Erzengels Gabriel (Daniel 10, 6), dem Symbol für menschliche Geistestätigkeit, des Glaubens und der Hoffnung (Eph. 1, 18), der Wachsamkeit und Macht Gottes (Das Hohelied Salomons 6, 4) usw. Weiter treffen wir aber auch auf den Begriff der geistigen Blindheit (Matth. 6, 22 f.) und auf das Seelenauge, das nur dann das übernatürliche Licht aufnehmen kann, wenn sein Blick nicht durch Sünde getrübt ist. Die Blindenheilungen weisen darauf hin, dass durch die Taufe dem seelisch Blinden das innere Licht der Gnade zukommt. Das Auge Gottes ist letztlich ein selbstständiges Sinnbild geworden, das die Allgegenwart darstellt; in der nachreformatorischen Zeit wird es von einem Dreieck als Symbol der Dreifaltigkeit umrahmt. Letztlich haben die Augen auf den Flügeln von Cherubim und Seraphim in der bildhaften Kunstdarstellung eine sehr lange Tradition (Forstner 1977).

13.2 Exkurs: Blick in die/in der Vergleichenden Verhaltensforschung

Für unser Erklärungsziel müssen wir etwas ausholen, aber nur scheinbar weitschweifig. Die Ethologie (= Wissenschaft der Vergleichenden Verhaltensforschung) soll uns hier weiterhelfen.

13.2.1 Augen zur Kommunikation

Bei allen stark sozial eingebundenen Säugern (z. B. Löwen, Hunden, Katzen, Affen, Menschen) hat der Ausdrucksgehalt des Blickes besondere Mitteilungsfunktionen. Er signalisiert Gefühle (Angst, Ärger, Freude) oder soziale Befindlichkeiten (Überlegenheit, Unterlegenheit, Verlegenheit etc.). Mit diesem Gesichtsteil erfolgt Körpersprache (aber auch mit Ohr, Schwanz, Körperhaltung etc.), werden soziale Mitteilungen und Regulationen getroffen. (Zwischenbemerkung: Braunbären sind Einzelgänger, die deshalb diese mimisch-differenzierten Kommunikationen nicht ausgebildet haben. Für Dressuren gelten sie darum als so „unberechenbar", weil man z. B. ihre Verärgerung nicht mimisch angezeigt bekommt und ihr Angriff dann scheinbar aus dem Nichts erfolgt.)

 41

Im Rahmen der menschlichen Evolution hat gerade die Augenpartie eine immense Differenzierung der Ausdrucksmöglichkeiten erfahren und dazu zahlreiche fein steuerbare Muskelgruppen ausgebildet. Bereits der Säugling starrt das menschliche Gesicht an, besonders die Augen darin, und bewirkt positive Emotionen, Aggressionshemmung und Fürsorglichkeit. Es ist eine allen Menschen angeborene und kulturübergreifende Disposition (die man auch z. B. durch Attrappen auslösen kann). Diese angeborene Fixierreaktion hat somit große Bedeutung für die Entwicklung des Sozialkontaktes.

In der Vergleichenden Verhaltensforschung konnte man außerdem feststellen, dass gerade der Blick weitere angeborene soziale Funktionen hat. So ist bei Angehörigen aller Völkern der Erde zu beobachten, dass sie bei der Begrüßung ihre Augenbraue kurz anheben; oder beim Flirten sind bestimmte Blickmuster zu beobachten. Verlegenheit und Verneinung werden durch Wegsehen ausgedrückt, und Augenzwinkern wird ebenfalls transkulturell verstanden (s. u.; vgl. auch Eibl-Eibesfeld 1970, 1973). Das ist natürlich arterhaltend.

Der angeborenermaßen geschulte und im Blicken sozialisierte Beobachter wird somit an diesen Ausdrucksarealen zahlreiche und sehr aufgegliederte Informationen über die Befindlichkeiten seiner

Gesprächspartner erhalten. Erfahrene Psychotherapeuten haben hierfür ein besonders großes Differenzierungsvermögen ausgebildet.

Unser Gesicht, besonders die Augenpartie und damit verbunden der Blick, verrät vieles von unseren Gefühlen, von unseren seelischen Regungen. Bei demjenigen, in dessen Augen wir auf diese Weise „lesen", kann leicht der Eindruck entstehen, dass wir dann über seine Augen in seine Seele schauen können – oder ging Ihnen das noch nie so?

42 ☐

Erinnern wir uns nur an unsere Kinderzeit, wenn wir beim Mogeln oder Lügen unseren Eltern in die Augen sehen sollten! Das war schwer und herzerweichend, wahrheitsfördernd und gewissensbildend. „Schau mir in die Augen, Kleines" war von Humphrey Bogart jedoch wesentlich anders gemeint! Er hatte weniger gewissensforschende Absichten. Sein legendärer Satz lautet im Original: „Here's looking at you, kid." Also wollte er Ingrid Bergman garantiert nicht hypnotisieren ...

43 ☐

Dass der Blick eine wesentliche Funktion in unserem Sozial- und Seelenleben hat, wird allein schon in der Umgangssprache ausgedrückt. Hierzu eine Zusammenstellung, die dies verdeutlichen und die Thematik weiter bewusst machen soll.

13.2.2 Kleine Sprachsammlung zum Blick

Blicken von A bis Z

Wir blicken:
ablehnend – abweisend – abwertend – ängstlich – arrogant – aufmunternd – aufreizend – ausziehend – bedrückt – beglückt – Beifall heischend – belämmert – beleidigt – beruhigend – besorgt – bestätigend – bittend – bohrend – demütig – demütigend – dreist – dumm – durchdringend – entschlossen – Erfolg – erschöpft – erwartungsvoll – heischend – fordernd – forschend – fragend – frech – gehetzt – geil – gemein – gering schätzend – gibbelig – gierig – giftig – glasig – grimmig – gütig – hämisch – heiter – hellwach – herausfordernd – hilflos – hinterlistig – hochmütig – hohl – idiotisch – kalt – kindisch – kläglich – kühn – leidenschaftlich – liebevoll – listig – lüstern – lustig – mild – mitleidig – naiv – neidisch – nervös – panisch – provozierend – rührselig – schlau – sinnlich – sonnig – staunend – stechend – strafend – strahlend – tranig – traurig – triumphierend – ungestüm – unruhig – verhangen – verletzend – verletzt – verliebt – verschlafen – verschlagen – verständnislos – verständnisvoll – verstohlen – wach – warm – wissend – wütend – zornig – zufrieden

Der Blick im alltäglichen Sprachgebrauch:
Einblick gewähren – Durchblick haben – jemand ist durchschaut – etwas ist undurchsichtig – eine bestimmte Sichtweise habe – eine Ansicht haben von etwas – Liebe auf den ersten Blick – einen Augenblick lang – etwas sehr kurzsichtig sehen – etwas verschwommen darstellen – etwas unscharf erklären – etwas weitsichtig planen – umsichtig sein – rücksichtsvoll sein – mit brechendem Blick – im Hinblick auf – ein Einsehen haben – sich einsichtig zeigen – etwas ist offensichtlich – hinsichtlich – ... wir sehen weiter ...

13.2.3 Die Trickkiste der Natur: Augen zum Täuschen und Erschrecken

🖼 44

Eine Hauptaufgabe in der Tierwelt ist die Nahrungsbeschaffung – die andere Hauptaufgabe, selbst nicht die Nahrung zu werden. Deshalb hat sich die Evolution dazu einiges einfallen lassen, das für unser Thema „Blick" relevant ist.

Da die meisten Räuber ihre Beute vom Kopf her ergreifen und verzehren, entwickelten einige Beutetiere Täuschungssignale. Ihren so begehrten Kopf tarnen sie und lassen lieber ihr Hinterteil als solchen erscheinen. Das erreichen sie, indem sie sich dort dank Evolution „Kopfmuster" und Augenflecken zulegten. Der sich nähernde Räuber muss sich beim Angriff blitzschnell für Kopf oder Hinterteil entscheiden. Da er das „Auge" schnell erkennt, ist für ihn der Fall klar – und er beißt ins falsche Ende, was für das Opfer lebenserhaltend ist. (Nach dem Motto: Lieber lebend schwanzlos als kopflos tot.) Beispiele sind hier besonders im Fischreich zu finden: Pfauenaugen-Buntbarsch, Gauklerfisch, Lippfisch, Kaiserfisch. Bei bestimmten Augenfaltern verhilft dieser „Augentrick" beim Angriff ebenfalls zu einem rettenden Augenblick.

In der Natur dienen Augen auch als Abschreckung (= apotropäische Funktion). Viele Tag- und Nachtfalter haben Augenflecken auf den Hinterflügeln verborgen. Wenn sich ihnen ein Feind nähert, öffnen sie die Deckflügel, und die plötzlich erscheinenden „Augen" erschrecken den Verfolger gehörig. Oft verweist bereits ihre Namensgebung auf die Augenflecke: Tagpfauenauge *(Inachis io;)* Großes Wiener Nachtpfauenauge *(Saturnia pyri)*; Nagelfleck *(Aglia tau)*; Braunauge, Rispenfalter *(Lasiommata maer)*; Kuhauge, (Großes) Ochsenauge *(Maniola jurtina)*; Blauäugiger Waldportier *(Minois dyas)*; Apollo *(Parnassius apollo)*; Pfauenspinner *(Telea polyphemus)*. Die Raupe des Oleanderschwärmers *(Daphnis nerii)* hat auf knallgrünem Grundmuster auf dem Rücken in Kopfnähe zwei blitzblaue Flecken. Bei Gefahr richtet sie ihr Vorderteil auf, und es entsteht der Eindruck, als ob einen plötzlich zwei grimmige blaue Augen anstarren. Das turnt Angreifer gehörig ab.

Nach den Beobachtungen der Verhaltensforscher fürchten Singvögel dieses Muster, möglicherweise weil es wie Greifvogelaugen aussieht, und fressen dann das Insekt nicht.

Die Brillenschlange (Kobra, *Naja haje*) verwendet jene namensgebenden Augenflecken, wenn sie sich zum Drohen aufrichtet und ihr Nackenschild entfaltet. Manche Frösche haben an ihren Flanken verdeckt Augenflecken. Wenn diese Tiere vor Verfolgern aufspringen, treten die „falschen Augen" plötzlich in Erscheinung und lenken so abrupt ab oder schrecken sogar ab. Auch der afrikanische Perlkauz hat auf dem Hinterkopf jene Scheinoptik, damit sich kein Bösewicht von hinten anschleichen soll. Auf diese Weise „schaut" fast jeder jeden an, um nicht gefressen zu werden. Mitunter haben diese Augenflecken sogar durch ihre Schattierungen eine dreidimensionale Wirkung, die den abschreckenden Effekt noch weiter hervorhebt.

Der optische Reiz verscheucht den Feind, wahrscheinlich weil konzentrische Kreise auf einer Fläche das prägnanteste Muster bilden. „Sie sind deshalb die stärksten optischen Reize für den gestaltaufnehmenden Mechanismus" (Eibl-Eibesfeldt 1967, S. 161). Die Natur hat hier im Laufe immens vieler Generationen durch ihr Spiel von Selektion und Anpassung jenen Tieren mit Augenflecken mehr Überlebenschancen belassen und damit stärkere Vermehrungschancen gegeben, da sie aufgrund dieses optischen Abwehrtricks seltener gefressen wurden.

In Indien wurden Versuche durchgeführt, um die armen Bauern vor Tigerfraß zu schützen – und die aussterbenden Tiger wiederum vor der Menschverfolgung. Am erfolgreichsten bei diesem Projekt waren Papiermasken mit großen Augenflecken, die Bauern bei ihrer Feldarbeit am Hinterkopf trugen. Nur jene Bauern wurden von Tigern gefressen, die ihre Masken beim Arbeiten als störend empfunden und abgelegt hatten.

Tacitus, einer der ersten Geschichtsschreiber unseres Kulturkreises, berichtet in seiner *Germania* (98 n. Chr.) von dem so schrecklichen Blick der Germanen, der die Römer in Panik und Schrecken versetzte. Waren es hier die für die Römer ungewohnten hellen bzw. blauen Augen jener germanischen Helden, oder machten sie sich mit einem geschickten Kriegs-Make-up genau den Abschreckungseffekt der Augenflecken zunutze?

Daraus kann einerseits gefolgert werden: Das Auge ist durch sein Aussehen eine besonders prägnante Figur, die sich dadurch deutlich vom Untergrund (Gesicht etc.) abhebt. Andererseits wird durch diese Besonderheit ein starker optischer Reiz ausgeübt – mitunter sogar artübergreifend. Zwei horizontal angeordnete Flecken werden schnell als Augen identifiziert. Wir reagieren darauf sofort mit Erregung (erkennbar an unserer Pupillenerweiterung), besonders wenn sie innen dunkel sind. Schräg oder vertikal gegliederte Flecken dagegen bewirken wenig an Aufmerksamkeit. Damit schließt sich wieder der Kreislauf: Dem Auge wird allein aufgrund seines Aussehens eine uns angeborene hervorgehobene Bedeutung beigemessen. Diese Besonderheit übertragen wir dann zu gern symbolhaft auf den Blick dieses Auges. „Eine afrikanische Gottesanbeterin hat noch spektakulärere Augenflecken mit einem fast hypnotisch wirkenden Spiralmuster" (Morris 1991, S. 111). Mit diesem Satz hat uns der bekannte Tierforscher Desmond Morris ungewollt wieder den Bogen zur Hypnose gespannt.

Nicht nur die animalische Kreatur bedient sich der optisch hervorgehobenen Bedeutung des Auges bzw. des Blickes. Auch der Mensch hält hier mit. So wird beim Flirten anfangs ein kurzer, ganz bestimmter Blickkontakt aufgenommen, der das Interesse am Gegenüber unmissverständlich signalisiert, und das – dank der internationalen Beobachtungen der Vergleichenden Verhaltensforschung wissen wir davon – kulturunabhängig bei allen Völkern unseres Erdballs (Eibl-Eibesfeldt 1979). Also hat hier wiederum der Blick eine durch die Evolution bedingte angeborene Signalwirkung bzw. Kommunikationsfunktion. Das ist angeborene angewandte Völkerverständigung!

Dieser angeborene Mechanismus wurde dann „später" bewusst weiterentwickelt und eingesetzt. Verwiesen sei hier z. B. auf die Produkte der Kosmetikindustrie, die Make-ups, die besonders zur Betonung der Augenpartie entwickelt wurden. Diese Praxis gibt es nachgewiesenermaßen bereits im Altertum, um den speziell gewünschten Augenausdruck zu betonen, z. B. verführerisch zu sein oder verliebt zu wirken. Da sich bei sexueller Erregung die Pupille

13.2.4 Der Blicktrick der Damen: Bella donna

erweitert, haben ebenfalls bereits im Altertum die Frauen pupillen-erweiternde Augentropfen benutzt, um dadurch für den/ihren Mann entsprechende Signale zu setzen. Die Tropfen heißen bei uns „Bella donna" (sic!), wissenschaftlich „Atropin", gewonnen aus der Tollkir-sche – benannt nach der Schicksalsgöttin Atropos. Durch diese Wir-kung wird das Auge zwar sehr lichtempfindlich, und gleichzeitig kann man nur verschwommen sehen (da als Nebenwirkung eine Akkomodationslähmung eintritt) – aber darauf kommt es ja in den entscheidenden Momenten nicht an!

13.2.5 Der böse Blick

Aufbauend auf dem vorgenannten Erfahrungsmodell „Blick in die Seele", kann es zu unterschiedlichen Bewertungen kommen – und auch zu Ängsten. In unserer anthropologischen Sozialisierungsge-schichte können wir einige Hinweise finden.

Angst vor dem bösen Blick
In der Vergleichenden Verhaltensforschung begegnen wir so genann-ten Wächterfiguren. Es sind Holz- oder Steinfiguren als grimmig dreinblickende Gestalten vor oder über Hauseingängen. Meist zeigen sie Drohgebärden. Diese sollen keinesfalls ankommende Besucher (oder Verwandte) abschrecken, sondern vielmehr mit diesem bösen Blick die bösen Geister vertreiben bzw. sie am Eintreten hindern.

Zur Demonstration der Herrschaftsmacht und gleichzeitig zur Abschreckung des Feindes hat man bereits in der frühen Mensch-heitsgeschichte Soldaten oder Götter an den Außenwänden von Burgen, Wehranlagen und Palästen als Figuren oder Reliefs darge-stellt, so im hethitischen Felsenheiligtum Yazılıkaya (ca. 13. Jahrhun-dert v. Chr.), in Persepolis (ca. 500 v. Chr.) und am Palast Arta-xerxes II. (König von 404 bis um 360) in Susa. Zusätzlich zur rein physischen Machtdemonstration findet man an diesen Orten auch Figuren, die mit ihren Blicken arbeiten. Die riesigen, grimmig blik-kenden Steinlöwen am Eingang des altbabylonischen Sam'al (19.–18. Jahrhundert) sollen nicht nur Ehrfurcht einflößen, sondern den bösen Blick fernhalten. Am Stadteingang der einst mächtigen Hethiter-hauptstadt Hattuscha (14.–13. Jahrhundert) standen zwei mannsho-he Sphingen aus Stein mit Augen aus (wahrscheinlich glänzenden) Edelsteinen, die zur Blickabschreckung dienten, ebenso die 120 Relief-löwen auf der 250 Meter langen Prozessionsstraße zum Ischtar-Tor Babylons (ca. 600 v. Chr.).

45

An mittelalterlichen Burgen finden wir vergleichbare Figuren oder Reliefs, ebenso an alten Großkirchen als Wasserspeier funktionali-siert, so z. B. am Freiburger Münster. Also muss hier eine angeborene Angst vor dem bösen Blick vorliegen, der jedoch auch hilfreich gegen Böses eingesetzt werden kann. In der Baustilkunde spricht man hier von *apotropäischen Plastiken* (griech. *apotropaion* = Unheil abweisen-der Zaubergegenstand), die sich besonders in der Bauplastik romani-scher Kirchen finden. Es sind häufig nach Norden oder Westen gerichtete dämonische Tiere, Fratzen und verschlungene Ornamente. Derartige *Neidköpfe* (von althochdeutsch *nid* = Hass), Menschen- oder Tierköpfe, dienten zur Abwehr böser Geister, so z. B. an Taufsteinen und in Chorgestühlen (Koch 1994). Es ist anzunehmen, dass diese Geisterabweiser auch noch im Barock als Maskarone weiterlebten: aus

Ohrmuschel- und Knorpelwerk grimmig blickende Gesichter – bis hin zum Jugendstil, wo diese Köpfe dann abstrahiert als allegorische Figuren zu finden sind.

Übrigens haben vergleichbare Funktion auch entblößte Gesäße über Haus- und Burgeingängen; mit nackten Hintern wird hier böser Geist verhindert (bzw. verhintert). Die Germanenfrauen begegneten auf diese Weise einem Unwetter und versuchten, die bösen Sturm-geister durch vergleichbare Winde zu erschrecken (Eibl-Eibesfeldt 1970, 1973). Man/Frau befreite sich hier in doppeltem Sinne. Mit dieser Regel „Gleiches mit Gleichem" begegnen wir hier weniger der alten Regel der Homöopathie Hahnemanns. Wahrscheinlich haben wir es mit den ersten Dokumenten über Selbstmanagementtherapie (i. S. v. Kanfer, Reinecker u. Schmelzer 1991) zu tun: War man den Übermächten von Unwetter hoffnungslos und ohnmächtig ausgelie-fert, so hat die Germanenfrau durch ihre Aktivität dazu beigetragen, sich selbst wieder als handelnd und selbst bestimmt zu erleben und somit einer eintretenden erlernten Hilflosigkeit (i. S. v. Seligmann 1975) vorgebeugt.

Zur Abwehr des bösen Blicks gibt es in zahlreichen Kulturen sehr viele Rituale. Man behandelt die Götter so wie Menschen und benutzt humane Techniken, um ihr potenziell böses Ansinnen abzuwenden, das sich aus der Entfernung bereits im Blick äußert. Wir begegnen hier einerseits grimmig dreinblickenden Gesichtern (an Häusern, über Türen etc.), abweisenden Gesten (Handflächen zur Abwehr erhoben), Schnitzwerken und Amuletten. Gezeichnete, gemeißelte oder ge-schnitzte Phallusfiguren haben hier ähnliche Funktionen – selbst in Klöstern. In vielen Kulturen dient das Präsentieren der weiblichen oder männlichen Genitalien (teilweise reduziert auf rudimentäre Gesten oder Symbole) zur Bedrohung und Abwendung der bösen Geister und ihrer bösen Blicke. Abschließend sei noch erwähnt, dass in unserem Kulturkreis die Farbe Schwarz als Trauerkleidung ur-sprünglich dazu benutzt wurde, sich besser vor dem Geist der Toten tarnen zu können. Schwarze Kleidung, um vom Geist der Toten nicht erblickt zu werden und ihnen so nicht folgen zu müssen.

Der Basiliskenblick
Bereits im Alten Testament wird der Basiliskenblick erwähnt:

Basilisk [grch. „kleiner König"] *der*, Fabelwesen mit tödl. Blick (Basiliskenblick; Jes. 11, 8: „Feuerauge des B.") und Gifthauch, Mischwesen zwischen Drache und Hahn, aus mißgebildetem Hühnerei von Schlangen, Kröten oder im Mist ausgebrütet; diese Vorstellung findet sich zuerst im Orient, gelangte über antike Schriftsteller und Kirchenväter (Plinius d. Ä., Isidor von Sevilla) in die Tierbücher des Hohen MA. (Hrabanus Maurus, Hildegard von Bingen, Albertus Magnus) und blieb bis ins Barock lebendig (Erasmus Albertus, V. Valentini). – *Basiliskeneier ausbrüten*, Böses sinnen (Jes. 59, 5). (Brockhaus 1967).

Basilisken, eine Art sehr gefährlicher Schlangen, die mit dem bloßen Anhauchen tödten (Bibel 1884, Register zur Erläuterung

> einiger dunkeln, auch alten, und aus den Grundsprachen noch
> beibehaltener Wörter und Gebräuche, die in der Bibel vorkom-
> men und dem gemeinen Mann großentheils unbekannt oder
> nicht recht verständlich sind).
>
> Und ein Säugling wird seine Lust haben am Loch der Otter, und
> ein Entwöhnter wird seine Hand stecken in die Höhle des
> Basilisken (Jes. 11, 8).
>
> Sie brüten Basilisken-Eier, und wirken Spinnwebe. Isset man
> von ihren Eiern, so muß man sterben; zertritt man es aber, so
> fährt eine Otter heraus (Jes. 59, 5)

Außerdem schrieb man dem Basilisken einen dreispitzigen Schlan-
genschwanz, aber Hahnenkörper, acht Hahnenfüße und eine Krone
auf dem Kopf zu und ließ ihn aus einem dotterlosen Ei entstehen,
welches ein alter Hahn in den Mist legte und ausbrütete. Er galt als
König (= *basileus*) aller Gifttiere (Ersch u. Grubers Encyklopädie 1822;
Meyers Enzyklopädisches Lexikon 1971). Die Sage vom Basilisken soll
auf giftige Gase zurückzuführen sein, denen Bergleute und Brunnen-
macher zum Opfer fallen (Meyers Lexikon 1924).

Wahrscheinlich ist dieses Fabelwesen eine Multiplikation aller
denkbaren Übel, die man nur schwer verbal beschreiben, sondern
wesentlich prägnanter bildlich darstellen kann. Sie dienen durch
ihren Blick ebenfalls zur psychischen Abschreckung. Das historisch
wahrscheinlich älteste Beispiel ist bereits in Reliefdarstellungen des
altbabylonischen Gottes Marduk am erwähnten Ischtar-Tor Babylons
(ca. 600 v. Chr.) zu finden, der eine dekorative Addition besagter
Gefährlichkeiten aufweist: Vipernkopf, Raubtierkörper, Löwenpran-
ken, Adlerfänge und Skorpionschwanz.

Welche Art realer biologischer Konstruktion oder evolutionären
Chaos hinter dem biblisch zitierten Blickvernichter stecken mag, ist
wohl kaum zu erraten. Für den Herpetologen (Reptilienforscher) ist es
nahe liegend, hier ein Reptil anzunehmen.

Vielen Reptilien wird ein „starrer Blick" zugeschrieben. Das mag
am Bauplan des Reptilienauges liegen. Beim Menschen wird das
Scharfsehen (Akkomodation) durch die Ziliarmuskeln im Auge bewirkt, die die Linse unterschiedlich stark krümmen. Bei Reptilien mit
Extremitäten (also Echsen, Schildkröten) wird der Linsenkörper
durch diese Ziliarmuskeln wie ein Gummiball in der Mitte zusam-
mengequetscht; dadurch wird er nach vorn und hinten verlängert.
Bei Schlangen wird durch ganz andere Mechanismen die Linse nach
vorn gedrängt, ähnlich wie bei einer Kameralinse für Nahaufnahmen.
Dadurch haben Reptilienblicke für uns Menschen wahrscheinlich
einen vollkommen anderen Ausdrucksgehalt, sie wirken eben „starrer". Gleichzeitig ist bei fast allen bebeinten Reptilien das untere
Augenlid länger als das obere; der Augenschluss erfolgt also durch
Hochklappen des Unterlides. Diese Andersartigkeit gegenüber uns
gibt ebenfalls Rätsel auf und begünstigt Vorurteile. Und letztlich
haben vorwiegend nachtaktive Reptilien keine runde Pupille wie wir,
sondern eine sich zu einem senkrechten Schlitz zusammenziehende,
die in der Lichtregelung wesentlich wirkungsvoller ist als die runde

Blende – übrigens auch bei Katzen zu finden. Also haben wir schon wieder Normabweichungen, die zu Spekulationen verleiten.

Hinzu kommt weiterhin, dass viele der uns lieben und nahe stehenden Tiere Säuger sind und die Fixierung einer Beute durch Augenbewegungen vornehmen. Diese Augenbewegungen sind bei Reptilien konstruktionsbedingt gering; dadurch wirken sie ebenfalls unbewegt-starr in ihrem Ausdrucksgehalt.

Übrigens sind Uhus und Eulen ähnlich wie wir Augentiere – nur können sie ihre Frontaloptik des gesamten Augapfels kaum muskulär drehen. Brauchen sie auch gar nicht, da sie ihren gesamten Kopf fast um 360 Grad drehen können. Ihnen wird jedoch kein starr-böser Blick nachgesagt. Ihr puscheliges Federkleid stimmt versöhnlicher, der Ausdrucksgehalt ihrer großen, goldgelben Augen signalisiert Ruhe, Gelassenheit und Weisheit. Stellen Sie sich im Zoo längere Zeit vor einen Uhu oder eine Eule – und Sie fühlen sich schnell gütig und allwissend durchschaut. So, nun durchschauen Sie ebenfalls, warum der Eule der Pallas Athena bzw. der Minerva Weisheit nachgesagt wird – und warum sie unserem guten Uhu ebenfalls nachgesagt wird. Über alten Bibliothekseingängen finden wir oft Steinskulpturen von schlauen Uhus, die auf Büchern sitzen. Lediglich die liebenswerte Eule (Owl) von *Puh der Bär* (Orig.: Milne 1926) ist deutlich Legasthenikerin und unterschreibt deshalb beharrlich mit „Wol".

Kehren wir wieder zurück zum Basiliskenblick. Tatsächlich gibt es eine der Familie der Leguane zugehörende Gattung, die als Basilisken (*Basiliscus*) bekannt ist. Es sind harmlose vegetarische Baumechsen, vorwiegend in der Neuen Welt vorkommend. Die Männchen der Basilisken tragen auf dem Kopf, dem Rücken und dem Schwanz Hautkämme, die ihnen das Aussehen der sagenhaften Wappentiere verleihen. Diese maximal 1,5 m langen, oft abenteuerlich aussehenden Tiere haben erst nach der Entdeckung Amerikas ihren zoologischen Namen erhalten können – abgeleitet vom als bedrohlich beschriebenen Fabeltier des Alten Testamentes. Also sind sie schon mal nicht für diese Art von bösem Blick zuständig.

Der Medusenblick

In den Sagen der Antike finden wir ein weiteres Beispiel für den vernichtend-bösen Blick.

Medusa, Meduse, griech. Medusa, *griech. Mythos*: eine der Gorgonen. Gorgo, ein Ungeheuer, dessen „grausiges, gräßliches Haupt" sich nach Homer in der Mitte der „männermordenden" Aigis befand. Bei Homer ist G. weiblich. Aber die frühesten Darstellungen, Tonköpfe aus Tiryns ... bilden G. eher männlich ab, mit Hauzähnen (-> Gorilla); auch später noch erscheint G. bärtig, mit Schlangenhaaren und bleckender Zunge. Die selbständigen Darstellungen des Kopfes (*Gorgoneion*) wurden wohl schon früh an Tempeln angebracht. Sie waren Ausdruck des Götterschreckens, enthielten aber zugleich einen Abwehrzauber ... Die drei Gorgonen ... waren unsterblich bis auf Medusa, der Perseus abgewandten Gesichts das Haupt abschlug, da ihr Anblick versteinerte (Brockhaus 1967).

Die riesige Statue der Athena in der Bibliothek von Pergamon (ca. 150 v. Chr.) hat auf ihrem am Arm getragenen Schild zur Abschreckung das Haupt der Gorgo Medusa abgebildet.

Hier kumuliert das negative Vorurteil gegenüber Blicken und gegenüber Schlangen. Aber wer von uns hatte denn noch nie Angst davor, dass man ihm in seine Seele schaut und er hilflos, „wie versteinert" ist? Also musste dies (verbunden mit anderen Ängsten und Verklemmungen) rituell aufgearbeitet werden. Gleichzeitig entstanden Phantasien und Sagen zur Bewältigung des Gruselphänomens. So musste in der Sage der eine den Kopf der Medusa mit abgewandtem Blick abschlagen, während der andere sie mit ihren eigenen psychooptischen Waffen schlägt, indem er sie überraschend in den Spiegel schauen lässt. So manche(r) verträgt eben nicht eine derartig harte Selbstkonfrontation.

Früher wurden Tonmasken der Medusa auf Särge gelegt, um Grabräuber mit ihrem Blick abzuschrecken.

Wie ein türkischer Fremdenführer in Kleinasien mitteilte, gab es vor ca. 2000 Jahren sogar einen Medusenkult. Als dann die Urchristen in diesem Raum ihre Lehre verbreiteten, wurde sie abgelehnt. Als Geheimsymbol für ihre neue Lehre hatten die Christen einen Fisch ΊΧΘΥΣ (= Ἰησοῦς Χριστός θεοῦ Υἱός Σωτήρ = Jesus Christus Gottes Sohn Erlöser) ausgewählt, dessen Bezeichnung die Abkürzung für Jesu Namen und Titel darstellte. Erst als diesem stilisierten Fisch ein Auge eingezeichnet wurde, konnten auch kleinasiatische Bürger den Glauben akzeptieren, da nun ein wesentliches Element ihres tradierten Medusenkultes integriert war.

13.3 Die „Macht" des menschlichen Blickes

Der berühmte Verhaltensforscher Konrad Lorenz befasste sich auch mit der Besonderheit des menschlichen Blickes, dem im Volksglauben eine bestimmte Macht zugeschrieben wird. Im *Dschungelbuch* (Rudyard Kipling) wird Mogli von seinen Wölfen verstoßen, weil sie seinen Blick nicht ertragen können. Auch sein bester Freund Bagheera, der schwarze Panther, kann ihm nicht gerade in die Augen schauen. Was Kipling im Roman ausdrückt, entspricht guten Beobachtungen und konkreten physiologischen Gegebenheiten. Nur der Mensch und die ihm sehr nahe stehenden Affenverwandten verfügen über eine Spezialisierung der Netzhaut, um besonders scharf zu sehen. Nur die Zentralgrube *(Fovea centralis)* der Netzhaut ermöglicht ihm scharfes Bildersehen. Von dieser Stelle an zum Rande hin werden Bilder immer unschärfer wahrgenommen. Will der Mensch sich ein scharfes Bild von einem Gegenstand verschaffen, dann muss er diesen fixieren und dabei permanent und unbemerkt seine Augen bewegen, um so nacheinander mehrere Punkte scharf zu erfassen, die ihm insgesamt als großes, scharfes Bild erscheinen. Aus diesen physiologischen Konstruktionsgründen muss der Mensch also etwas besonders lange betrachten und somit anstarren.

Tiere dagegen verfügen meist über ein wesentlich besseres peripheres Sehen als der Mensch, sind somit fortlaufend über das Geschehen ringsum informiert und müssen deshalb wesentlich seltener als der Mensch fixieren. Tier wie z. B. Fische, Reptilien, Vögel, Säuger fixieren stets nur sehr kurz und aus zwei besonders wichtigen Gründen: „… entweder sie *fürchten* sich vor dem fixierten Objekt, oder sie haben *etwas mit ihm vor* – und dann meistens nichts Gutes" (Lorenz 1965, S. 79).

Durch sein permanentes Fixieren signalisiert der Mensch den Tieren also Bedrohung und Feindseligkeit. Globusumspannend ist das Anstarren für die Menschen eine Aufforderung zum Duell. Aber auch viele Tiere empfinden dies so. Deshalb grüßen sich Angehörige aller Völker zwar mit Augenkontakt, jedoch meist mit nachfolgendem Senken der Augenlider: Das Abbrechen des Blickkontaktes wird hier als Beschwichtigungsgeste benutzt. Auch bei unseren normalen Alltagsgesprächen lassen wir unseren Blickkontakt oft abreißen, um unser Gegenüber nicht zu irritieren.

Nun wissen wir, warum Mogli ausgestoßen wurde und warum wir schüchterne oder ängstliche Katzen oder Hunde nur stets kurz ansehen sollten. Wir schüchtern sie sonst noch mehr ein oder provozieren sie zur Verteidigung. Unser Blick besitzt demnach keine Macht oder sogar Energie, die auf andere Geschöpfe einwirkt, sondern vermittelt aufgrund unserer Sehkonstruktion einen bestimmten Ausdruck.

13.4 Der Hypnoseblick der Schlange

46

Wenn nun der Mythos vom bösen Basilisken- und Medusenblick aufgelöst ist – was ist dann mit dem starr-hypnotischen Blick der Schlange?

Da Schlangen keine Beine haben und sich trotzdem schnell und gewandt, vor allem geräuschlos fortbewegen können, macht sie dies rasch verdächtig und unheimlich – zumal ihnen Attribute des Putzigen und Niedlichen wie Pelz, Federn oder Pfötchen fehlen.

Zusätzlich sind einige giftig oder im Drücken gut und somit aktiv am Erlöschen von Lebenslichtern beteiligt. Das stößt nicht auf Gegenliebe und macht einsam. Aber jedes Tier, dem man auf den Schwanz tritt, reagiert schnell beleidigt – und Schlangen haben nun mal viel Schwanz.

Ihr „starrer" Blick hat zusätzlich zu den bereits oben genannten Besonderheiten des optischen Apparates rein technische Gründe. Wühlen Sie mal den ganzen Tag im Dreck, ohne einen Finger frei zu haben, um die Augen auszuwischen! Bei diesem eklatanten Konstruktionsmangel wurde die Evolution vor Millionen von Jahren bereits sehr erfinderisch und hat durchsichtige, uhrglasähnliche Schuppen über die Augen wachsen lassen. Da diese Art von Kontaktlinsen ein integrativer Bestandteil des gesamten Schuppenkleides sind, ist somit der empfindliche Sehapparat garantiert kratz-, wasser- und staubfest abgekapselt. Sozusagen Ganzkörperbody mit integrierter Optik. So etwas Perfektes wünscht man sich für seine teure Videokamera!

Fazit: Insgesamt ist das Schlangenauge also nicht beweglich, und der Blick wirkt starr, unheimlich. Da alles, was von unserem Bauplan und Aussehen abweicht, als suspekt und somit als bedrohlich erlebt wird, gehört deshalb die Schlange schon wieder zu den Außenseitern.

Damit dürfte der Mythos vom hypnotischen Schlangenblick weitgehend abgebaut sein.

In dem Abschnitt 27.2 über Tierhypnose werden wir uns weiter und ausführlicher mit diesem Thema befassen.

Warum aber kam es zu einem derartigen und penetrant schlechten Image der Schlange?

Es gibt viele Schlangenkulte, so z. B. bei den Prärieindianern (mit Klapperschlangen) und Azteken. In Indien begegnen wir bereits im Induskult (ca. 2600–1400 v. Chr.) Schlangen als Fruchtbarkeitssymbol. Ihre Häutung und Selbsterneuerung gilt als Zeichen der Wiedergeburt. Im späteren Hinduismus sind Schlangen (zusammen mit Lotosblumen) Symbole der Lebensenergie und der Entfaltung der empirischen Welt aus den Urwassern und dem Mutterschoß (Keilhauer u. Keilhauer 1983). In der germanischen Mythologie gibt es die Mitgardschlange. Thor kämpft mit ihr; es ist eine charakteristische Tat des göttlichen Heilbringers. In der griechisch-römischen Mythologie begegnen wir als Schlangenprotagonisten Herkules, Laokoon und Medusa.

Da im mediterranen Kulturraum viele dieser Reptilien vorkommen, wurden mit ihnen zahlreiche Kulte entwickelt. Also gehören zwangsläufig dazu auch gruselige Bräuche, die keinen real-objektiven Hintergrund haben, aber dafür lokal bedeutsam und gewissensbildend sind. Heute noch werden in südlichen Ländern Prozessionen mit Äskulapschlangen durchgeführt. Unsere abendländisch-christliche Sozialisierung wird ebenfalls von der Auswirkung einer Schlange geprägt, die Adam und Eva zum Sündenfall brachte (Schlange als Symbol des Teufels). Oft wird auch am Fuß des Kreuzes Jesu eine Schlange als Sinnbild des überwundenen Todes abgebildet.

Insgesamt ist demnach die Schlange bereits von alters her ein Symbol für Tod und Vernichtung (da mitunter giftig), Fruchtbarkeit (legt viele Eier), Unheimliches (bewegt sich lautlos und ohne Beine). Also muss ihr „so merkwürdiger Blick" (s. o.) entsprechend mystisch bewertet werden!

Nun sind Sie, liebe Leserinnen und Leser, bezüglich des „hypnotischen" Schlangenblickes bestimmt *ent*täuscht. Wie bereits angekündigt, wird das Thema in Kapitel 27 fortgeführt!

Zur Rehabilitation des negativen Schlangenbildes hatte man sich in der Antike fairerweise darauf geeinigt, dass sich am Stab des Asklepios eine Schlange (die Äskulapnatter) emporwindet – heute noch Symbol der Heilkunst. Fragen Sie dazu Ihren Arzt oder Apotheker.

13.5 Der Superblick

In zahlreichen modernen und besonders in futuristischen Comics arbeiten die Zeichner gern mit Großaufnahmen des Kopfes, teilweise nur mit dem Ausschnitt der Augenpartie, um dadurch deren Ausdruck fast zwingend dem Leser zu vermitteln.

Oft wird in diesen Sciencefictionstorys mit Superideologien gearbeitet; über den Blick werden hier übersinnliche Kräfte ausgestrahlt, meist verbunden mit erheblichen Aggressionen und Zerstörungswirkungen.

Superman, der in seinem Privatleben ein recht biederer Angestellter namens Clark Kent ist, besitzt aufgrund seiner extraterrestrischen Abstammung selbstverständlich auch übernatürliche optische Fähigkeiten. Er kann weit Entferntes z. B. wie durch ein Teleobjektiv betrachten oder durch Objekte wie z. B. Zeitungen hindurchsehen; er kann mit seinem energiegeladenen Blick aber auch sein vermeintliches Negativ-Ebenbild zerstören (*Haupttreffer*, 1977).

Extrem ist das Zerstörungsvermögen des optischen Apparates bei Super Bat Man (*Der stählerne Rächer*, 1982; *Jagd auf den Killer*, 1977).

Auch Supergirl Lois ist bereits 1967 im Rahmen der sich anbah-
nenden Gleichberechtigung mit der Fähigkeit des Superdurchblicks
ausgestattet. Auch sie kann strahlend weit blicken. Ihrer damaligen
Rolle gemäß kann sie jedoch zusätzlich mit ihrem Hitzeblick attraktiv
lächelnd herrlich große Steaks in kürzester Zeit knusprig grillen.
Vielleicht gibt es demnächst ein Kochbuch für Superwesen: „Gar und
lecker auf einen Blick."

48, 49 🖼

Dagegen nimmt sich der aggressiv-psychosomatisierende Blick
des sympathischen Wachhundes Benno harmlos aus, wenn er im
Vorübergehen durch seinen Blick beim nimmermüden Hühnerstallbelagerer Lupo Alberto einen Hexenschuss bewirkt (*Eingewickelt*,
1988).

47 🖼

Bei Lobjak, dem uns inzwischen bekannten Tibeter, wird die
Wirkung seiner hypnotischen Energie besonders deutlich: Aus seinen
Augen dringen giftig grüne Strahlen wie aus Scheinwerfern und
treffen das Opfer. Das ist das deutliche Zeichen von der Annahme
physikalischer Wirkmechanismen. Da es sich hier um Lichtstrahlen handelt, stellt sich die Frage, ob man sich nun das Phänomen
nach der Undalationstheorie Huygens (1629–1695) als Welle oder
nach der Korpuskulartheorie Newtons (1642–1727) als Materie erklären soll (Zinth u. Körner 1998). Im späteren Abschnitt 16.6 zur
Comic-Geräteanwendung bei der Hypnose werden wir darüber
diskutieren.

Bei differenzierter Betrachtung aller Phänomene des Blickes, gleich ob
böse oder freundlich in die Seele gerichtet, kommen wir immer
wieder zu dem in Philosophie und Psychologie diskutierten Leib-
Seele-Problem.

13.6 Das Leib-Seele-Problem

Da durch unser Auge die Lichtstrahlen in uns (unser Auge, unseren Kopf, unser Wahrnehmen) gelangen, erleben wir die Außenwelt
als zu unserer Innenwelt gehörend. Wir sind ein Bestandteil der
physikalischen Außenwelt, die per Lichtstrahl in uns eindringt. Also
ist die Grenze zwischen Ich und Außenwelt nicht scharf zu ziehen,
sondern fließend. So sind wir ja auch subjektiv der Ansicht, dass wir
aus unseren Augen heraussehen, obwohl das nicht stimmt, denn die
Lichtstrahlen dringen in uns ein. Auf dieser Grundlage nehmen wir
dann umso schneller an, dass uns jemand in die Seele schauen kann,
der in unsere Augen sieht. Damit sprechen wir dem Gegenüber
Fähigkeiten zu, vor denen wir mitunter Angst haben – und die uns
dann im Comic stilistisch übersteigert begegnen, so bei den Hypnosedarstellungen.

Der Ausdruck „das Augenlicht wird schlechter" oder „jemand hat
sein Augenlicht verloren" weist darauf hin, dass wir nicht annehmen,
das Sehen sei ein physikalisch passiver, von außen ausgelöster Prozess
in dem Sinne: „Das in die Augen kommende Licht wird schwächer
wahrgenommen." Vielmehr geht daraus hervor, dass wir unsere
Augen subjektiv mehr als aktive Licht gebende Organe erleben. Das
wird besonders bei den Darstellungen des Superblicks deutlich.

Weiterhin nehmen wir an, dass durch dieses Geschehen, „in die Seele
sehen", die private, subjektive Wahrnehmung auch für andere zugänglich sein kann. Damit erleben wir etwas Gesehenes als real und

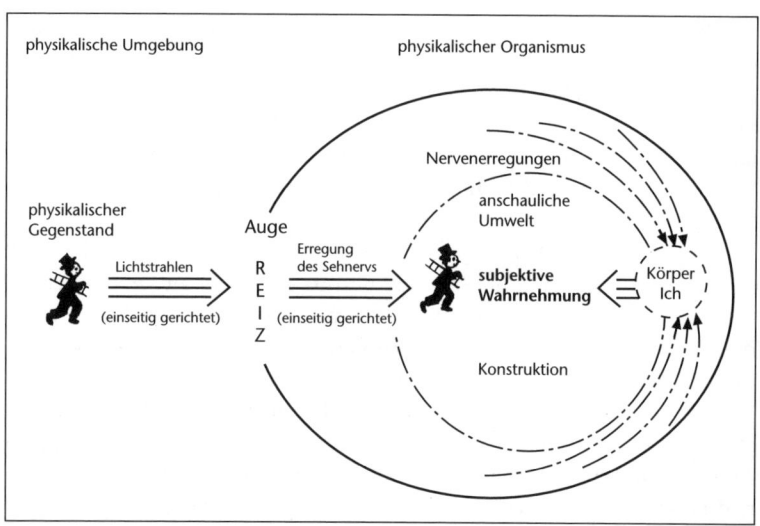

Abb. 13.1: In der Leib-Seele-Einheit erfolgt die Verarbeitung und Bewertung von Umweltreizen, die dort zur subjektiven Wahrnehmung konstruiert werden (in freier Anlehnung an Metzger 1963, S. 283).

als für andere ebenfalls wahrnehmbar, unabhängig davon, ob es auf einer physikalisch-objektiven Reizgrundlage wahrgenommen wird (z. B. Sehen eines Baumes) – oder ob es rein imaginativ-subjektiv als Vorstellungsbild oder Halluzination erlebt wird. Selbst Halluzinationen haben stets einen subjektiven Wahrheitsgehalt. Die psychisch kranke Person nimmt ihre Halluzinationen als reale Gegebenheit wahr und fühlt sich gegebenenfalls von ihnen verfolgt. Über den Aspekt der Halluzinationen werden Sie später (in Abschn. 18.4.1) mehr erfahren.

Bei dieser ganzheitlichen Betrachtung der Leib-Seele-Einheit und des Blickes kommen wir zu den vom Blicken (lat. *videre*) abgeleiteten Visionen. Sie sind ganzheitliche Gebilde aus u. a. Gedanken und Empfindungen, die besonders Sehnsüchte ausdrücken, in bestimmten Lebens- und Staatsformen leben zu können. Hier treffen wir auf Utopien, auf Platos *Staat*, auf die *Utopia* von Thomas Morus, die Lehre von Karl Marx, die Devise *Liberté, Egalité, Fraternité* und auf Marcuse (1950). Marx und Morus als Visionäre mit klaren Ideen und bildhaften Vorstellungen von Veränderung – Sie sehen: Die Leib-Seele-Einheit beinhaltet auch, eng verbunden mit dem Sehen und dazu ergänzend – Ängste, Befürchtungen, Hoffnungen, Zukunftspläne.

13.7 Fazit: Angst vor dem Hypnoseblick

Diese sehr unterschiedlichen und mehrdimensionalen Darstellungen zum Blick konnten nun schon etwas mehr Durchblick vermitteln, warum gerade der hypnotische Blick für viele Menschen so angstbesetzt ist. Zum Teil kann die Gestaltpsychologie dies klären. Zu einem anderen Teil ist die angenommene Angst einflößende Wirkung des „hypnotischen" Blickes in den Vorurteilen vieler wahrscheinlich in den historischen Wurzeln der Hypnose begründet. Bis in unser Jahrhundert hinein wurde in vielen Bereichen der Hypnoseforschung noch angenommen, dass der Hypnotiseur über eine gewisse Macht, Kraft oder Willensenergie verfügt. Er allein bestimme autoritär mit seiner Energie, was sein Patient zu tun und zu lassen habe. Alte Abbildungen von Hypnosesitzungen verdeutlichen diese Energiewirkung mittels gestrichelter Linien – Bewegungslinien, ähnlich denen der Comiczeichner (s. Kap. 1).

Hinzu kommt, dass man noch vor wenigen Jahrzehnten die so genannte Faszinationsmethode zur Einleitung der Hypnose verwandte, aus deren Vorgehensweise diese Annahme der „Materieübertragung durch das Auge" deutlich wird. Dabei sitzen sich Hypnotiseur und Patient sehr dicht gegenüber (näher als auf Armeslänge); der Hypnotiseur starrt dabei dem Patienten tief in die Augen, während er die Einleitungssuggestionen spricht. Diese Methode ist inzwischen völlig veraltet, da sie für alle Beteiligten wegen der großen Nähe oft als unangenehm empfunden wird. Neuere Kenntnisse über die tatsächlichen Wirkmechanismen der Hypnose machten sie letztlich überflüssig. Dieser Einleitungsanachronismus der Augenfaszination ist jedoch immer noch in den Comics der Gegenwart zu finden, da optisch sehr effektvoll darstellbar.

Hier fehlt dem Comiczeichner die moderne Sach- und Fachinformation. Er tradiert somit bereits seit langem antiquierte und wissenschaftlich überholte psychologische und medizinische Interventionsformen und trägt mit hohem Unterhaltungswert zur Verbreitung falscher Informationen bei.

Die gebräuchlichen modernen Hypnoseformen sind primär verbal und dadurch bar jeglicher für Außenstehende wahrnehmbaren Dramatik oder Faszination, sodass sie für die auf sichtbare Aktion und Übersteigerung angelegte Comicdramaturgie äußerst ungeeignet geworden sind.

Der sonst so moderne und zeitgemäße Comic muss hier konservativ sein und dabei auf besonders wirkungsvolle Gestaltungsmöglichkeiten und Dramaturgieeffekte aus der Vergangenheit zurückzugreifen.

Kapitel 14

Die Spirale

Wird die Hypnosewirkung mit den Stilmitteln des Comics dargestellt, begegnen wir dem Symbol der Spirale überzufällig oft. Die hypnotisierte Person hat während der Hypnose fast immer, meist bei Beginn, plötzlich Kreise, meist Spiralen in den weit geöffneten Augen. Bei Farbdrucken sind diese Spiralen oft noch grellgrün ausgestaltet. Das fasziniert und muss ergründet werden.

Beginnen wir mit dem klassischen Comicbeispiel, das allen spontan einfällt!

Im gezeichneten *Dschungelbuch* (Disney 1989) erfahren wir Folgendes: „Kaum war er (Mogli) von dem Baumast geklettert, als ein kurzer zischender Laut Mogli den Kopf heben ließ. Augenblicklich erkannte er Kaa, die furchterregende Pythonschlange. Leider war es aber schon zu spät zum Handeln: Kaa starrte Mogli mit unbeweglichem Blick ganz tief in die Pupillen. Mogli war wie gelähmt, denn Kaa hatte ihn hypnotisiert!"

Diese klassische Konstellation ist deutlich an den Spiralen und konzentrischen Kreisen in sowohl Kaas als auch Moglis Augen zu erkennen, die sich abwechselnd blau und gelb verfärben – auch noch getrennt für jedes Auge!

51

50

Bei den Hypnotiseuren finden wir Ähnliches, z. B. bei Miraculus, dem Zauberer, Maat Martina (alias Gundel Gaukelei), dem Ottifanten. Die Hypnotisierten haben Augenkreise und -spiralen wesentlich öfter: Donald, Goofy, Onkel Dagobert, Spion und sein Hund, Clever & Smart usw. Eine Potenzierung des Schemas finden wir in der Fernsehwerbung während der Kindersendungen (ca. 1996) für das Spiel *Wario* (war = Krieg!) zum Gerät von *Nintendo*. Die vernichtende Figur Wario nähert sich, von Kreisen umringt, dem Fernsehzuschauer und entwickelt dabei noch immense Kreise in den Augen, verbunden mit der Suggestion: „Vergeßt Mario! Gehorcht Wario!"

52

Analysieren wir nun weiter den Gebrauch der Spirale im Comic, so finden wir sie bevorzugt in solchen Situationen, in denen man bei einer entsprechenden Person eine Entrücktheit annimmt, die in gewissem Sinne die Kritikfähigkeit herabsetzt und auf einen geänderten Bewusstseinszustand hinweist. Tatsächlich finden wir diese Annahme im Comic bestätigt. In der ausgezeichneten und differenzierten Analyse der Stil- und Ausdrucksmittel des Comics weist McCloud (1994, S. 127, 143) genau auf diese Symbolebene hin. Über die Annahme eines geänderten Bewusstseinszustandes (wo wieder viele Spiralen auftreten) werden wir in Abschnitt 24.5 ausführlich berichten.

14.1 Warum ausgerechnet die Spirale?

Warum aber müssen denn Kreise oder bevorzugt Spiralen in den aufgerissenen Augen wirbeln?

Hier kommen wir zu den Symbolgehalten und wahrnehmungspsychologischen Erklärungsmodellen. Wie in Kapitel 5 bei der Darstellung der Comics als Form der Kunst deutlich wurde, bedient sich diese Kunst spezifischer Darstellungselemente, um über den reinen Bildinhalt hinausgehende Informationen zu geben. Es soll also etwas mit grafischen Mitteln ausgedrückt werden, was sonst nur mit ausführlichen Wortbeschreibungen – eventuell romanhaft – mitgeteilt werden kann. In der optisch vermittelten Kunst werden durch Form- und Farbgestaltung komplexe emotionale Gehalte wie Stimmungen und Gefühle ganzheitlich vermittelt – so auch im Comic.

Betrachten wir in unseren Comicanalysen einmal den weiteren Gebrauch von Spiralen – außerhalb jener hypnotisierten oder verliebten Augen.

Das schnodderig-unanständige australische Tank Girl landet in Bell's End, einer „staatlichen Einrichtung zur Umerziehung von sozial Unerwünschten, berühmt für ihre diversen und perversen Mittel, mit denen man sie auf den richtigen Weg brachte" (*Tank Girl*, 1995, S. 2). Die düster-drohende Gestalt des surreal-gezeichneten Chefarztes von Bell's End, der merkwürdige Dr. Unwin, lässt Tank Girl auf einem Folterstuhl angeschnallt ein Serum zum Ausmerzen sozialer Fehler injizieren und ihr zusätzlich Stromschläge verpassen. Ihr nun folgender seelischer Zustand wird mit Spiralen unmissverständlich dargestellt. Sogar ihr verpflastertes Auge ist dann mit einer Spirale versehen und drückt ihre immense Pein und die ihr aufgezwungene seelische Veränderung aus.

Befassen wir uns mit ein paar philosophischen Gedanken zu unserem Thema!

In der surrealen Comicerzählung *Der Wirbel* (1994) von Marc-Antoine Mathieu hat die Spirale eine zentrale metaphorische Bedeutung: Julius Corentin Acquefacques, verschrobener Angestellter im Pariser Ministerium für Humor, gerät unerwartet in einen Traum. Das Motiv der Spirale wird hier bereits fast unterschwellig als der Wirbel des umgerührten Kaffees in seiner Tasse eingeführt – und dann fortgeführt in der Spiralfeder der Uhr –, als Spirale, die unsere Zeit und somit unser Dasein bestimmt. Dann erscheint die Spirale als Brettspiel beim Portier der Aufnahmestelle in der Traumfabrik. Setzt er als Eingangsfigur und Verwalter der Träume die Lebensfiguren?

Durch eine fatal-surreale Verwechslung wird der Hauptfigur Epizephalophobie, kurz Deckensyndrom, zugeordnet. (Bleiben Sie ruhig sitzen; diese Begriffe finden Sie in keinem Fachwörterbuch.) Der „Held" der Geschichte wird auf einen Operationstisch geschnallt und gegen seinen Willen (er wurde ja vertauscht) einer Art Hirnwäsche unterzogen – in Form einer riesigen Spirale über ihm, wo sonst die runde Operationsbeleuchtung angebracht ist. Er ist von nun an auf der Suche nach dem Traum und durchläuft dabei ein Raumlabyrinth an Treppen und Bibliotheken, die in Spiralen angeordnet sind. Schließlich scheint die zweidimensionale zeichnerische Perspektive und Daseinswelt zu kippen – und beim Umblättern dieser Seite werden wir von einer sich aufklappenden dreidimensionalen Spirale überrascht, geraten selbst in einen Faszinationssog und zu der Fragestellung: „Infratraum oder Ultrawirklichkeit?" Tatsächlich befindet sich nun Julius Corentin Acquefacques als gezeichnete zweidimensionale Figur in einer dreidimensionalen Skulpturenwelt, die mit

Zeichenbögen seiner Geschichte belegt ist, an deren mysteriösen Beinaheanfang er zurückkehrt. Laut Klappentext auf der Rückseite des Comics: „Um es mit Kant zu sagen: Was kann ich wissen? Was soll ich tun? Was darf ich hoffen? Auf den zweiten Blick ein saukomisches Buch, beim dritten Mal liest es sich wie ein Ausruf: Ändere dein Leben." Hier das Motiv der Spirale als Symbol für Ausgeliefertsein, Bewusstseinsbeeinflussung, Sprung im Bewusstsein, stete Wiederkehr ohne direkte Lösungsmöglichkeit: Ändere dein Leben, sonst wirst du auf dem Rad der Wiedergeburt stets auf ähnlichen Ebenen immer wieder existieren und deine gleichen Fehler stets wiederholen – ohne Hoffnung auf Lösung, Erlösung.

Der Zeichner und Autor Marc-Antoine Mathieu wurde 1994 mit dem *Grand Prix Alpha-Art* für das beste Szenario ausgezeichnet.

14.2 Spirale als Bewegungslinie

📺 61, 64, 95, 121–123, 126, 148

Im Comic werden durch so genannte Bewegungslinien Richtung, Form und Stärke von Bewegungen dargestellt. Das an sich statische Bild erhält dadurch Bewegungsdynamik (siehe hierzu Abschn. 5.2.4). Aber auch seelische Bewegungen wie Gedanken oder Bewusstseinszustände werden mit diesen Bewegungslinien ausgedrückt.

Im Kontrast zu den oben erwähnten konzentrisch angeordneten Spiralen oder als Ergänzung zu ihnen finden wir auch vertikale Spiralen in Form von Schraubenfedern. Sie werden benutzt für die Darstellung von z. B. alkoholbedingtem Beduseltsein, schwindenden Sinnen (Ohnmacht etc.) und Hypnosewirkungen – als Ausdruck einer mentalen Bewegung, die Machtlosigkeit, beginnende Hilflosigkeit und „Sinnenlosigkeit" ausdrückt. In Abschnitt 24.5 werden wir uns wieder mit diesem Thema im Zusammenhang mit den geänderten Bewusstseinszuständen befassen.

14.3 Diskussion mit Experimenten

Wie bereits dargestellt, geben Linien und Kurven nonverbale Informationen, sie haben ihren Ausdrucksgehalt. Schauen wir uns nun deshalb die Spirale aus der Perspektive der Wahrnehmungspsychologie an!

Betrachten wir die Spirale, so wird unser Blick automatisch zu ihrem Mittelpunkt gelenkt. Bei einem gut aufgebauten Bild lenkt die Gestaltung unsere Aufmerksamkeit automatisch auf die Hauptaussage. Das wird von uns so akzeptiert und ist ein wesentlicher Bestandteil einer gut gelungenen Bildästhetik. Bei der optisch relativ monoton gestalteten Spirale empfinden wir ebenfalls eine deutliche Lenkung – als Faszination, Beeinflussung, der man sich nur schwerlich entziehen kann: Man wird immer mit seinem Auge im Mittelpunkt landen. Hinzu kommen die Effekte der Scheinbewegungen. Aber die sollen Sie nun selbst erfahren.

Experiment 1: Scheinbewegungen

Benutzen Sie für die folgenden Demonstrationen bitte die Seite mit der groß abgebildeten Spirale. Nehmen Sie das Buch in beide Hände und drehen Sie die Spirale um ihren Mittelpunkt hin und her.

Durch Ihre Wahrnehmungsverarbeitung entsteht nun der Eindruck einer Bewegung innerhalb der Spirale, die durch die objektiv durchgeführten Handbewegungen allein nicht erklärt werden kann.

Abb. 14.1: Spirale für unsere Wahrnehmungsexperimente

Diese Scheinbewegung, die sich nur in unserem Kopf vollzieht, fasziniert und muss stilistisch verarbeitet werden, so im Comic.

Experiment 2: Tunneleffekt

Die wesentlich verblüffenderen Spiraleffekte erreichen Sie jedoch, wenn Sie die Spirale um ihre eigene Achse komplett rotieren lassen! Fotokopieren Sie dazu die in unserem Experiment benutzte Demonstrationsspirale (eventuell etwas vergrößert), und legen Sie diese dann zentriert auf Ihren Schallplattenteller und lassen Sie sie bei langsamer Geschwindigkeit rotieren. (Falls Ihre technische Perfektion nur noch CDs zulässt, müssten Sie vergleichbare langsame Drehungen mit einem Grillmotor, Kuchenteller, einer Holzscheibe mit Nagel als Drehmittelpunkt o. Ä. bewirken.) Bei der „richtigen" Drehrichtung der Spirale erleben Sie bereits nach wenigen Sekunden, dass nicht nur Ihr Blick stets zum Mittelpunkt „gezogen" wird (das kennen Sie bereits). Sie erleben nun, dass ein dreidimensionaler röhren- oder trichterförmiger Tunneleffekt entsteht! Beeindruckend?

Experiment 3: Schrumpfen

Es geht weiter mit unseren Experimenten! Vergrößern Sie nun unsere Spirale auf ca. 30–40 cm Durchmesser, kleben sie diese auf einen Karton auf und lassen Sie sie um eine waagerechte Achse vor sich in Augenhöhe langsam rotieren. Am besten bringen Sie die Versuchsanordnung so an, dass Sie frontal frei davor stehen können.

Es tritt natürlich der gleiche Effekt wie vorhin ein. Nach einigen Sekunden Spiralbetrachtung fixieren Sie mit Ihrem Blick dann bitte einen Gegenstand in Ihrer Nähe. Dieser scheint sich nun in umgekehrter Richtung der Drehbewegung der Spirale aufzublähen oder zusammenzuschrumpfen.

Experiment 4: Anziehungskraft

Im nächsten Schritt betrachten Sie bitte die rotierende Spirale wieder frei stehend. Nun werden Sie von diesem Tunnel- oder Trichtereffekt „magisch angezogen", sodass Sie sich mit dem ganzen Körper fast unmerklich immer weiter auf die Spirale zu vorbeugen. Beobachten Sie diese „zwingende" Wirkung auch bei anderen Personen; sie ist verblüffend. Wir werden von der Spirale über unseren Blickkontakt sogar körperlich angezogen!

Ist das Willensbeeinflussung?

Geschieht hier etwas Esoterisch-Geheimnisvolles? Hypnose? Die Drehbewegung der Spirale erzeugt in uns subjektive Scheinbewegungen; wenn wir aufrecht gerade vor der Spirale stehen, möglichst noch mit eng zusammenstehenden Füßen, hat unser Körper rein physikalisch gesehen keine besonders stabile Lage. Die gesamte Körpermasse (so heißt das in der Physik – auch wenn Sie schlank sein sollten) muss in ihrem Schwerpunkt relativ instabil über den Füßen ausbalanciert werden. Wenn wir so wenige Sekunden stehen, beginnen wir deshalb ganz unmerklich zu schwanken. Kommt nun die optische „Fehlinformation" der oben genannten Spiralen-Scheinbewegung hinzu, dann wird dadurch das sonst so unbestechliche Gleichgewichtsorgan ebenfalls fehlinformiert – und wir richten nun unsere Muskelkraft zur

Balance unserer aufrechten Körperhaltung danach aus, mit der Folge der Vorwärtsneigung.

Nun kommt noch der Abschlusseffekt! Möglicherweise haben Sie ihn inzwischen bei unseren Experimenten bereits erlebt: Wird die rotierende Spirale nach längerem Betrachten abrupt zum Stillstand gebracht, dann tritt der dreidimensionale Tunnel nun aus der Bildebene nach vorn heraus auf uns zu.

Diese kleinen Demonstrationen verdeutlichen sehr anschaulich, dass die physikalische Abbildung objektiver Gebilde in unserem Auge vom Gehirn nicht „objektiv" aufgenommen wird, sondern dort Verarbeitungsgesetzen unterliegt. Der Vorgang der Wahrnehmung besteht also nicht nur aus der passiven Aufnahme von Lichtstrahlen, sondern auch aus deren aktivem Bearbeitungsergebnis im Gehirn. In unserem Kopf wird also die objektiv-physikalische Welt aufgenommen, und Wahrnehmung ist dann die individuelle Konstruktion der Wirklichkeit in unserem Kopf. Die Schulrichtung, die dieses Erklärungsmodell liefert, wird deshalb Konstruktivismus genannt und basiert auf der Selbstorganisationstheorie.

Vergleichbare Effekte – zur Verdeutlichung des Konstruktivismus – sind z. B. optische Täuschungen; aber auch das Betrachten eines Bildes mit Menschen und Tieren etc. darauf wird bei jedem von uns sehr unterschiedliche Konstruktionen bewirken – je nach Erfahrung mit diesen Menschen oder Tieren. Sie werden in Kapitel 23 mehr darüber erfahren.

Aus den vorgenannten Effekten, die Sie nun als Ergebnisse unserer Wahrnehmungskonstruktionen wissenschaftlich erklären können, zieht so mancher Showhypnotiseur seinen prakischen Nutzen – ohne natürlich die Ihnen nun bekannten Zusammenhänge zu wissen. Er lässt seine Showmitspieler oft auf der Bühne jene sich drehende Spirale betrachten und erzeugt das, was wir nun weise lächelnd mit Konstruktivismus erklären können. Da jedoch nur sehr wenige diese Erklärungen kennen und der „fremdländische" Meister das alles als Hypnosewirkung verkauft, sind entsprechende Erwartungshaltungen so gerichtet, dass jeder fest davon überzeugt ist, den Wirkungen der Hypnose ausgesetzt zu sein – willenlos und ohne Gegenmacht aufbringen zu können. Umso größer ist dann die Bereitschaft aller Teilnehmer, auch nachfolgende Darbietungen mit der „Kraft der Hypnose" in Verbindung zu bringen.

Empört werden Sie nun aufstöhnen: „Showhypnose – so simple Tricks? Bauernfängerei! Aber: Das soll *alles* gewesen sein?" Hm – fast alles! Aber Sie wollen ja betrogen sein! Das ist *Des Kaisers neue Kleider* lebensnah – wie weise Hans Christian Andersen war! Mehr in Kapitel 26 zur Showhypnose.

Nun wissen Sie aber auch, warum auf vielen Büchern zur Hypnose – besonders von Showhypnotiseuren – eine Spirale abgebildet wird.

14.4 Auswertung: Konstruktion im Kopf

Kapitel 15

Wahrnehmungsreduktion als Wirkfaktor der Hypnoseinduktion

Aus der Analyse des hypnotischen Blicks und der Spiralwirkung geht hervor, dass seelische Mechanismen angesprochen werden. Dies gelingt durch die Reduktion der Wahrnehmung besonders gut.

In dem Trickfilm *Alice im Wunderland* geht Alice spazieren und blickt dann in einen See. Ein fallendes Blatt verursacht konzentrische Wellen auf dem Wasserspiegel, die Alice' Spiegelbild verschwimmen lassen – und andere Wellen entstehen nun, aus denen das Spiegelbild des weißen Hasen („Keine Zeit, keine Zeit!") auftaucht. Hier ist grafisch beeindruckend dargestellt, wie Alice durch das Betrachten des Wassers und der Wellen in Trance gerät und dabei in die subjektiv reale Welt ihrer Innenbilder gleitet.

In dem Märchen *Frau Holle* der Gebrüder Grimm sitzt das uns nahe stehende liebe und gleichzeitig blonde Mädchen am Brunnen und spinnt (Wolle). Dabei blickt es in den Brunnen. Unter diesen monotonen Reizbedingungen tritt sie nun in ihre Phantasiebilder ein. Sie befindet sich sofort auf der schönen Wiese und ist von herrlichen Dingen umgeben. Ihr Wunschdenken wird nun realisiert.

Wenn wir längere Strecken auf der Autobahn fahren, tritt physiologische Ermüdung ein. Durch die nahezu gleichförmigen optischen und sensorischen Sinneseindrücke entsteht eine Wahrnehmungsreduktion. In diesem Zustand blenden wir schneller unsere Gedanken aus. Während dieser so genannten Autobahnhypnose werden wir uns immer erst nach ein paar Sekunden wieder unserer Tätigkeit des Lenkens bewusst. Weitere Beispiele sind: Dösen auf einer Bank, Zuhören bei langweiligen Reden, langes Sitzen im Arztwartezimmer.

In ähnlicher Weise wirkt die Hypnoseinduktion. Durch Blicken auf einen Punkt und Hören der gleichförmigen Therapeutenanweisungen entsteht eine Wahrnehmungsreduktion, die den Einstieg in die Innenbilder erleichtert.

Die hohe Kunst des Therapeuten besteht darin, diesen Prozess der Wahrnehmungsreduktion differenziert zu kennen und mit Instruktionen so zu begleiten, dass eine weitere Einengung der Wahrnehmung und Konzentration erfolgt, bis letztlich nur noch die Therapeutenstimme wahrgenommen wird. Sie lenkt dann alle weiteren „Wahrnehmungen" bzw. gibt sie als subjektives Erleben vor. So werden die Therapeutenworte zu komplexen subjektiven Erlebnisbildern und plastischen Szenarien.

Sicherlich lässt sich über diesen Bereich der Wahrnehmungsreduktion wesentlich mehr schreiben, da Wahrnehmungsreize nicht nur Informationen und Konstanz geben, sondern Lerninputs darstellen. Bei kleinen Kindern sind Wahrnehmungsanreize (in einem gewissen Maße) erforderlich, damit ihre Hirnreifung angemessen fortschreitet.

Bei extremer Wahrnehmungsreduktion entstehen auch bei voll entwickelten Erwachsenen Halluzinationen. Befindet sich eine Person für dieses Experiment in einem dunklen, schalltoten Raum und liegt hierzu noch auf einer besonders konstruierten Liege, dann bekommt sie keinerlei akustische, optische oder taktile Informationen. Nach kurzer Zeit (ca. 20–30 Minuten) setzt aufgrund der sensorischen Verarmung die Eigenproduktion des Gehirns ein. Unsere Versuchsperson wird nun Trugbilder i. S. v. Halluzinationen produzieren. So kann sie plötzlich eine Stimme hören, die ihren Namen ruft etc. Derartige Methoden werden nicht nur zu Forschungszwecken angewandt; sie werden auch in bestimmten Kreisen „gern" benutzt, um seelische Folterungen vorzunehmen, denn die betroffene Person besitzt nun keinen Außenbezugspunkt mehr und zweifelt sehr schnell und zunehmend mehr an jeglicher Realität, besonders an der Richtigkeit und Verlässlichkeit der eigenen Wahrnehmung und des eigenen Verstandes. Personen, die lange Zeit z. B. in Bergwerken verschüttet sind, aber auch kleine Kinder, die vernachlässigt werden, haben aus gleichen Gründen ähnliche Probleme.

Der Hypnosetherapeut macht sich somit normale psychische Reaktionsformen unserer Leib-Seele-Einheit nutzbar, um z. B. besser an seelische Probleme gelangen zu können.

Kapitel 16

Benutzung von Geräten

Nicht zu selten ist im Comic die Benutzung verschiedenster Hypnosegeräte dargestellt, mittels deren Beeinflussungen vorgenommen werden. Der gewitzte oder mächtige Geräteanwender hat stets technisch perfekte Modelle; so wirken diese prompt und ohne Reklamationen. Vielleicht könnten sich hier einige Konstrukteure von Heimwerkergeräten Anregungen holen.

Es lassen sich zahlreiche technische Möglichkeiten unterscheiden.

Bevor wir jedoch zu den vielfältigen Geräteanwendungen in der Comichypnose kommen, sei zur Vertiefung der vorhergehenden Kapitelinhalte und zur Vorbereitung der nachfolgenden differenzierten Darstellung ein Exkurs zu den Außergalaktischen erlaubt, die jene Hypnosemöglichkeit besonders gut ausschöpfen.

16.1 Exkurs: Hypnose als Waffe der Außergalaktischen

🖼 56

Beginnen wir mit Superman, seine Abstammung und Supermotivation, sich für das Gute einzusetzen, sind inzwischen allen bekannt (s. Abschn. 6.2 und 13.6). So wissen wir auch, dass er oft mit Außergalaktischen, Mutanten und Übermächtigen knall-hart zusammentrifft, deren Moral unter terrestrischen Maßstäben meist als minderwertig anzusehen ist.

Superman unterliegt eines Tages MAG-ENS posthypnotischem Befehl. Diese „Hyperhypnose" (Zitat) ist so stark, dass sie ihn zwingt, gegen sein Gewissen zu handeln. Deshalb rast Superman auf die Erde zu, um sie zu vernichten. Als er jedoch bis kurz vor der Erdvernichtung angelangt und die Spannung kaum zu ertragen ist, erscheint die STÄHLERNE MAID, Supermans Beschützerin. Sie rast ins Weltall, hin zum Blauen Kometen: „Wenn ich ihn loswerde, erlischt vielleicht MAG-ENS' Hypnosebefehl." Plötzlich erscheint ein riesiges Tier (Kreuzung aus Rochen, Knurrhahn, Fledermaus und Rakete); nach der blitzschnellen biologisch-galaktischen Artenbestimmung Supergirls ein Meteorenfresser (wahrscheinlich der große Verwandte der Steinlaus, *Petrophaga loriotii*; Pschyrembel 1990). Jene Possierlichkeit verspeist besagten bedrohlichen Blauen Kometen, der mit am posthypnotischen Geschehen beteiligt ist. In diesem Moment sieht Superman wieder normal aus – er hat's geschafft (*Kryptons erster Superman*, 1968). Falls Ihnen, liebe Leserschar, daran einiges sehr abrupt oder sogar hirnrissig erscheinen mag, dann liegt es sicherlich nicht an der hier vorgenommenen Zusammenfassung der Story.

Die Angehörigen der Technischen Polizeitruppe im 30. Jahrhundert sind eine Eliteeinheit, die Verbrechen bekämpft. Ihr Präsident setzt sie gegen den auf R-7 (einem Planetoid von Rigel) wohnenden Universo ein und warnt sie vor dessen hypnotischen Kräften, denn Universo versetzte seine Gefängniswachen in Hypnose, sodass sie einschliefen und ihm sogar noch ein Schiff für die Flucht gaben. Der mutige Dvron gerät beim Flug (selbstverständlich ohne altmodisches

Flugzeug) in die Lähmstrahlen der Menschenfresserpflanze. Dvron sieht vor sich Universo stehen, den die Pflanze nicht angreift. Aus seinem „Schmuck" auf der Brust kommen kreisförmige Wellen. Natürlich! Er lenkt die Pflanze durch Hypnose! Im letzten, dramatisch entscheidenden Moment jedoch ist Universo moralisch positiv, denn sein Hypnosestrahl hält die tödlichen Krallen der Pflanze fest und lässt Dvron entkommen. In all dem Wirrwarr erscheint Superboy und greift sich die superfigurige Winzwanda an ihren langen Haaren, um sie zu entführen, denn Universo hat ihn in der Gewalt. Glücklicherweise denkt der pfiffige Dvron in dem Moment, wie ein Verbrecher denkt – und knallt Superboy mit seiner Super-Raum-Spezial-Wumme ab. Und ...: Er hat richtig schlecht gedacht: Universo hatte alle durch Hypnose getäuscht, um in der Gestalt Superboys zu entkommen. Als Universo durch die Wummenwirkung bewusstlos ist, lässt die Wirkung seiner Hypnoseillusionen nach, und er nimmt wieder seine alte (natürlich galaktisch-hässliche) Gestalt an. Und wenn sie nicht alle interstellar zerbröselt sind, dann fliegen sie noch heute (*Der Freiwillige, der ein Verräter war*, 1975). Haben Sie, verehrte Leserin und Leser, alles verstanden? Ich auch nicht! Aber so merkwürdig ist eben diese Geschichte.

Bei einer intergalaktischen Schlägerei zwischen zahlreichen skurrilen Figuren tritt Dragonfly auf. Kennzeichen: wallende rote Haarmähne (Typ *Wella*-Reklame), Libellenflügel und Atombusen (Typ Wonderbra; Größe XXL), dazu natürlich hautenges Trikot. Über ihren Gegnern schwebend, sendet sie grüne Hypnosestrahlen aus: „... everyone of you is hopelessly messsmerizzzed!" Daraufhin sind nun alle bewegungslos. Das alles beobachtet natürlich der gute Professor und schickt per Gedankenübertragung eine als Mensch-Wolf gestaltete Figur, die Dragonfly von hinten anfällt und sie lahmlegt. Damit sind dann alle Hypnosewirkungen schlagartig erloschen (*What if ... the X-Men died on their first mission?*, 1990).

Shala Bal, die liebende Freundin des Silberstürmers, ist in die Gewalt Mephistos, des Herrschers der Zwischenwelt, geraten. Mephistos Aussehen macht ihm alle Ehre: rot überall, muskelbepackt, Punkfrisur und Cape-Umhang, dazu bösartig und zerstörungswillig. (Dieses Cape ist ein beliebtes galaktisches Requisit; in seiner ursprünglich terrestrischen Originalversion trugen jenes Cape Muskelmänner im Zirkus als Zeichen ihrer übernatürlichen Kräfte.) Silberstürmer ist das krasse Gegenteil: überall silbern (Typ: V2A-Stahl), muskelbepackt und moralisch nach Höherem strebend (ohne Cape, also nackend, aber nicht anstößig, da rostfrei). Sein edel-prägnantes Maso-Motto: „Und wenn ich sterben soll, dann so, wie ich lebte ... leise und schnell, im Fluge, im Kampf für das Gute, koste es, was es wolle!" Mephisto lässt vor Silberstürmer zahlreiche Trugbilder entstehen, die er ihm als Ersatz für Shala Bal anbietet: immense Edelstein- und Goldgeschmeide, alternativ dazu bildhübsche Frauen (langhaarig, blond, Walleschleier und natürlich Wonderbra XXL), galaktische Herrscherreiche etc. Letztlich droht er ihm mit allem für Normalsterbliche Gruseligem: mit ihn verschlingenden Amöben oder „Ich reduziere dich zu einem zufälligen Gedanken ... Bis du in das lebende Labyrinth meines Gehirnes hineinpaßt!" Das ist ekelig und mag natürlich niemand so besonders gern. Aber jetzt kommt der Hammer:

57

Mephisto wird nun seinerseits ganz schön irre, rappelig und fuchtig und jammert: „Hinfort! Ich ertrage es nicht länger! Die Güte deines Geistes macht mich verrückt!" Dadurch ist nun Mephistos Bann gebrochen, Silberstürmer ist wieder er selbst. Letztlich enthüllt Silberstürmer seinen Psychotrumpf: „Nicht einmal du kannst dich gegen die Waffe wehren, die die Menschen Liebe nennen!" Das mürbt ganz schön. Aber Mephisto kann im letzten Moment Shala Bal in die Unendlichkeit entgleiten lassen ... Und wenn sie nicht in den Galaxien verloren gehen, dann leben sie noch übermorgen (*Der galaktische Silberstürmer*, 1974).

Aus der aufstrebenden Nuklearzeit der USA stammt die folgende Geschichte.

In den Laboratorien von Tyrannien wird eine Waffe entwickelt, die furchtbar ist. Sie dient nur einem Zweck: der Vernichtung des mächtigen Thor, dem Beschützer von Recht und Freiheit. Thors Outfit macht ihn zu einer Mischung aus Superman und Asterix: Flügelhelm, übliches hautenges Trikot und Cape. In dieser titanischen Fabel ist der mysteriöse Radioaktive der Kontrahent. Sein Outfit: Skinhead (= Glatze), nackend-muskelbepackt und mit einer Mischung aus Lendenschurz und Pampers bekleidet, insgesamt glitschgrün gefärbt (wahrscheinlich Vorläufer von Hulk oder der Maiskornreklame von *Green Giant*). Mit dem Grünen konfrontiert, wirft Thor seinen immens übergalaktisch powrigen Hammer, der jedoch lässig an jenem abprallt. Dann schleudert er Blitze auf den grünen Strahlemann. Hierbei hat er die gleiche Position wie die uns bekannten Hypnotiseure: Hände nach vorn gestreckt, um daraus die Blitze abzuschicken. Nun informiert der Grüne: „Meine radioaktiven Moleküle sind so angeordnet, dass ich zur kritischen Masse werde, wenn mich irgendein Gegenstand berührt, und dann ... ,puff' explodiere ich wie eine Bombe und mit mir die ganze Stadt." Thor ist plötzlich in den Armen unbeweglich. Mit seinen Strahlen versetzt der mysteriöse Radioaktive Thor nun in Hypnoschlaf. „Du bist in meiner Gewalt! Du weißt nicht mehr, wer du bist!" Er treibt es auf die Spitze und veranlasst Thor sogar, seinen magischen Hammer wegzuwerfen. Das war natürlich ein taktischer Fehler des Radioaktiven!!! Denn er ahnt nicht, dass Thor sich ohne seinen Uru-Hammer nach sechzig Sekunden wieder in Dr. Don Blake zurückverwandelt. Das unterbricht dann nämlich die Hypnosekraft vollkommen. Der Radioaktive sucht Thor nun seelenruhig unter der Annahme: „Thor kommt hypnotisiert nicht weit!", während Thor seinerseits ebenfalls ruhig sein Hämmerchen apportieren kann. Zum Ende rumst das dann fürchterlich, als beide wieder aufeinander treffen – und die Stadt wird von Thor gerettet (*Der mächtige Thor gegen den mysteriösen Radioaktiven*, (1962). Der böse Grüne ärgert sich jetzt möglicherweise schwarz, und die späteren Grünen freuen sich immens über dessen strahlenden Untergang.

Da die Außergalaktischen viele Kriege führen, bei denen viel demoliert wird, begegnen wir auch deren Folgen: Nach der Zerstörung der Dschungelstadt war kein Aesir mehr am Leben. Einer der Krieger entdeckte einen tiefen Schacht. Als er zurückkam, tanzte er im Wahnsinn. „Seine Bewegungen waren wie die einer Kinderpuppe, die an Schnüren hängt. Auf einer Flöte spielte er eine hypnotische

 58

Melodie. Dann erhob sich hinter ihm ein riesiges weißes Ungeheuer. Der Alptraum fiel über den Stamm her, alles zerreißend und zerschmetternd" (*Bloodstar*, 1980).

Extraterrestrische siedeln sich bisweilen gern anheimelnd und destruktiv motiviert auf terrestrischem Gebiete an. Deshalb begegnen wir auch in direkter Nachbarschaft ihren Manipulationen: ABU MOSDOR ist der geistige Führer des Yabgu-Kultes in Metropolis, Vertreter einer obskur-orientalischen Philosophie. Seine Kleidung: indisch-weiß dezent. Um diese Sekte ausfindig zu machen, begibt sich Lois Lane auf die Suche (Journalistin, attraktiv, jung und Kollegin von Klark Kent alias Superman). Sie gelangt in Kontakt mit ABU MOSDOR und will auf sein Geheiß hin rituellen Selbstmord begehen. Im letzten Moment kracht der rettende Superman durchs Dach. Da er jedoch vom grünen Fieber geschüttelt wird, ist er momentan nicht mehr so super drauf, und ABU MOSDOR macht ihn „mit Hypnose zu seinem Sklaven". Superman tut nun alles ihm Aufgetragene und fährt seine geliebte Lois Lane fast in den todbringenden Abgrund ... aber er hat sein hypnogenes Ausgeliefertsein nur simuliert und kann nun den Sektenbösewicht hinter Gitter bringen (*Tod, wo ist dein Stachel?*, 1975).

Der grimmige Rocker Cliff, stachelbenietet, mit Totenkopf und Handgranate auf der Lederjacke appliziert, sieht einen langhaarigen Hippie in seinem Revier. Grund genug für den Hassruf: „Dem schlage ich die Fresse kaputt!" Und schon geht er auf ihn mit Gebrüll und Bierflasche, haut dem Hippie mit „CRAC!" die Langhaarperücke vom Kopf – und sichtbar wird darunter ein Extraterrestrischer, der wortlos seine Gedanken auf den Rockerschädel überträgt und ihm Kopfschmerzen verursacht, sodass der Rocker jammernd entflieht. Später, als der Co-Rocker Chuck an Sallys nackte und provozierend hervortretende comic-pointierte Brüste greift, wird Cliff grimmig: „Jetzt ist sie meine Alte!" Und plötzlich rumst es wieder fürchterlich, denn aus Cliffs Stirn trifft ein dünner Energiestrahl besagten Chuck unter dessen Ledermützchen und haut ihn um. Wieder etwas später erfahren wir durch den Außerirdischen, dass er mit seinen Untertassenkumpels synthetische Energiestrahlen aussendet, die sich sofort auf die molekulare Gehirnstruktur auswirken. „Ihre Neuronenstruktur wird sich verändern, und die Stimulation neuer Gehirnzentren ermöglicht ihnen eine Bewußtseinserweiterung. Sie werden an neue psychische Wellensysteme angeschlossen, und eine langsame Veränderung macht sich bemerkbar", denn sie werden von den Außerirdischen in ihrer Evolution überwacht, um ihren Entwicklungsstand in ständigem telepathischen Synchronkontakt zu halten (*Rockblitz*, 1980).

So, nun wissen die terrestrischen Leser über die Machenschaften der Außergalaktischen, besonders deren hypnotische Anwendungen, deutlich Bescheid.

Den Phantasiemöglichkeiten sind hier kaum Grenzen gesetzt – das ist natürlich das typische und von vielen geschätzte Stilelement des Comics. Insgesamt vermittelt der Comic, dass Hypnose stets machbar sei, wenn die Intervention und die Gerätschaft nur ausgereift, trickreich oder geheimnisvoll genug ist.

59

16.2 Die Klassiker der Geräteanwendung

16.2.1 Das Pendel

60; 28, 98, 143

Bereits vom historischen Beginn der Hypnose an waren unterschiedliche Gerätschaften wichtige Hilfsmittel zur Einleitung.

Das Pendel wird von Hermanns Arzt benutzt (Abb. hierzu s. Abschn. 8.7; *Mehr Pech kann niemand haben,* 1984). Donalds Neffen wollen ihrem Onkel helfen, sich gegen einen überheblichen, muskelbepackten Strandfuzzi durchzusetzen. Sie halten ihm kurz entschlossen das Pendel vor die Nase und suggerieren ihm Entsprechendes (*Wo rohe Kräfte sinnlos walten,* 1989).

Alf, der Zottelige vom fernen Stern Melmac, ist inzwischen allen Fernsehgebildeten bekannt. Da Katzen eine Lieblingsspeise auf seinem Herkunftsternes sind, versucht er, durch vielgestaltige Tricks an besagtes Haustier seiner Gastfamilie heranzukommen. So versucht er es auch mit Hypnose: Er verwendet eine Taschenuhr als Pendel – und nach der Suggestion der Müdigkeit leitet er zu dem für ihn wesentlichen Hauptteil über: „Du bist ein Krapfen!" Gerade, als Alf erfolgreich ist und die Katze regungslos vor ihm liegt, erscheint Willi Tanner und unterbricht ihn wie immer recht drastisch in seinem Vorhaben.

Die lustig-skurrilen Comicfilm-Figuren appel, ei und beisser sitzen um einen Tisch herum. Als plötzlich einer von ihnen gegen die Hängelampe über ihnen stößt, beginnt diese zu pendeln, und beisser verfällt schlagartig in Hypnose (Sendung: appel + ei + beisser, 10.11.1995, VOX).

Das Pendel war die klassische Gerätschaft in der Geschichte der Hypnoseeinleitung. Seine gleichförmigen Schwingungen bewirken Reizmonotonie und damit Beruhigung – bis hin zum Augenschließen.

Diese historische Anwendungsform entspricht kaum noch der Realität, da wenige seriöse Hypnotiseure tatsächlich zur Induktion ein Pendel verwenden. Diese Form ist in Fachkreisen kaum anerkannt und wird als exotisch oder esoterisch abgelehnt.

16.2.2 Varianten der Klassik

61

In der Sonderform des Pendels verwendet Maus Kaspar (*Yps,* 1979) auf dem Pendel Spiralen – ja, die Bewegungslinien daneben lassen sogar darauf schließen, dass es sich um ein Jo-Jo handeln muss. Aufgrund seiner Drehbewegungen werden dann die typischen Spiraleffekte erzielt, die so stark die Aufmerksamkeit auf sich ziehen.

Beetle Bailey ist der pfiffig-deppere Rekrut in der US-Army. Entsprechend ist er dünn, unauffällig und sommersprossig. Sarge, sein Vorgesetzter, steht ihm in Bezug auf Naivität in nichts nach. Eines Tages hypnotisiert Beetle ihn mittels einer vorgehaltenen brennenden Kerze, was ihm schnell gelingt (*Sarge in The Candy Kid,* 1974).

Diese letztere Einleitungsform entspricht nahezu dem klassischen Versuchsmodell von James Braid (1795–1860). Dieser englische Augenchirurg wollte die Wirkweise der Hypnose erforschen und erprobte bei seinen Experimenten unterschiedliche Bedingungen, so unter anderem das Anblicken einer Kerzenflamme. Letztlich kam er darauf, dass ein glänzender Gegenstand wie z. B. eine Lanzenspitze am besten geeignet für die Augenfixation sei. Er gab dem komplexen Verhalten den Namen Hypnose (vgl. Abschn. 1.2). Die eigentlichen Wirkfaktoren sind hier Reizeinengung und Reizmonotonie, vergleichbar der Wirkung des Pendels.

Früher hat ein blickbesessener Hypnotiseur sogar eine verspiegelte Brille erfunden, die er empfahl, um auf diese Weise den Klienten tief in die Augen sehen zu können, selbst aber nicht in seine Augen Einsicht gewähren zu müssen. Diese historische Erfindung wird in abgewandelter Form von Hypno, dem verbrecherischen Showhypnotiseur aufgegriffen, der stets eine Sonnenbrille trägt (*Donald Duck*, 1959). Das Phantom verwendet eine große rosa Brille, „eine Spezialbrille, mit der ich jeden hypnotisieren kann!" (*Micky Maus*, 1991). Diese Versionen leben von dem Volksglauben an den hypnotischen Blick.

16.3 Chemische Hilfsmittel

Gundel Gaukelei versprüht mit ihrem Parfümzerstäuber eine Flüssigkeit mit Betäubungswirkung (*Geht Onkel Dagobert ins Netz?*, 1977), während Donald und sein Onkel Dagobert durch den Gebrauch einer Spezialtinte beeinflusst werden (*De dwink-inkt*, 1975).

In der Abenteuergeschichte *Die sieben Kristallkugeln* (1985) müssen Tim, Struppi und der Kapitän Haddock beobachten, wie die ehemaligen Teilnehmer einer Inkaexpedition durch das Zerbersten von Kristallkugeln der betäubenden Wirkung einer Flüssigkeit ausgesetzt sind und in hypnotischen Schlaf fallen.

Der Chef des Edelsteingroßhandels *Carat & Co* öffnet nach einem Telefonat willenlos seinen Tresor für die Ganoven, und der Bankdirektor tut Gleiches; keine Spuren sind zu finden (*Micky und die Hypnotisierbriefe*, 1982). Micky bekommt aufklärungsdienliche Hinweise, aber auch einen Brief mit „persönlich" drauf, den Goofy für ihn öffnen darf. Sobald dieser zu lesen beginnt, gerät er in Hypnose und ruft willenlos jemanden an, dessen Anweisungen er sofort gehorcht. Micky kann ihm diskret folgen und dann einen Ganoven dingfest machen. Bei der Polizeivernehmung gesteht er, dass er in die Briefe Hypnotisierpulver hineingetan hat, das er aus dem Versuchslabor einer Reinigungsfirma mitgehen ließ.

Hier sind wir mal wieder eng an die Grenze des Spektakulären bzw. Spekulativen geraten. In sehr seltenen Fällen erleichtern Ärzte die Hypnoseeinleitung durch vorherige Injektion z. B. eines Beruhigungsmittels, was dann als *Narkohypnose* bezeichnet wird.

Da man Schlafmittel allgemein *Hypnotika* nennt, kann deren chemische Wirkung leicht mit dem historisch falsch gegebenen Namen der Hypnose und deren psychologischer Wirkungen verwechselt werden.

16.4 Technische Hilfsmittel

Als technische Hilfsmittel sind alle Gerätschaften zu verstehen, die durch Menschengeist erfunden und von Menschenhand konstruiert wurden.

16.4.1 Optische Hilfsmittel

Wir erfahren nun von einem Hypnotisator, einer Art Fotoapparat mit übergroßer Optik, in den Fotos gesteckt und über Computer eingespeist projiziert werden können (*Der geizige Verschwender*, 1986). Donald hat sich das Gerät angeschafft, um Onkel Dagobert damit zu einem hemmungslosen Verschwender zu machen. „Schaut er hinein und sieht mein Bild, verspürt er den unwiderstehlichen Drang, mich fürstlich zu beschenken." Als die hoffnungsträchtigen Neffen nichts ahnend mit dem Gerät spielen, schieben sie das Bild eines Hundes ein. Der ahnungslose Donald drückt später bei Dagobert ab, wonach dieser von einer Art Rausch ergriffen wird, Nachbars Bulldogge zu beschenken. Dabei ist er außergewöhnlich verschwendungssüchtig; er treibt Marschkapellen, Funkenmariechen, acht melkende Maiden, sechs grasende Gänse und sonstigen Humbug auf, um Hundchen zu imponieren. Die Geschichte endet damit, dass die Wirkung des Hypnotisators langsam erlischt. Aufatmend können wir feststellen, dass Onkel Dagobert wieder geizig ist.

In einer anderen Story benutzen Donalds Neffen als Spielzeug eine Hypnotisierpistole, eine kleine, schwarze Plastik- oder Holzpistole, an deren Mündung sich eine bierdeckelgroße Scheibe befindet, auf die eine Spirale aufgemalt ist. Drückt man den Abzug, rotiert die Spiralscheibe. Dazu erfolgt dann der Ausruf: „Peng, du bist hypnotisiert!" (*Das Hypnotisierspiel*, 1981).

Da Briefe gelesen werden, können sie auch zu den optischen Hilfsmitteln gerechnet werden. Dabei fällt uns sofort die magische Mahntinte ein, die Dagobert als Gratisprobe erhält. Er schreibt einen Mahnbrief an seinen Neffen Donald und erreicht damit verblüffend schnelle Schuldenrückzahlung (*Magische Mahntinte*, 1974).

Auch Spiegel spielen eine wichtige Rolle: Henry's Cat benutzt einen großen Standspiegel, um auf diese Weise Selbsthypnose durchzuführen (*The Hypnotist*, 1983). Die beiden Hassspione Spion und Spion ersinnen stets Böses gegeneinander. Als der eine Hypnose anwenden will, bekommt er plötzlich vom anderen einen Handspiegel vorgehalten und hypnotisiert sich auf diese Weise ganz fürchterlich selbst (*Operation Rückschlag*, 1972). Bei Clever und Smart wird von Miraculus, dem Zauberer, der gleiche Handspiegel eingesetzt, um ihre zum Schutz verbarrikadierten Augen dennoch trickreich mit seinem Blick zu treffen (*Fauler Zauber mit den Augen*, 1972).

62

63

16.4.2 Elektronisch-akustische Hilfsmittel

Die Kassette mit dem Schwindelettikett „Millionen über Nacht" wird von Gundelchen mit der für Dagobert-Fans herzerweichenden Suggestion versehen, dass Dagobert seinen ersten selbst verdienten Zehner rausrücken soll (*Unter Hypnose*, 1990). Sie will ihn (Anm. des Autors: GRAUS, KREISCH) zum Amulett umschmelzen! Nach Hören der Kassette braust Dagobert wie wild geworden zu seinem Privatjet, um wie von Hunden gehetzt nach Neapel zu kommen und Gundelchen den Kreuzer zu überreichen. Die stets vorpubertären und findigen Großneffen Tick, Trick und Track haben jedoch alles durchschaut und rasen gemeinsam mit Onkel Donald dem Dagobert hinterher. Mit bekannter Einsatzfreudigkeit und emotionalem Engagement gelingt es Donald, den berühmten Zehner an sich zu bringen und Gundel zum Aufgeben zu zwingen. Sie tut es: „Fauch! Hab' ich etwa eine Wahl?"

Das öffentliche Fernsprechnetz eignet sich ebenfalls für Hypnose-suggestionen: Der Chef des Edelsteingroßhandels *Carat & Co* öffnet nach einem Telefonat willenlos seinen Tresor (*Micky und die Hypno-tisierbriefe*, 1982).

Ray Banana ist ein Typ wie Clark Gable, ein Draufgänger wie Humphrey Bogart und stets ein ganzer Kerl (*Ray Banana*, 1982). Eines Tages berichtet seine Putzfrau von ihren Schlafproblemen und einer Annonce:

> **Elektrische Wiege**
> Finden Sie zurück zu tiefem, entspannenden Schlaf, mit dem neuen *Schlafo-Tief*. Schreiben Sie für einen unverbindlichen Test an B. E. Unternehmungen, Postfach … Chipdale K.

Später sehen wir das Gerät mit dem englischen Originalnamen „Dorm Calm", das aussieht wie ein großes, altmodisches Mikrofon. Als Rays Freundin es einschaltet, wird es hell, und man hört aus ihm: „Ein langsames Pulsieren, ein ruhiger Schein … nimmt Sie mit … in eine lange, ruhige Nacht ohne Sorgen …". Prompt schläft selbst Held Ray Banana im Sessel ein. Später kann er darüber nachdenken: „Hmm … vielleicht Mikrowellen … rufen eine schlafbegünstigende, hypno-tische Suggestion hervor … eventuell kombiniert mit … na bitte!" Und plötzlich erschallt es aus dem Gerät: „Lauf, Kleiner, lauf …" Aha, es dämmert! Nach zahlreichen Verwirrungen und Irrungen erfahren wir, dass dahinter die Sekte der Azureener steckt (Aktion **zur** endgül-tigen Wieder**ver**einigung), die ihre Anhänger willenlos machen und sie ausbeuten will.

65

16.4.3 Fernsehgeräte und Monitore

Micky Maus ist wieder wie so oft als Detektiv tätig, um in dieser Geschichte aufzuspüren, wer die geheimen Dokumente von Direktor Emsig, Chef der Automobilwerke, gestohlen hat. Da Micky Kontakte zu dem Fernsehsender APEX TV hat, wird ihm vom Programmdirek-tor ein neues Fernsehgerät zugesandt (*Ein gefährliches Programm*, 1983). Als es Micky im Beisein von Goofy einschaltet, sieht nur Micky Kreise auf dem Bildschirm und geht nun willenlos und schnurstracks zum Fernsehsender, geradewegs zu dem Oberboss, der Plattnase, der einer seiner ganovigen Dauerkontrahenten ist. Dieser informiert, dass er für sein Imperium die Dokumente führender Unternehmer zusammenschafft. Dazu bedient er sich der Fernsehgeräte. „Wir bau-en in jeden Apparat einen elektronischen Hypnotisator ein, der sich nach Gebrauch selbst zerstört. Die Betroffenen führen meine Befehle widerspruchslos aus und vergessen anschließend, was passiert ist! Und nur derjenige kann meine Befehle empfangen, für den sie bestimmt sind." Damit der Schurke Plattnase sichergeht, gurtet er Micky auf einen Sessel vor seinem Fernsehgerät fest und will das Spezialgerät einschalten, um dadurch bei Micky die ganze Geschichte aus dem Gedächtnis zu löschen. Im entscheidenden dramatischen Augenblick kann Micky jedoch beherzt mit dem Stuhl umkippen, was dann seine rettenden Freunde Goofy und Kommissar Hunter sekun-dengenau auf den Plan ruft.

16.4.4 Computer

Bereits in Abschnitt 16.4.1 erfuhren wir, dass Donald über eine Kombination von Diaprojektor und Computer aktiv wird. Diese

66

Hypnosetätigkeit via PC ist im Comic neu. Dies zeigt, dass man auch bei den konservativen Walt-Disney-Geschichten bemüht ist, zeitnahe Elemente zu berücksichtigen. Da bislang nur Beispiele aus dem historisch-klassischen Comicbereich zitiert wurden, soll nachfolgend das moderne Medium des PC ebenfalls erwähnt sein.

In Abschnitt 2.1.5 erfuhren wir bereits davon, dass Softwarefirmen PC-Programme erstellt haben, mit denen sich jeder nun selbst behandeln könne. Hier sehen wir, daß die im Comic aufgegriffenen Fortentwicklungen auch in Computerprogrammen zu finden sind.

16.5 Geräte mit Strahlenwirkung

Nun kommen wir zu einer Vielfalt technischer Möglichkeiten, die wohl am besten in der Reihenfolge ihres Auftretens beschrieben werden.

Die bereits als irre eingeführte Professoren Dicks, Tricks und Icks in Hominidengestalt (*Micky im Bann der Höllenstrahlen,* 1932/33) haben eine Maschine entwickelt, mit der sie alles beobachten können, was auf der Welt passiert. Wir würden heute Fernsehgerät dazu sagen. Aber wesentlicher ist ihre „Erfindung des Jahrhunderts, die Hypnosestrahlen, die eine kürzere Wellenlänge als Röntgenstrahlen haben". Damit möchten sie Herrscher über die Menschheit werden. Sie laden Micky Maus mit Freund Rudi Ross in ihr Schloss ein, nehmen Rudi dort gefangen, fesseln ihn auf einen Stuhl und richten das einer Flugabwehrkanone ähnliche Gerät auf sein Gehirn, um es zu testen. Dazu sind Rudis Augen verbunden wie bei einer Hinrichtung. Sie bewirken mit den Strahlen bei Rudi Ross sehr merkwürdige und aggressive Verhaltensweisen (wir werden noch mehr darüber später erfahren). Die verrückten Professoren richten im zweiten Teil des Experimentes ihre Hypnose-Kanonen-Strahlen quer durch das Schloss auf Rudi und beenden so die Hypnose. Rudi kann sich dann nur an das Geschehen *vor* der Hypnose erinnern, jedoch nicht an sein Verhalten *während* der Hypnose. Micky Maus ist nun wild entschlossen, die Welt vor diesen Hypnosestrahlen der potenziellen Welteroberer zu retten. Er schmiedet sich aus einem Ritterhelm einen metallenen Kopfschutz mit Gucklöchern und ist dadurch gegen die Strahlen abgeschirmt. Der Professoren-Ganoven-Oberboss Tricks denkt über diesen Fehlschlag nach und will sich wieder Rudi zur Kanonen-Strahl-Brust nehmen. Aber! Der stets pfiffige Micky Maus erklettert schnell den Befehlssitz der Gigakanone und richtet sie auf das Professorenpack: „Ich werde ihnen eine Dosis ihrer eigenen Medizin geben! ... Meine Herren, sie sind hypnotisiert! Die Waffen weg!" Nun erteilt Micky ihnen eine pädagogisch wertvolle Lektion (deren Inhalt wir in Kap. 21 erfahren werden).

Im Sciencefictioncomic *Der stählerne Rächer* (1982) wird ein nicht näher beschriebener Hypnopulsor zur Anwendung gebracht, mit der Wirkung, posthypnotische Befehle tief in „... die Gehirnzellen einzupflanzen ... so tief, daß der Befehl nicht gelöscht werden konnte, auch nicht, als das Gehirn den Feindes wieder normal wurde!".

67

Von Anfang an merken wir instinktiv, dass Dr. Mystir nur ein getarnter Antiquitätenhändler ist, der Schlimmes vorhat (*Voodoo-Zauber gegen Superman,* 1975). Und tatsächlich: Er hat sich Supermans Enzephalogrammausdrucks bemächtigt. „Seine Hirnwellen, aufgezeichnet bei einem Experiment im neurologischen Institut." Dieses

Stück Papier befestigt er an einer Superman-Puppe (etwa in der Größe, wie sie für Barbie gerade richtig wäre). Und schon erkennen wir am folgenden Ritual, dass es sich um eine Voodoo-Puppe handelt. Diese wird nun an unterschiedlichsten Stellen mit Nadeln etc. mächtig gepiesackt – und wie das so ist, erlebt Superman die provozierten Schmerzen. Als letztlich durch diesen Zauber Menschen in Gefahr sind, erscheint plötzlich der unversehrte Superman und informiert: Er spürte durch die illegalen Einwirkungen Ultraschallsignale, die tief in sein Gehirn eindrangen und dort in seinem Sehzentrum wirkten, sodass er geblendet war. Später konnte er jedoch dank seines wiedererlangten Supergehörs ein Gespräch der extraterrestrischen Ganoven BRAINIAC und LUTHOR belauschen und erfahren, dass sie in der Voodoo-Puppe ein kleines elektronisches Gerät eingebaut hatten. Es arbeitet nach dem Schaltplan der Kandorer. Diese hatten ein kleines Funkgerät entwickelt, mit dem ihre Ärzte „gefährliche Geisteskranke lenken" konnten. Mit diesem Lauschwissen konnte sich Superman nun wappnen. Er schützte sich mit einer Bleiplatte auf dem Rücken gegen die Kandorstrahlung und traf dann seine Gegenmaßnahmen: WUMMMMMS!!!

Der Physiker Dr. Spinnhirn hat ein Gerät ähnlich einem größeren Fotoapparat erfunden, mit dem er Educastrahlen aussenden kann: „Es ist eine Lehrmaschine, die den Bildungsnotstand beseitigen und Schulen überflüssig machen wird" (*Das Geheimnis des schwarzen Kastens*, 1980). So kann er damit den Papagei singen und seinen Hund Infinitesimalrechnungen lösen lassen. Leider haben die Spione vom Lande Brutopia davon erfahren, entwenden es und setzen es ... richtig geraten! ... gegen Dagobert Duck ein. Er hat dadurch nämlich plötzlich den unbezähmbaren Wunsch, in die Mangroven-Sümpfe zu kommen. Dort wird er dann auch von den Bösewichtern zur spurlosen Beseitigung ausgesetzt. Der böse, schweinsgesichtige Brutopier wird nun weiter aktiv, bearbeitet Donald, ein Pferd und den Stadtrat von Entenhausen mit dem Strahlgerät, um Letzteren „den Verstand eines Huhn ins Gehirn zu zischen". Letztlich, als sich alles höchst dramatisch zuspitzt, wird Dagobert gerettet; er hat sein Erinnerungsvermögen wieder zurück und trifft mit einem gezielten Pistolenschuss mitten in die Optik des schwarzen Kastens – gerade rechtzeitig, als er wieder gegen ihn eingeschaltet werden soll.

Zyklotrop, von der Idee besessen, die Welt erobern zu wollen, ist mit seinem Zyklomobil (einer Art senkrecht startender Düsenjäger) unterwegs (*Der Plan des Zyklotrop*, 1985). Er lässt um 16.00 Uhr in Rummelsdorf ein Zeichen setzen, indem er den Radioempfang der Bevölkerung mit Hetzparolen gegen den Grafen von Rummelsdorf versieht. Fantasio wird von einem willenlosen Diener des Zyklotrop mittels einer Art Strahltaschenlampe ebenfalls mental lahm gelegt. Später bekommt er eine Art Trockenhaube wie im Friseursalon aufgestülpt. Der Funktionstest lautet: „EIW TSSIEH RED ETSSÖRG RELTFAHCSNESSIW RELLA NETIEZ?" Spontane Antwort der Willenlosen: „PORTOLKYZ! RED ESSORG PORTOLKYZ! SE EBEL PORTOKLYZ!!!" Dank dieser Geheimsprache können sich alle Willenlosen des Zyklotrop untereinander verständigen, ohne verstanden zu werden. NEDNATSREV? AMIRP! (Anm.: Falls Sie diese Sprache nicht verstehen sollten, dann orientieren Sie sich bitte an den Auswertungsergebnis-

68–70

sen des Abschn. 12.2.) Der Abschluss? Wie immer werden alle Willenlosen wieder Besitzer ihres eigenen Willens. Nur der allergrößte Machtanspruch des Zyklotrop wird ein Flop: Mit zig Raketen wollte er einen gut gesponsorten Werbespruch auf den Mond schreiben – aber dank seiner Schusseligkeit wird der Text nun in seiner Geheimsprache gesprayt, und auf dem Erdtrabanten steht nun peinlicherweise „acoC-aloC". Fazit: Fanatismus engt ein!

In der Geschichte *Schwerer Schlag in Stalingrad* (1985) wird ein Krimi erzählt. Namhafte Comicautoren (z. B. Serge Clerk, Denis Sire, Moebius, Petillon, Nicole Claveloux) übernehmen dabei jeweils den inhaltlich roten Faden vom Vorgänger und spinnen ihn mit ihrer für sie jeweils typischen Erzähl- und Zeichenform weiter. Dabei kommt ein schwarzes, würfelförmiges Gerät ähnlich einer altmodischen Kamerabox vor. Es sendet plötzlich Strahlen aus, „Bipbbpbibzz", und bewirkt, dass die beiden bösen Kontrahenten Jeanon und Esteban sich nun voller Liebe in die Arme fallen.

Dagobert Duck schützt eines Tages seinen Geldspeicher mit einem Energiemantel, den die rach- und talersüchtige Gundel Gaukelei mit Hexenkunst zu durchdringen versucht. Als ihr dies fast gelingt, ruft Dagobert Duck in seiner Verzweiflung Daniel Düsentrieb an. Dieser weiß folgendes: „Da steckt bestimmt Mona Menetekel dahinter! Vielleicht ist ihr eine Erfindung gelungen, die unsere Strahlen neutralisiert? Dann hat Gundel leichtes Spiel! Wenn Sie Ihren Glückstaler retten wollen, rate ich Ihnen dringend, eine neue Gegenkraft zu schaffen! Nehmen Sie Ihren Glückstaler zur Hand und sehen ihn so scharf an, daß zwischen ihm und Ihren Augen ein Spannungsfeld entsteht! Dadurch wird ein physikalischer Prozeß ausgelöst ... nämlich der sogenannte *Rückblitz*, der sich in Ihren Augen entlädt und genügend Energie schafft, um Gundel Gaukelei besiegen zu können!" Als dies Dagobert nur wenige Sekunden durchhält, tut es einen gewaltigen Blitzschlag aus seiner Stirn, BLITZEL, BLITZEL, BLITZEL, und das Energiefeld macht Gundel machtlos (*Der Strahlenkäfig,* 1979). Die hier beschriebene Technik des Taleranstarrens könnte als eine Form der Autohypnose angesehen werden, vergleichbar der Methode des Lanzenspitzen- oder Kerzenflammenanstarrens, mit dem wir uns bereits in Abschnitt 16.2.2 befassten. Dass diese jedoch jenen „Effekt" des Rückblitzes auslösen soll, muss in der Fachliteratur noch eifrig gesucht werden.

16.6 Hypnosestrahlen

3, 30, 35, 38, 51, 59, 73, 95, 134, 149

Bei allen Strahlen aussendenden Comicgeräten wie Hypnosekanone, schwarzem Kasten, Hypnopulsor u. Ä. werden Impulse emittiert, die sichtbar und zugleich sehr kurzwellig sind. Das ist bereits ein physikalischer Widerspruch, der jedoch im Comic zwecks plastischer Darstellung als künstlerische Freiheit zu bezeichnen ist. (Anm.: Sehr kurzwellige Strahlen sind nicht mehr optisch wahrnehmbar.)

Bei Superman werden Kandorstrahlen benutzt, die es noch physikalisch zu definieren gilt. Von Ray Banana (1982) werden Mikrowellen vermutet. Nähmen wir diese Aussage wissenschaftlich ernst, so wäre er schon längst durchgegart. Da im Jahr 1982 die kulinarische Wirkung der Mikrowellen wahrscheinlich noch nicht bekannt war, sei diese Aussage als futuristisch-surreal einzuordnen.

Bei Micky Maus (*Micky im Bann der Höllenstrahlen,* 1932/33) wird jedoch konkret von einer Wellenlänge berichtet, die kürzer als die von Röntgenstrahlen ist. Sie muss demnach im Bereich der Gammastrahlen liegen.

	Elektromagnetische Wellen *Alle Strahlungsarten breiten sich (im Vakuum)* *mit Lichtgeschwindigkeit aus.*		
Wellenlänge in Metern	**Strahlungsart**	**erfaßbare Objekte**	**Strahlungsquelle**
10^4		Gebäude	
	Radiowellen		Radiosender
10^2		Kohlkopf	Fernsehsender
1			Fliege
	Mikrowellen		Mikrowellenherd
10^{-2}		Einzeller	
	Infrarot		Infrarotherd, Grill
10^{-4}		sichtbares Licht	Sonne, Kerze
10^{-6}	Ultraviolett	Eiweißmoleküle	Sonnenbank
10^{-8}		Kristallmoleküle	
	Röntgenstrahlen		Röntgengerät
10^{-10}		Atomkern	Elektronenmikroskop
10^{-12}	**Hypnosestrahlen**	**Proton**	**Hypnosekanone**
10^{-14}	Gammastrahlen	Quarks	Kernexplosion

*Tab. 16.1: Darstellung der Hypnosestrahlen innerhalb des elektromagnetischen Spektrums; Einordnungssystematik frei nach Prof. Dicks, Tricks und Icks (*Micky im Bann der Höllenstrahlen, *1932/33).*

Gammastrahlen, die bei der Atomkernumwandlung auftretende elektromagnetische Strahlung mit Energie in der Größenordnung von im allgemeinen etwa 10 keV bis 25 MeV (entsprechend Wellenlängen von 10^{-8} cm bis 5 x 10^{-12} cm). G. unterscheiden sich nicht qualitativ von Radiowellen, Licht, Röntgenstrahlen oder Bremsstrahlung; die Bezeichnung G. kennzeichnet lediglich ihre Entstehungsweise. G. entstehen, wenn ein Atomkern von einem angeregten Zustand (der Energie E2) in einen niedrigeren (der Energie E1) übergeht (Brockhaus, 1968).

Gammastrahlen sind also extrem energiereich und so kurzwellig, dass sie Materie, also Gewcbezellen oder Metalle, durchdringen. Sie sind unsichtbar, allgemein nicht wahrnehmbar und nur in einer eng definierten Dosis hilfreich, sonst sind sie schädlich, gewebezerstörend, vernichtend.

Die Annahme von „Hypnosestrahlen" unterliegt wohl dem Glauben, dass das Gehirn elektromagnetische Schwingungen wahrnimmt.

Entsprechend müssten diese Wellen bestimmte Botschaften enthalten. Technisch lässt sich dies über Frequenzmodulation (FM) oder Amplitudenmodulation (AM) bewirken. Wie aber kann unser Gehirn diese dekodieren? Weiter steht dahinter die Hypothese, dass man durch seine Augen oder „irgendwie vom Gehirn aus" Wellen oder Energie übertragen und auch empfangen kann. Viele Forscher haben diese Hypothese überprüft und haben bislang nichts zu ihrer Unterstützung finden können. Welche Form von Energie sollte hier auch übertragen werden? Sollen es Wellen oder Teilchen sein, damit entweder die Undalationstheorie oder die Korpuskulartheorie zutrifft?

Wissenschaftliches und erst recht psychologisch-wissenschaftliches Denken erfordert mitunter auch, ungewöhnliche Annahmen und Suchrichtungen zu verfolgen. So möchte ich an dieser Stelle noch etwas verweilen und darüber nachdenken, warum man so beharrlich an Strahlenwirkungen der Hypnose glaubt. Wenn wir uns intensiv mit der Sinnesphysiologie und Neurophysiologie von Reptilien auseinander setzen, dann begegnen wir hier einem Organ, das für diese Denkrichtung gegebenenfalls Hinweise geben kann. Viele Reptilien besitzen auf der Oberseite ihres Kopfes ein Scheitelauge (= Parietalauge, Pinealauge, drittes Auge). Es sieht genauso aus wie ein lichtempfindliches Organ, hat mit ihm zahlreiche physiologische und anatomische Ähnlichkeiten und scheint auch lichtempfindlich zu sein. Die Aufhellung seiner Funktion widersetzt sich hartnäckig vielen Untersuchungen; möglicherweise dient es zur allgemeinen Lichtorientierung, besonders für die jung geschlüpften Tiere. Dieses Organ ist beim Menschen die *Glandula pineale*, hat die Größe einer Erbse und liegt zwischen den beiden Großhirnhemisphären im Zwischenhirn. Dieses Organ, zu dem beim Menschen kein Licht dringen kann, ist mehr bekannt unter dem Begriff Epiphyse oder Zirbeldrüse und hemmt die Ausreifung der Genitalien bis zur Pubertät. Der Philosoph Descartes hielt es für den Sitz der menschlichen Seele.

Ist dieses in seiner Funktion noch sehr unbekannte Organ Anlass für mannigfaltige Spekulationen, so auch für die Annahme, Hypnose werde durch Strahlen in dieses „dritte Auge" ausgesandt? Wenn dem vielleicht so sein mag ... aber in welchem Organ sitzt dann wohl der Sender für derartige nicht messbare Strahlen?

In der internationalen seriösen Hypnoseforschung stellt sich eindeutig heraus, dass überhaupt keines der genannten physikalischen Bedingungsmodelle zutrifft. Die Annahme Mesmers, dass es sich um Magnetismus oder um Fluidum handle, ist überholt (s. Abschn. 1.2 und die alte Abbildung, in der Hypnosestrahlen wirksam sind).

Wir sind 200 Jahre weiter!

Unsere Seele ermöglicht Hypnose. Nur unsere Seele in Kombination mit unserem Körper!

So, nun wissen Sie, warum Ihnen so viel über den hypnotischen Blick, Spiralen und den Aberglauben über Hypnosegeräte berichtet wurde.

Nachdem alles schonungslos aufgeklärt ist, ergeben sich doch die nachfolgenden Fragen.

Die obigen Schilderungen scheinen die Annahme zu vermitteln, dass man über das Telefon oder andere Geräte des täglichen Gebrauches hypnotisiert werden kann. Wenn wir nun jede Art von chemischen oder technischen Mitteln und Manipulationen wie Hypnotisierpulver und Hypnosestrahlen wegdenken, da comictypisch, bleiben die Geräte Tonband, Telefon und Fernsehen in ihren technischen Grundgegebenheiten.

Die Brutopier lassen ihre Strahlen durch das Telefon zischen (*Das Geheimnis des schwarzen Kastens*, 1980), Goofy erhält einen Anruf und reagiert prompt (s. Abschn. 14.6.2 und Abb.; *Micky und die Hypnotisierbriefe*, 1982), und Gundel Gaukeleis Aktivitäten via Kassette sind bekannt (*Unter Hypnose*, 1990).

16.7 Kann auch über Telefon, Kassette oder Fernsehen hypnotisiert werden?

Sicherlich lassen sich z. B. über Tonkassetten Hypnoseinstruktionen erteilen, um auf diese Weise etwa besonders Examenskandidaten ihre Entspannungsinstruktionen mitzugeben. Viele Therapeuten geben ihren Patienten auf einer Tonkassette ihre individuellen Hypnosesuggestionen mit nach Hause, damit sie dort weiterüben können. Die Behandlung wird dadurch oft intensiver, geht schneller voran und wird kostensparender. Weiterhin merken die Patienten, dass sie die Behandlung durch ihre eigene Aktivität vorwärts bringen können und dass demnach Hypnose kein Verfahren ist, bei dem sie nur passiv sein müssen.

Gleiche Instruktionen wie mit einer Tonkassette ließen sich durchaus über das Telefon oder das Fernsehen vermitteln. In einer bekannten Klinik erhalten die Patienten sogar täglich über die Lautsprecheranlage im Hause ihre Hypnosesuggestionen, während sie auf ihren Zimmern im Bett liegen. Hierbei können selbstverständlich nur sehr allgemeine Instruktionen bzw. Suggestionen gegeben werden, mit denen alle Patienten etwas anfangen können. Es sollte jedoch angemerkt sein, dass diese Klinik-Behandlungsform eine Ausnahme darstellt und sicherlich enge Grenzen hat.

Falls jemand über das Fernsehen Hypnosesuggestionen für eine breite Zuschauerschar übermitteln wollte, würde ich ihm davon abraten. Da die vielen sehr unterschiedlichen Zuschauer äußerst unterschiedlich reagieren können, werden einige sicherlich angemessen die Suggestionen befolgen, während andere nicht darauf reagieren und wieder andere aufgrund ihrer individuellen Problematik sich unangemessen verhalten werden. Die Gefahr der Fehlkommunikation und des Missverständnisses und somit der Schädigung von Zuschauern ist hier also besonders groß.

Teil V

Die Wirkungen der Hypnose
– Comic und Realität

„Du bist ein Huhn" ... ?

Kapitel 17

Analyse der Hypnosewirkungen im Comic

An dieser Stelle wenden wir uns der Untersuchung der Frage zu, was alles im Comic durch Hypnose erreicht werden kann. Wie im Vorkapitel bereits dargestellt, ist die Einleitung der Hypnose nun bereits erfolgt, und der Patient (gegebenenfalls Klient oder Opfer) ist den Suggestionen der Hypnotiseure ausgesetzt.

Die oben beschriebenen bei der Hypnoseeinleitung spontan möglichen Reaktionsweisen des „Opfers" legen nahe, dass dieses von nun an in der Macht des Hypnotiseurs steht und Verhaltensweisen zeigt, die nicht mehr von ihm selbst bestimmt werden. Unsere Analyse soll aufzeigen, was im Comic und in der Wissenschaftsrealität möglich ist.

In die Datenanalyse kamen insgesamt 126 Hypnosesituationen, die danach beurteilt wurden, welche Art der Hypnosewirkungen erzielt wurde.

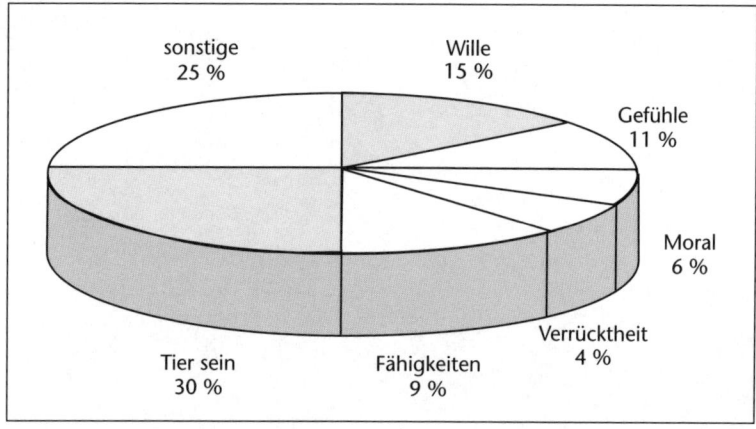

Abb. 17.1: Hypnosewirkung im Comic: mannigfaltige Beeinflussungen

Bereits der Allgemeinüberblick der Auswertung deckt auf, dass mit der Comichypnose vorwiegend solche Bewußtseinzustände bewirkt werden, die wir in unserem Alltagsleben ablehnen oder sogar befürchten, so z. B. Kontrollverlust, unkontrollierte Gefühlsveränderungen, Verrücktheit.

17.1 Erste Anzeichen: Wirkungen im Blick

Nach all den vielen und meist dramatischen Aktionen der Hypnotiseure muss sich nun etwas Außergewöhnliches tun! Das ist auch sehr schnell am Blick der Klienten zu erkennen. Sie haben selbst entweder Kreise in den Augen so wie Mogli (s. Kap. 14), oder sie haben die Augen sehr weit aufgerissen, als ob sie etwas nicht fassen könnten. Dabei bewegen sich meist Spiralen um sie herum, oder kleine Bläschen zeigen an, dass sie benommen sind und ihr Verhalten nicht mehr mit normalen Maßstäben bewertet werden kann, so z. B. bei Donald, Goofy, dem Mädchen Ororea oder Onkel Dagobert.

 72

Diese von Comiczeichnern eingefangene psychische Situation wird auch in der seriösen Wissenschaft diskutiert: Ist Hypnose ein besonderer Bewusstseinszustand *(altered state of consciousness)* oder etwas Alltägliches? Mit dieser Fragestellung werden wir uns ausführlich in Abschnitt 24.5 befassen.

17.2 Willensveränderungen und Kontrollverlust durch Hypnose

29 ☐

Oft wird die Hypnose mit bedeutungsschweren Aussagen eingeleitet wie: „Du bist in meiner Gewalt!" Besonders bei den Außergalaktischen ist das sehr beliebt. Da sie oft mit Hyperlichtgeschwindigkeit fahren, müssen sie wahrscheinlich besonders schnell, kurz und bündig arbeiten. Abu Mosdor, der Sektenführer, macht Superman sogar „mit Hypnose zu seinem Sklaven" *(Tod, wo ist dein Stachel,* 1975). Dieses sklavische Ausgeliefertsein erreicht der Zyklotrop bei den harmlosen Bürgern von Rummelsdorf, die dann wie Roboter uniform handeln *(Der Plan des Zyklotrop,* 1985). Aber auch Dagobert kann die Panzerknacker endlich in Gruppenhypnose in Reih und Glied ins Kittchen marschieren lassen *(Donald in Hypnose,* 1970). Rabad Rabadadi weiß zwar, dass „jemand in Hypnose instinktiv in Abwehrhaltung geht!" (ebd.), kann aber bei Donald sofort bewirken, dass er wie ein Wasserfall redet. Donald scheint hier nicht mehr willentliche Kontrolle über seine Mitteilungen zu haben. So äußert sich Rabad Rabadadi denn auch: „Er ist wieder hypnotisiert. Jetzt können wir ihn ausquetschen wie eine Zitrone."

Als sich Donald in Prof. Pankraz Puhmandls hypnotischer Gewalt befindet, besitzt er ebenfalls keinerlei Kontrolle mehr über sich und ist eine willenlose Marionette für die derben Demonstrationen des Hypnoprofessors *(Hypnotisiert,* 1989). Als Donald von dem kleinen, widerspenstigen Kojoten und vom störrischen Wildpferdfohlen hypnotisiert wird, befolgt er widerstandslos spontan deren nonverbale Suggestionen *(Dressur eines Kojoten,* 1994; *Reine Liebe und Güte,* 1991). Der von Lobjak befragte Zirkusdirektor Paolo würgt sich selbst und kann sich nicht dagegen wehren *(Felina,* 1981). Auch Al Kazar, der undurchschaubare Fremde mit dem Turban, äußert nur den Gedanken „Gehorchen!", und schon klappt es *(Alles wie verhext,* 1984).

73, 74 ☐

Der kleine Mogli ist durch die Schlangenhypnose der Kaa vollkommen willenlos, bewegungslos und ihr ausgeliefert *(Dschungelbuch,* 1979).

Die vom Apparat *Schlafo-Tief* beeinflussten Personen gehen automatisch zum Sektentreffpunkt der Azureener *(Ray Banana,* 1982). Auch Dagobert, die harmlosen Bürger Entenhausens und Krähen, die durch den schwarzen Kasten des Physikers Dr. Spinnhirn beeinflusst werden, haben den unwiderstehlichen Drang, sich in die Sümpfe zu begeben *(Das Geheimnis des schwarzen Kastens,* 1980). Sogar die blutrünstige Eingeborenengruppe der Malayos verliert unter Gundel Gaukeleis Blick die Besinnung und schläft *(Die Hexe zur See,* 1988).

Bei diesem im Comic demonstrierten Verlust eigener Kontrolle werden alte Menschheitsängste thematisiert. Dabei spielt oft auch die Faszination durch das Problem der gespaltenen oder multiplen Persönlichkeit eine Rolle – wie wir in den Ausführungen über die Romantik erfahren haben (s. Abschn. 2.1.2 und 2.3):

– Wer bin ich wirklich? Gibt es in mir verborgene, mir unbekannte Strukturen, Gedanken, Impulse?

- Bleibe ich generell identisch, wenn ich schlafe, in starke Emotionen gerate, unter Hypnose bin?
- Wo liegt die Grenze zwischen Traumwirklichkeit und Wachwirklichkeit? Gibt es sie? Wie verhalte ich mich jenseits dieser Grenzen?
- Welche Identität habe ich im Traum oder in ähnlichen Situationen?
- Kann ich immer die Kontrolle über mich innehaben?
- Kann ich immer eher logisch gesteuert und somit selbst bestimmt handeln? Gibt es auch Ausnahmezustände, in denen ich impuls- oder triebgesteuert handle?
- Wer, was bin ich, wenn ich nicht sagen kann, wer ich bin, wenn in meinem rationalen Geist das „Cogito, ergo sum" ausgeschaltet ist – so im Schlaf, in Ohnmacht, Fieber, Narkose?
- Kann eine Person oder kann ein Mechanismus in mir selbst Teile von mir ausschalten?
- Bin ich immer ich? Wer bin ich, wenn ich älter bin?

Tatsächlich haben wir es hier öfter mit Ängsten zu tun als mit positiven Erwartungshaltungen, wie sie allenfalls von Drogenkonsumenten bewusst angestrebt werden.

Im Kontrast zu diesem Katalog äußerst beängstigender Effekte steht die nahezu graue und ernüchternde Realität der realen Hypnosepraxis. In der Klinischen Hypnose, die durch den Fachmann geleitet wird, kommt es so gut wie nie zum Kontrollverlust. Der Patient kann sich stets mit seinen Handlungen und Gefühlen beobachten und somit wahrnehmen. Wissenschaftliche Untersuchungen zeigen, dass wir auch außerhalb der Hypnose, also im normalen Alltagsleben, mitunter unsere Kontrolle „verlieren". Die Erfahrungen unter Hypnose unterscheiden sich nicht viel von unseren Alltagserfahrungen. Ja, in Hypnose erfolgt sogar noch eine therapeutische Begleitung, falls Schwierigkeiten auftreten sollten. Der Patient erlebt einige von ihm durchgeführte Handlungen zwar als eigenartig (z. B. wenn sein Arm langsam hochschwebt), kann sie jedoch zulassen. Er weiß, dass der Therapeut nur Dinge verlangt, denen er zustimmen kann.

17.3 Bewusstsein während der Hypnose?

Fast immer bekommen wir den Eindruck vermittelt, dass die in Hypnose befindliche Person alles tut, was man ihr aufträgt, befiehlt, suggeriert. Wie deutlich wurde, ist sie im Comic meist willenlos ausgeliefert, handelt automatisch und unreflektiert. Sehr selten erfahren wir etwas über ihren Bewusstseinszustand. Kann die Person dabei auch eigene Gedanken fassen?

Als Donald von Professor Puhmandl zum Amusement seiner Neffen rumkommandiert wird, entstehen bei Donald in Hypnose einige Gedanken:

- „Klick! Huhn? Bin ich ein Huhn? Jawohl, ich bin ein Huhn!"
- „Klick! Esel? Bin ich ein Esel? Jawohl, ich bin ein Esel!"
- „Klick! Balletttänzer? Bin ich ein Balletttänzer? Jawohl!

Schwermütig wie der sterbende Schwan schwebe ich dahin! Das ist eine prächtige Pirouette!"
- Später, als „Karatemeister": „Ein Karatemeister arbeitet mit Ziegelsteinen. Jawohl! Er halbiert mindestens drei mit einem Handkantenschlag, wenn ihm danach zumute ist!"
- Als „Tarzan": „A-uah! Uah! Im Urwald leben und sterben! Grunz, ich bin Tarzan! Grunz! Wer wagt es, sich Tarzan in den Weg zu stellen? Eine Liane! Grunz! Tarzan liebt Lianen! ... (Nun erfolgt ein Absturz von der vermeintlichen Liane.) ... Der arme Tarzan hat eine Beule!"

Differenzierte Informationen erhalten wir wieder durch Donald, als er von Kasimir Kapuste mit der Hypnotisierpistole matt gesetzt wird:

- Als Pelikan reflektiert Donald: „Quark, quark! Warum denk' ich nur immer, ich muß von dem Kerl einen Taler kassieren? Zu dumm, wo ich doch ein Pelikan bin!"
- Als Huhn: „Putt, putt, putt! Ich möcht' aber lieber was Größeres sein!"
- Als er dann ein Gorilla ist: „Endlich! Auch ein Gorilla kann Schulden eintreiben. Uuah, uuah!" (*Das Hypnotisierspiel*, 1981).

Sicherlich ist in Hypnose die Kritikfähigkeit gegenüber Reizen reduziert, denn sonst würden die Worte des Therapeuten nicht so unterschiedliche Erlebnisse bewirken können. Bei allen wissenschaftlichen Berichten wird jedoch immer wieder deutlich, dass die Kritikfähigkeit der hypnotisierten Person nicht in der Weise verloren geht, wie im Comic geschildert. Wir können dies jedoch auch mit anderen Worten ausdrücken: Zwischen Therapeut und Patient ist ein vertrauensvolles Beziehungsverhältnis, das der Patient so intensiv wahrnimmt, dass er die vom Therapeuten gegebenen Instruktionen bzw. Suggestionen als „Wahrheit" akzeptiert.

Die letzte Schilderung Donalds in der Aktion als Gorilla kommt der Realität am nächsten: Die hypnotisierte Person kann sehr wohl ihre Situation reflektieren, sich sogar selbst dabei beobachten. Viele beschreiben es so, als ob man sich von außerhalb als außenstehende Person beobachtet, die auf seinem Stuhl sitzt und in Hypnose handelt. So als ob man als ein verborgener Beobachter bei sich selbst teilnimmt. Dies wurde tatsächlich als Fachbegriff *verborgener Beobachter* (engl. *hidden observer*) in die Fachliteratur eingeführt. Ist die vom Therapeuten angebotene Geschichte sinnvoll und entspricht sie den Wertvorstellungen des Patienten, kann er ihr weiterhin folgen – vorausgesetzt, das Beziehungsverhältnis zum Therapeuten ist gut und vertrauensvoll genug aufgebaut. Unter solchen Voraussetzungen hat der Therapeut beim Patienten eine *Ja-Haltung* etabliert, d. h., auf der Grundlage des bislang erarbeiteten Vertrauensverhältnisses kann der Therapeut mitunter auch Inhalte nahe bringen, die der Patient ansonsten eventuell nicht akzeptieren oder vermeiden würde. Z. B. kann er einen Patienten mit einer Hundephobie in Hypnose die

Annäherung an einen Hund erleben lassen, die dann akzeptiert wird, was bereits in sich schon einen Fortschritt im Angstabbau darstellt.

Ein weiteres Hypnosetherapiebeispiel wäre: angstreduziertes Erleben einer zukünftigen Prüfungssituation, verbunden mit dem realen Gefühl, dass man angemessen gelernt hat; aufgrund der komplexen Therapie wird später in der Realsituation vieles angstfrei erlebt.

Bei Zahnextraktionen ohne Narkosemittel kann der Patient durch geeignete Suggestionen immer mehr entspannen und dann sogar den Schmerz der Extraktion oder der Operation so ausblenden, dass er nicht mehr als solcher wahrgenommen wird, sondern nur noch als harmlose Berührung.

17.4 Veränderung von Gefühlszuständen

 75, 76

Die differenzierte Analyse unseres Datenmaterials zeigt, dass insgesamt 11 % der Hypnosewirkungen in Gefühlsveränderungen bestehen (s. Abb. 17.1). Von diesen sind 78 % starke Aggressionen, 11% Angst und 11% Liebe.

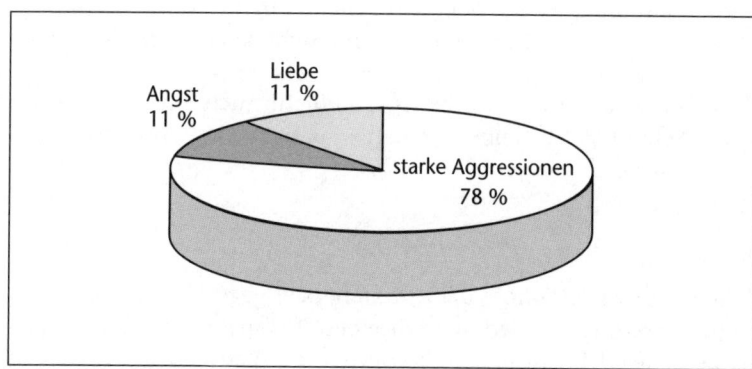

Ab. 17.2: Analyse der durch Comic-Hypnose bedingten Gefühlszustände

Bei Spion und Gegenspion arbeitet man mit starken Aggressionen: Der Kater des einen Spions veranlaßt den Hund des anderen Spions, sich selbst einen Kinnhaken zum K. o. zu geben. Gleiches versucht der eine Spion dann bei seinem Gegenkollegen zu bewirken. Er schlägt sich jedoch selbst mit der Faust nieder, da ein listig versteckter Handspiegel seine Augenstrahlen und damit den Aggressionsbefehl auf ihn zurücklenkt (*Operation Rückschlag*, 1972).

Der hypnotisierte Donald wird kurzzeitig wach und dabei aggressiv, denn er hat in Trance die Schlägerei der Panzerknacker mit angehört (*Donald in Hypnose*, 1981). Die Aggressionen Supermans wurden bereits öfter zitiert. Die biederen Clever und Smart sind auf Veranlassung von Miraculus besonders brutal, z. B. als sie den Befehl erhalten, die Hecke zu schneiden und mit der Heckenschere die Nase des Polizisten kappen (*Miraculus, der Zauberer*, 1970).

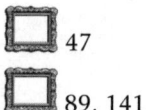 47

89, 141

Lupo, der nimmermüde Hühnerstallbelagerer, bewirkt beim Wachhund einen Hexenschuss (*Eingewickelt*, 1988). Selbst der mittels Hypnose geangelte Fisch wird plötzlich bissig und rennt hinter seinem Fänger her (*Ein dicker Fisch*, 1979; *Fauler Zauber mit den Augen*, 1972).

Micky Maus setzt die Gefühlsveränderungen der Gauner-Professoren im Sinne der Friedensbewegung ein, als er ihnen den Hypnosebefehl gibt, ihr eigenes Machwerk selbst zu vernichten (*Micky im Bann der Höllenstrahlen*, 1932/33).

Der galaktische Silberstürmer (Sie erinnern sich: jenes glänzende Stahl-Sensibelchen) soll zu einem zufälligen Gedanken reduziert werden. „Bis du in das lebende Labyrinth meines Gehirnes hineinpaßt!" Bei der vorhandenen hirnrissigen Struktur von Mephisto und seinen depperten Dialogen muß das immense Angst erzeugen (*Der galaktische Silberstürmer*, 1974). Auf der Bühne des Showhypnotiseurs Hip No Lung bekommt ein Mitspieler Angst vor den Tuareg suggeriert, sodass er auf ein Kamel (= Mitspieler) springen muss (*Die große Hypnose*, 1987.

Endlich kommen wir zu den wenigen erfreulichen Ausnahmen der comichypnotisch bedingten Gefühlsverwirrungen:

Der bislang beharrliche Junggeselle Dagobert wird unter Gundel Gaukeleis Hypnoeinfluss besonders weich, ja sogar zärtlich und will Gitta Gans heiraten. Dies ist eine immense Veränderung grundlegender Charakterzüge! In dem Fortsetzungs-Surreal-Comic *Schwerer Schlag in Stalingrad* (1985) bewirkt der eigentümliche schwarze Kasten bei den verfeindeten Agenten plötzlich deren innige gegenseitige Zuneigung (s. Abschn. 16.5). 71 ▢

Hier kommen die Comicschilderungen der Realität ein wenig nahe, denn unter Hypnose können Gefühlszustände tatsächlich verändert werden, jedoch auf einer vollkommen anderen Ebene als hier in der gezeichneten Bilderwelt. So kann ein ängstlicher oder sogar phobischer Patient in Hypnose seine Angstauslöser deutlicher erkennen und auf der Imaginationsebene in Hypnose die Angsterregung abbauen und die stetig abnehmende Angst beobachten. Dabei verändern sich sowohl seine physiologischen Angstsignale (Zittern, Schweiß) als auch seine Erwartungshaltungen, kognitiven Einstellungen und Bewertungen der Situation.

Hypnose ist hier im Rahmen der Psychotherapie z. B. bei zahlreichen Ängsten wie Sprechängsten, Examensängsten, Flugängsten, Zahnarztangst etc. sehr erfolgreich. Nicht zu vergessen ist jedoch, dass auch in der Therapie unter Hypnose ebenfalls Aggressionen oder Ängste auftreten können, aber dann nicht als direkte Auswirkung der Hypnosesuggestionen, sondern z. B. durch das in der Therapie erforderliche Wiedererleben bestimmter traumatischer (= verletzender) Erlebnisse. Auch positive Gefühle kann man hierdurch wieder erkennen oder zulassen, so kann z. B. der von zahlreichen Misserfolgen geplagte Schüler in Hypnose seine früheren Erfolge in der Schule wieder erleben und dadurch Selbstvertrauen entwickeln.

Hypnose bewirkt also nie losgelöst von einem Erlebenskontext oder allein durch eine kurze Suggestion derartige Gefühlszustände, wie im Comic dramatisiert.

Kann ein Mensch unter Hypnose etwas tun, das gegen seine Moral gerichtet ist?
Kann er eventuell zu kriminellen Handlungen veranlasst werden?
Frau Angiolieri (*Mario und der Zauberer*; Mann 1930) folgt dem Fingerwinken des Bühnenhypnotiseurs Cipolla recht schnell und

17.5 Ausschalten oder Verändern der Moral
78 ▢

wortlos, da er ihr nahe legt, sich ihr zugeneigt zu fühlen – bis er seine Demonstration abbricht. Die Dame handelt bestimmt gegen die „öffentliche Moral"; inwieweit sie hier auf Wünsche des Unterbewusstseins reagiert, kann nicht beantwortet werden.

□ 80–82

Nach unserer Comicanalyse wird bei 6 % der Klienten die Moral verändert (s. Abb. 17.1). Unter der Wirkung des Hypnopulsors wird Superman zu seinem eigenen schlimmsten Feind und zerstört in einem Aggressionsanfall sein eigenes Denkmal durch die Strahlung seiner Augen (*Der stählerne Rächer*, 1982). Da Superman sonst so publicitygeil ist, wird er bestimmt nicht aufgrund eigener Motivation sein eigenes (so geliebtes) Standbild vernichten. (Die Mitteilungen über den Narzismus Supermans sind vertraulich von Supergoof geäußert.)

□ 77

Der Tibetaner Lobjak veranlasst, dass sich bei seinem Opfer Paolo dessen Hände an die eigene Kehle greifen und anfange, ihn zu erdrosseln (*Felina*, 1981). Als später der Zeuge eines Mordes mittels Hypnose mundtot gemacht wird, kann dieser glücklicherweise den Ort des Verbrechens an die Wand schreiben. Hier gelang die Beeinflussung nur partiell.

Die Panzerknacker leeren auf Geheiß des Rabad Rabadadi ihre Taschen aus, um ihn nun doch nicht um sein Honorar zu betrügen, sondern ihn zu entlohnen – und sie gehen später auf Instruktion von Dagobert im Gänsemarsch ohne Bewachung zur Polizeistation (*Donald in Hypnose*, 1981). Das ist eine eindeutige Moralveränderung! Kein Panzerknacker würde dies alles freiwillig und bei klarem Verstand tun!

Donald ist zwar ein cholerischer, aber gutmütiger Charakter, der kaum Kreuzer im Sparschwein hat. Er ist mit dem Problem der Schuldenrückzahlung stets lebensnah vertraut und verändert sich unter der Wirkung der Hypnosepistole schlagartig. Mit einem lüstern-aggressiven Blick ruft er: „Jawohl, das bin ich! Hat der Schuldner kein Geld, pfände ich ihm das Haus. Hat er kein Haus, pfände ich ihm die Kleider vom Leibe!" (*Das Hypnotisierspiel*, 1968).

Als sich Donald einige Geschichten später wieder normalisiert hat, wird bei ihm die sonst so zurückhaltende Zahlungsmoral verändert. Unter dem Einfluss der besonderen Tinte bezahlt er seine Schulden sofort bei seinem Onkel – anfallsartig und triebhaft (*Magische Mahntinte*, 1974). Hier erkennen wir voll Schrecken ebenfalls deutliche Charakter- und Moralveränderungen.

Auch bei Dagobert bemerken wir unterschiedliche Moralveränderungen: Unter Wirkung der Hypnosepistole gibt Onkel Dagobert einen Sack voller Taler an Donald ab – das Zeichen extremer Moralveränderung unter Hypnose (*Das Hypnotisierspiel*, 1986). Auf die Tonkassetteninstruktionen der Gundel Gaukelei händigt er seinen erstverdienten und heiß geliebten (SCHMATZ!) Kreuzer aus (*Unter Hypnose*, 1990). Besagte Gundel Gaukelei (BUH!) bewirkt sogar, dass der alterprobte Junggeselle Dagobert schon den Frack anhat, um Gitta Gans zum Traualtar zu führen (s. o.; *Geht Onkel Dagobert ins Netz?*, 1977).

Bereits in der Hypnosefrühgeschichte lassen sich Hinweise zur Bestätigung der Hypnoserealität finden: Die Frau von Vipulas Lehrer bleibt moralisch integer (*Mahabharata*, 1978). Als der verführungsfreudige Gott Indra ihr Zimmer betritt, ist sie immobil, wie versteinert, kann kein Wort sprechen.

Das zweite Beispiel zur Hypnoserealität ist in der Gegenwart bei Blondie zu finden. Sie versucht, ihren stets müden und wenig arbeitsmotivierten Gatten Dankwart durch Hypnose zu beeinflussen, das defekte Dach zu reparieren. Dieser reagiert darauf mit einem herrlichen Tiefschlaf, der seiner ureigenen Lebensauffassung und Grundmoral angemessen ist.

Mit dem mehr forensisch bedeutsamen Problem der Willens- und Moralbeeinflussung durch Hypnose haben sich namhafte Forscher befasst. In ihren zahlreichen, sehr differenziert durchgeführten Experimenten konnten sie recht eindeutig bestätigen:

Keiner kann unter Hypnose zu etwas gebracht oder gezwungen werden, das nicht seiner Moral entspricht. Also sind für die moralische Person normale Grenzen gesetzt. Sie wird nie einen Mord begehen, betrügen etc.

Doch halt! An dieser Stelle müssten wir eigentlich einen langen Exkurs über Moral und Normalität einfügen. Gemeint ist hier nicht die Verbindlichkeit einer allgemein gültigen und z. B. verschriftlichten Moral! Vielmehr ist hier an die sehr individuelle Moral des Einzelnen zu denken. Unter Hypnose würde eine Person nicht gegen ihre eigene Moral verstoßen – könnte aber abhängig vor deren Grenzen dennoch im allgemein gültigen Sinne unmoralisch handeln. Also kann Hypnose keine Moral verbessern oder verschlechtern, sondern nur im individuellen Bezugssystem einen gewissen Handlungsspielraum ermöglichen.

79

Kann man gegen seinen Willen hypnotisiert werden?

Als Micky Maus in das Spukschloss der irren Affen-Professoren kommt, arbeiten diese mit der uns inzwischen bekannten riesigen Hypnosekanone, mit der sie Rudi Ross so erbärmlich peinigen. Der notorisch pfiffige Micky Maus weiß sich auch hier mal wieder zu helfen: Aus dem Helm einer herumliegenden Ritterrüstung schmiedet er sich einen Schutzhelm, der den gesamten Kopf abdeckt und nur Gucklöcher für die Augen frei lässt. Das hält die Strahlen ab (*Micky im Bann der Höllenstrahlen*, 1932/33).

In ähnlicher Weise kann sich Supermann schützen. Als er erkannt hat, das Dr. Mystirs Ultraschallsignale sein Sehzentrum blockieren, befestigt er eine Bleiplatte auf seinem Rücken und kann sich so gegen die Kandorstahlung der Bösewichter abschirmen (*Voodoo-Zauber gegen Superman*, 1975).

Als Donald jedoch Kontakt mit der Hypnotisierpistole seiner Neffen bekommt, bemerken wir Folgendes: Die Kinder spielen lediglich mit dem Gerätchen und simulieren nur, dass sie hypnotisiert sind, während es bei Donald sofort wirkt. Auch bei Karl Kapuste, dem steuersäumigen Gewalttäter, wirkt diese Pistole nicht (*Das Hypnotisierspiel*, 1981).

Wie wir inzwischen alle gemerkt haben, gibt es keine Hypnosegeräte und erst recht keine Hypnosestrahlen – also muss man sich auch nicht vor ihnen schützen wie vor z. B. Röntgen- oder Gammastrahlen.

In vielen Beispielen haben wir auch gesehen, dass eine Person in Gegenwart anderer hypnotisiert wurde, während die Zuschauer nicht davon betroffen waren. Das legt den Gedanken nahe, dass man nicht immer hypnotisiert werden kann. Und tatsächlich ist das so! Die spielenden Kinder Tick, Trick und Track waren überhaupt nicht mental auf eine Wirkung eingestellt, sondern nur auf ihr Spiel; auch nicht Karl Kapuste – er wollte Schuldenrückzahlung verhindern. Ist also eine Person mental von anderen Inhalten absorbiert, werden wir sie kaum durch Hypnose erreichen können, da ihre Konzentration, ihre Innenbilder und Gedankenwelt von vielen anderen Inhalten benötigt werden.

Als Weiteres konnte in zahlreichen seriösen Wissenschaftsexperimenten nachgewiesen werden, dass man nur dann hypnotisiert werden kann, wenn man es tatsächlich will, also innerlich dazu bereit ist. Lehnt jemand es ab, sich hypnotisieren zu lassen, wird er so große Widerstände aufbauen, sich nicht darauf konzentrieren etc., dass man ihn nicht gegen seinen Willen hypnotisieren kann! Jetzt werden viele Leser der Comics und der Regenbogenpresse aufatmen. Ja, tatsächlich: Sie wurden von diesen Medien stets falsch informiert!

17.6 Verrücktes oder außergewöhnliches Handeln

Viele Personen meinen, in Hypnose würde man etwas Verrücktes tun, das man sonst vielleicht nicht machen würde – zumindest nicht in der Gegenwart anderer Personen.

Der Comic gibt uns in drei Prozent der beobachteten Fälle Auskunft. (s. Abb. 17.1)

Der Hund Schnapp konnte unter dem Einfluss von Hypnose sprechen (*Micky Maus und der sprechende Hund,* 1951), während ein anderer Hund unter dem Einfluss der Educastrahlen Integralrechnungen bearbeitet (*Das Geheimnis des schwarzen Kastens,* 1980). Ja, unter dieser Wirkung ist sogar der ganze Stadtrat von Entenhausen völlig durcheinander. Äußerst merkwürdig verhalten sich Clever und Smart, was an ihrer Sprache zu erkennen ist, da sie stets unter Hypnose lispeln, die Augen verdrehen und die Zunge raushängen lassen (*Fauler Zauber mit den Augen,* 1972). Die Krönung bildet Rudi Ross. Unter dem Einfluss der Hypnosekanone ist sein Gesamtverhalten läppisch: „Nehmen Sie das Herz zurück! Ich wollte Leber haben! ... Nachts ist es kälter als draußen!", lacht er irre und boxt seinen Freund Micky (*Micky im Bann der Höllenstrahlen,* 1932/33).

84

Das sind natürlich alles künstlerische Überhöhungen, um die uns so unbekannte Wirkung der Hypnose durch Übertreibung anschaulicher zu machen, jedoch nicht klarer. Die Diskussion dieses Themas schließt sich direkt an die Frage der Willens- und Moralbeeinflussung unter Hypnose an. Da „irres" oder „merkwürdiges" Verhalten eng mit der Willenskontrolle und Lebenseinstellung des Menschen verbunden ist, wird auch hier Hypnose keine „für das Individuum illegale" Veränderungen vornehmen können. Eindeutig bewiesen wurde auch, dass man in Hypnose nicht in psychotisches (allgemein: see-lisch abnormes) Verhalten abgleiten kann, wenn die Anwendung durch einen Fachmann erfolgt.

Leider sind jedoch Fälle bekannt, in denen Hypnose von Laien und missbräuchlich angewandt wurde; hier traten bei den Opfern erhebliche Verwirrtheitszustände auf. Erwähnt sei nur der Fall eines israelischen Showhypnotiseurs, der auf der Bühne bei einer Frau eine Altersregression bewirkt ("Du bist nun sechs Jahre alt!"). Nach der Show ist sie stark verwirrt, in ihrem Verhalten kindisch, zeigt Wahr-nehmungsstörungen, kann nur noch Französisch sprechen und ist in ihrer gesamten Persönlichkeitsstruktur extrem verändert. Die danach durchgeführte lange dauernde Psychotherapie enthüllt, dass die jüdi-sche Frau im Alter von sechs Jahren die Nazibesetzung von Paris erlebt hatte, wo sie sich unter starker Angst mit ihrer Familie verstecken musste. Hinzu kam, dass sie Jahre später auf dem Weg zu einer Operation im Lift in der sechsten Etage lange stecken geblieben war usw. (Kleinhauz, Dreyfuss, Beran et al. 1979).

Die Kurzdarstellung dieses Einzelschicksals zeigt, wie sensibel unser Gedächtnis Erinnerungen abspeichert, teilweise mit scheinba-ren Nebeninformationen (hier z. B.: sechste Etage). Es wird aber auch deutlich, wie durch Hypnose ein derartiger Kontext reaktiviert wer-den kann, auch mit allen dazugehörenden Gefühlen der Angst – wie in diesem Fall. Weiter ist zu erkennen, dass man mit der Lebensge-schichte von Mitmenschen sehr sensibel umgehen muss, um bei ihnen keine Schäden zu bewirken. Ein derartig einfühlsames und kompetentes Vorgehen ist wahrlich nicht auf der Bühne und von einem Laien zu erwarten. Also gilt es hier nicht, der Hypnose einen Vorwurf zu machen, sondern den Personen, die eine für die Therapie sehr effektive Methode willentlich missbrauchen.

Da unter Hypnose so vieles möglich erscheint, nimmt man allgemein auch an, dass sie besondere Fähigkeiten vermittelt. Der Comic soll uns wieder antworten, da in 9 % der Beobachtungsstichprobe genau das festzustellen ist (s. Abb. 17.1).

17.7 Beeinflussung von Fähigkeiten?

Hat man unter Hypnose besondere Fähigkeiten?

Die von Henry's Cat hypnotisierten Tiere haben immens bewun-dernswerte Fähigkeiten: Die Schnecke Sammy Snail rast ab wie ein Rennwagen (VROOM! VROOM!), die Schildkröte Ted Tortoise fightet wie ein Boxchampion, während Denise Duck singt, das Schwein Pansy Pig Rückwärtssalti schlägt und Douglas Dog tanzen kann; dazu fliegt Chris Rabbit, und Myrtle, die Kuh, schwimmt im Teich wie ein Wal (*The Hypnotist*, 1983). Das ist schon ein beachtliches Angebot an Möglichkeiten! Für Donald soll Hypnose ein Prestigebringer sein, da er ja mit großer Körperkraft gegen den Strandfuzzi angehen will. Im häuslichen Hypnoseversuch entwickelt er wahrlich Extremkräfte, die uns nur bewundernd zusehen lassen, wie er seine Inneneinrichtung energiegeladen zertrümmert (SCHNAUB!; *Wo rohe Kräfte sinnlos wal-ten*, 1989). Letztlich ist noch zu erwähnen, dass die Bühnengäste der Showhypnose des Hip No Lung Stepp tanzen können (*Die große Hypnose*, 1987).

85

Hypnose zur Stabilisierung von Fähigkeiten

Das gibt zu denken auf, denn hier werden alte Menschheitsträume realisiert: sich außerhalb seiner gewohnten oder bekannten Fähigkeiten betätigen zu können, eigene Grenzen von Angst, Hemmung oder körperlicher Schwäche zu überwinden. Wer hat in dieser Richtung noch nie Tagträume gehabt? Die Realität der Hypnose liegt gerade an dieser Schnittstelle zwischen Wunsch und subjektiver Ausführungsmöglichkeit.

Das bedarf der Erklärung.

Manch eine gehemmte Person möchte z. B. gern mit jemandem Kontakt aufnehmen, ihn ansprechen oder den Chef um Gehaltserhöhung bitten. Da sie aber gehemmt, also sozial ängstlich und ungeübt ist, hat diese Person bereits in ihren Vorstellungen ihr erstes Hindernis: „Das kann ich nicht!" Entsprechend wird sie sich weiterhin so verhalten. Durch eine angemessene Therapie unter Hypnose kann sie mit Anleitung des Therapeuten ihre Ängste abbauen, indem sie z. B. in kleinen Schritten übt, auf Menschen zuzugehen. Da die vom erfahrenen Therapeuten geleiteten Vorgehensweisen nie die gefürchteten Negativkonsequenzen der Realität haben, hat die Person Erfolgserlebnisse und kann ihre Hemmungen überwinden. So kann sie auch unterschiedlichste Schwierigkeitsgrade einer Situation meistern und ihre positiven Erfahrungen machen. Sie hat dadurch auf imaginativer bzw. mentaler Ebene neue Einstellungen zu sich selbst gewonnen und gleichzeitig angemessene Handlungsmuster erworben, z. B. Kontakte aufzunehmen. Da das alles subjektiv real und auch erinnerbar ist, kann es in der späteren Realsituation abgerufen werden. Die Person handelt dann mit ihren in der Hypnose gemachten Lernerfolgen.

Im Vordergrund steht hier also die Auflösung von Blockaden, die wir uns selbst durch unsere Erziehung, Sozialisierung und Kognitionen etc. auferlegt haben bzw. die uns auferlegt wurden.

Auch in der Sportpsychologie sind gerade die vorgenannten kognitiven und emotionalen Hemmungsmuster bedeutsam. Der trainierte Sportler beherrscht seine Technik, aber er hat Angst davor, im richtigen Moment zu versagen. Also muss er emotional stabilisiert werden. Das kann ebenfalls durch Hypnose gelingen: Er führt dann seine Technik (Start, Absprung etc.) auf der imaginativen Ebene durch und erwirbt dadurch nicht nur körperliche Sicherheit, sondern, viel wichtiger, seine innere, emotionale Sicherheit. Hier erfolgt also auch ein Angstabbau: Reduktion der Versagensangst.

In anderen Fällen können wir unter Hypnose erworbene Handlungsmuster reaktivieren. D. h., lange nicht mehr durchgeführte Handlungen wie z. B. Tanzen oder Kundengespräche können in Hypnose wieder erinnert werden. Während der Patient ruhig im Sessel sitzt, kann er wieder Einzelheiten der Abläufe rekonstruieren und sich so für die Realität besser vorbereiten.

Hypnose setzt Fähigkeiten voraus

Was ist aber nun, wenn eine Person bislang noch nie Stepp tanzen konnte? Was ist mit dem Freiwilligen auf der Bühne des Hip No Lung?

In einem solchen Fall wird er unter Hypnose versuchen, das irgendwo oder irgendwann beobachtete Stepptanzen zu kopieren, was ihm dann mehr oder weniger gut gelingen mag. Nicht vorhandene Fähigkeiten oder nie erlernte Handlungen wird er aber auch unter Hypnose nicht produzieren können, da diese Abläufe nirgendwo in seinem mentalen oder motorischen Gedächtnis vorzufinden sind. Also wird die Person mit der Hypnosesuggestion „Du spielst Trompete wie Louis Armstrong!" am Instrument jämmerlich versagen, wenn sie es nie erlernt hat. Sie wird höchstens das allgemeine Gehabe von Louis Armstrong kopieren können – vorausgesetzt, sie weiß, wer Louis Armstrong ist, wie er singt und spielt. Selbst wenn unsere Testperson Trompete spielen könnte, würde sie auch unter Hypnose nicht die angestrebte Meisterleistung erbringen. Falls sie jedoch starke soziale Hemmungen und Ängste hat, bei einem Solo zu versagen, das sie sonst im stillen Kämmerchen spielen kann, dann wird sie mittels Hypnose diese emotionalen Hemmnisse abbauen lernen. Vielleicht kommt es dann zu einer gewissen Annäherung an das Spiel Louis Armstrongs. (Davon träumt der Trompete spielende Autor schon seit langem und intensiv!)

17.8 Durch Hypnose zur Metamorphose und zum Animalismus?

Wenn nun über die Möglichkeit oder Unmöglichkeit der Erzeugung verrückten oder unerlernten Verhaltens unter Comichypnose gesprochen wurde, dann muss auch die Wirkung diskutiert werden, wenn man ein Tier sein soll!

Von den insgesamt 126 analysierten unterschiedlichen Hypnosewirkungen ist mit 30 % der Großteil darauf ausgerichtet, jemanden in ein Tier zu verwandeln bzw. ihn sich wie ein Tier verhalten zu lassen (vgl. Abb. 17.1).

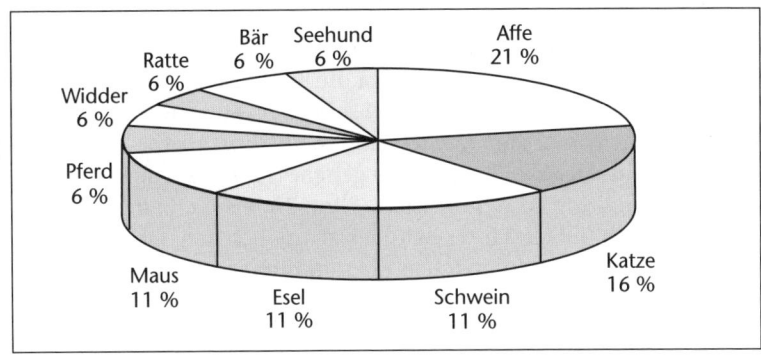

Abb. 17.3: Hypnosewirkung im Comic: ein bestimmtes Säugetier sein

17.8.1 Hypnosewirkung: ein Säugetier oder Vogel sein

Bei der Verwandlung in ein Tier steht die Verwandlung in ein Säugetier mit 49 % an der Spitze, gefolgt von der Verwandlung in einen Vogel (30 %). Dabei sind Meistbetroffenen Clever und Smart und Donald Duck.

Miraculus, der Zauberer, muss Clever und Smart nach dem Banküberfall an seiner Verfolgung hindern. Entsprechend wendet er seine Hypnotricks an. Sie verwandeln Clever und Smart je nach Erfordernis in ein Schwein, eine aggressive Katze, die den anderen als Ratte jagt, dann in einen Hund und auch einen tollwütiger Gorilla oder in Streithähne (*Fauler Zauber mit den Augen*, 1972).

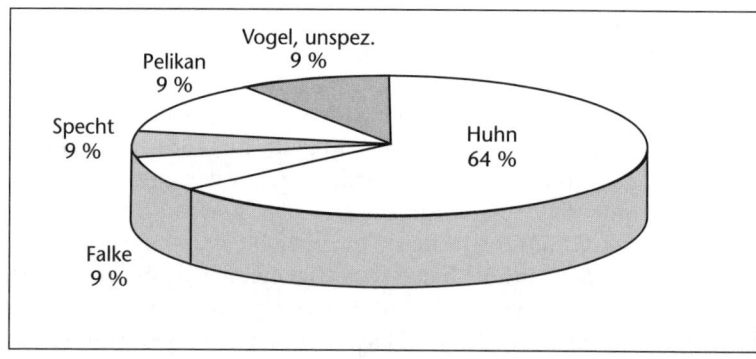

Abb. 17.4 : Hypnosewirkung im Comic: ein bestimmter Vogel sein

Donald wird beim Steuereintreiben durch den Missbrauch der Hypnotisierpistole (Sie wissen: Karl Kapuste) in allerlei Getier verwandelt, so auch in einen Specht, Pelikan, letztlich in einen aggressiven Affen (*Das Hypnotisierspiel*, 1981). Am stärksten trifft es ihn jedoch, als er von dem kleinen Kojoten und dem Wildpferdpony psychisch beharkt wird. Da muss er aggressive Tiere wie Widder, Bär, Hengst sein, um das Gatter zu öffnen, als allein „Schweinsein" nicht geholfen hat (*Reine Liebe und Güte*, 1991; *Dressur eines Kojoten*, 1994). Letztlich landen wir bei Sven Glückspilz, der erst ein Vogel (sogar fliegend), eine Schlange, dann ein starker Gorilla ist, sogar letztlich King Kong, um Stonehenge errichten zu können (*Disko-Fieber*, 1981). Beim Zauberer El Prahl sind dagegen mehr amüsante Tiere wie Esel, Seehund, Maus in Mode (*Augenschmaus*, 1975). Insgesamt ist eine Kumulation festzustellen, jemanden zum Affen zu machen. Aber das finden wir auch im Alltagsleben!

□ 86–88

17.8.2 Hypnosewirkung: ein „einfaches" Tier oder ein Objekt sein

□ 89, 90

Bei den Tieren, die von der Evolution nach einfacheren Bauplänen zufallsentwickelt wurden, ist seltener die Rede. Dabei ist die Schlange „beliebt" (so bei Merlins *Disko-Fieber*, 1981). Ein anderes Mal soll Clever ein Karpfen sein (*Fauler Zauber mit den Augen*, 1972), der prompt wie ein Pferd beißt. Pluto, der getreue Hund, wird durch Donald in eine Schildkröte verhypnotisiert (Film: *The eyes have it*, 1945).

Wesentlich interessanter wird es dann bei den Objekten. Als Isnogud den wenig erfolgreichen El Prahl nicht entlohnen will, wird er zum Stock hypnotisiert und ist auch noch stocktaub (*Augenschmaus*, 1975). Da es bei Clever und Smart stets chaotisch-aggressiv

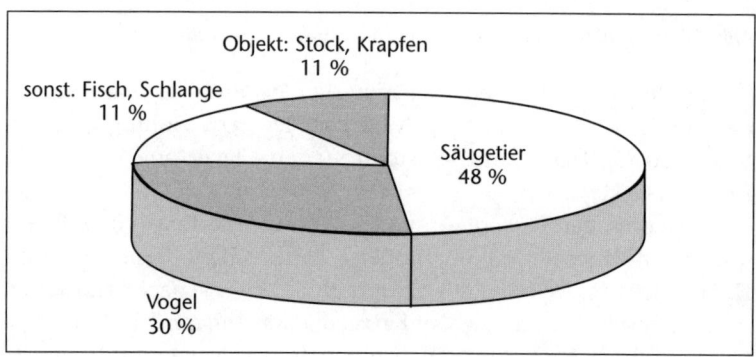

Abb. 17.5: Hypnosewirkung im Comic: einfaches Tier oder Objekt sein

hergeht, werden sie von Miraculus zum Punchingball materialisiert, um ordentlich vermöbelt zu werden – oder der Nachtwächter wird zur Mondrakete verwandelt, die abzischt und auf dem Kopf landet.

Amüsant wird es wieder bei Alf, dem Weltraumwusel. Seine intrinsische Motivation ist nach Sitte des Heimatsternes Melmac, die Hauskatze Sammy auf den Speiseplan zu setzen. Somit versetzt er sie mit der pendelnden Taschenuhr in Hypnose und gibt ihr den Auftrag: „Du bist ein Krapfen!" Wie die Geschichte weitergehen wird, wissen wir, denn Will Tanner kommt schon wieder mal in allerletzter Sekunde und unterbindet dieses durch reine Genusssucht bedingte Tun.

Letztlich soll in unserer Analyse die Wirkrichtung bedacht werden. Wenn Tiere aktiv hypnotisieren, so Jung-Kojote und Jung-Wildpferd, dann verwandeln sie ausschließlich in Tiere, was ja bei ihren kognitiven Strukturen und Denkgewohnheiten tierisch nahe liegt. Kein Tier verwandelt also andere Tiere oder Menschen in Menschen; vielleicht ist das auch tierisch weise. Die anderen Tiere werden gern von Showhypnotiseuren produziert, so Miraculus, El Prahl, Merlin, Hip No Lung. Lediglich Karl Kapuste, der im Besitz der Hypnotisierpistole ist, bildet hier eine Ausnahme.

17.8.3 Verursacher der Verwandlung in Tiere

Unter den Säugetieren sind bei Hypnotiseuren die Affen beliebt, dann gefolgt von jenen Tieren, die wir auch weitgehend aus unserem Lebensraum (wenn auch entfremdet, so z. B. vom Bauernhof her) kennen. Der Affe, uns genetisch und auch im kognitiven und sozialen Verhalten sehr nahe stehend, kann eventuell als unser Alter Ego gelten, ein Teil unseres ungelebten Lebens: animalisch, triebbesessen, genussreich, spontan und ohne Aktentasche, im Augenblick lebend, den Gesetzen des Dschungels folgend und ohne Computermausklick. Dafür ist er aber so naiv, dass er an alledem Freude hat und nicht reflektiert, mit welcher Temperatur ein Chablis serviert wird, ob der Dow-Jones-Index weiter steigt oder übermorgen die Schulzes von nebenan zu Besuch kommen. Deswegen fühlen wir uns ihm gegenüber überlegen und lachen ihn im Zoo aus, ohne zu merken, dass wir ihn auch beneiden. Also kann das alles ein Motiv dafür bilden, gerade den Affen, generell Anthropoiden, als Hypnoseziel auszuwählen.

17.8.4 Exkurs: Die Rolle des Huhns in der Hypnoseverwandlung

Absoluter Renner in der Hypnoseverwandlung ist jedoch das Huhn! In Analogie zum Huhn werden zwar noch Vögel wie Specht, Pelikan etc. produziert, um die betreffende Person vor anderen ungeschickt oder dumm aussehen zu lassen; aber das Huhn bleibt stets die Krönung. Es führt die Hypnose-Charts eindeutig an (64 %!).

Fast immer ist Donald der Betroffene. Hierzu ein Beispiel zur Veranschaulichung:

Tick, Trick und Track wollen ihrem guten Onkel Donald etwas zu Weihnachten schenken. Nachdem sie alle uns bekannten Bekannten Donalds ergebnislos befragt haben und auch Mme. de Pompadours Hellsehen (ihre Türreklame: „Beseitigung seelischer Gleichgewichtsstörungen") nicht geholfen hat, gibt Onkel Dagobert hierfür eine Runde Hypnose aus: Er bezahlt die Konsultation bei Professor Orville Orb, Hypnotiseur. Seine Suggestion lautet: „Sie werden mir jetzt verraten, was Sie sich zu Weihnachten wünschen." Donald ist spontan ein Huhn und äußert sich entsprechend: „PUT! PUT! PUT! ...

GLUCK! GLUCK!" Dagobert muss wegen so eines läppischen Verhaltens natürlich entrüstet sein. Er haut mit seinem Krückstock derbe auf den Donaldschen Hintern: „Hör mit dem dummen Theater auf, und sprich vernünftig, du Laffe!" Dies kann die Wirkung jedoch nicht unterbrechen. Letztlich rennt Donald alias Huhn zu einem Tierfutterhändler, um besonders begeistert auf einen prallen Sack Mais zu weisen. Professor Orville Orb gibt den frustrierten Neffen nun Auskunft: „Die wissenschaftliche Erklärung ist die, ... daß ich ihm hypnotisiert habe, er sei ein Huhn ... Ich habe mein Bestes getan! Meine hypnotischen Fähigkeiten gehen leider nur so weit, das ich Menschen in Hühner verwandeln kann" (*Rat einmal*, 1988).

Aber auch in anderen Geschichten macht Donald als Hypnosehuhn eine hinreißend tragikomische Figur, bei der man nicht weiß, ob man ihn nach dem Lachen bedauern oder weiterlachen soll (*Reine Liebe und Güte*, 1991; *Das Hypnotisierspiel*, 1981). Beim Showhypnotiseur ist das Huhn ebenfalls beliebt, um Menschen sich merkwürdigvertrautdümmlich verhalten (*Die große Hypnose*, 1987) oder als Streithähne bekämpfen zu lassen (*Fauler Zauber mit den Augen*, 1972).

Kann das Huhn ein ähnlich ungelebtes Leben verkörpern wie die oben diskutierten Anthropoiden? Ist ein Teil unseres tiefen Unterbewusstseins animalisch-huhnisch?

Bei den alten Römern schauten die Auguren in den Eingeweiden eines Huhnes nach, um darin *the latest news* über die Zukunft zu erfahren. Die Feldherren richteten sich huhnlichst danach. Im Voodoo-Kult werden stets Hühner geschlachtet, um mit deren Blut Kulthandlungen einzuleiten. Unsere Lateinsozialisierung in der Sexta (heute heißt das prosaisch: Klasse 5) begann mit dem für die höhere Bildung richtungweisenden Satz, dass die Magd die Hühner füttert.

Heute sind Hühnchen fast ein Symbol für Fastfood geworden. Inzwischen gibt es fahrbare Hähnchenbratereien auf Jahr- und vor Supermärkten, mobile Einsatzkommandos als Essen auf Rädern getarnt, zur *instant drive reduction:* die sichtbaren Außenstationen unserer aktuellen Lebenseinstellung. Sollen wir durch die hypnotische Huhnwerdung an die Endlichkeit unserer menschlichen Existenz erinnert werden, um nicht noch überheblicher gegenüber der Natur zu werden?

Das Huhn ist also stets der Loser in der Geschichte gewesen. Das setzt sich in unseren Osterbräuchen fort: Dem biederen und fleißig legenden Haushuhn wird das Ei entwendet, um es jenem Saisonarbeiter Osterhase zuzuschreiben. Das Huhn arbeitet also inkognito, und andere Showmaker heimsen den Ruhm ein – so wie Stuntman, Ghostwriter und Fabrikarbeiter. Das Huhn reißt sich also vor lauter Arbeit wörtlich den Arsch auf, und Osterhasi betreibt das Showbusiness damit. Ihm werden Denkmäler aus Nougat und Krokant gesetzt – und dem Huhn? Legebatterien und Tiefkühltruhe! Genau! Damit identifizieren wir uns! Das gleiche Schema wie bei Charlie Chaplin, Buster Keaton, Stan Laurel und Oliver Hardy: Sie sind die Verlierer, während andere die Jobs bekommen oder höhnisch lächelnd mit den schäkernden Mädels abdüsen. Sie sind – besonders Charlie Chaplin – „Klassenkampffiguren und Märchenfiguren zugleich" (Jurzik 1985, S. 110). Sehr weise erkennt der große Regisseur Fellini (1972, S. 111):

„Der Clown verkörpert die Charaktere der phantastischen Kreatur, den irrationalen Aspekt des Menschen, die Komponente des Instinkts, der so viel an Rebellischem und Protestierendem gegen die obere Ordnung enthält, die in jedem von uns steckt." Wir als Zuschauer oder Leser sind dabei die Weißen Clowns, die nach Fellini die Pflicht, das Realitätsprinzip verkörpern. So werden wir durch Donald Duck, den großen Clown, mit uns selbst konfrontiert, was sich noch potenziert, wenn er in dieser tragisch-komischen Rolle des Huhns der Macht anderer ausgeliefert ist. „Der Clown steht im Spannungsfeld von Norm und Gegennorm, Konvention und Protest. Erst durch unsere Reaktion und Interpretation der komischen Konflikte wird entschieden, ob der Clown (der Vagabund, der Außenseiter) ein Indikator für die Brüchigkeit der Konvention ist oder ob er durch sein komisches Scheitern das starre Festhalten an der Norm bestätigt. Nur im ersten Fall kann die Komik zu einer Kritik des Alltagslebens werden, im Idealfall auch Modell zur Überwindung der Entfremdung für uns" (Roloff u. Seeßler 1976, S. 22).

Lasst uns deshalb im Stadtpark ein Standbild von Donald Duck aufstellen – nicht nur, weil *er* schon immer davon träumte!

Kapitel 18

Die so genannten Phänomene der Hypnose

Nachdem wir extrem viel über die absurden und unrealistischen Wirkungen der Hypnose im Comic erfahren haben, schauen wir uns den Bereich an, der in den Analysen oben (s. Abb. 17.1) als „sonstige Wirkungen" insgesamt 24 % der Comicwirkungen einnimmt. Damit nähern wir uns ein wenig den Möglichkeiten, die in der wissenschaftlich überprüften Realität der Hypnose vorzufinden sind.

Mit Hypnose verbunden – bzw. durch die Suggestionen während der Hypnose auslösbar – sind zahlreiche spezifische neurophysiologische Muster (= Hirn- und Nervenaktivitäten) und Verhaltensweisen, die als „Phänomene der Hypnose" bezeichnet und als solche therapeutisch nutzbar gemacht werden.

Nachfolgend sollen nur die wesentlichsten kurz beschrieben werden. Hier richten wir uns in der Abfolge der Darstellung nach der wissenschaftlichen Einordnung und Definition der Hypnosephänomene (Kossak 1997).

18.1 Rapport

Hypnose ist keine einseitige, vom Therapeuten ausgehende Kommunikation, der sich der Patient passiv unterwirft. Vielmehr stehen beide während der Behandlung in einem relativ engen Beziehungsverhältnis. Dabei muss der Therapeut beachten, dass der Patient sich ihm freiwillig und in hohem Maße anvertraut. Gleichzeitig muss der Therapeut nun angemessene Wortformulierungen für die erwünschten therapierelevanten Suggestionen finden. Letztlich hat er die wichtige Aufgabe, stets die Verbindung zum Patienten aufrechtzuerhalten (= Rapport), damit der Patient z. B. nicht einschläft, nicht den therapeutischen Kontext verlässt oder vermeidet und mit seinen Vorstellungen in andere (vielleicht sogar schädliche) Imaginationen gerät bzw. entgleitet.

Unsere Comicanalyse zeigte deutlich, dass kaum ein Comichypnotiseur sensibel arbeitet und die für einen Rapport erforderliche Sorgfalt walten lässt. Er verfährt fast immer nach der autoritären und längst überholten Vorgehensweise der einseitig ausgerichteten Befehlsstruktur, meist sogar brutal.

18.2 Veränderung der Willkürmotorik

Im Alltagsleben können wir unsere Körpermuskulatur willentlich beeinflussen. Nur so sind koordinierte Bewegungen und Willenshandlungen möglich. Ein Teil unserer Körpermotorik wird dabei jedoch auch automatisch gesteuert, so z. B. zur Gleichgewichtskontrolle beim Gehen. Aber wir könnten diese ebenfalls willkürlich verändern, wenn uns der Sinn danach stünde. Mit Hypnose wird ein Teil dieser willentlichen Beherrschung an automatische Steuervorgänge abgegeben.

18.2.1 Katalepsie

Im Comic ist bei Isnogud eine hypnotisch bedingte Körpersteifigkeit (= Katalepsie) zu finden; als er nicht bezahlen will, wird er vom

Zauberer El Prahl zum Stock hypnotisiert (*Augenschmaus*, 1975). Der Zeuge eines Mordes erhielt von Lobjak die Suggestion, stumm zu sein, um nicht davon berichten zu können. Aber hier erfolgte eine zu genaue Eingrenzung der Bewegungsunfähigkeit, da sie nicht auf die Hände bezogen wurde. Glücklicherweise konnte er schreiben! (*Felina*, 1981).

77 ⬜

Typisch für Hypnose ist u. a. die Armkatalepsie (= Armsteifigkeit, Hand- oder Armunbeweglichkeit); sie kann z. B. therapeutisch nutzbar gemacht werden, um Personen an der vorschnellen Flucht vor Angstsituationen zu hindern oder daran, Zwangsverhaltensweisen auszuführen. Das Gegenteil, die *Armlevitation*, wird benutzt, um Entspannungszustände zu intensivieren. Meist werden diese Formen jedoch nur benötigt, um für den Therapeuten ein äußerlich sichtbares Erkennungszeichen der Hypnosewirkung zu erhalten.

Aus dem Comic *Felina* kann entnommen werden, dass bei der Hypnose nicht immer automatisch alle Körperteile den Suggestionen „gehorchen" müssen, wenn sie nicht angesprochen werden.

Beim Automatischen Schreiben handelt es sich um ein recht übernatürlich-okkult anmutendes Phänomen. Es wird von den Katzenjammer Kids benutzt. Diese Max und Moritz nachempfundenen Lausbuben des Zeichners Hearst gibt es seit 1897! Sie stellen den „Vernichtungskrieg zweier Bösewichter gegen die Gesellschaft dar" (Metken 1971, S. 26) und waren in den USA ein Beitrag, die neu eingewanderten Deutschen besser zu integrieren.

18.2.2 Automatisches Schreiben

91 ⬜

Eines Tages unterhalten sich die Erwachsenen: „Wenn man die Hand durch einen Wandschirm steckt, schreibt man, was das Unterbewußtsein denkt!" Die beiden Wunderknaben Fritz und Hans veranlassen nun ihre stets naive, aber gütige Mama, dieses Experiment zu wagen. Sie entreißen ihr dann mit gespieltem Entsetzen den von ihr „unbewusst" bekritzelten Zettel: „Kein Mensch darf so etwas sehen!" Die von den vermeintlich verruchten Botschaften ihres unberechenbaren Unterbewussten sichtlich geschockte Mama belohnt die Lausbuben für das Verbrennen des fürchterlichen Zettels mit einem Riesenpudding und besticht sie sogleich, damit sie nichts der moralisch rigiden Erzieherin Frau Böhnchen verraten. Das schmeckt den Knaben in doppelter Weise.

In dem Criminal-Rätsel *Das Geheimnis um Schloß Malinsay* (Wheatley u. Links, 1985) spielt die „Planchette" eine Rolle. Es ist ein winziges Tischchen, auf das man mit geschlossenen Augen beide Hände zu legen hat. Binnen kurzem wird die Planchette beginnen, sich zu bewegen. Dann wird der Stift Wörter auf das unterlegte Papier schreiben: „Es ist der sensationelle Apparat, um mit Geistern in Verbindung zu treten." Was hier scherzhaft annonciert wurde, ist die Möglichkeit, unbewusste Impulse in Schreibbewegungen umzusetzen. Inzwischen ist das Gerät ein Lieblingsutensil der Esoterik- und Okkultkreise geworden.

Tatsächlich kann unter Hypnose bewirkt werden, dass eine Person schriftliche oder grafische Aufzeichnungen macht, die aus ihren im Moment nicht bewussten Teilen „ihres Denkens, Fühlens und Erinnerns" stammen. Auf diese Weise kann unter sehr gezielter Vorbereitung und Anwendung eventuell ein nur sehr schwer zugänglicher Aspekt aus der verdrängten Lebensgeschichte der Person wieder aktiviert werden (z. B. Mitteilung über die sexuellen Annäherungen des Vaters oder das Aussehen von Gewalttätern). Hierbei sind jedoch sehr differenzierte Fachkenntnisse des Therapeuten erforderlich.

In den heute oft praktizierten so genannten okkulten Befragungen bedient man sich gern dieses Phänomens. Es handelt sich hier generell um die Fähigkeit, auf bestimmte Denk- und Erlebensprozesse mit unbewusst ablaufenden Bewegungen zu antworten (= ideomotorische Reaktionen; siehe hierzu auch Abschn. 23.2.5). Dies können wir bei vielen mimischen und pantomimischen Bewegungen beobachten, die Leute beim Erzählen vollführen – so z. B.: bei der Beschreibung der Wendeltreppe. Es sind keineswegs okkulte (also unerklärbar verborgene) Geheimnisse, sondern psychologisch klar erklärbare Verhaltensweisen.

18.3 Veränderung neurologischer und physiologischer Steuersysteme

In unserem Gehirn werden zahlreiche meist automatisch ablaufende Mechanismen gesteuert. Da es sich hier um hausinterne Steuerungsprogramme z. B. der Thermoregulation handelt, werden sie auch als autonome Prozesse bezeichnet. Wie deutlich wird, kann man mit Hypnose sogar diese primär autonomen Vorgänge in gewissen Grenzen beeinflussen.

18.3.1 Hypnose und Hirnfunktionen

Aufgrund der Beobachtungen von Hirnfunktionen konnte man feststellen, dass die Hypnosesuggestionen wahrscheinlich in der Hirnzentrale des Hypothalamus wirksam sind, denn gerade dort sitzt die Schaltstelle, in der eingehende Impulse von den Sinnesorganen und ausgehende Impulse von der Gehirnrinde (= Cortex) zu den z. B. Muskeln verarbeitet werden. Demnach kann ein Wort durch seinen erlernten Bedeutungsgehalt sogar ein vielschichtiges physiologisches Programm auslösen. Der Satz „Du bist an einem Sommertag in der Sonne und spürst, wie sie dir ins Gesicht scheint" bewirkt eine messbare Temperaturzunahme in der Gesichtshaut, eine Mehrdurchblutung, sichtbar an der rosa Gesichtsfarbe, verbunden mit Schweißproduktion usw.

In Hypnoseexperimenten konnte weiterhin deutlich nachgewiesen werden, dass sich während der Hypnose die Hirnaktivitäten besonders im Frontalhirn (also im Stirnbereich) erhöhen. Dabei nimmt gleichzeitig die Hirndurchblutung in der rechten Hirnhälfte (= Hemisphäre) zu. Hier sind mehr die Bereiche zu finden, die für bildhaftes Vorstellen und ganzheitliches Verarbeiten zuständig sind. Diese Ergebnisse führten bei einigen Wissenschaftlern zu dem vorschnellen Schluss, dass wir aus quasi zwei Personen bestehen: der linkshemisphärischen, analytischen und der rechtshemisphärischen, intuitiven. Man müsse nur entsprechende Tricks finden, um die jeweilige Hirnhälfte zu aktivieren, dann bekomme die behandelte Person mehr logische oder mehr emotionale Impulse. Differenzierte Untersuchun-

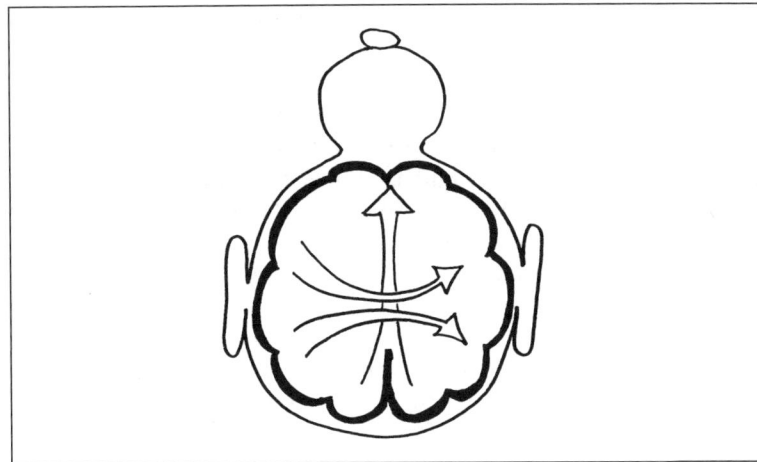

Abb. 18.1: Unter Hypnose wird das Frontalhirn vermehrt durchblutet, verbunden mit einer zunehmenden Aktivitätsverschiebung von der linken zur rechten Gehirnhälfte.

gen zeigen jedoch, dass diese Zunahme der Hemisphärenaktivitäten unter Hypnose durchaus auch abhängig ist von der Art der Grundaktivität des Gehirns (z.b. mathematische Aufgaben lösen, positive oder negative Gefühle erinnern).

Diese Effekte der frontalen Mehrdurchblutung unter Hypnose werden in der Rehabilitation von Menschen mit zerebraler Minderdurchblutung des Frontalhirns erprobt.

18.3.2 Kreislauf und Immunsystem

Möglich ist die hypnotische Beeinflussung z. B. der kardiovaskulären Funktionen (Herzschlag, Thermoregulation etc.); sie wird therapeutisch genutzt, um z. B. die physiologischen Angstsignale besser/ weniger stark wahrzunehmen.

In der Krebsbehandlung können durch geeignete Imaginationen biochemische Prozesse zur Stabilisierung des Immunsystems gesteuert werden. Auch einige Allergiereaktionen wie z. B. Heuschnupfen sind durch Hypnose behandelbar. Bei Hautverbrennungen helfen Hypnosesuggestionen, wahrscheinlich indem sie die Regelung für den Histamintransport in der Haut und die Reduktion für Schmerzen ansteuern, aber auch jene Stoffe, die die Beschleunigung der Wundheilung bewirken. Wie bereits dargestellt, sind auch die Hauttemperatur, aber auch der Gesamtkreislauf oder einige begrenzte Bereiche durch Hypnosesuggestionen in gewissen Grenzen regelbar. Letztlich können bei Operationen Blutungen dadurch reduziert werden, dass durch Suggestionen die Zusammenziehung der Blutgefäße erreicht wird. Besonders beeindruckend ist dann noch, dass Bluterkranke (= Hämophile; ihnen fehlt durch Vererbung ein bestimmter Blutgerinnungsfaktor) unter Hypnose operiert werden können, da ihre Blutungsstärke dadurch herabgeregelt werden kann. Ansonsten wäre jede Operation für sie ein extrem großes Gesundheitsrisiko.

Zu diesen Aspekten schweigt sich der Comic aus. Das alles wäre ja auch kaum noch gagvoll-attraktiv zu vermitteln. Sollte ja auch nicht!

18.3.3 Entspannung

Da so viele sehr lebenswichtige physiologische Mechanismen durch Hypnose angesprochen werden, ist mit ihr gerade Entspannung sehr leicht zu erreichen. Bereits bei der Suggestion einer grünen Wiese oder des Meeresstrandes sind typische Entspannungsreaktionen zu beobachten wie z. B. Sinken der Herzschlagrate, des Blutdrucks, der Atemfrequenz und des Muskeltonus. Dies führt zum Gefühl, Abstand zu den Dingen ringsum zu bekommen und der Welt für einige Zeit entrückt zu sein – so als sei man körperlos und schwebe. Dieser schöne Gefühlszustand ist im Comic wiederum recht gut dargestellt. Deutlich wird auch, dass er transkulturell ist, da er sowohl im Himalaja (*Das dicke Ende kommt nach der Wende*, o. J.) als auch bei den Aborigines Australiens anzutreffen ist (*Abenteuer in Australien*, 1991).

▢ 92, 93; 79, 105

18.4 Wahrnehmungs-veränderungen

Unter Hypnose kann die Reizverarbeitung beeinflusst werden. Dies beinhaltet, dass die Qualität der in das Gehirn eintreffenden Reize verändert werden kann.

18.4.1 Hypnotische Halluzinationen

Positive Halluzinationen bewirken das (optische, akustische etc.) Wahrnehmen nicht vorhandener Reize. Negative Halluzinationen bewirken das Nichtwahrnehmen objektiv existierender Reize.

Im Comic ist dieses Mentalverhalten bei Sarge zu erkennen. In einer Altersregression (s. Abschn. 18.5.1) nimmt er Beetle Bailey als einen Dieb wahr, der ihm den gerade geschenkten Lolli geklaut hat. Entsprechend verprügelt er ihn (*Sarge in The Candy Kid*, 1974).

Als Paulette zu einer Sekte kommt, berichtet ihr Oberanführer von den Idealen jener Sektenmitglieder, die wie in einem Paradies leben werden. Hierbei sind seine Schilderungen so suggestiv, dass sie als Bilder zu erkennen sind: Aus seinen Augen kommen wie aus einem Filmprojektor Strahlen, die diese Visionen als Bilder in den Raum werfen (*Paulette*, 1983).

▢ 94

Natürlich sind beim Silberstürmer Halluzinationen hypnotisch erzeugt worden. Als er in den Klauen des abartig-bösen Mephisto ist, lässt dieser ihn Trugbilder erleben wie: goldene Schätze und schöne Frauen (Walleschleier und Wonderbra), um ihn von der Liebe zu Shala Bal abzubringen (*Der galaktische Silberstürmer*, 1974).

Letztlich sind bei den zahlreichen Tricks unserer guten Zauberer wie Mandra und Zatara Halluzinationen im Spiel. Als z. B. die U-Bahn gestoppt werden muss, erhält der Fahrer die Halluzination einer Flutwelle (*Mandra der Zauberer*, 1968). Die gefangenen Verbrecher sehen in Rauchringen Metallfesseln, die sie festhalten und dingfest machen (*Mandra, der Zauberer*, 1968). Mehr dazu erfahren Sie sehr ausführlich in Kapitel 26.

Die hypnotisierte Person nimmt ihre Halluzinationen oder Innenbilder vom z. B. Ferienstrand als subjektiv real wahr, obwohl sie durchaus kognitiv-intellektuell „weiß", dass sie beim Therapeuten auf dem Sessel weit im Binnenland sitzt.

Dies wird auch im Comic klar verdeutlicht: Für Paulette werden die Gruppenhalluzinationen der Sektenmitglieder so plastisch, dass sie diese für eine Kinovorführung hält und fragt: „Was ist denn das für ein beknackter Film?"

Wie die Leserin und der Leser haarscharf erkannte, sind sehr viele Suggestionen der Hypnose mit Halluzinationen verbunden, so z. B. die Gerüche und Temperaturen am Meer unserer Entspannungsszene oder bei der Altersregression. In der Therapie können mit gesteuerten Halluzinationen u. a. unterschiedliche Veränderungen von z. B. auslösenden Angstsignalen oder allgemein von auslösenden externalen oder internalen Reizen vorgenommen werden. Ein weiterer therapeutischer Aspekt wäre z. B., sich den Erfolg nach der Erledigung einer schweren Aufgabe vorzustellen. Dies erleichtert die dann nachfolgende Durchführung der Aufgabe deutlich.

Auf dem Hintergrund der beschriebenen negativen Halluzinationen ist auch hypnotische Taubheit möglich. So kann der Bühnenhypnotiseur El Prahl den raffgierigen Isnogud nicht nur stocksteif hypnotisieren, als er sein versprochenes Honorar nicht zahlen will, sondern er macht ihn gleichzeitig stocktaub (*Augenschmaus*, 1975).

Im kritischen Moment kann die schmerzblockierte außergalaktische Jackie (das ist der Kosename für Projektra) mittels Hypnose das Sehzentrum des brutalen Kontrahenten Waldwolf schwächen und ihn dadurch bezwingen (*Wer rettet die Prinzessin?*, 1975).

18.4.2 Hypnotische Taubheit und Blindheit

95 □

Man erklärt sich die Wirkung der Hypnose durch die Beeinflussung des Hypothalamus, jener Hirnregion, die eine zentrale Schaltstelle ist. Ähnliche Wirkungen haben wir jedoch öfter im Alltag erlebt. Sind wir von einem Ereignis (Buch, Film, Fußballspiel) stark fasziniert, nehmen wir andere Informationen wie z. B. Geräusche nicht mehr wahr. Wir blenden sie einfach aus. Am besten können Sie die Wirkung einer wahlweisen Ausblendung von Geräuschen ausprobieren, wenn Sie sich in einer Gruppe von Personen befinden. Nach Ihrem Belieben können Sie ganz bestimmten Personen zuhören und dabei andere Gespräche ausblenden, dann umschalten auf die Mitteilungen wieder anderer Personen oder auf die Musik etc. Diese Steuermöglichkeit ist als *Cocktailparty-Phänomen* bekannt und zeigt, wie sehr wir auch ohne Hypnose selektiv taub sein können. Mit Hypnose lassen sich derartige Prozesse für therapeutische Zwecke nutzbar machen, z. B. um den angstbesetzten Zahnarztbohrer akustisch auszublenden.

In vergleichbarer Weise blenden wir auch Gesehenes nach seiner Bedeutung aus. In Fällen hysterischer (also seelisch bedingter) Blindheit wird dies besonders deutlich. Auch hier sind demnach psychische Mechanismen wirksam, die durch Hypnose ansteuerbar sind. Aus der Grundlagenforschung sind hierzu wenige Experimente bekannt.

Als ein übereifriger Panzerknacker die Hypnosewirkung durch einen Holzhammerschlag auf Donalds Kopf verlängern will, kann eine kurze Suggestion das Schmerzgefühl sofort beseitigen (*Donald in Hypnose*, 1981). Ähnliches ist in der Geschichte *The Hypnotist* (1983) zu beobachten, als ein Hund nach einem Holzhammerschlag des Hypnotiseurs zwar Sternchen sieht, aber keinen Schmerz verspürt.

18.4.3 Analgesie und Anästhesie = Schmerz- und Berührungsunempfindlichkeit

96 □

☐ 97

In der Realität ist Hypnose tatsächlich ein äußerst wirksames Therapeutikum, unterschiedlichste Schmerzzustände zu mindern oder sogar abzuschalten, angefangen bei Kopfschmerzen, Zahnoperationen, Geburten bis hin zu unterschiedlichsten, rein unter Hypnose ausgeführten Operationen (Mundoperationen, Amputationen, Magenoperationen etc.). Diese Eingriffe wurden unter wissenschaftlicher Fachkontrolle durchgeführt und in zahlreichen Fachartikeln dokumentiert. Derartige Hypnosebehandlungen sind teilweise erforderlich, so z. B. bei Allergien gegen Narkosemittel oder in Notsituationen, wie aus unterschiedlichen Kriegen berichtet wird. Die Forschung konnte aufzeigen, dass durch Hypnose die für Schmerzen typischen Bewertungsmechanismen im Gehirn gesteuert werden können, sodass wir ein traumatisches Ereignis nur als Berührung wahrnehmen, es jedoch nicht mehr als Schmerz bewerten. Die weitere therapeutische Relevanz der Analgesie und Anästhesie durch Hypnose liegt in der Behandlung von Verbrennungsopfern. Je schneller sie ihre Suggestionen erhalten, umso besser erfolgt die Schmerzreduktion, ja sogar die Wundheilung in den nächsten Tagen. Auch postoperative Beschwerden, besonders Schmerzzustände, Phantomschmerzen etc., sind gut unter Hypnose zu beeinflussen. Letztlich sei noch auf die Angst- und Schmerzproblematik Langzeitkranker (wie z. B. Dialysepatienten) und die Nebenwirkungen der Chemotherapie bei Krebskranken verwiesen; Fachleute können hier mit Hypnose oft gute Behandlungserfolge erzielen.

18.5 Veränderungen von Gedächtnis und Zeit

Mittels spezieller Suggestionen können unter Hypnose Erinnerungsprozesse, aber auch die subjektive Wahrnehmung von Zeitabläufen beeinflusst werden.

18.5.1 Altersregression

Bei der Altersregression wird die Erinnerung oder die mentale Rekonstruktion von früheren Ereignissen bewirkt.

Die Panzerknacker versetzen Donald mittels der Hypnose Rabad Rabadadis in eine frühere Zeit seines Erlebens (= Altersregression), um dann eventuell die Erinnerung an den Safecode zu begünstigen. Donald erinnert sich nun, früher einmal ein berühmter Fußballspieler, ein Schauspieler gewesen zu sein oder sogar der Kanzler (*Donald in Hypnose*, 1981). Als kulturell und politisch informierte Zeitgenossen wissen wir jedoch, dass dies alles in Entenhausen nicht zutraf.

☐ 99

Der leicht beschränkte Rekrut Beetle Bailey hypnotisiert mittels einer vorgehaltenen brennenden Kerze seinen Vorgesetzten Sarge, was ihm schnell gelingt. Spontan erklärt sich Sarge bereit, sich seinem Willen zu unterwerfen. Angespornt von seinen Kameraden, bewirkt Beetle eine Altersregression in das dritte Lebensjahr. Sofort fängt Sarge an, kindlich-lautstark zu weinen und sich darüber zu beklagen, dass man ihm seinen Lollipop geklaut hat. Und nun springt er auf Beetle rum und würgt ihn, da er ihn als den Dieb halluziniert. Durch diese Prügelei erwacht Sarge aus der Hypnose und verknackt Beetle zum Kartoffelschälen nun wegen seiner völlig zerknitterten Uniform. Letztlich zieht er sehr verdutzt ab, da er Beetle nicht mehr versteht: „Ich verknackte ihn, und er gibt mir eine ganze Schachtel voller Süßigkeiten!" (*Sarge in The Candy Kid*, 1974).

Betrachten wir Ebenezer Scrooge, die Gestalt aus *Ein Weihnachtslied in Prosa* von Charles Dickens (1957, Orig.: *A Christmas Carol in*

Prose. *Being a Ghoststory of Christmas,* 1843). Dieser geizige, einsame alte Mann verbringt den Heiligen Abend allein. Aufgrund unterschwelliger Reize, die von diesem besonderen Tag ausgehen (eventuelle Berichte seines Angestellten, Spendenbitten, Gerüche in der Stadt etc.) erinnert sich Scrooge an seine Kindheit. Diese nun aktuell durchlebten Erinnerungen in Form einer Altersregression bewirken in Verbindung mit anderen regressiven Erlebnissen eine Einstellungsänderung des Alten. Burlison (1983) sieht in dieser Geschichte eine hypnoanalytische Sitzung, in welcher der Patient Scrooge diagnostiziert wird und Katharsis erfährt.

Hier ist ungewollt ein kritischer Kernpunkt zur Hypnosewirkung dargestellt. Es ist möglich, unter Hypnose frühere Ereignisse sehr plastisch und realitätsnah wieder zu erleben „so, als ob es wirklich ist" (= Altersregression). Für die Psychotherapie ist die Altersregression von hohem Wert, so z. B. zum Auffinden von Störungsursachen in der Kindheit, die dann als seelisches Kindheitstrauma erkannt werden (= Diagnostik). Wenn diese Negativerlebnisse langsam aufgedeckt werden, sind sie dann auch in zunehmendem Maße einer Behandlung zugänglich. Insgesamt spielen hier das subjektive Leid und das damit verbundene subjektive Erinnerungsvermögen eine nicht zu unterschätzende Rolle. Dies macht deutlich, dass unser Erinnerungsvermögen nicht objektiv arbeitet wie z. B. eine Tonband- oder Videoaufnahme. Beim Erinnern kann es sogar vorkommen, dass, wie in der zitierten Geschichte Donalds, Wunschdenken, Ängste und zwischenzeitliche Erlebnisse Konfabulationen und damit Verzerrungen der Gedächtnisinhalte bewirken können. Dies ist besonders im forensischen Bereich (= Gerichtspsychologie) sehr relevant, wenn es um die „objektive" Erinnerung, das Zurückholen von Gedächtnisinhalten bei Zeugenaussagen geht. Diese sind dann stets mit größter Sorgfalt abzuwägen und durch Außenkriterien wie Indizien etc. zu überprüfen.

Die subjektive Erinnerung wird auch therapeutisch nutzbar gemacht, so z. B. zur kognitiven Umstrukturierung oder Selbstkonfrontation mit Kindheitsproblemen, um traumatische Erlebnisse aufzuarbeiten.

Falls Sie an der Möglichkeit der Altersregression zweifeln sollten, dann führen Sie jetzt bitte folgendes Experiment durch:

Bitte nehmen Sie einen Bleistift oder Ähnliches in Ihre linke Hand, falls Sie sonst Rechtshänder sind (bei Linkshändern sollte es dann die rechte Hand sein). Schreiben Sie nun bitte Ihren Vor- und Zunamen. Bereits nach wenigen Sekunden haben Sie bemerkt, was gemeint ist: Man fühlt sich schnell so wie zu jener Zeit, als man das Schreiben lernte, nämlich ungelenk, voll konzentriert auf jeden Buchstaben. Schon oft haben bei diesem kleinen Experiment verheiratete Frauen ihren Mädchennamen geschrieben, da sie sich spontan an ihre Mädchenzeit erinnerten. Falls Sie noch etwas Ihren Gedanken zur Zeit Ihres Erstschreibunterrichts nachhängen, kommen sicherlich zahlreiche Erinnerungen und Gefühle aus jenen Tagen hoch. Das ist Altersregression – auch ohne Hypnose.

Hieraus ergeben sich nun eventuell zwei Fragen:

Bis zu welchem Alter kann man jemanden zurückführen?
Seriöse Berichte aus Therapien sind bekannt, in denen Patienten deutliche Kindheitserinnerungen aktivieren, teilweise bis in das Alter von zwei bis drei Jahren zurückreichend. In seltenen Fällen werden durchaus Kleinstkinderinnerungen berichtet, deren Inhalte sogar objektiv nachweisbar sind. Die Intensität dieses Erinnerns hängt auch davon ab, wie sehr man Erlebnisse aus seiner Vergangenheit in der Gegenwart zulassen kann; falls damals Traumatisierungen z. B. durch Misshandlungen erfolgten, dann können Widerstände das Erinnern blockieren. Die hohe Kunst des Therapeuten besteht dann darin, diese zu erkennen und daran behutsam zu arbeiten.

 98

Ist Reinkarnation bzw. der Blick in ein früheres Leben unter Hypnose möglich?
Das ist eine Frage, die durch Romane und faszinierende Fernsehberichte motiviert ist. Falls wir uns in Indien befinden und dem Hinduismus angehören, dann wird diese Frage sicherlich nicht gestellt, da Reinkarnation hier zum zentralen Glaubenssystem dieser Religionsgruppe gehört. Da wir in unserem westlichen Denken andere zentrale religiöse Themen haben, gehen wir kritisch und neugierig an derartige Behauptungen heran. In einer sehr umfassenden Studie wurden über 100 Fälle überprüft, in denen behauptet worden war, in Hypnose habe man Kontakt zu einem früheren Leben aufgenommen. In keinem Fall konnten die Behauptungen gehalten werden (Parejko, Gaines a. Katarzynski, 1975). Vielmehr konnte festgestellt werden, dass Versuchspersonen sehr leicht dazu überredet oder beeinflusst werden können, so genannte Erinnerungen an frühere Leben und Persönlichkeiten zu produzieren.

Auch so genannte objektive Fernsehberichterstattungen zu diesem Thema berücksichtigen oft nur das, was man gerne zeigen will, und im Ergebnis haben wir es mit einer Selffulfilling Prophecy oder mit Zirkelschlüssen zu tun – und viele Zuschauer glauben ja fast alles, was unter der Autorität des Fernsehens gesendet wird.

18.5.2 Altersprogression oder Hellsehen?

Dem größten Wunder aller Zeiten, der Hellseherin Madame Yamilah, gelingt es in der durch Fakir Ragdalam induzierten Hypnose, Gegenstände und Ausweisnummern der Zuschauer übersinnlich zu erkennen, aber auch die geheimnisvolle Krankheit eines entfernten Expeditionsteilnehmers, was während der Varietéaufführung sofort verifiziert werden kann (*Die sieben Kristallkugeln*, 1985).

Sehr deutlich wird die Möglichkeit der therapeutischen Nutzung einer Alters-„Progression" bei der Figur des Scrooge in Charles Dickens' Roman. Nachdem er am Weihnachtsabend die Altersregression durchlaufen hat, kann er so seinen Tod in der Vorstellung projizieren. Hierbei kann er von jenen Gegebenheiten ausgehen, die bei ihm kognitiv präsent sind – d. h. in der Alltagssprache: die er nun endlich begriffen hat. Dabei folgert er aus seiner Vergangenheit, dass er einsam und verlassen sterben wird, wenn er sich weiterhin so aggressiv und selbstsüchtig verhalten wird. Diese Art von kognitiver Projektion oder emotionaler Vorwegnahme wirkt bei ihm in Kombination mit der vorher durchlebten Altersregression (sein Leben zog an ihm vorüber) therapeutisch. Da Scrooge aufgrund seiner Erkenntnisse eine geänderte Lebenseinstellung gewinnt, wird er sogar beliebt und sozial geschätzt werden. Die Vorwegnahme von möglichen Emotionen und sozialen Konsequenzen bewirkt hier also eine Einstellungsänderung.

Wie daraus deutlich wurde, vermag Hypnose keinerlei hellseherischen Fähigkeiten oder Möglichkeiten zu eröffnen oder zu vermitteln. In vergleichbarer Weise wird die hypnotische Altersprogression also nicht zum „Hellsehen" benutzt. Man kann jedoch unter Hypnose rein kognitiv (= in Gedanken) verschiedene in der Zukunft mögliche Handlungsweisen (z. B. Auswirkungen von Entscheidungen nach einer geplanten Partnertrennung, von beruflichen Veränderungen etc.) durchspielen und daraus für sich entsprechende Schlüsse ziehen. Insofern sind aufschlussreiche therapeutische Interventionen auf der Vorstellungsebene stets möglich und bedürfen keinerlei hellseherischer Aktivitäten, sondern intensiver therapeutischer Fähigkeiten.

18.5.3 Zeitverzerrung

Der Comic lässt uns hier uninformiert. Im Alltagsleben haben wir schon sehr oft beobachten können, dass schöne Situationen, Erlebnisse etc. subjektiv viel zu schnell vergehen (Beispiele: Kuss, Ferien, Eisbecher ...), während angstbesetzte viel zu lange dauern (Beispiele: unangenehme Examensfragen, Steuerprüfung, Zahnarztbehandlung, lästiger Besuch).

Unter Hypnose kann diese subjektive Verlangsamung oder Beschleunigung des Zeiterlebens methodisch gezielt beeinflusst werden. *Zeitverkürzung* ist in der Therapie bei z. B. Ängsten, Sexualproblemen, Schmerzanfällen, Suchtkrisen, Fressattacken hilfreich. Subjektive *Zeitdehnung* kann bei z. B. genauen Handlungsanalysen in der Selbstbeobachtung, bei Denkblockaden in Examensklausuren und bei bestimmten Sexualproblemen therapeutisch relevant sein. So kann z. B. eine Person in ihrer Examensklausur mit viel innerer Ruhe an jede Aufgabe herangehen, da sie vorher in Hypnose eingeübt hat, subjektiv ausreichend Zeit dafür zu haben.

18.5.4 Erinnerungsverlust (Amnesie)

Der mächtige Thor wurde vom mysteriösen grünen Radioaktiven mittels Strahlen in Hypnoschlaf versetzt: „Du bist in meiner Gewalt! Du weißt nicht mehr, wer du bist!" (*Der mächtige Thor gegen den mysteriösen Radioaktiven*, 1962). Als Rudi Ross im Banne der von den Gorilla-Ganoven-Professoren entsandten Höllenstrahlen ist, erhält er die Instruktion: „Du bist in unserer Gewalt und hast deine Vergangenheit vergessen! Wir sind deine Herren, deine Freunde!" Nach immens unsinnigen Handlungsweisen kann sich jener Rudi deutlich an das Geschehen *vor* der Hypnose erinnern, jedoch nicht an sein Verhalten *während* der Hypnose (*Micky im Bann der Höllenstrahlen*, 1932/33). Der zu Demonstrationszwecken tanzende und Karate ausübende Donald hat nach den Suggestionen des Professors Pankratius Pumandl ebenfalls keine Erinnerungen mehr an seine peinlichen Hypnoseaktivitäten (*Hypnotisiert*, 1981). Die durch den schwarzen

Kasten beeinflussten Personen haben nach ihrem suggerierten unwiderstehlichen Drang, in die Sümpfe zu gehen, in gleicher Weise einen starken Erinnerungsverlust (*Das Geheimnis des schwarzen Kastens*, 1980).

Im Comic besteht bei ausnahmslos allen unter Hypnose stehenden Personen eine Amnesie. Sie handeln in Hypnose wie unter Zwang und können sich nach der Hypnose überhaupt nicht daran erinnern, was sie getan oder erlebt haben. Die unter Hypnose durchgeführten Handlungen sind völlig aus dem Gedächtnis verloren gegangen, ein Stück der zeitlichen Kontinuität und Identität fehlt.

Amnesie beinhaltet das Ausschalten bestimmter Gedächtnisinhalte – sowohl zeitlich als auch semantisch (= inhaltlich, begrifflich). In Hypnose tritt normalerweise keinerlei Gedächtnisverlust ein; falls er gelegentlich zu beobachten ist, dann nicht häufiger, als er in anderen Kommunikationsformen ebenfalls zu finden ist. Auch in normalen Alltagsbegegnungen speichert unser Gedächtnis nicht kontinuierlich alles. So kann sich sicherlich niemand von uns erinnern, was er vor vier Wochen an einem Dienstag um 17.12 Uhr gesagt, getan hat, gehört hat – es sei denn, es war ein herausragendes Ereignis wie Kegelrunde, Geburtstag oder Autopanne. Durch Hypnose können jedoch unfall- oder schockbedingte Amnesien aufgehoben werden, die eventuell eine (pathologische) Schutzfunktion hatten. Besonders bei Opfern von kriminellen Handlungen, Unfällen, Kriegsereignissen, Naturkatastrophen sind neben vielen anderen Symptomen oft Amnesien festzustellen.

Der erfahrene Fachmann kann zwar Amnesien bewirken, dies wird er jedoch nur in bestimmten therapeutisch wichtigen Situationen vornehmen (z. B. wenn in der Therapie sehr traumatische Kindheitsinhalte extrem schnell bewusst werden und dadurch einen Schock verursachen könnten). In der Therapie ist mitunter das (vorübergehende) Ausblenden von z. B. blockierenden Gedanken, Erlebnissen, Schmerzerfahrungen, Ess- oder Suchtbedürfnissen sehr hilfreich, die in sich sonst wieder Angst und Schmerz auslösend sein können.

Generell und im Normalfall können sich jedoch alle Patienten nach ihrer Sitzung an alle durchlebten Details erinnern. Warum auch nicht?

18.6 Veränderung weiterer psychischer Aspekte

Von den zahlreichen durch Hypnose bewirkbaren Veränderungsmöglichkeiten lassen sich nicht alle in ein klares Schema einordnen. Sie sollen nachfolgend noch genannt sein.

18.6.1 Dissoziation

Hier wird die Trennung der eigenen Personenwahrnehmung in einen erlebenden und einen beobachtenden Teil bewirkt, aber auch die Abspaltung von Wünschen, Emotionen etc. Dieses Hypnosephänomen ist therapeutisch nutzbar zu machen bei z. B. Konfrontationen mit besonders schmerzhaften Erlebnissen und bei der Angstbehandlung.

Die zahlreichen im Comic dargestellten Verrücktheiten können nicht als Dissoziationen im klinischen Sinne bezeichnet werden. Bei der klinischen Form steht man quasi „neben sich". Ein Beispiel soll dies verdeutlichen. Ein Patient im Zahnarztstuhl erhält die Suggestion, dass er sich vorübergehend als zwei Personen erleben wird: Der eine Personenteil befindet sich im Urlaub am Meeresstrand und ist entspannt, während der andere Teil sich in der Behandlung beim Zahnarzt befindet. Als Person am Strand kann er weiterhin locker bleiben und so Abstand zu den Schmerzerfahrungen bekommen, die die andere Person macht. Diese Form der Distanzierung ist auch bei Angstpatienten sinnvoll. So kann zumindest ein Teil der Person in einer kritischen Situation per Hypnose Angstreduktion erleben, damit verbunden Erfolg und Wiedergewinn an Sicherheit, was wiederum Angst abbauend wirkt. Auch auf anderen Problemfeldern (z. B. jemandem die Meinung sagen, obwohl man sonst gehemmt ist) hilft diese Therapiemethode spürbar.

18.6.2 Posthypnotischer Auftrag

Die älteste Version eines posthypnotischen Auftrags ist im gleichzeitig ältesten Dokument über Hypnose zu finden: Die treue Gattin von Vipulas Lehrer in der *Mahabharata* handelt gemäß ihrer nonverbal erteilten Instruktion, indem sie noch lange Zeit nach der Hypnose im Sinne des Ehemannes handelt und verführungsresistent gegenüber dem lüsternen Gott Indra ist.

Viele Jahrtausende später begegnen wir dem Comicdokument: Superman unterliegt MAG-ENS' posthypnotischem Befehl. Diese Hyperhypnose ist so stark, dass sie ihn zwingt, gegen sein Gewissen zu handeln. Deshalb rast Superman auf die Erde zu, um sie zu vernichten! (*Kryptons erster Superman*, 1968). Jahrzehnte später wird Superman nochmals Ziel außergalaktischer Aggressionsbegehrlichkeiten: Nach der gehirnwaschenden Prozedur durch den Hypnopulsor seines Kontrahenten erleidet er eine Charakterveränderung. Unter dem Einfluss des posthypnotischen Befehls ist er aggressiv und zerstörerisch (*Der stählerne Rächer*, 1982). Aber keine Angst: Die Geschichte endet gut!

Nun aber zurück zur Gegenwart! Als Donald von Rabad Rabadadi die Instruktion erhält, schlau, einfallsreich und intelligent zu sein, um endlich den Safecode zu nennen, verhält er sich (fast) intelligent (*Donald in Hypnose*, 1981).

Besonders hervorzuheben ist in anderen Storys dann Folgendes: Während Donald in Hypnose ist, berichtet er davon, zu schlafen. In diesem Zustand wird ihm dann von seinen stets zu Streichen aufgelegten Neffen suggeriert, zu sagen: „Nein! Sie kann die Erdanziehungskraft nicht überwinden!" (*Donald als verkanntes Genie*, 1981). Hier verarbeitet Donald in Hypnose seine eigene Problematik, in einem anderen Bewusstseinszustand zu sein und beeinflusst zu werden. Wie stark derartige posthypnotische Aufträge wirksam sind, zeigt der nächste Morgen. Kaum hört er die relevante Frage: „Kann eine Rakete mit 20 000 Stundenkilometern zum Mond fliegen?", reagiert er reflektorisch mit der im Schlaf suggerierten Antwort. Das powert sein sonst so lädiertes Ego so mächtig auf, dass er dann gleich anfängt, sich mal wieder zu überschätzen und in vieles einzumischen – wie gewohnt mit chaotischen Folgen.

Der vom tibetischen Mönch Lobjak in Hypnose erteilte Befehl zur Stummheit hält auch bei dem Zeugen eines Mordes noch an, sodass er vor der Polizei keine mündliche Aussage machen kann – „… aber zum

Glück konnte er schreiben!": Also schreibt er den Namen des Täters an die Wand (*Felina*, 1981).

Der Humphrey Bogart ähnliche Titelheld Ray Banana folgt den Instruktionen seines Einschlafgerätes *Schlafo-Tief* und begibt sich zur Sitzung der skurrilen Sekte der Azureener, ohne seine Motivation hierzu zu kennen (*Ray Banana*, 1982).

□ 101

Als Micky Maus endlich der Wirkung der Hypnosekanone entkommen kann, bemächtigt er sich dieses Gerätes und ruft den Gauner-Professoren zu: „Meine Herren, sie sind hypnotisiert! Die Waffen weg!" Nun erteilt Micky ihnen den posthypnotischen Auftrag der Amnesie: „Sie haben alles über Hypnosestrahlen vergessen. Von jetzt an arbeiten sie zum Wohle der Menschheit!" – Mit der Konsequenz, dass er ihnen aufträgt, ihr eigenes Schloss samt Inhalt und Hypnosekanone in die Luft zu jagen (*Micky im Bann der Höllenstrahlen*, 1932/33). Friedensbewegte träumen von solchen Möglichkeiten – Menschheitsträume!

Allein die geschilderte Version der Beeinflussung Donalds erscheint relativ realitätsnahe; man sollte sich jedoch davor hüten, sie zu generalisieren und sie z. B. auf mögliche Prüfungssituationen und Prüfungsinhalte übertragen zu wollen.

Sicherlich gibt es die Möglichkeit des posthypnotischen Auftrags, der therapeutisch nutzbar gemacht wird, so z. B. in einem Examen oder beim Zahnarzt angstfrei zu sein. Derartige posthypnotische Aufträge wurden früher posthypnotische „Befehle" genannt. Darin ist die Beurteilung enthalten, dass der Hypnotiseur Macht über seinen Klienten hat und ihm seinen Willen aufzwingen kann. Das flößt sicherlich Angst ein und lässt Abstand zur Hypnose nehmen. (Dem Problem des Willens und der Willensfreiheit unter Hypnose haben wir uns bereits in Abschnitt 17.2 gewidmet.)

Posthypnotische Suggestionen sind (je nach Indikation) besonders bei Ängsten sehr sinnvoll. Sie helfen einem Patienten, in einer zukünftigen kritischen Angstsituation ruhiger zu bleiben und dann leichter so zu handeln, wie in Hypnose vorher mit dem Therapeuten eingeübt. Aber auch zur Aktivierung von Erinnerungsprozessen können posthypnotische Suggestionen sehr nützlich sein, damit jemand vergessene, verdrängte oder blockierte Gedächtnisinhalte wieder reproduzieren kann.

Hier stellt sich die Frage, wie lange derartige posthypnotische Aufträge anhalten können. Im Normalfall reicht es aus, wenn der Therapeut Aufträge erteilt, die in wenigen Minuten, in einigen Stunden oder sogar über einen langen Zeitraum in bestimmten Situationen in die Tat umgesetzt werden sollen, z. B. bei Prüfungen, Gewichtsreduktion, Raucherentwöhnung. Seriöse, abgesicherte Experimente zeigen auf, dass posthypnotische Aufträge mehrere Wochen und Monate wirken können.

Kapitel 19

Anwendungsmodifikationen und Anwendungsbereiche

Wie deutlich wurde, ist Hypnose in der Therapie und in immens vielen Bereichen – und sehr flexibel – einsetzbar. Entsprechend finden wir Modifikationen vor, die wir teilweise auch im Comic antreffen.

19.1 Anwendungsmodifikationen

19.1.1 Selbsthypnose

In anderen Zusammenhängen haben wir bereits die nachfolgenden Comicgeschichten analysiert. Nun wollen wir sie unter dem Aspekt der Selbsthypnose betrachten.

Im Märchen *Frau Holle* haben wahrscheinlich die monotone Tätigkeit des Spinnens und der Blick auf die ebenfalls monotone Wasserfläche des Brunnens das unterdrückte Mädchen Goldmarie in tiefe Hypnose versetzt, in der sie dann ihren Wunschträumen nachhängen kann. Auf ähnliche Weise bewirkt Alice einen autohypnotischen Zustand, indem sie auf die spiegelnde Wasseroberfläche eines kleines Sees blickt und den Wellenkreisen zuschaut. Diese Personen werden in Trance, einen Dämmerzustand oder eine Phantasiewelt (je nach Standpunkt des Interpreten) versetzt.

Henry's Cat (*The Hypnotist*, 1983) stellt sich nach der Fernsehhypnoseshow vor einen Spiegel, blickt sich in die Augen, fällt um und schläft. Spion wendet überfallartig Hypnose bei seinem Feind Spion an. Dieser hat jedoch listig einen Handspiegel hochgehalten, sodass der Hypnoseblick auf den Sender reflektiert wird. Dieser gibt sich nun einen gewaltigen Boxhieb und schlägt sich selbst k. o. – also auch eine im Comic mögliche Form der Selbsthypnose (= Autohypnose; *Operation Rückschlag*, 1972).

Mit äußerst tiefer autohypnotischer Entspannung arbeiten sowohl der Himalaya-Mönch (*Das dicke Ende kommt nach der Wende*, o. J.) und der Ureinwohner Australiens (*Abenteuer in Australien*, 1991), da sie als Fortgeschrittene bereits den Zustand der körperlichen Schwerelosigkeit erreicht haben.

Das von Daniel Düsentrieb empfohlene Anstarren einer Münze ist durchaus als wirksame Methode zur Einleitung der Autohypnose anzusehen. Die dadurch beschriebene Wirkung des *Rückblitzeffektes* ist jedoch nur comictypisch (s. Abschn. 16.5).

Die im Comic aufgezeigte und uns inzwischen bekannte schnelle oder brutale Wirkung ist weder bei der Fremdhypnose noch bei der Autohypnose möglich. Auto- bzw. Selbsthypnose ist eine gebräuchliche und sehr hilfreiche Form, die bereits vor vielen Jahren von J. H. Schultz (1884–1970) etwas umgestaltet wurde und weithin als *autogenes Training* bekannt ist. Es ist die Fähigkeit, sich selbst nach entspre-

62 und 92 markers

chendem Training bzw. therapeutischer Anleitung gezielte Instruktionen i. S. der Therapie zu geben, um auch die genannten Phänomene therapeutisch einzusetzen. Gerade die Selbsthypnose ist ein sehr wesentlicher Aspekt bei der Selbstkontrolle und vielen Formen der Selbstmanagementtherapie. Die Patienten können in Hypnose mit genau gerichteten Interventionen eigenständig ihre Therapie im Alltag weiterführen, also auch gezielt und zu jeder Zeit bei zahlreichen Konfrontationen und Selbstkontrollverfahren verwenden – eben in solchen Situationen und Fällen, die keinen sofortigen und direkten Zugang eines Therapeuten ermöglichen (Examina, Intimprobleme, Stressmanagement, Angstprobleme, psychosomatische Erkrankungen).

19.1.2 Gruppenhypnose

Bei Shakespeares *The Tempest* wird die gesamte Schiffsbesatzung in Trance versetzt und erlebt unterschiedliche halluzinatorische Phänomene.

Bei Cipolla (*Mario und der Zauberer;* Mann 1930) finden wir einen Bühnenartisten, der seine Kunst nicht nur bei Einzelnen, sondern bei Gruppen anwendet. Das Beispiel der Personengruppe, die auf der Bühne unter dem suggestiven Peitschenknallen Stepp tanzt, wurde bereits zitiert. Unterschwellig wird aus der Schilderung Manns recht deutlich, dass das gesamte Publikum dieser Art von Beeinflussung unterliegt.

In der Story *Donald Duck in Hypnose* (1970) werden alle Panzerknacker mit einem einzigen Hypnoblick von Rabadadi umgedreht und wandern „freiwillig" in die Besenkammer, als sie nicht das Honorar an ihn zahlen wollen. Hier wird deutlich, dass die Panzerknacker, die bereits allen Hypnosesitzungen Donalds beiwohnten, nach dem Prinzip des Modelling Tranceverhalten lernten. Das ist wieder ein Aspekt, auf den wir später eingehen werden. Dagobert Duck befreit die Panzerknacker einige Zeit später aus der Kammer. Er hatte vorher ebenfalls das Hypnotisieren beobachten können. Aufgrund seiner Lernerfahrungen gehorchen sie nun seinen Hypnobefehlen – und sie wandern willenlos in den Knast. Hier stellt sich die Frage, ob eine Generalisierbarkeit von hypnotischem Verhalten möglich ist.

Die Opfer des Zyklotrop (*Der Plan des Zyklotrop*, 1985) sind wie die Panzerknacker ebenfalls uniform gekleidet und verhalten sich unter seiner Beeinflussung willenlos-militärisch-uniform. Dies ist übrigens im Comic sehr beliebt: In Gruppenhypnose müssen sich fast alle Personen automatenhaft und gleichsinnig verhalten. Nur der Stadtrat von Entenhausen bildet eine Ausnahme: Es verhalten sich nicht alle gleich und bewirken dadurch Chaos (*Das Geheimnis des schwarzen Kastens*, 1980). Unter Hypnose kann man eben nicht gegen seine sonstigen Gewohnheiten handeln.

□ 102
□ 80

Hinter diesen Darstellungen steht die Annahme, dass man sich in Hypnose nicht nur willenlos wie ein Befehlsempfänger verhält, sondern zusätzlich noch seine Individualität aufgibt und mit anderen gleichgeschaltet automatenhaft reagiert.

Abgesehen von der bereits dargestellten unrealistisch schnellen Induktion und Erlernbarkeit des Verfahrens, sieht eine Gruppenhypnose des Psychotherapeuten wesentlich anders aus. Er wendet ähnlich wie bei der Einzelbehandlung wesentlich mehr Zeit für die Induktion auf und erreicht nicht die gezeichneten Blitzeffekte.

Teilnehmer und Leiter von Entspannungsgruppen können diese Gruppenbeeinflussung relativ oft erleben. Sobald ein Teilnehmer z. B. von seinem ersten Entspannungserlebnis durch Wärme berichtet, wird dieses umso schneller auch von anderen erlebt und mitgeteilt.

Weitere Beispiele von Gruppenbeeinflussung oder Gruppensuggestion sind:

- Die Ausstrahlung eines guten Schauspielers, der die Zuschauer mitreißen und erlebensmäßig in das Bühnen- oder Filmgeschehen einbezieht. Bert Brecht (1953) wollte gerade diesen Effekt durch sein „episches Theater" verhindern.
- Die Faszination einer guten Lehrererzählung im Unterricht vermag Schüler zum Zuhören und Mitarbeiten zu motivieren.
- Bei Verkaufsveranstaltungen, z. B. so genannten Kaffeefahrten, vermag der „gute" Propagandist die Teilnehmer so zu beeinflussen, dass sie immer mehr an seine Worte glauben und dann seine Produkte kaufen. Erst später werden sie die Minderwertigkeit der Ware bemerken.
- Nicht zu vergessen sind unterschiedlichste Produktreklamen, die „Freiheit" und „Abenteuer" verheißen, jedoch Suchtmittel anpreisen. Der Gruppendruck der Gleichaltrigen macht Schüler schnell zu Rauchern, die den Lebensstil Erwachsener imitieren wollen.
- Letztlich lösen bestimmte politische Reden oder auch Papstaudienzen im gleichen Sinne Gruppenwirkungen aus.

Sie erfahren noch mehr über Suggestionen in Abschnitt 22.2.

19.2 Anwendungsbereiche

Die Anwendungsbereiche der Hypnose sind sehr umfassend und erstaunlich vielfältig. Deshalb sollen nachfolgend diese Bereiche nur stichwortartig aufgeführt werden, um wenigstens einen kleinen Einblick zu geben. Nähere Informationen würden den Rahmen dieses Buches überschreiten.

Bei allen nachgenannten Anwendungsbereichen ist zu bedenken, dass es sich hier um wissenschaftlich und somit real überprüfte Therapieerfahrungen handelt, die oft auch durch Experimente bewiesen wurden. Diese Anwendungen wurden von seriös ausgebildeten Fachleuten durchgeführt, die meist erst nach ihrem Psychologie- oder Medizinstudium eine Psychotherapieausbildung absolvierten und dann eine Hypnoseausbildung. Die Forschungsbereiche mehren sich; entsprechend erscheinen hierzu jährlich viele hunderte von neuen wissenschaftlichen Publikationen in den internationalen Fachzeitschriften. Der Übergang von Hypnose, angewandt in der Medizin und angewandt in der Psychotherapie, ist oft fließend.

Die Grenzen zwischen körperlich bedingten und seelisch bedingten Störungen ist oft unscharf. Da wir als Leib-Seele-Einheit wahrnehmen

19.2.1 Hypnose in der Medizin

und agieren, ist dies nahe liegend. Als Anwendungsmöglichkeiten der Hypnose sind hier nur als Grobübersicht beispielhaft zu nennen:

Herz-Kreislauf-Störungen

Senkung von Bluthochdruck, Abbau von Herzrhythmusstörungen, Behandlung von Nachwirkungen des Herzinfarktes.

Magen-Darm-Störungen

Schluckbeschwerden, seelisch bedingtes Erbrechen, Magen- und Zwölffingerdarmerkrankungen, seelisch eng gekoppelte Darmerkrankungen wie Colitis ulcerosa, pathologischer Schluckauf.

Rheuma/Arthritis

Primäre Therapieziele sind hier Schmerzmanagement und Umgang mit der chronischen Erkrankung.

Sonstige internistische Probleme

Diskutiert wird, inwieweit sogar Diabetes in gewissen Grenzen hypnotisch steuerbar ist. Bei der Bluterkrankheit (Hämophilie) liegen sehr gute Hypnoseerfolge vor, um z. B. die bedrohlichen Blutungen bei Operationen, Zahnbehandlungen etc. deutlich zu reduzieren.

Allergische Reaktionen

Bei vielen allergischen Problemen sind seelische Faktoren mitwirkend, so beim Asthma, sogar bei Heuschnupfen und Nesselsucht.

Hautprobleme

Einige Hautptobleme sind eng mit unserem Seelenleben gekoppelt, z. B.: Neurodermitis, Schuppenflechte. Bei Hautverbrennungen ist Hypnose zur Schmerzreduktion und besseren Wundheilung nutzbar.

Krebserkrankungen und ihre Folgen

Die psychotherapeutische Begleitung von Krebspatienten ist unerlässlich; mitunter kann sogar allein eine seelische Behandlung bösartige Geschwulste abklingen lassen. Im Vordergrund stehen oft Suggestionen zur Immunstärkung. Besonders Lebens- und Angstprobleme müssen hier bearbeitet werden. Hinzu kommen: Schmerzprobleme, Nachwirkungen der Chemotherapie (Übelkeit, Erbrechen), Entstellungsprobleme usw. Der Übergang zur Psychotherapie ist hier sehr fließend.

Neurologische Störungen

Krankheiten wie Schiefhals, Halbseitenlähmungen und Parkinson-Erkrankungen können teilweise durch Hypnose gelindert werden – zumindest die psychischen Folgeprobleme.

Gynäkologie

Zahlreiche Funktionssysteme in diesem Bereich haben starke seelische Anteile und reagieren gut auf Psychotherapie, Hypnose: schmerzhafte und unregelmäßige Regelblutungen, Geburtsvorbereitung, Schwangerschaftsbeschwerden, Geburtsschmerz.

Augenheilkunde

Es sind vereinzelt Berichte zur Sehschärfenbeeinflussung durch Hypnose bekannt. Bei Kontaktlinsenanpassungen ist sie hilfreich.

Ohrenheilkunde

Tinnitus (Ohrenklingeln) kann in einigen Fällen durch Hypnose zumindest stark gebessert oder erträglich werden. Der Übergang zur Psychotherapie ist hier sehr schnell vollzogen.

Chirurgie und Anästhesie

Sowohl bei der Operationsvor- als auch der -nachbereitung hilft Hypnose zur Entspannung und Beruhigung. Bei Operationen wurde Hypnose anstatt Narkose angewandt etwa bei Blinddarmentfernung, Amputation, Knieoperation, Entfernung von Krampfadern, sogar Kaiserschnitt und Magenoperationen.

Rehabilitation

Bei Schädelhirnverletzten müssen besonders die psychischen Folgeprobleme bedacht werden; bei HIV- und Aids-Erkrankten konnten durch Hypnose bereits deutliche Besserungen des Krankheitsbildes erreicht werden.

19.2.2 Hypnose in der Psychologie, Psychotherapie, Psychiatrie

Hier finden wir ein extrem breites Anwendungsfeld für Hypnose vor, die sich mit praktisch jeder Psychotherapieform sinnvoll kombinieren lässt. Auch dazu kann nur ein stichwortartiger Beispielkatalog angeführt werden. Wie in allen Anwendungsbereichen der Hypnose gilt, dass sich nur geschulte Hypnosefachleute damit befassen sollten. Zusätzlich sollten diese Fachleute auf dem geforderten Spezialgebiet umfassende Ausbildung und Berufserfahrung besitzen. (Gar nicht selten führen z. B. Zahnärzte mit Hypnose auch psychotherapeutische Interventionen durch oder behandeln Schmerzprobleme im Rücken, Menstruationsbeschwerden etc.)

Wie bislang wohl deutlich wurde, handelt es sich nicht bloß um eine mechanische Anwendung von Hypnosetechniken, sondern um ihre Einbettung in ein sehr komplexes Therapiegeschehen. Hier muss der Fachmann kompetent und verantwortungsvoll vorgehen, indem er die Grenzen sowohl der Methode als auch seiner Fähigkeiten erkennt.

Ängste

Sehr unterschiedliche Angstformen, beginnend bei Ängstlichkeiten bis hin zu Phobien, sprechen recht gut auf Hypnose an. Bei Sterbenden kann die Angst vor dem nahenden Tod gemildert werden.

Somatoforme Störungen

Zu nennen sind hysterische Neurosen und hypochondrisches Syndrom.

Essprobleme

Sehr differenzierte Behandlungspläne der Psychotherapie führen in Kombination mit Hypnose zu guten Erfolgen bei: Übergewicht, Magersucht (Anorexie) und Ess-Brech-Sucht (Bulimie).

Schlafstörungen

Allgemeine Schlafstörungen, aber auch Schlafwandeln und Narkolepsie sprechen auf Hypnose an.

Depressionen und Zwänge

Ausnahmen bilden hier so genannte endogene Depressionen; bei ihnen können mittels Psychotherapie nur Erleichterungen erreicht werden.

Schizophrenie

Dieser seelische Krankheitsbereich galt bislang für viele Fachleute als tabu für die Hypnose, da sie angeblich psychotische Zustände fördere. Das trifft keinesfalls zu. Die oft typischen und als sehr bedrohlich empfundenen Halluzinationen lassen sich mittels Hypnose leichter kontrollieren und für den Patienten erträglicher gestalten.

Sexualstörungen

Zu nennen sind Sexualängste, Vaginismus, Frigidität, Impotenz, Ejakulationsstörungen, Fruchtbarkeitsstörungen, aber auch sexuelle Abweichungen wie z. B. Exhibitionsmus, Fetischismus.

Lern- und Leistungsstörungen

Dieser Problembereich umfasst ein sehr umfangreiches Feld unterschiedlichster Verursachungen und Auswirkungen, z. B. bei Motivationsproblemen, Leistungs- und Misserfolgsängsten; an vielen Stellen sind psychotherapeutische Behandlungen mit Hypnose sehr wirkungsvoll.

Sonstige Verhaltensauffälligkeiten

Zu nennen sind: Stereotype Bewegungsstörungen (Tics), Nägelkauen, Daumenlutschen, Haareausreißen.

Einnässen, Einkoten

Die unterschiedlichsten Erscheinungsformen sind eng mit Seelenproblemen gekoppelt – und somit psychotherapeutisch behandelbar.

Weitere Problemstellungen

Im weiten Spektrum der Psychotherapiemöglichkeiten unter Hypnose sind u. a. zu nennen:

Sprech- und Sprachstörungen
Jugendprobleme und Jugendkriminalität
Umgang mit Behinderungen und ihre Akzeptanz
Schmerzen, Spannungskopfschmerzen, chronische Kopfschmerzen etc.
Abhängigkeiten: Drogen, Alkohol, Tabak, Medikamente
Dissoziative Störungen: Stressreaktionen und Verbrechensauswirkungen
Probleme alter Menschen: Ängste, Selbstunsicherheit, Sexualprobleme, Rehabilitation

19.2.3 Hypnose in der Zahnheilkunde

Dieser Anwendungbereich erfreut sich aus menschlich sehr schnell nachvollziehbaren Gründen eines deutlichen steigenden Interesses.

Entspannung
Angstabbau und Bequemlichkeit vor und bei der Behandlung spielen hier eine Rolle.

Spezielle Behandlungsvoraussetzungen
Zu nennen sind: Schmerzbewältigung, Blutungskontrolle, Herzrhythmusstörungen, Würganfälle, überstarker Speichelfluss.

Operativer Bereich
Analgesie und Anästhesie durch Hypnose anstatt Narkose und Spritzen bei Zahnextraktionen, Implantationen und Kieferoperationen.

Problempatienten
Schwierig sind besonders Kinder und speziell Erkrankte, die spezieller Vorgehensweisen bedürfen. Zu nennen sind hier z. B. Blutungsreduktion bei Blutern (Hämophilien), Abbau von starken Würgereflexen bei der zahnärztlichen Behandlung oder Prothesenanpassung, Reduktion von nächtlichem Zähneknirschen (Bruxismus), Minderung der unkontrollierten Bewegungen beim Parkinson-Syndrom.

Veränderung von Verhaltensgewohnheiten
Auf zahlreichen Verhaltensebenen sind zu finden etwa: Zungenfehlstellungen, Daumenlutschen, Funktionsstörungen und Zähneknirschen.

Gewöhnungskontrolle
Prothesenanpassung und -gewöhnung, Mundhygiene.

Hier nun gelangen wir wieder in einen Sektor, der durch Comics dokumentiert wird.

19.2.4 Hypnose im Sport

Popeye (von Elzie Segar 1929 in die Comicwelt gesetzt) ist der welterfahrene Seemann mit den Riesenhänden und einem schiefen (namensgebenden) Auge. Er spinnt viel Seemannsgarn und möchte von seiner etwas arg naiven Angebeteten Olive Oil mehr erhört werden. Wie sein künstlerischer Vater Segar es will, drohen in seinem Umfeld Unfälle und Desaster, meist durch seinen stiernackigen Rivalen Bonzo heraufbeschworen. Im allerletzten Augenblick, als das drohende Unheil wie z. B. der Eisenbahnzug vor den zerstörten Schienen kaum noch aufzuhalten ist, öffnet Popeye eine Dose Spinat und schüttet sie sich in hohem Bogen in den Mund (*Popeye und die Grommler*, 1976). Augenblicklich verfügt er dann über supernormale Kräfte, die ihn z. B. heranrasende Züge aufhalten oder versenkte Schiffe hochheben lassen. Die Stadt Crystal City (Texas) ist das Zentrum der Industrie für Dosengemüse und errichtete Popeye sogar eine Statue (Bendazzi 1994, S. 93).

103

An zahlreichen Beispielen konnten wir erkennen, dass Donald durch Hypnose (*Wo rohe Kräfte sinnlos walten*, 1989) oder durch Genuss historischer Gebräue der Inkas oder der Spartaner (Το Μψστετικο τυν ινκασ!, 1988; *Die schwarze Suppe*, 1980) in der Lage ist, immense körperliche Kräfte aufzubringen.

Bei Goofy, Freund von Micky Maus, Tolpatsch und freundlich-naivem Verlierer, löst der Genuss von speziellen Nüssen seine supernaturale Fähigkeit des Fliegens und der immensen Kraftentfaltung aus. Bei den terrestrisch lebenden Superwesen haben wir erkannt, dass deren Kräfte durch extraterrestrische Vererbung bedingt sind.

Was ist nun mit unseren Nichtsuperwesen Popeye, Donald und Co?

Handelt es sich hier um ökogetarntes Doping? Wohl kaum! Denn jede chemische Substanz bedarf einer gewissen Wirkzeit, die hier im Bereich von Millisekunden liegen müsste. Der rechtschaffene Popeye als Drogenkonsument? Nein!

Dagoberts Befehlstäfelchen können im ähnlichen Sinn eher als kognitive Hilfsmittel oder als Talismane angesehen werden. Glaubt er ihnen, dann kann er seine Kraft voll entfalten (*Die Abenteuer von Marco Parco Polo*, 1987).

Im Sport ist es durchaus üblich, Hypnose zu verwenden, um bei den Hochleistenden anzutrainierende Bewegungsabläufe auf der Vorstellungsebene so lange einzuüben, bis sie nahezu einprogrammiert sind. Das spart später Zeit, Kraft, Material, Nachdenken. Letztlich lösen dann klar definierte Auslösereize wie z. B. der Startschuss für den Läufer oder die Musik für die Paarläufer den automatischen Ablauf der eingebläuten Verhaltensketten aus – Psychowaffen im Kampf um hundertstel Sekunden.

Popeye verwaltet hier eindeutig den auslösenden Stimulus selbst, wie es für richtige Selbstmanagementverfahren sinnvoll ist, denn er leitet den Spinatkonsum selbst ein. Ob hier der Geschmack oder der Anblick von Spinat Auslösefunktion hat, ist noch nicht näher erforscht. Die verdächtig schnelle Wirkung des Spinats legt jedoch die Folgerung nahe, dass Popeye heimlich Techniken der Autohypnose verwendet. Da für viele Menschen Spinat aversiv besetzt ist (siehe: Kindheitstrauma mit Folge der Spinatphobie), kann er diesen Stimulus einerseits als Auslöser des eigenen Vermögens „Superkraft" einsetzen, ohne andere Personen gleich mit zu aktivieren; andererseits kann er gerade den Spinat als optischen Reizauslöser einsetzen, um bei seinen Gegnern eine Verhaltensblockade durch Würgen im Hals zu bewirken.

Donalds durch Drinks der Inkas oder der Spartaner bewirkte Superkräfte sind dagegen eindeutig ernährungsphysiologisch verursacht und gehören nicht in den Interpretationsbereich der Hypnose.

19.2.5 Hypnose im kriminologischen und forensischen Bereich

In den USA ist die Anwendung der Hypnose, besonders bei der Befragung von Zeugen und Opfern, in einigen Bundesstaaten zugelassen. In Deutschland stoßen wir hier auf juristische Grenzen, da aufgrund veralteter Informationen Hypnose immer noch als Willensbeeinflussung angesehen wird und somit nicht zulässig ist.

Insgesamt kann hier Hypnose recht hilfreich sein, die beim traumatisierenden Erlebnis entstandenen Widerstände und Ängste abzubauen und dadurch zu ermöglichen, Erinnerungen an bestimmte Tathergänge emporkommen zu lassen. Wie bereits weiter oben dargestellt, sind diese Erinnerungen nicht unbedingt objektiv und können somit nur als Hypothesen für weitere Untersuchungen gelten.

Letztlich ist nicht zu vergessen, dass Zeugen oder Verbrechensopfer sehr schnell eines besonderen Schutzes, oft sogar der Psychotherapie bedürfen, um ihre schlimmen Erlebnisse verarbeiten zu können.

Kapitel 20

Die indirekte Methode

An dieser Stelle ist ein kleiner historischer Rückblick erforderlich. Die Ursprünge der modernen Hypnose liegen im 18. Jahrhundert bei Mesmer, ihre moderne wissenschaftliche Erforschung und Anwendung beginnt mit Anfang des 20. Jahrhunderts bei Freud. Im Bereich der Medizin waren damals Ärzte Halbgötter in Weiß, und Hypnose lebte weitgehend noch in der Tradition Freuds weiter, der dem Geist seiner Zeit gemäß mit Gebots- und Verbotssuggestionen arbeitete, also sehr direkt.

20.1 Das Anliegen Ericksons

Seit einigen Jahren wird von der *indirekten Hypnose* gesprochen. Diese Form bezieht sich auf den amerikanischen Therapeuten Milton H. Erickson (1901–1980). Die Besonderheit seines Vorgehens bestand darin, bestimmte Suggestionen nicht direkt zu geben, da dies dann auch leichter Widerstände und somit Nichtbefolgen bewirken kann. Als Ericksons Arbeitsweise in den 60er-Jahren bekannt wurde, war man gesamtgesellschaftlich immer noch sehr autoritär und autoritätsgläubig – auch in den für uns relevanten Wissenschaftsgebieten der Psychotherapie oder Medizin.

Erickson erkannte, dass man mit Patienten auch partnerschaftlich interagieren kann und dadurch eine wesentlich bessere Therapiekommunikation erreicht.

Entsprechend benutzte er subtilere als die bekannten direkten Hypnosemethoden seiner Vorgänger, mit denen er wesentlich besser Zugang zu den Patienten und ihren Problemen bekam und die somit zu besseren Therapieerfolgen führten.

Unabhängig von Erickson erkannten jedoch auch andere moderne Psychotherapeuten (z. B. Carl Rogers, Arnold Lazarus, Jay Haley), dass in modernen Zeiten moderne Kommunikationsformen wirksamer sind als veraltete. Dem folgend hat auch die moderne Therapeutengeneration ihren Kommunikationsstil verändert – so auch bei der Hypnose. Demnach schuf Erickson keine genuin neue Hypnoseform, sondern er vertrat eine grundlegend neue Einstellung gegenüber seinen Patienten, die sich in seinem Vorgehen manifestierte. Sein unumstrittenes Verdienst liegt sicherlich darin, moderne Hypnosemethoden anzubieten und Psychotherapeuten zu differenzierteren Beobachtungen, Überlegungen und Folgerungen anzuhalten.

Die wesentlichsten und sicherlich effektiven Grundprinzipien Ericksons finden wir auch im Comic wieder – auch wenn die Zeichner diese gar nicht kannten.

20.2 Gegenüberstellung von direkter und indirekter Suggestion

Für Außenstehende ist die Form der indirekten Suggestion oft schwer nachvollziehbar. Der berühme Filmtheoretiker Siegfried Kracauer hat in seinem Grundlagenwerk *Theorie des Films* (1964) für den Film genau das beschrieben, was später in dieser indirekten Methode für die Psychotherapie wichtig wurde: „Da Filmbilder das Urteilsvermögen des Zuschauers schwächen, ist es immer möglich, sie so auszuwählen und zu arrangieren, dass sie seine Sinne für die von ihnen propagierten Ideen empfänglich machen. *Die Bilder brauchen nicht die Idee direkt anzusprechen; im Gegenteil,* je indirekter sie auf sie hinweisen – also Ereignisse und Situationen zeigen, die scheinbar nichts mit der von ihnen übermittelten Botschaft zu tun haben –, desto größer ist die Chance, daß sie unbewußte Fixationen und körperliche Tendenzen in Mitleidenschaft ziehen, die, wenn auch noch so entfernt, für die angepriesene Sache relevant werden können.“

Um diese indirekte Methode besser verstehen zu können, bemühen wir ganz anschaulich Merlin, Hägar und seinen Freund Sven Glückspilz: Auf seinen Weltreisen kommt Hägar, der schreckliche Wikinger, auch zu Merlin. Merlins Theater ist die größte Schau der Welt. Außer zaubern kann er auch hypnotisieren: „Ich habe die größte Hypnosenummer seit Menschengedenken entdeckt!!“ Deshalb bittet er Hägar auf die Bühne. Die Suggestion „Mein Herr ... Sie sind ein VOGEL!“ bewirkt bei ihm jedoch keine Regung, sondern Sven Glückspilz fängt an, im Raum herumzuflattern, dann auf Hypnosebefehl eine Schlange zu sein, dann ein Gorilla. Merlin möchte gerne die „zwei Hohlköpfe gegeneinander ausspielen“, um seinen Bühnenmisserfolg zu beenden, aber die Hypnose gelingt immer nur bei Sven Glückspilz. Das lässt sie zu Partnern werden, und sie suchen gemeinsam die Insel Gallstone auf. Dort erhält Hägar die Suggestion, King Kong zu sein, damit Sven nun riesengroß wird und die Monolithen für Stonehenge leichten Fußes transportiert. Obwohl Sven Glückspilz anschließend wieder normal mickrige Körpergröße besitzt, behält er nun seine großen Kräfte bei. Dies ist ein deutlicher Beweis für den Abbau emotionaler Blockaden bei Hemmungen – ähnlich der Hypnoseanwendung bei Sportlern (*Disko-Fieber*, 1981).

104

88

 Wir sehen hier, dass die direkt an Hägar gerichtete Suggestion, Vogel, Schlange oder Gorilla zu sein, keinerlei Wirkung hat. Bei Hägar liegen deutliche Widerstände vor, sich als gefürchteter und welterfahrener Wikinger z. B. einem anderen Willen zu beugen oder sich freiwillig auf der Bühne lächerlich zu machen. Der ewige Underdog Sven Glückspilz dagegen möchte schon seit langem Beachtung finden, im Mittelpunkt stehen. Sein Glaubenssystem ist demnach geöffnet für diese in den Suggestionen enthaltenen Möglichkeiten. Da er nicht direkt angesprochen wird, sich jedoch aufgrund seiner unbewussten Wünsche persönlich angesprochen fühlt, kann er widerstandslos und spontan auf die Suggestionen reagieren.

 Merlin selbst ist zu autoritär und erfolgsfixiert, da er meint, die „beiden Hohlköpfe“ würden ihm die Show verderben. Wäre er clever (bestimmt nach einem entsprechenden Erickson-Seminar), dann hätte er sich diese Reaktionen sofort nutzbar gemacht und daraus einen Supershowerfolg gestaltet.

 Die Panzerknacker versuchen vergeblich, mit direkten Suggestionen den Safecode zu erfahren und haben dafür den (umstrittenen) Fakir Rabad Rabadadi engagiert (*Donald in Hypnose*, 1970). Das Verbalverhalten bei der Hypnose zeigt hier die Besonderheiten von direkter und indirekter Hypnose auf (s. Tab. 20.1).

direkte Suggestionen	indirekte Suggestionen
Panzerknacker: „Antworte, Donald! Wie kommen wir an den Zaster von Onkel Dagobert?"	*Fakir Rabad Rabadadi:* „... Indem wir ihn auf seine Gefühle ansprechen. Packen wir ihn bei seiner Eitelkeit! ... Du bist schlau, Donald, scharfsinnig, einfallsreich, intelligent."
Wirkung: Donald antwortet nicht, hat moralische Widerstände.	Wirkung: Donald plaudert wie ein Wasserfall aus seinem abwechslungsreichen Leben.

Tab. 20.1: Gegenüberstellung von direkten und indirekten Suggestionen (nach: Donald in Hypnose, 1970)

Dieser Vergleich der Suggestionen zeigt es klar: Direkte Suggestionen sind in ihrer gewünschten Wirkrichtung sofort zu durchschauen. Entsprechend erzeugen sie dadurch immense Widerstände beim Patienten und bewirken das Gegenteil: Der Patient schweigt.

105

Donald und wir alle, liebe Leserinnen und Leser, hören es natürlich besonders gern, wenn uns jemand als schlau etc. bezeichnet. Das erhöht die einseitige Aufmerksamkeit. Das bewirkt natürlich unsere Zustimmung. Erickson bezeichnet diese Methode als Schaffen einer Ja-Haltung. Der Patient findet die Aussage des Therapeuten zutreffend. Werden ihm mehrere dieser Aussagen mitgeteilt, glaubt der Patient ihm immer mehr, vertraut ihm, bis er schließlich auch andere Mitteilungen leichter aufnimmt und unkritischer ist, auch die dann folgenden Suggestionen aufzunehmen und zu erfüllen. Ausgezeichnete und sehr breite Informationen hierzu sind zu finden in den Büchern *Klinische Hypnose* (Revenstorf 1990), *Hypnosetherapie* (Bongartz u. Bongartz 1998) und *Die Löwen-Geschichte* (Trenkle 1998).

106

Zahlreiche Untersuchungen zur Wirksamkeit der direkten und indirekten Methode zeigen, dass beide Vorgehensweisen in gleicher Weise effektiv sind. Es ist hier also vielmehr eine Frage der Indikation, der therapeutischen Grundmethoden und individuellen Fähigkeiten der Therapeuten, welche Form sinnervollerweise eingesetzt werden sollte.

Die von früher bekannten sehr direkten Suggestionen werden heute wohl von keinem Therapeuten bzw. keiner Therapeutin mehr ausgesprochen. Sie sind nur noch in der älteren Literatur zu finden – und nähren die Vorurteile jener, die nur Comics, die Regenbogenpresse oder alte Literatur als Informationsquelle benutzen.

20.3 Utilisation

Der indirekt bzw. modern arbeitende Therapeut beginnt damit, sich die einzelnen Fähigkeiten und Reaktionsweisen seiner Patienten nutzbar zu machen, um von ihnen ausgehend weiterarbeiten zu können. Diese Nutzbarmachung (= Utilisation) ist äußerst hilfreich, besonders im Umgang mit Problempatienten.

108

Hägar, der welterfahrene Wikinger, bedient sich dieser Methode beim Abrichten seines Hundes Snert: Er möchte ihm bestimmte

Kunststücke beibringen wie z. B. „Pfötchen geben". Snert bleibt jedoch liegen. Darauf Hägar: „Wußte ich's doch!! Wenn ich weitermachen würde, bekäm' ich ganz bestimmt raus, was er kann!"

Als Blondie wieder einmal etwas Geld von Dankwart haben will, bleibt sie einfach lange Zeit ruhig neben ihm stehen. Das kann er seinem Naturell gemäß nicht lange aushalten und gibt ihr endlich das heimlich gewünschte Einkaufsgeld. Blondie macht sich hier die geringe Frustrationstoleranz Dankwarts gegenüber unklaren Situationen nutzbar.

109 🖼

Beim Druiden Amnesix ist ein Gallier in Therapie, der sich für ein Wildschwein hält und entsprechend grunzend auf allen vieren rumläuft. Diese Einstellung macht sich der Therapeut nutzbar, indem er ihn Männchen machen lässt. Somit kann der Klient wieder auf seinen Hinterbeinen gehen. Einen anderen Gallier, der Angst hat, der Himmel falle ihm auf den Kopf, lässt er auf den Händen laufen. Auch hier wird das Bezugssystem genutzt, um eine kognitive Umstrukturierung zu bewirken (*Der Kampf der Häuptlinge,* 1969).

Von Ericksons Arbeit sind zahlreiche vergleichbare Vorgehensweisen bekannt, die auf den ersten Blick wie Unfug oder Inkompetenz aussehen mögen; bei näherer Analyse erweist sich jedoch, dass sie sehr differenziert auf das Bezugssystem (Glauben, Meinungen, Wünsche, Befürchtungen etc.) der Patienten abgestimmt sind, das sich Erickson im therapeutischen Sinne nutzbar macht.

Dies lässt sich kaum abstrakt darstellen, besser durch ein Beispiel:

Ein älterer Herr leidet seit längerer Zeit unter psychogenen Beinlähmungen und kann deshalb nur noch den Rollstuhl benutzen. Die Bemühungen bisheriger Therapeuten waren ergebnislos geblieben. Als bei einer Sitzung die Ehefrau des Patienten anwesend ist, nimmt Erickson einen Bleistift und wackelt damit energisch in ihrem Kleiderausschnitt. Der Patient wird daraufhin in seinem moralischen Wertesystem derart betroffen, dass er schimpfend aufspringt, zu Erickson läuft und für Ordnung sorgen will …

Dieses Beispiel gilt nur einmalig für diesen und nur für diesen individuellen Fall. Aber: Das grundlegend kreative Denken wurde hier deutlich, denn nicht die direkte Behandlung der Lähmungen brachte hier den Erfolg. Der Patient hatte mit seiner Erkrankung ein Glaubenssystem entwickelt wie z. B.: „Ich kann nie mehr den Rollstuhl verlassen." Entsprechend handelt er auch unbewusst konsequent. Erickson hat durch seine Intervention eine indirekte Suggestion geschaffen, die das starke System „Gesetz und Ordnung" des Patienten so heftig ansprach, dass er diesem gemäß reflektorisch-spontan handelte. Er *ging* demnach dazwischen! Dieser Handlungsdruck war stärker und wirkte, bevor das andere System, das Krankheitssystem „Ich kann nicht gehen", dies blockieren konnte. Bewundernswert!

Viele Therapeuten sind nach Ericksons Vorbild weiser geworden, indem sie weniger logisch, sondern mehr psycho-logisch denken und handeln.

20.4 Metaphern und Märchen wirken auf das Unterbewusste

Bei der so genannten indirekten Hypnose werden oft verschlüsselte Wortfomulierungen, Märchen und Metaphern benutzt, um auf diese Weise Zugang zum Patienten zu bekommen.

Damit Clever (von Clever und Smart) besonders aggressiv wird, erhält er von Miraculus die Halluzination des eigenen hämisch grinsenden Spiegelbildes, das ihm die logisch nachvollziehbare Geschichte eines Gärtners erzählt, der dringend die Hecke schneiden muss (*Fauler Zaubermit den Augen*, 1972). Somit handelt er dann ganz im Sinne dieser Rolle, indem er seinen Chef nun als Hecke wahrnimmt und mit der Heckenschere stutzt.

Als Donald den kleinen Kojoten gefangen hält, arbeitet dieser mit sehr bildhaften Vorstellungen, die besonders die Motorik und die Emotionen betreffen und so besonders wirksam sind (*Dressur eines Kojoten*, 1994): Donald soll sich seinem Wunsch gemäß kräftig wie ein Bär verhalten und dann das Gatter zum Entkommen öffnen.

In der Story *Die Daltons und der Psycho-Doc* (1988) lernen wir Professor Dr. Dr. Otto von Himbeergeist kennen: Er ist im Wilden Westen ein Gast aus Europa, Dozent im New Yorker *Scientific Institute*. Ehrwürdig im Frack und mit Nasenkneifer, ist er der Auffassung, dass Kriminelle krank sind und geheilt werden können. „In ihrer Vergangenheit, in ihrer Kindheit gibt es so gut wie immer ein Ereignis, das sie auf die schiefe Bahn gebracht hat." Er will seine Theorie in der Praxis erproben. Deshalb ist er in die Vereinigten Staaten gekommen, da er weiß, dass es dort die besten Banditen gibt. Also fährt er nach Nothing Gulch, um entsprechende therapeutische Kontakte herzustellen. So gelingen ihm mittels seiner Methode erstaunliche Erfolge: Der Trinker erkennt, dass er als Kind stets den Fettrand von Steaks essen musste, und trinkt nun nur noch Wasser, bestellt sich dazu jedoch Fettrand ohne Steak. Und die gefährlichen Dalton-Brüder beginnen das Sticken. Plötzlich wird Professor Dr. Dr. Otto von Himbeergeist selbst kriminell: „Beim Therapieren der Daltons habe ich gemerkt, daß ich mein Leben verpfuscht habe ..." Er erkennt, dass er eigentlich hätte Verbrecher werden wollen. Entsprechend begeht er einen Bankraub, bei dem er dank Lucky Luke geschnappt wird. (Kurze Nebenbemerkung für Nostalgiker: Lucky Luke wurde vor kurzem 50 Jahre alt.) In diesem Fall liegt vielleicht die Anwendung von indirekten Formen der Hypnose vor. Durch sein Auftreten erzeugt er wahrscheinlich bei seinen Gesprächspartnern bereits eine deutliche Erwartungshaltung, bestimmte Inhalte aus der Kindheit so zu erzählen.

Da wir den Professor jedoch nie aktiv bei der Hypnosearbeit beobachten können, ist hier sehr stark anzunehmen, dass eine äußerst indirekte Form der Hypnose angewandt wurde.

Letztlich sei nochmals auf Rabad Rabadadi verwiesen, der mit der neuen Methode arbeitet, nun den Patienten selbst Geschichten erzählen zu lassen (*Donald in Hypnose*, 1970).

Im Therapiealltag werden mitunter Erzählungen benutzt, also indirekte Informationen, die auf die potenzielle Problematik des Patienten abgestimmt sind. Dadurch werden Suchprozesse eingeleitet, die nun mit wesentlich geringeren Widerständen durchgeführt werden.

Sie machen es leichter, sich die eigenen Probleme einzugestehen und sie näher zu betrachten.

Diese Vorgehensweise soll wiederum durch ein Fallbeispiel verdeutlicht werden.

Bei einer meiner Patientinnen mit Depressionen, Ängsten, Schlafstörungen und zahlreichen Selbstmordversuchen lag nach zwei Therapiejahren die Hypothese sehr nahe, dass sie als Kind Opfer eines sexuellen Missbrauchs durch ihren Vater gewesen war. Sie wehrte jedoch bislang bereits leichte Andeutungen dieser Problematik sofort ab und blockierte dadurch das weitere therapeutische Vorgehen. So erzählte ich ihr einmal wie beiläufig von meinem Seminar, das ich am zurückliegenden Wochenende über Hypnose und Altersregression gehalten hatte; ich berichtete auch über die Vorurteile und Bedenken der Teilnehmer, aber auch über die positiven Möglichkeiten der Aufdeckung. Nach anfänglichen negativen Zwischenbemerkungen wurde sie immer neugieriger und zusehends unruhiger. Schließlich erwähnte ich auch nahezu nebenbei, dass vieles in der Vergangenheit verborgen sein kann, weil wir uns dessen schämen. An dieser Stelle brach es aus ihr heraus: „Mein Vater hat mich seit dem zwölften Lebensjahr sexuell missbraucht! Und der Nachbar hat mich dann noch festgehalten! Aber vielleicht war ich schuld daran!" Nun konnte die eigentliche kausale Therapie beginnen, in der endlich diese qualvollen Erlebnisse der Kindheit und Jugend aufgearbeitet werden konnten.

Trenkle (1998) befasst sich mit dieser hypnotisch-metaphorischen Kommunikation sehr intensiv.

Kapitel 21

Beendigung der Hypnose

Was irgendwie angefangen hat, sollte auch ein Ende erhalten. So sollte auch Hypnose abgeschlossen oder beendet werden. In sehr vielen Comicgeschichten wird kaum etwas über die Beendigung der Hypnose ausgesagt oder gezeichnet. Wenn der Hypnoseauftrag oder -befehl ausgeführt ist, der Gag erreicht wurde, dann ist auch die Hypnose beendet, meist damit auch die Story. Das ist für uns unbefriedigend. Wir wollen mehr wissen. Unsere Analyse soll auch hier weitergeführt werden!

21.1 Aktionsunfähigkeit des Hypnotiseurs

Am häufigsten sind jene Hypnosebeendigungen im Comic, die dadurch erreicht werden, dass der Hypnotiseur selbst außer Gefecht gesetzt wird.

Dragonfly, die Außergalaktische, die so aussieht, als sei Milva beim Haareföhnen mit ihrer Frisur elektrogeschockt worden, hatte alle durch ihr Messsmerizzzieren bewegungslos gemacht. Letztlich kann ein guter Professor durch Gedankenübertragung eine Wolf-Mensch-Fabelfigur Dragonfly von hinten anspringen lassen und sie somit lahm legen. Damit erlischt dann natürlich alle Hypnosewirkung (*What if ... the X-Men died on their first mission?*, 1990).

 110

Miraculus, der kriminelle Zauberer, gerät im Chaos mit Clever und Smart unter deren Gemetzel, das ihn versehentlich outknockt. Er wird gefesselt; dazu bekommt er die Augen verbunden: „Vielleicht sollte man ihm später Glasaugen einsetzen, damit er nicht mehr hypnotisieren kann" (*Miraculus der Zauberer*, 1970).

Jener Fremde mit Sonnenbrille, der mittels Hypnose die ganze Duck-Sippe terrorisiert, wird von den Neffen als Hypnose-Varieté-Künstler „Hypno" erkannt. Nach langen Kämpfen mit ihm gelingt es den Kindern, den Kopf von Hypno im Schiebefenster einzuklemmen, ihm Tinte auf die Sonnenbrille zu spritzen und dann noch einen Sack über den Kopf zu streifen, damit er sie nicht mehr hypnotisieren kann. Die dann immer noch hypnotisierten und deshalb auf Gewalt eingestellten Verwandten können von den Kindern mit einem einfachen Händeklatschen aufgeweckt werden (*Donald Duck,* 1959).

Hip No Lung, del gloße Showhypnotiseul, spricht auf einmal akzentfrei, als er sich als Krimineller outet. Auf der Bühne beendet er die Showhypnose korrekt mit: „Knacks ... eins ... zwei ... dlei ... und Sie sind wach!" Später, als Krimineller, wird er von Fix und Foxi verfolgt und kracht dabei in die Abstellkammer (KRACK, BOING, TOCK). Der Comicchronist versieht dies mit dem Kommentar: „Lektion 1: Der wahre Pfad ist Stille und Behutsamkeit." Nun rennt er bereits lädiert mit Beule weiter und tritt auf einen Besen (TOCK). Kommentar des Erzählers: „Richtig! Lektion 2: Das Unerwartete liegt stets so nah wie der Sprung des Hasen!" Als Hip No Lung nun mit WUMM zu Boden fällt, erfahren wir in Lektion 3: „Die Pranke des

Bären fühlst du erst dann, wenn du ihm auf die Zehen trittst!" Damit gleitet Hip No Lung in das Reich schwerer Träume (*Die große Hypnose*, 1987).

Bei anderen wiederum sind zusätzlich intervenierende Variablen wirksam, die Hypnose beenden können. In *Kryptons erster Superman* (1968) erscheint als Deus ex Machina der Meteorfresser (Sie erinnern sich an jenen possierlichen Nonsense-Mutanten?), der den bedrohlichen Blauen Kometen verspeist und damit die posthypnotische Macht über Superman erlöschen lässt.

Thor, der unter der Hypnosemacht des grünen mysteriösen Radioaktiven steht, verwandelt sich ohne seinen Uru-Hammer nach sechzig Sekunden in Dr. Don Blake. Das unterbricht die Hypnosekraft des Grünen, und Thor alias Dr. Don Blake kann sich nun deftig zur von uns lang erhofften, für den Radioaktiven jedoch unverhofften Gegenwehr setzen (*Der mächtige Thor gegen den mysteriösen Radioaktiven*, 1962).

Im *Dschungelbuch* (1987) wird es ganz brenzlig, als sich Mogli unter dem Einfluss der Schlange Kaa kaum noch wehren kann. Aber da erscheint der Panther Baghira, der sich einfach Kaa schnappt und sie grob in ihrem unlöblichen Tun unterbricht.

Auch der Rekrut Beetle Bailey teilt ein ähnliches Schicksal. Als er mit seinem von ihm hypnotisierten Sarge in eine Schlägerei verwickelt ist, endet plötzlich die Hypnosewirkung (*Sarge in The Candy Kid*, 1974).

Besonders schlimm ist es, wenn eine in tiefer Selbsthypnose befindliche Person durch brutale Außenreize in ihrer Entrücktheit unterbrochen wird, so z. B. wenn ein Tibet-Mönch von einem Yeti mit einem Wecker geweckt wird (*Das dicke Ende kommt nach der Wende*, o. J.).

Ähnlich plötzlich endet die Hypnosewirkung, wenn sie von Geräten ausgestrahlt wird. So erlischt die Wirkung des Hypnotisators, der Dagobert so beunruhigend verschwenderisch sein ließ (*Der geizige Verschwender*, 1986). Als der von den Brutopiern missbrauchte schwarze Kasten von Dagobert in Trance im Westernstil abgeschossen wird, tritt ebenfalls wieder Ruhe ein, und keiner will mehr in die Sümpfe oder verrückt spielen (*Das Geheimnis des schwarzen Kastens*, 1980).

Sehr erleichtert können wir den gesamten Vernichtungsvorgang beendet sehen, als Micky Maus den irren Gorilla-Professoren die Hypnosekanone entreißen kann. Er erteilt ihnen den posthypnotischen Auftrag der Amnesie, damit sie solch ein Gerät nicht wieder konstruieren können. Gleichzeitig sollen sie zum Wohle der Menschheit tätig werden, indem sie ihr eigenes Schloss inklusive Hypnosekanone in die Luft jagen (*Micky im Bann der Höllenstrahlen*, 1932/33).

Die magische Mahntinte, mit der Dagobert Schulden eintreiben kann, wirft der genervte Dagobert zum Storyende dem Vertreter an den Kopf, und sie wird auf diese brachiale Weise unwirksam (*Magische Mahntinte*, 1974), während Donald die fatal wirksame Hypnotisierpistole seiner Neffen in den Fluss wirft (*Das Hypnotisierspiel*, 1981).

Durch psychische und chemische Gewalt kann man natürlich auch die Tätigkeit eines Hypnotiseurs beenden! So wollen sowohl das gefangene störrische Wildpferdfohlen als auch der junge Kojote freikommen. Deshalb beginnen sie ja ganz schön tückisch rumzuhypno-

21.2 Beendigung der Hypnosewirkung durch Dritte
114 ☐

115 ☐
155 ☐

21.3 Beendigung bei Geräteanwendungen u. ä.

tisieren. Als sie damit zu weit gehen, wird ihnen gedroht, dass man ihnen Rizinusöl einflößen werde. Das wirkt prompt, und alle Hypnomissetaten unterbleiben nun (*Reine Liebe und Güte*, 1991; *Dressur eines jungen Kojoten*, 1994). Als Gundel Gaukelei ihr böses Spiel verloren hat, löst sie die Wirkung des Zaubertranks mit Hypnose auf (*Geht Onkel Dagobert ins Netz?*, 1977).

21.4 Psychische Faktoren

Die oben erwähnte Androhung einer Rizinusöleinnahme kann als psychische Gewalt und Androhung von körperlicher Beeinträchtigung angesehen werden.

Aber psychische Gegenwehr kann auch hilfreich sein! Der in der Gewalt von Mephisto stehende galaktische Silberstürmer muss eklig viel unter den Hypnosequalen leiden. Doch endlich kann er sich wehren: „Nicht einmal du kannst dich gegen die Waffe wehren, die die Menschen Liebe nennen!" Das macht gerade einen Mephisto besonders fertig, da er ja bekanntlich von sehr wenigen geliebt wird – und prompt lässt er vom Silberstürmer ab (*Der galaktische Silberstürmer*, 1974).

Hypnose kann dadurch ihre Grenzen oder ihr Ende finden, dass die Fähigkeiten des Hypnotiseurs begrenzt sind oder schwinden. So bekommt Miraculus zwischenzeitlich vom vielen Hypnotisieren einen Augenkrampf und kann kurzfristig nicht weiterarbeiten (*Fauler Zauber mit den Augen*, 1972. Als die Hypnosekräfte von Henry's Cat langsam schwächer werden, muss deren sonderliche Wirkung nachlassen, und der fliegende Chris Rabbit landet auf ihm (*The Hypnotist*, 1983). Dies ist vergleichbar mit dem Einsatz von Gundel Gaukelei. Sie hat sich in ein Hypnoseduell mit einer Riesenschlange begeben (das muss wohl Kaas Schwester sein). Nur durch Ausdauer und Kondition gewinnt sie, während der Gegnerin die hypnotischen Sinne abhanden kommen (*Die Hexe zur See*, 1988).

21.5 Das Schnipsen und Klatschen

 116

Vielen Leserinnen und Lesern wird die Beendigung der Hypnose durch Händeklatschen oder Fingerschnippen bekannter sein. Bei Professor Pankraz Pumandl ist die Wirkung berechnet und so gewollt. Somit hört Donald auf, sich wie irre zu verhalten (*Hypnotisiert*, 1981). Aber! Diese Form der Beendigung ist höchst störanfällig, da zahlreiche Geräusche ringsum ähnlich klingen können. In der Verhaltenstheorie spricht man hier von dem hohen Generalisierungsgradienten auslösender Reize. Deshalb ist El Prahl, der berühmte Hypnotiseur aus Konstantinopel, im Palaste des Kalifen Harun el Pussah so erfolglos, da man im Palast stets an irgendwelchen Ecken klatscht (*Augenschmaus*, 1975). Ein ähnliches Schicksal ereilt Donald, der, von seinen Neffen unter Hypnose gesetzt, nun endlich bärenstark ist. Als er sich gegenüber dem prahlenden und muskelbepackten Strandfuzzi zur Wehr setzen will, schnippt dieser zufällig mit den Fingern – und schon ist alles vorüber. Für Donald peinlich und dramatisch zugleich (*Wo rohe Kräfte sinnlos walten*, 1989).

21.6 Ausnahmen

Nach langem Suchen kommen wir dann zu jenen Ausnahmen, in denen die Hypnose korrekt mit entsprechenden realistischen Formulierungen beendet wird wie von Dr. Hartmann, dem Tierpsychiater.

Er schnappt zwar mit dem Finger, aber sagt: „Wach auf, Schnapp. Jetzt bist du wieder ein richtiger Hund!" (*Micky Maus und der sprechende Hund,* 1951).

Bei Hermanns Arzt, der ihm die Taschenuhr als Pendel vorhielt, nehmen wir ähnliche Formulierungen an, mit denen die Hypnose fachgerecht beendet wird (*Mehr Pech kann niemand haben,* 1984).

 28

Das oben zitierte Fingerschnipsen der Show- und Comichypnotiseure wird in der therapeutischen Hypnose nie verwandt. Damit richtet man Hunde ab; in einer zwischenmenschlichen und therapeutischen Beziehung geht man sicherlich verbal angemessen und sensibel mit seinem Gegenüber um!

Der versierte Fachmann/Die versierte Fachfrau verwendet hier kurze, gezielte Wortformulierungen und ist damit erfolgreich. Falls ein Patient in der Therapie unter Hypnose jedoch angstbesetzte oder aufregende Inhalte bearbeitet, dann wird er vom Therapeuten bei der Hypnosebeendigung selbstverständlich langsam und behutsam zum Alltagsleben zurückgebracht.

21.7 Die Realität ist kurz erklärt

Kapitel 22

Das Verhalten danach

Das Verhalten nach der Hypnose ist weiterhin für viele Wissbegierige mit zahlreichen Fragen verbunden. Dazu sollen wieder erst die Comics bemüht werden.

 117–119

Bei vielen Personen besteht nach der Comichypnose eine Amnesie bezüglich des gesamten Verhaltens oder Erlebens in Hypnose. Donald Duck erinnert sich nach Professor Puhmandls fragwürdigen Instruktionen an nichts mehr von dem, was er alles angestellt hat (*Hypnotisiert,* 1981). So ergeht es ihm auch, als Rabad Rabadadi mit den Panzerknackern kooperiert (*Donald in Hypnose,* 1970). Als Donald mit der Hypnotisierpistole rumgeschickt wird, kann er sich danach durchaus an Teile seines Verhaltens erinnern, was ihn dazu veranlasst, die Pistole in den Fluss zu werfen (*Das Hypnotisierspiel,* 1981).

Nachdem Tick, Trick und Track dem verbrecherischen Hypno das Handwerk gelegt haben, wacht Dagobert endlich auf: „Was ist denn los? Wieso bin ich bei euch?" (*Donald Duck,* 1959).

Besonders bei den Extraterrestrischen und Außergalaktischen jeglicher Konstruktionsrichtung tritt nach der Hypnose wieder ihr volles Aktionspotenzial ein – so als ob sie endlich von einer bösen Kraft befreit wären.

Die Realität im wissenschaftlich und methodisch gesicherten therapeutischen Hypnosealltag sieht hier mal wieder vollkommen anders aus. Da eine gut geführte Hypnose den Patienten aktiv in das Geschehen mit einbezieht, werden somit auch seine aktiv-bewussten Anteile angesprochen. Also wird sich die Person sicherlich nach Beendigung der Hypnose an die Erlebnisse erinnern können. Mitunter kann es zwar vorkommen, dass Personen so tief entspannt oder so intensiv in ihre Erlebniswelt vertieft waren, dass sie anfangs Schwierigkeiten mit der Rückorientierung haben. Aber das wird unter fachkompetenter Begleitung nach wenigen Sekunden oder Minuten wieder gänzlich aufgehoben sein. Der Kontakt mit der Alltagsrealität, der Umgebung etc. bewirkt zusätzlich eine schnelle Rückorientierung. Ähnliches finden wir durchaus auch in anderen Erlebensbereichen. So haben wir nach dem Schlaf, nach tiefer Entspannung oder einer spannenden Lektüre mitunter ebenfalls ähnliche kurzfristige Probleme mit der Rückorientierung. Keiner blieb aber deswegen in dieser Übergangsphase haften.

Da gerade bezüglich des Verhaltens nach der Hypnose sehr viele unbegründete Vorurteile bestehen, sollte nochmals betont werden, dass man sich nach der Hypnose an *alles* darin Erlebte oder Besprochene erinnern kann. Dies ist vergleichbar mit einem intensiven Gespräch, nach dem wir uns an *alles* erinnern können, aber sicherlich auch nicht immer an 100 % der Inhalte, sondern eben an die wesentlichen Inhalte.

An dieser Stelle darf jedoch nicht verschwiegen werden, dass bei einer schlecht geführten Hypnose (also bei mangelnder Ausbildung) durch falsche oder fehlende Beendigung der Hypnose Rückorientierungsprobleme und Amnesien möglich sind – bis hin zu Verwirrtheitszuständen. Mehr dazu in den Abschnitten 25.7 („Mißbrauch von Hypnose") und 26.4 („Gefahren der Showhypnose").

Teil VI

Erklärungsmodelle und ihre Grenzen

Was ist denn nun Hypnose?

Kapitel 23

Perzeption – Konstruktion – Suggestion

Inzwischen ist bestimmt die Frage aufgetreten, was nun letztlich Suggestionen sind, wie sie wirken, wer darauf hereinfällt. Das soll nun beantwortet werden.

23.1 Wahrnehmung, das seltsam' Ding

In den Abschnitten 13.6 („Das Leib-Seele-Problem") und 14.4 („Konstruktion im Kopf") wurde bereits dargestellt, dass wir in unserer optischen, akustischen etc. Wahrnehmung etwas physikalisch Definiertes (Lichtwelle, Schallschwingung etc.) als Reiz mit unseren Wahrnehmungsorganen (Augen, Ohren etc.) aufnehmen. Dann wird der Reiz umgesetzt in elektrische bzw. biochemische Impulse, die zum Gehirn laufen. Dort werden diese Informationen gesichtet, bewertet, gefiltert, mit Begriffen oder bekannten Informationen verbunden, und dann letztlich können wir mitteilen: „Du hast so eine nette Stupsnase" oder „Es hat das Telefon geklingelt". Es läuft also ein äußerst komplizierter Prozess von Reizaufnahme, -verarbeitung, -bewertung und Reaktionsmöglichkeit ab.

Aus den vielen zitierten Beispielen haben Sie schon seit langem abgeleitet, dass die subjektive Beschreibung eines objektiven physikalischen Reizes sehr unterschiedlich ausfallen kann. Optische Täuschungen zeigen uns das täglich. Auf diese Täuschungen ist so viel Verlass, dass sie in ihrer Wirkung sogar experimentell vermessen werden können. Dies zeigt: Wahrnehmung wird von uns „im Kopf" konstruiert. Bei dieser Konstruktion wird möglicherweise etwas anderes produziert, „suggeriert", als „tatsächlich" vorhanden ist.

Unsere optische Wahrnehmung unterliegt zahlreichen Gesetzmäßigkeiten, nach denen wir z. B. auch bestimmte Dinge sehen, die gar nicht vorhanden sind. Betrachten wir in den Abbildungen 23.1a–c die drei Kreise, aus denen jeweils ein Segment entfernt wurde, und legen sie in einer bestimmten Anordnung, so „sehen" wir plötzlich ein Dreieck. Oder wenn wir einen Text vorgelegt bekommen, der nur z. B. aus den oberen Teilen der Buchstaben besteht, können wir ihn dennoch decodieren, also lesen (s. Abb. 23.6). In solchen Fällen konstruiert unser Gehirn den fehlenden Teil hinzu und macht daraus ein in sich stimmig abgeschlossenes, sinnvolles Ganzes.

Diese Konstruktion und Ganzheitlichkeit der Wahrnehmung kann so weit gehen, dass ein scheinbarer Wirrwarr von schwarzen Strichen klar als das Bild mehrerer Zebras zu erkennen ist, obwohl sich nur schwarze Striche überlagern und die weißen Streifen des Tieres keinesfalls nach außen hin begrenzt sind. Hier gruppiert unsere Wahrnehmung als aktiv verarbeitender Konstruktionsmechanismus unaufgefordert solche Strichkonstellationen zusammen, die zu jeweils einzelnen Tieren gehören, und ordnen sie sogar als in unterschiedlicher räumlicher Tiefe befindlich ein (s. Abb. 23.3).

Diese Beispiele zeigen, dass für uns ganz bestimmte „Suggestionen" der Wahrnehmung selbstverständlich sind, ja sogar sinnvoll, um uns orientieren zu können. Nehmen wir wieder die Kreise, die ein deutliches, aber unsichtbares Dreieck bilden. Verbinden wir nun die Kreise mit sichtbaren geschwungenen Linien, so sind wir im wahrsten Sinne des Wortes ent-täuscht. Aber wir sind auch unzufrieden, denn das vorherige „wahrgenommene" Dreieck war für uns stimmiger, da prägnanter (s. Abb. 23.1c).

Sicherlich haben Sie früher „Stille Post" gespielt. Hierbei schreibt jemand ein Wort auf einen Zettel und flüstert es dann seinem Nachbar ins Ohr, der gibt das Wort an den nächsten Nachbarn weiter usf. – der Letzte nennt das ihm zugeflüsterte Wort laut und erntet meist Gelächter, weil es ein völlig anderes Wort als das Ausgangswort ist, wie der Zettel beweist. Es wird also eine akustische Information unter verminderten Reizbedingungen dargeboten (= Flüstern). Nun muss unsere Wahrnehmung auf die Suche gehen und die verschwommen wahrgenommenen Einzelteile einem sinnvollen Wort zuweisen, sie weitergeben usw. und dabei phonetisch und semantisch sinnvolle Ergänzungen vornehmen. Ähnliches finden wir im Halbdunkeln oder Dunkeln, wenn wir Bäume als menschliche oder sogar bedrohliche Wesen fehldeuten. Vielleicht werden wir darauf sogar mit Angst reagieren. Schauermärchen leben teilweise davon.

Sind wir mit den so genannten Kippfiguren konfrontiert, dann ist deren Aufbau genau auf diese Uneindeutigkeit ausgerichtet. Betrachten wir z. B. den „Necker-Würfel" (s. Abb. 23.4) länger, dann erscheint er uns abwechselnd als ein Würfel, der in die Blattfläche hinein oder aus ihr herausragt. Es sind so genannte instabile bzw. ambige Figuren, die unsere Wahrnehmung vor die Alternative stellen: „Würfel vorn?" oder „Würfel hinten?". Unsere Einheit von Leib und Seele neigt hier zur eigenständigen Konstruktion, zur Autopoiese. Sobald wir allerdings diesen ambigen Figuren bestimmte weitere Informationen hinzugeben, werden sie dadurch plötzlich wieder stabil und eindeutig. Fügen wir also unserem kippenden Necker-Würfel eine Schleife hinzu, dann wird er zur geschmückten Geschenkschachtel und ragt nach vorn aus der Ebene heraus (s. Abb. 23.5).

Der größte römische Geschichtsschreiber, Publius Cornelius Tacitus (55–116), verfasste mit dem Werk *De origine et situ Germanorum* (etwa 98), vielen als *Germania* bekannt, die einzige aus der römischen Literatur bekannte länderkundliche Monographie und das wichtigste Zeugnis über Altgermanien. Er berichtet von den Hariern vom Oberlauf der Oder, dass sie durch ihre Körperbemalung etc. einen grauenvollen und düsteren Anblick böten und dadurch Schrecken verbreiteten: „… kein Feind hält den überraschenden, beinahe höllischen Anblick aus; denn in allen Kämpfen erliegen zuerst die Augen" (Tacitus 1975, Kap. 43).

Hier werden die Augen als strategischer Faktor angesehen. Tacitus beschreibt also Aspekte der psychologischen Kriegsführung. Wir haben hier ein Beispiel für die Operationalisierung dessen, was wir als „Wahrnehmung" bezeichnen. Dabei ist die rein physikalisch-optische Reizung nur ein Teil eines komplexen Systems von optischer Information, von Erfahrung, Bewertung, Glaubenssystem und daraus resultierenden Angstreaktionen – wie es die moderne Psychologie heute nennen würde (Sie erinnern sich an Abschn. 13.2.5, „Der böse Blick" ?).

Abb. 23.1a: Hier „sehen" wir Kreise, aus denen lediglich Segmente ausgeschnitten sind.

Abb. 23.1b: Plötzlich wird in unserer Wahrnehmung aus den Kreisen eine neue Figur: Ein Dreieck, das über drei Vollkreisen liegt.

Abb. 23.1c: Wir „sehen" bzw. ergänzen unsere Wahrnehmung stets mit möglichst prägnanten Figuren. Dieses gestrichelte Dreieck würden wir keinesfalls ergänzen.

Abb. 23.2: Drei hakenförmige Striche werden sofort als großes platisches E wahrgenommen. Dreht man dieses Gebilde jedoch auf den Kopf, dann handelt es sich plötzlich nur noch um Winkel.

Abb. 23.3: Die zahlreichen Zebras werden hier als deutlich voneinander abgrenzbare Tiere wahrgenommen – trotz der vielen scheinbar verworrenen Linien. Unsere Wahrnehmung vervollständigt zu sinnvollen Gestalten.

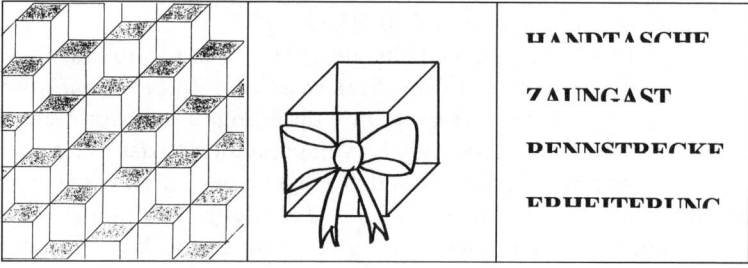

Abb. 23.4: Die klassische Kippfigur aus sog. Necker-Würfeln: Betrachtet man die Figur für längere Zeit, dann liegt der plastische Eindruck der Würfel abwechselnd vor oder hinter dem Papier bzw. die Würfel stehen oder hängen, da es sich hier um eine nicht eindeutige = ambige Konstellation handelt.

Abb. 23.5: Sobald der Necker-Würfel Zusatzinformationen bekommt wie hier die Schleife, ist seine räumliche Einordnung nicht mehr ambig.

Abb. 23.6: Auch Fragmente von Wahrnehmungsinformationen werden mühelos spontan ergänzt und als sinnvolle und prägnante Gestalten wahrgenommen.

Kennen Sie den Film mit Charlie Chaplin, in dem er Rollschuh fährt? Er ist so gewitzt, dass er sogar mit verbundenen Augen fährt. Dabei kurvt er elegant haarscharf an atemberaubenden Abgründen vorbei. Erst als er die Augenbinde abnimmt und die Gefahr auch kognitiv erkennt, wird das Gesamtsystem der Angst ausgelöst – und er fällt nun tatsächlich. Hier sind es die Kognitionen, die das bestimmen, was als Alarmsystem oder Gefahr definiert wird. Es trifft das zu, was der griechische Philosoph Epiktet (50–138) äußerte: „Nicht die Dinge beunruhigen den Menschen, sondern die Meinung über die Dinge."

An diesen Beispielen wird deutlich: Unsere Wahrnehmung beinhaltet die Verarbeitung und Verwertung von externen physikalischen Signalen, deren Bewertung und Einordnung in stabile Gestalten. Nur in einer stabilen Welt können wir uns orientieren und uns entsprechend zurechtfinden. Wahrnehmung ist also keinesfalls die objektive Aufnahme wie bei einer Fotografie. Die Hypnose des Psychotherapeuten kann hier als eine sehr kreative und nutzbringende Methode für den Klienten angewandt werden, seine eigene seelische Gestalt zu erkennen und zu stabilisieren.

23.2 Suggestion

Nun kommen wir von der z. B. optischen Wahrnehmung ambiger Figuren (s. o.) zur Suggestion.

Nehmen wir das englische Wort *suggestion*, so heißt dies: *Vorschlag* – und ist in der Allgemeinsprache in dem hier häufig verwandten Sinne zu verstehen. Die mannigfachen Formen der Suggestion können hier nur knapp umrissen und sicherlich unvollständig aufgelistet werden.

23.2.1 Suggestion als Double-bind

Wenn ich einem Kind die harmlose Frage stelle: „Willst du die rote oder die gelbe Mütze aufsetzen?", habe ich ihm einen Vorschlag gemacht, zwischen den beiden Farben auszuwählen. Das Kind hat scheinbar die freie Auswahl ... aber! Andere Möglichkeiten der Wahlfreiheit und der Entscheidungsfreiheit habe ich damit ausgeschlossen, wie z. B.: „Willst du eine Mütze aufsetzen oder nicht – oder ...?" Auf diese Weise habe ich dem Kind also die Suggestion gegeben, eine Mütze aufzusetzen, ihm aber auf einer anderen, unwichtigen Ebene „Farbe" die Entscheidungsfreiheit gelassen. Durch diese Art der Vorgabe von Alternativen kann man Entscheidungen lenken. In der Fachsprache werden diese Vorgaben als Double-bind bezeichnet: Egal, was ich tue – ich werde es immer so machen, wie es der andere will. Oder: Egal, was ich sage, es wird immer z. B. negativ aufgefasst.

Unser deutsches Sprichwort „Wer A sagt, muss auch B sagen!" ist eine derartige Suggestion, die kaum noch Entscheidungsfreiheit für Unsichere lässt. Der Gehorsame, Pflichterfüllende, Konsequente gerät hier schnell in einen Handlungszwang. Ambige Informationen fallen auf „fruchtbaren Boden" und werden entsprechend eindeutig gemacht. Bert Brecht sagte: „Wer A sagt, muß nicht B sagen; er kann erkennen, daß A falsch ist" – und kann etwas anderes sagen, z. B. C!

Erinnern Sie sich noch an die klassische Double-bind-Mitteilung der gewitzt-betrügerischen Weber in *Des Kaisers neue Kleider* von Hans Christian Andersen? Die Kleider sollten „für jeden Menschen unsichtbar sein, der nicht für sein Amt tauge oder der unverzeihlich dumm sei" (Andersen 1938, S. 123 f.). Wer will das schon sein oder zugeben? Also bleibt als Alternative nur übrig, jene suggerierten neuen Kleider auf dem nackten Kaiser zu sehen!

23.2.2 Selffulfilling Prophecy und der kluge Hans

Donald erwirbt bei einem Straßenhändler ein Amulett: „Moment, mein Herr! Sie sind mutlos? Trauen sich nichts zu? Dann sollten Sie ein Amulett tragen! Das gibt Mumm und Kraft, macht müde Männer munter und hebt das Selbstvertrauen. Jedenfalls: Wer das auf der Brust trägt, ist jeder Situation gewachsen. Das Amulett verleiht magische Kräfte. Wissen Sie, das sind so Ausstrahlungen, die bewirken, daß sich jeder in Ihrer Gegenwart unsicher fühlt. Und das alles nur für 10 Taler!" Nach dem Kauf des Amuletts ist Donald plötzlich in der Lage, für ihn Ungeheuerliches zu tun: Er, der sonst eher Angst vor Hunden hat, kann nun einen riesigen und nervigen Köter anschreien und so zur Ruhe bringen. Er kann sich sogar bei seinem Onkel Dagobert selbstsicher beschweren und für ihn bei zahlungsunwilligen Kunden mit erstaunlicher Selbstsicherheit das säumige Geld eintreiben. Als ihm jedoch Dagobert auf die Schliche kommt und sich selbst zwei Amulette umhängt, ist Donald zerknirscht, „KREISCH!", und seine Macht lässt rapide nach (*Gestärktes Selbstvertrauen*, 1979).

Dies ist ein klassisches Beispiel für das Phänomen der *Selffulfilling Prophecy*, der *sich selbst erfüllenden Prophezeiung* oder der *Autosuggestion*. Wir sehen: Stimmt das Bezugssystem, verhalten wir uns entsprechend. Wenn das Kind sich erwartungsgemäß verhält, reagieren die Eltern darauf mit minimalen verbalen oder motorischen Verhaltensweisen und verstärken das Kind somit permanent, sich in der von ihnen gewünschten Weise zu verhalten.

Im Comic hat der Professor gerade eine Brille erfunden, mit der man alles wie im Märchen sehen kann. Pif und Herkules erleben damit die tollsten Abenteuer (*Die Märchen-Brille*, 1989). Auch hier erzeugt der Glaube an die Wirkungskraft des optischen Gerätes entsprechende Imaginationen. In der Operette *Hoffmanns Erzählungen* von Jacques Offenbach trägt die Titelfigur zeitweilig eine rosarote Brille und besingt ihre wundersame Wirkung. (Sie erinnern sich? Diese Thematik ist von E. T. A. Hoffmann entlehnt.)

Unser Glaube im Sinne von kognitiver Einordnung und Bewertung bestimmt oft wesentlich stärker unser Verhalten als die objektive Realität. Beispiel aus dem Alltagsleben sind: Placebos (s. übernächsten Abschnitt), Gerüchte, Reklame. In der Erziehung eingeimpfte Etikettierungen wie etwa „braver Sohn", „unmusikalische Tochter", „unnützer Bengel" können lebenslange Wirkungen haben. Bei Depressiven können so ihre Negativeinstellungen gesteuert bzw. aufrechterhalten werden. Dies alles sind Suggestionen, die so gesetzt sind, dass wir sie in unser Glaubenssystem übernehmen und uns dann danach verhalten: Des Kaisers neue Kleider!

Nun kommen wir zum klugen Hans!
In den Zwanzigerjahren trat ein Herr Pfungst mit seinem klugen Pferd Hans auf, das rechnen konnte. Auf Zuruf konnte es das Ergebnis einfacher Rechenaufgaben durch Hufklopfen mitteilen. Eine erstaunliche Intelligenzleistung jenes sonst nur als Reit- und Arbeitstier bekannten Geschöpfes. Das sprach sich schnell herum, und bald

waren die Varietés voll von staunenden Hans-Bewunderern. Erst spätere Experimente zeigten, dass Hans nicht mehr rechnen konnte, wenn er allein war. Gefunden wurde: Hans hatte bei der Dressur ungewollt vom Tierlehrer gelernt, seine von ihm ausgehenden minimalen Körpersignale wahrzunehmen, wenn der letzte Hufschlag beim richtigen Rechenergebnis getan war. Dann hörte Hans auf mit dem Hufschlagen. Das war's. Entsprechend waren alle Zuschauer stets angespannt und gaben ungewollt jene Körpersignale, die Hans am Weiterklopfen bremsten. Da man diese Zusammenhänge vorher nicht kannte, glaubte man in dieser ambigen Situation „Pferd kann rechnen" an das stabilisierende Erklärungsmodell: „Ja, Hans kann rechnen!" Das sind Suggestionen. Je mehr Leute daran glauben, umso mehr bestätigen sie sich in ihren Meinungen – und glauben immer mehr daran. Das ist Selffulfilling Prophecy. Davon lebt die Bild-Zeitung.

Die Wirkung aller Medikamente muss getestet werden, bevor sie offiziell zugelassen werden. Zu diesen Tests gehört nicht nur die Überprüfung auf Unschädlichkeit, Verträglichkeit etc., sondern auch, ob ein Medikament tatsächlich die für es behauptete Wirkung erbringt.

23.2.3 Meerschweincheneffekte

Früher verabreichte ein Versuchsleiter der einen Patientengruppe das zu überprüfende Medikament und einer anderen Gruppe eben nicht. Die Versuchsergebnisse waren jedoch sehr wenig zufriedenstellend, denn im Laufe der Experimentalforschung stellte sich heraus, dass die Versuchspersonen sehr schnell auch ohne weitere Informationen rausgekriegt hatten, welche Wirkungen der Versuchsleiter denn gerne hätte – und schon haben sie diese produziert, ganz unabhängig davon, ob sie nun die Wirksubstanz bekamen oder eine andere. Da man diese Reaktion zuerst bei Meerschweinchen feststellte, nannte man diese Wirkung englisch *guinea-pig effect* (Meerschweincheneffekt), im deutschen Sprachraum *Versuchsleitereffekt* genannt. Die vermutete Absicht erzeugt eine Reaktion und kann somit als (ungewollte, indirekte) Suggestion bezeichnet werden. Um diese Wirkung auszuschließen, werden nur noch so genannte Blindversuche durchgeführt, bei denen die Versuchspersonen durch neutrale Personen instruiert werden; es werden sogar Doppelblindversuche vorgenommen, bei denen sowohl Versuchspersonen als auch Verabreicher des Medikaments keinerlei Kenntnis von der Wirkung haben.

23.2.4 Placebos

Bei Experimenten werden auch so genannte Placebos oder Scheinpräparate benutzt, die keinerlei Wirkung haben (da Stärketabletten). Hiermit sollen ungewollte Beeinflussungsfaktoren (wie z. B. Erwartungshaltungen, Suggestionen), wie sie im oben erwähnten Versuchsleitereffekt auftreten können, ausgeschlossen werden. Die eine Personengruppe erhält bei diesen Versuchen die Wirksubstanz, eine andere ein Placebo. Erfahren alle Versuchspersonen von der propagierten Wirkung der Substanz wie z. B. „Linderung von Kopfschmerzen", so können durchaus auch die Personen mit dem Placebo von einer Abnahme ihrer Kopfschmerzen berichten. Die Information über die Effekte eines Medikaments hat starke suggestive Wirkkraft und veranlasst unsere Bewertungssysteme, entsprechend zu reagieren, ja sogar körperliche Veränderungen zu melden.

23.2.5 Pendeln: Ideomotorische Reaktionen

Zu unserem folgenden Experiment nehmen Sie bitte einen Zwirnsfaden, binden einen Fingerring (Radiergummi oder Schlüssel) daran, halten den Faden dann zwischen Daumen und Zeigefinger an der ausgestreckten Hand als ein Pendel über das Foto eines Hundes und sagen sich: „Wenn ich Angst vor dem Hund habe, schwingt das Pendel vor und zurück. Habe ich keine Angst, pendelt es von links nach rechts." Tatsächlich werden Sie Auskunft über Ihre Gefühlslage bekommen! Erstaunlich? Nein, wenn man die Erklärung kennt!

Da Sie wissen, ob Sie Angst vor dem Hund haben, werden Sie mit minimalen Fingerbewegungen reagieren, die den Pendelfaden leicht erzittern lassen. Das wiederum führt zu kleinen Ausschlägen, die eine Bestätigung sind; das wiederum führt zur weiteren Bestätigung und Verstärkung etc., bis schließlich das Pendel in der „richtigen" Richtung schwingt. Eine solche Reaktion aufgrund von Wissen und Vorstellungen wird *ideomotorische Reaktion* genannt.

Hier liegt keine kosmische Energie oder Geistesenergie des Autors vor, die Sie hier sogar über diese Buchzeilen erreichte und das Pendel bewegt, sondern die ausführende Person selbst bewegt das Pendel unbewusst in die „richtige" Richtung. Davon lebt der Markt der Esoterik-Pendel-Verkäufer.

23.2.6 Werbung – Sonderangebote!

In einem Supermarkt liegt nahe am Eingang in einen großen Drahtkorb geschüttet ein Berg von Konservendosen. Ein Plakat verheißt: „Sonderangebot. 3 Stück 1,– DM, solange der Vorrat reicht!" Wenige Meter entfernt stehen die gleichen Dosen wohl geordnet im Regal zu 28 Pfennigen pro Stück – und bleiben unbeachtet. Die wie hastig hingeschütteten Dosen und die Plakataufschrift suggerieren ein Sonderangebot, das es gar nicht gibt. Als ich für einen sehr wohltätigen Zweck (Tombola für ein Behindertenheim) auf einem Volksfest Lose verkaufte, pries ich diese an mit: „Lose 3 Mark! Sonderangebot vor Schluss der Tombola: 3 Stück nur 10,– DM!" Die Empfänger der Einnahmen freuten sich über den plötzlich ansteigenden Absatz.

Sehr viele Werbetexte, -bilder und -videos arbeiten mit Botschaften, die wir kaum registrieren und nach denen wir dennoch handeln. Die Zigarettenwerbung von *Marlborough* verheißt schon seit Jahrzehnten Männlichkeit, Freiheit und Ungebundenheit. Auf den angebotenen Abenteuertouren kann man dies alles realisieren (wirklich?). Aber auch Marken wie *Camel* (meilenweit durch den Urwald) und ... aber das wissen Sie ja alles selber!

In der Werbebranche arbeiten Superprofis, die mit hohen Etats ausgestattet sind, um uns Konsumenten wissenschaftlich bis ins Detail zu erforschen, damit sie uns dann mit geeigneten Suggestionen emotionale Kaufimpulse geben, die wir ohne diese nicht gehabt hätten – und auch nicht die unnötigen Geldausgaben.

23.2.7 Die Macht der Negation

Es gibt das russische Sprichwort: „Stelle dich vor eine Wand, und denke an keinen Bären!" Probieren Sie es bitte aus ... Und? ... Tatsächlich! Wir denken dabei ganz oft, dass bzw. warum wir an keinen Bären denken sollen – und schon haben wir an Bären gedacht.

Unsere Erziehung ist voll von solchen Negativformulierungen – und damit unser Alltagssprachgebrauch. Beispiele sind: Lass das Schmatzen. Sei nicht so nervös. Sie werden nachher keine Angst haben. Vor der Prüfung werden sie keine Panik haben ...

In unserer Wahrnehmung lösen Begriffe die dazugehörenden Gefühle bzw. physiologischen Programme aus, und im Fall der angeführten Beispiele werden also Schmatzen, Nervosität, Angst und Panik erst hervorgerufen. Negativformulierungen oder Verneinungen wirken ungewollt wie Suggestionen, die das Unangenehme, das sie vermeiden sollen, gerade bewirken. So sind wir teilweise erzogen worden. Aber ein Kind sollte an einem positiven Vorbild Orientierung erhalten und nicht an dessen Negation. Für das schmatzende Kind ist es hilfreicher, ihm zu sagen: „Bitte schließe deinen Mund beim Essen." Der nervösen, ängstlichen Person hilft es demnach wesentlich mehr, wenn man ihr sagt: „Bitte versuche jetzt, dich zu entspannen ... Vor der Prüfung kannst du ganz locker sein, da du gut gelernt hast."

Der gute Erzieher oder auch Therapeut wird demnach positive Suggestionen verwenden, um dem Kind bzw. Patienten dadurch das Ziel aufzuzeigen, das erreicht werden soll. Hören wir z. B. das Wort „Entspannung", werden wir wesentlich leichter entspannen können, da unser Körper auf das Stichwort hin auch weiß, dass nun physiologisch Lockerung angesagt ist.

Die hohe Kunst der Hypnosesuggestion besteht also darin, positive Formulierungen zu finden. Nur sie führen zur direkten Aufforderung und zur unmittelbaren gewünschten Reaktion. Hier trifft genau das zu, was Sigmund Freud in einem anderen Zusammenhang formulierte: „Das Unterbewußtsein kennt keine Negation."

23.2.8 Der Druck der Gruppe

Der amerikanische Psychologe Milgram führte 1965 folgendes Experiment durch: Er arbeitete mit Versuchspersonen, die Vokabeln lernen sollten. Wenn sie nicht die entsprechenden Ergebnisse erbrachten, dann sollten seine studentischen Hilfspersonen diese Versuchspersonen mit kleinen Stromschlägen bestrafen. Die Anleiter des Experimentes machten dabei ihre Hilfspersonen für die Erfolge der Vokabellerner verantwortlich. Also gaben diese auf Anordnung ihrer Anleiter den Lernenden Stromstöße. Selbst als die Geschockten vor Schmerz schrien, drehten die Hilfspersonen die Stromstärke höher. Es erfolgte also unter dem sozialen Druck des Anleiters aggressive Quälerei. (Die Hilfspersonen konnten dabei allerdings nicht wissen, dass sie die eigentlichen Versuchspersonen waren, während die Vokabellerner eingeweiht waren, tatsächlich kein Schockstrom floss und die Qualen nur simuliert waren.)

Hier ging vom Versuchsleiter indirekt die Suggestion der Quälerei aus, bewirkt durch sozialen und moralischen Druck. Bewiesen wurde also: Menschen müssen nicht perfide sein, um perfide Handlungen zu begehen, sondern der soziale Druck macht fast jeden von uns zu einem perfide Handelnden.

Bereits der römische Rhetoriker Quintilian (35 bis etwa 100) erwähnte in der *Institutio oratoria* (VIII, 5): „Vestis virum reddit", was zum Sprichwort wurde und uns Gottfried Keller (1992) in seinem Roman von 1856, *Kleider machen Leute,* vermittelt: Der junge Schneidergeselle Wenzel Strapinski näht sich aus Resten guter Stoffe fein aussehende Kleider und wird in einer fremden Stadt durch zufällige Umstände ungewollt als Graf angesehen. Die Ankunft des „Adeligen" spricht sich schnell herum, alle seine Handlungen werden nun von allen einseitig als vornehm bewertet, und er bekommt ohne sein aktives Zutun Ansehen, gesellschaftliche Anerkennung, Kredite, Geschenke und sogar eine Braut. Es handelt sich hier um nonverbale Suggestionen, die sich die Leute in der Stadt selbst geben und beständig aufrechterhalten. Als durch Strapinskis Widersacher seine schneiderliche Herkunft aufgedeckt wird, schlagen sofort alle Sympathien der Bevölkerung in Ablehnung um – seine Braut hält zum Happyend natürlich zu ihm!

23.2.9 Die Macht der Magie

Ein guter Magier ist nur dadurch gut, dass er dem Publikum eine bestimmte Denkrichtung vorgibt, die es dazu veranlasst, in ihr weiterzudenken. Das Publikum erhält also sehr indirekte Suggestionen und täuscht sich damit selbst. Soll auf der Bühne eine in einem Korb befindliche Person mit Säbeln durchstochen werden, so werden vorher in der Luft dramatisch-heftige Stiche ausgeteilt, damit diese Mordwaffen mächtig aufblitzen. Das suggeriert Gefährlichkeit. Sticht der Magier nun in den Korb, so bleibt diese Suggestion bestehen und lässt die Zuschauer erschaudern. Die geleitete Denkrichtung der Zuschauer bestimmt einen Teil der Zaubertricks, der andere Teil ist handwerkliches Können.

Wie deutlich wurde, hat Suggestion durchaus nichts mit Überrumpelungskunst oder Willenskraft auf der einen Seite und Reingelegtwerden, Deppertheit und Gutgläubigkeit auf der anderen Seite der Kommunikation zu tun. Suggestion ist ein Bestandteil unserer Kommunikation.

Wir sehen also, dass die Suggestionswirkung durch uns selbst gestaltet, konstruiert wird – ähnlich wie unsere Wahrnehmung.

23.3 Suggestionen mit oder ohne Hypnose?

Aus den Ausführungen über die Suggestionen haben wir gelernt, dass Suggestionen häufig um uns herum vorkommen, also nicht zwangsläufig durch Hypnose zu definieren sind. Auch ohne Hypnose unterliegen wir der Macht der Wahrnehmung, Werbung, sozialen Gruppe etc. Hier wird sie durchaus akzeptiert.

Suggestion	Double Bind
	Selffulfilling Prophecy
	Der kluge Hans
	Meerschweinchen-Effekte
	Placebo-Präparate
	Werbung, Reklame
	Negation
	Gruppendruck
	Sozialereignis: Magie
	Hypnose

Abb. 23.7: Beispiele für Anwendungsbereiche von Suggestionen

Abb. 23.8: Nonverbale Suggestion, sich angesprochen zu fühlen und einer Aufforderung zu folgen. Die damit verbundene „moralische" Verbalisierung wird sofort assoziativ ergänzt.

Sobald jedoch Hypnose ins Spiel kommt, werden die dann formulierten Suggestionen als Beeinflussung heftig abgelehnt. Wie in unseren Analysen deutlich wurde, gibt es viele im Comic dargestellte Suggestionen und somit Hypnosewirkungen, die unrealistisch sind und nicht dem entsprechen, was durch Hypnose tatsächlich leistbar ist. Nur unsere Ängste und bestehenden Wissensdefizite bezüglich dieses Themas ließen bislang solche skurrilen Annahmen zu. Dies ist die Macht der Magie, die Comicbilder auf uns ausüben können! – Gezeichnete Suggestionen!

Kapitel 24

Was Sie sonst noch über Hypnose wissen wollen

An verschiedenen Stellen dieser Lektüre haben Sie als kritische Leserinnen und Leser sich wahrscheinlich immer wieder gefragt, was denn nun das Typische an der Hypnose sei. (Falls Sie es nicht gemerkt haben: Die Überschrift dieses Kapitels ist eine Suggestion.)

24.1 Was ist denn nun Hypnose?

Diese Frage kann nicht allein durch einen Satz beantwortet werden, da es sich hier um ein äußerst komplexes mentales, imaginatives und kognitives Verhalten handelt. Somit bedarf es zahlreicher Erklärungsansätze, um den relativ verschiedenen Wirkstrukturen gerecht zu werden. Diese sollen in den nachfolgenden Abschnitten dargestellt werden.

Besonders in Kapitel 12 zur Einleitung der Hypnose wurde deutlich, dass Hypnose dann vorliegt, wenn ein bestimmtes „Ritual" vorgenommen wurde, das man Induktion benennt. Zur Wiederholung in knappen Worten: Der Therapeut bewirkt durch seine Sprachformulierungen eine Wahrnehmungseinengung, die es dem Klienten immer mehr ermöglicht, nur noch der Stimme des Therapeuten zu folgen, bis er letztlich die darin vermittelten Inhalte (= Suggestionen) als einzigen Bezug erlebt und die darin enthaltenen Informationen als subjektive Realität empfindet. Hinzu kommen nun die anderen nachstehenden Faktoren.

24.2 Hypnotisierbarkeit

Wenn man mit Laien über Hypnose spricht, so sagen viele recht schnell: „Ich bin nicht der Typ dafür. Mich kannst du nicht hypnotisieren! So schnell bin ich nicht rumzukriegen!" Dahinter steht die Annahme, dass man für Hypnose dümmlich, gutgläubig, bequatschbar sein muss. Wer also einen starken Willen hat, dem kann das nicht passieren, so reingelegt zu werden?

Umfangreiche internationale wissenschaftliche Untersuchungen in zahlreichen Hypnoselabors wurden dazu durchgeführt, um herauszufinden, welche Fähigkeiten oder Merkmale Hypnotisierbarkeit begünstigen und wie Hypnotisierbarkeit definiert werden kann.

Die wissenschaftlichen Ergebnisse zeigen übereinstimmend folgendes:

- Hypnotisierbarkeit steht in keinerlei Zusammenhang mit irgendwelchen Persönlichkeitfaktoren wie z. B. Neurotizismus, seelischer Erkrankung, Extraversion, Depression oder Ähnlichem.
- Es besteht auch kein Zusammenhang zwischen Hypnotisierbarkeit und Gutgläubigkeit oder Überredbarkeit, schwacher Persönlichkeit oder Unsicherheit.

- Hypnotisierbarkeit hängt nicht mit der Intelligenz zusammen. Also sind Dumme in gleicher Weise hypnotisierbar wie Schlaue. (Die Ausnahme bilden hier stark geistig Behinderte, die die Wortformulierungen des Therapeuten nicht verstehen können.)
- Hypnotisierbarkeit ist in der Bevölkerung normal verteilt, ähnlich wie Körpergröße oder Intelligenz. D. h., es gibt ca. 25 %, die nur schwer zu hypnotisieren sind, 25 % sind sehr gut zu hypnotisieren, und 50 % sind es durchschnittlich gut.

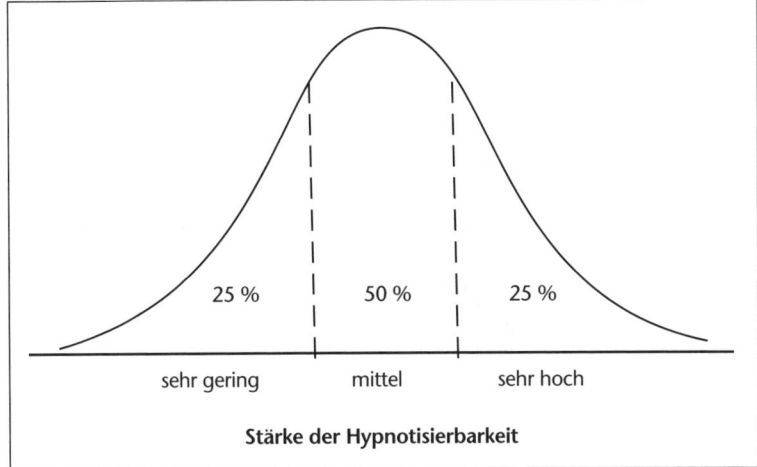

Abb. 24.1: Verteilung der Hypnotisierbarkeit in der Gesamtbevölkerung. Zahlreiche wissenschaftliche Untersuchungen zeigen, daß die Fähigkeit, hypnotisiert zu werden, in Form einer Normalverteilung vorliegt.

- Hypnotisierbarkeit steht in engem Zusammenhang mit der Absorptionsfähigkeit, d. h. mit dem Maß, wie stark man sich gegen andere als die gerade wichtigen Reize abschirmen kann, wie weit man darin „versinken" kann und andere Informationen dann in den Hintergrund treten.
- Hypnotisierbarkeit beinhaltet Imaginationsfähigkeit, also die Fähigkeit, sich Situationen bildhaft-plastisch vorzustellen. Dabei sind diese Imaginationen nicht immer als farbige „Dias im Kopf" zu verstehen. Vielmehr sind Imaginationen alles das, was wir uns auf verschiedenen Ebenen vorstellen können: die Farben, Formen, Bewegungen, Gerüche, Gefühle, Körperempfindungen etc. in einer Situation. Hier gibt es sehr individuelle Bevorzugungen auf den unterschiedlichen Ebenen.
- Hypnotisierbarkeit beinhaltet das ganzheitliche (= holistische) Erleben der Innenbilder auf den vorgenannten Ebenen. Es werden also leichter komplexe Szenen imaginiert, die als Ganzes auftreten und nicht erst aus Details zusammengesetzt werden müssen.
Übrigens muss ein Hypnotiseur selbst nicht unbedingt besonders gut hypnotisierbar sein. Auch ein nur gering hypnotisierbarer Therapeut, der sein Handwerk gut beherrscht, kann seine Patienten in tiefe Hypnose versetzen.

24.3 Warum wirkt Hypnose?

Wie wir bei den Exkursen über die Wahrnehmung (s. Abschn. 13.6: „Das Leib-Seele-Problem", 14.4: „Auswertung: Konstruktion im Kopf", und 23.1: „Wahrnehmung, das seltsam' Ding") sahen, besteht diese nicht nur aus der objektiven physikalischen Reizaufnahme, sondern als subjektive Konstruktion in uns. In unserem Gehirn erfolgen Filterungen und Verarbeitungen. Das heißt also, dass wir nicht nur mit einem körperlichen Teil wie „Auge" wahrnehmen, sondern mit der Komplexität, die die Einheit von Körper und Seele darstellt. Deutlich wurde auch, dass Suggestionen sehr komplexe Reaktionen bewirken können: Der Gedanke an den Zahnarzt oder das (gelesene / gehörte) Wort „Zahnarzt" kann das Gefühl der Angst, physiologisches Blasswerden, körperliche Verspannung auslösen. Hier wird ebenfalls die Leib-Seele-Einheit durch das gedachte, gehörte, gelesene Wort „Zahnarzt" angesprochen. Bei allen unseren Wahrnehmungen, Gedanken, Handlungen etc. reagieren und agieren wir als Ganzheit von Leib und Seele. Gedanken können Gefühle, Körperreaktionen und Imaginationen auslösen und umgekehrt. Dabei spielen auch unsere Einstellungen, Bewertungen (= Attributionen) und Beweggründe (= Motivationen) eine wichtige Rolle. Wird eines dieser in einem System wirkenden Bestimmungsstücke verändert, verändern sich auch die Wirkungen aller Teile in dieser Ganzheit.

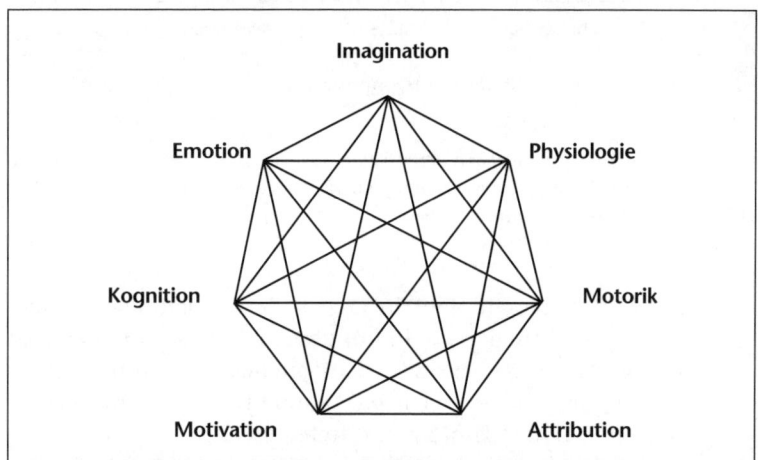

Abb. 24.2: Ganzheitliche Hypnosewirkungen. Da alle Bestimmungselemente unseres sehr komplexen Verhaltens miteinander in einem ganzheitlichen System verbunden sind, kann über diese Elemente Zugang zum Gesamtsystem des Menschen erlangt werden (aus Kossak 1997, S. 305).

Bei konventionellen Therapieformen ist man weniger auf Innenbilder und auf das ganzheitliche Erleben von Situationen ausgerichtet bzw. kann es mangels spezifischer Methoden nicht so intensiv erreichen. Zunehmend mehr dieser konventionellen Therapieformen erhielten jedoch Impulse durch die guten Ergebnisse der Methoden der Imagination und der Hypnose. Dies führte dazu, dass Imaginationen und auch Hypnose immer mehr von diesen Therapieformen integriert werden. So hat die früher sehr strikte Verhaltenstherapie in den letzten Jahren den imaginativen Anteil in der Entstehung und Aufrechterhaltung seelischer Störungen voll erkannt – und auch die entsprechenden therapeutischen Bedeutungen von Imaginationen und Hypnose. (Der Autor hat hier durch die von ihm entwickelte Kombination von Verhaltenstherapie und Hypnose und seine darauf basierenden Arbeiten wohl Impulse geben können.)

In der Hypnose ist der Patient durch die Induktion stark von störenden Reizen abgeschirmt und dadurch auf die vom Therapeuten vorgegebenen Innenbilder bzw. Innenszenen konzentriert. Er erlebt somit alles sehr intensiv mit allen Sinneseindrücken und Gefühlen. Er befindet sich tatsächlich subjektiv in dieser Szene; sie hat subjektive Realität für ihn! Durch einfühlsame und im Sinne der Therapie ausgewählte Suggestionen werden nun Veränderungen der einzelnen Erlebensfaktoren bewirkt. Bei einer Person mit z. B. Redeangst bewirkt die Suggestion Ruhe: „Sie merken, dass Ihr Herz ganz entspannt und ruhig schlägt. Sie können sich darauf verlassen. Auch gleich wird ihr Herz die ganze Zeit entspannt schlagen, und Sie werden weiterhin entspannt bleiben." Entsprechend wird die Person die folgenden Erlebnisse gelassener betrachten können und das Reden vor einer imaginierten Gruppe (die ja für sie subjektiv real ist) entspannter als sonst erleben. Dies bewirkt das Gefühl des Erfolges; dieses wiederum lässt sie froh sein, was wieder Entspannung bewirkt und sie motiviert, sich nun öfter vor oder in Gruppen zu begeben. Sie sehen: Durch diese hier exemplarisch dargestellte kleine Veränderung in der Suggestion ist das gesamte System „Redeangst" verändert worden, und die Angst mit allen ihren Komponenten schwindet. Die Suggestionen des Therapeuten treffen hier auf die Ganzheit des Leib-Seele-Systems, die dann als System Veränderungen erfährt.

Sicherlich ist nun die Frage aufgetreten, warum wenige Worte des Therapeuten oft ausreichen, um solche komplexen Veränderungen zu bewirken oder sogar z. B. die komplexe Erinnerung an die Kindheit wachzurufen.

Unsere Erlebnisse speichern wir im Gedächtnis nicht als isolierte Elemente, sondern ebenfalls ganzheitlich als Einheiten ab. Entsprechend reicht es oft, einen Bestandteil dieser Einheit anzusprechen wie z. B. „Die Schultüte am ersten Schultag", und schon werden die dazugehörenden Erlebnisanteile aktiviert: die Aufregung am Morgen, die Ansprache und das Aussehen der Lehrerin, die Mitschüler, das Klassenzimmer usw.

Der Therapeut macht sich also genau diese Ganzheitlichkeit des Abspeicherns nutzbar, indem er möglichst diejenigen Auslöser anspricht, die besonders leicht erinnert werden und möglichst viele dieser miteinander verknüpften Teile des Erinnerungssystems aus dem Gedächtnis hervorholen.

24.4 Hypnose wirkt über den Hypothalamus

Unter Hypnose und durch die genau abgestimmten Suggestionen werden zentralnervöse subkortikale Filter- und Steuerprozesse (wahrscheinlich im *Hypothalamus*) bewirkt. Das heißt für Laien: Mit der Hirnrinde (= Cortex) verwalten wir unsere intellektuellen Leistungen. Im inneren Hirnbereich befinden sich mehr Schaltstellen für die Körperfunktionen. In der Mitte des Gehirns ist der Bereich des Hypothalamus, der sehr wichtige Regelfunktionen zwischen Wille und Körper erfüllt.

Durch Suggestionen werden die mit den Hypnoseimaginationen verbundenen Emotionen, Kognitionen, Attributionen, Motivationen

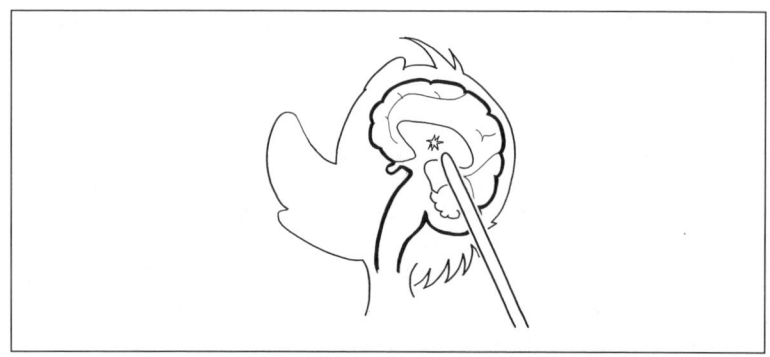

Abb. 24.3: Hypnose wirkt über den Hypothalamus. Dort liegen zentrale Ver-arbeitungsmechanismen zwischen den Arealen im z. B. Mittelhirn und der Hirnrinde, die physiologische und kognitive, sprachliche, imaginative Verhaltensweisen steuern.

und motorischen sowie physiologischen Reaktionen aktiviert und wahrscheinlich im Hypothalamus zugeordnet und gesteuert. Somit wird das Bedingungsgefüge eines Innenbildes oder eines Ereignisses ganzheitlich im Sinne der Leib-Seele-Einheit angesprochen. Dies kann auch die Erklärung dafür sein, dass gerade durch eine gut geleitete Hypnose schnelle und bleibende Veränderungen bzw. Um-strukturierungen zu erzielen sind; durch genau abgestimmte Sugges-tionen kann das gesamte Bedingungssystem einer Problematik bzw. Symptomatik eine grundlegende Veränderung erfahren (Kossak 1997; siehe hierzu auch 18.4.2 f.).

24.5 Ist Hypnose nun etwas Besonderes – oder nicht? *State* oder *non-state*, das ist hier die Frage

Wie wir gesehen haben, scheint in der Comichypnose eine Menge abzulaufen, was Ungewöhnliches im Erleben der jeweils betroffenen Person verheißt. Allein schon der Blick der hypnotisierten Person scheint anzuzeigen, dass sie sich plötzlich und unerwartet in einer anderen Welt befindet. Tatsächlich gibt es Überlegungen und Annah-men, Hypnose sei ein anderer Bewusstseinzustand (= *altered state of consciousness*).

24.5.1 Darstellungsformen des „veränderten Bewusstseinzustandes" im Comic

Lassen sie uns im Comic vergleichbare Situationen auffinden, in denen der Blick der betroffenen Person dem einer hypnotisierten Person sehr ähnlich ist. Bei unserer Analyse treffen wir auf unter-schiedliche Kategorien. Vergleichen Sie hierzu bitte die Abbildungen zu Kapitel 13.

Schmerz, Qualen
In dem südamerikanischen Urwald trifft sich der Indianer Champa-kou mit seiner Freundin „Jadepuppe"; nachdem sie ausreichend nackt rumgelaufen sind und sich für den Voyeurismus des Lesers auch noch geliebt haben, will Champakou sich in einer alten Pyramide an das Geheimnis des alten Indianers heranmachen. Doch dieser ertappt ihn und zieht ihm eins mit dem Stock über den Schädel. Daraufhin sieht Champakou den Meister umgeben von zahlreichen Gruppen konzen-trischer Kreise (*Champakou,* 1980).

Donald muss es natürlich auch erwischen. Als er gratis zum großen Hindernisrennen will, zerschneidet er einen Zaun mit der Drahtsche-re ... mit der Reaktion „RRAAAKREISCH! SCHTZNGRAMMMM!", da er die Starkstromleitung gekappt hat. Sein Gesicht ist entsprechend gestylt dabei (*Eitelkeit und Eis,* 1993). Die Übersetzer hatten bei Donalds Schmerzensschrei zweifelsohne das besonders lautmalerische Gedicht *schtzngrmm* im Ohr, das Ernst Jandl 1944 verfasste (Jandl 1995).

Als Spirou in die Fänge des Zyklotrop gerät, wird er einer Gehirnwäsche unterzogen. Danach hat er gewaltige Kopfschmerzen, verbunden mit Schwindelgefühl und Rauschen. Die Sterne surren nur so um ihn herum (*Der Plan des Zyklotrop,* 1985).

Der stets cholerische und oft betrunkene Kapitän Haddock ist die Treppe runtergefallen. Dies veranlasst den Weltmeister in Schimpfwörtern zu neuen Kreationen. Sein Gefühlszustand ist anschaulich mit einer Spirale und Sternen ausgedrückt. Als er aus Versehen eins auf die Nase kriegt, können wir Ähnliches beobachten, ebenso bei Prof. Bienlein nach dem Treppensturz (*Die sieben Kristallkugeln,* 1985).

In *MAD,* dem hirnigen Antimagazin, wird eine hirnmarternde Persiflage auf den Film *Poltergeist* dargestellt, in dem der Seelenzustand der poltergeistgefolterten Mutter deutlich an ihrem Blick zu erkennen ist (*Foltergeist,* 1983).

120

122

Blendung

Wenn man durch ein grelles Licht oder einen Blitz geblendet wird, dann fehlt vorübergehend die optische und teilweise seelische Orientierung; das lässt sich natürlich ebenfalls gut darstellen.

Opfer von Blitzlichtern scheinen kurzfristig in andere Welten zu entrücken, so Donald (*Knipskisten,* 1978) oder Eisbären (*Die Reportage vom Pol,* 1983). Schließlich erfahren wir subjektiv gut nachvollziehbar durch *MAD* über die Zahnarztrechnung: „... enthält DM 79,14 für das Zielsuchgerät, das den Strahl der Zahnarztlampe immer direkt auf deine Augen richtet, ohne daß du ausweichen kannst!" (*Was wir so alles mitbezahlen,* 1983). Leidgeprüfte Zahnarztbesucher wissen durchaus, welche Bewusstseinszustände unter dieser berüchtigten Lampe erzeugt werden.

Schreck

Plötzlich eintretende Wahrnehmungen oder Ereignisse können ebenfalls Auslöser für ungewöhnliches Erleben sein.

Donald und seine Neffen werden durch Signalhörner fürchterlich erschreckt. Das bewusstseinserweiternde Erleben ist ihnen deutlich anzusehen (*Zwei Streithähne,* 1969).

Als Donald auf eine Menge Golddukaten blickt, ist er von dem Anblick so überwältigt, dass ihm die Sinne schwinden, deutlich an den Kreisen und Sternen um ihn herum zu erkennen (*Ein erstklassiges Abenteuer,* 1978).

Micky Maus hat vom Angeln einen kleinen Seehund mitgebracht. Dieser wird bitterböse, als er im Fernsehen einen frechen Artgenossen sieht. Tierisch spontan springt er in die Bildröhre. Darauf ist Micky Maus so geschockt („300 Taler beim Teufel!"), dass er immense Kreise in den Augen hat (*Micky Maus. Jubiläumsausgabe,* 1991).

Besonders tragisch wird es beim Tasmanischen Teufel. Er erschrickt über ein Bild von sich selbst so immens, dass ihm der geänderte Bewusstseinszustand deutlich erkennbar in den weit aufgerissenen Augen geschrieben steht (*Bugs Bunny & Co.,* 1993).

Erstaunen

Aber auch freudige Ereignisse können fast den gleichen schockierenden Eindruck bewirken wie negative. Als der konstante Glückspilz Gustav Gans zufällig seinen Hut vor sich hält, fallen etliche Scheine und Münzen hinein (RUMS!). Das hält keiner im Kopf aus, besonders nicht der immer auf der Schattenseite des Lebens stehende Donald. Sein Unterschnabel fällt ihm herunter, und seine Augen zeigen eindeutig sein verändertes Bewusstsein (*Donald Duck,* 1952). In gleicher Weise positiv geschockt ist der Chef. Er sitzt an seinem Schreibtisch und erkundigt sich, wie der Sekretärin ihr Urlaub gefiel. Nun bekommt er von ihr (naiv oder provozierend?) gezeigt, an welchen Stellen sie überall sonnengebräunt ist. Das beschäftigt die triebgeplagte Seele eines Mannes schockartig. Die dadurch ausgelösten *altered states of consciousness* sind ohne weitere Kommentare nachvollziehbar (*Nach dem Urlaub beginnt wieder der Ernst des Lebens,* 1989).

Liebe

In Überleitung vom vorhergehenden Thema kommen wir zur emotionalen und sexuellen Beziehung der Geschlechter, die auch im Comic ihre typische Würdigung erfährt.

 123

Als der einsame große Frosch von seiner angebeteten Fröschin einen Kuss bekommt, ist es um ihn geschehen, und er bekommt zahlreiche Kreise in den Augen (*Heinz,* 1988). Als der Kater von seiner Angebeteten unerwartet einen Kuss erhält, ergeht es ihm identisch (*Fridolin der Superstar,* 1982). Selbst Ray Banana, der sonst so coole Held, wird beim Küssen von Gefühlszuständen betroffen, die Spiralen hochsteigen lassen (*Ray Banana,* 1982). Seinem Hundekollegen Space Dog geht es auch so, als er endlich eine schöne Hündin erblickt (*Space Dog,* 1993).

 124

An diesen Beispielen wird deutlich, wie die Kombination von optischen und taktilen Stimuli komplexe Imaginationen, Attributionen und Motivationen bewirkt, bis hin zu signifikanten hormonellen Veränderungen.

Chemisch und ernährungsbedingte psychische Wirkungen

Wie wir alle wissen, können gerade chemische Substanzen starke psychische Veränderungen bewirken, bis hin zu psychedelischen Wahnvorstellungen. Aufgrund der Vermischung seines Futters mit Triazolobenzoediazepam fällt der Patient „zuerst in tiefen Schlaf, gefolgt von plötzlichem Erwachen und intensiven Halluzinationen, die durch seine erste Wahrnehmung beeinflußt werden". Die dann von einer Tonkassette abgespielten Katzenschreie lösen nun spontan bei Cubitus, dem Feinschmeckerhund, Aggressionsanfälle aus (*Das sprechende Hundefutter,* 1989).

125

Da Kapitän Haddock ständig dem Alkohol zuspricht und unter seinem Einfluss manch dummes Zeug anstellt, sind dessen mentale Auswirkungen auch im Bild deutlich an Spiralen zu erkennen. Als Hund Struppi von dem weggeworfenen Rest probiert, durchlebt er Ähnliches (*Die sieben Kristallkugeln,* 1985).

126

Moderne Ernährung vermag Wirkung auf die Psyche auszuüben, zumal wenn sie abwechslungsreich und als Naturkost verabreicht wird. Bei Donald und seinen Neffen hat besonders die frisch zubereitete Brennnesselsuppe ihre bewusstseinsverändernde Wirkung (*Moderne Ernährung*, 1980).

Blondies Ehemann Dankwart ist immer wieder hungrig und auf neue kulinarische Genüsse bedacht. Bei ihm geht die Liebe tatsächlich durch den Magen. So ist es ihm sofort an den Augen abzulesen, wenn es ihm geschmeckt hat.

Faszination durch außergewöhnliche Erlebnisse oder Mächte

Die Alltagsdroge „Fernsehen" hat stets ihre Wirkung getan. Sie ist zum heimlichen und unheimlichen Miterzieher geworden. Vom Fernsehen geht so viel an Faszination aus, dass viele von uns davon derartig gefesselt werden, dass sie ihre Umwelt vollkommen vergessen. Sie sind quasi in eine andere Erlebniswelt eingetaucht, wie es Donald deutlich an Augenkreisen anzusehen ist (*Knallende Colts*, 1980).

In einer Comic-Sciencefictionstory laufen die Leute sehr oft nackt rum; das tun sie in Comicsstorys dieses Genres häufiger: entweder, weil es im außergalaktischen Bereich immer schön warm ist – oder weil Comicleser gerne mal aus-spannen wollen? Auf jeden Fall können wir längere Zeit ein derartig sexy Pärchen beim Liebesspiel beobachten: „Der Mann und die Frau liebten sich von neuem, ohne, wie es beim ersten Mal geschah, wahrzunehmen, daß ein unbekanntes ‚Etwas' Augenzeuge von jenen Szenen war … Eine nicht körperliche Kraft, die von den weit entfernten Sternen ausgeströmt wurde, ein Lebenszucken, das sich vom Wiedererstehen der menschlichen Spezies angezogen fühlte …" Dieser Text wird von konzentrischen Kreisen unterstützt, die genau den Eindruck des unbekannten, aber unbestimmt Einwirkenden vermitteln (*Zora und die Hibernauten*, 1982).

In einer merkwürdigen Geschichte wird uns ein unauffälliger junger Mann dadurch auffällig, dass er seine Wohnung vollkommen tibetanisch gestylt hat und in das Land zurückwill, in dem er empfangen wurde, das er aber nie sah. Aufgrund intensivster Meditation ist er in der Lage, sich zu duplizieren und dann als Einbrecher tätig zu werden. Diese Figur ist eine Art Zombi, auf tibetanisch „Tulpa"; ist Herrchen jedoch nicht absolut willig, geht er teilweise seine eigenen grausamen Wege. Die Veränderung hin zu seinem anderen Dasein ist deutlich an der Form und Farbe seiner Augen zu erkennen (*Tulpa.* Kapitel eins: *Monster Macher*, 1991).

Als Dagobert Duck auf der Route des Marco Polo auf die sagenhaften Befehlstäfelchen trifft, gehen von diesen immense Wirkungen aus, die Donalds Erleben und Denken vollkommen beeinflussen, wie die um ihn schwirrenden Kreise und Bläschen deutlich machen (*Die Abenteuer von Marco Polo*, 1987).

Letztlich sind noch die Träume zu nennen, in denen wir in eine andere Welt abgleiten, in der man gegebenenfalls in einen *altered state of consciousness* geraten kann. Als Dagobert von einem Schatz träumt, ist ihm diese Bewusstseinsveränderung deutlich anzusehen (*Törichte Träume*, 1980).

Fazit: Sehr viele veränderte Bewusstseinszustände werden im Comic sehr ähnlich wie die Hypnosewirkung mit Spiralen, Kreisen oder Blasen dargestellt. Das mag den Schluss nahe legen, auch hier verändertes Bewusstsein anzunehmen – wie wir tatsächlich im Streit der verschiedenen Schulrichtungen der Hypnosetheorien feststellen können (s. u., Abschn. 24.5.3).

24.5.2 Abgrenzung der Hypnose von ähnlichen Erlebnisformen

Da Hypnose sehr vielfältig wirkt, ist es besonders wichtig, sie gegenüber ähnlichen Erlebnisformen abzugrenzen. Hatte man früher angenommen, Hypnose sei etwas Schlafähnliches und deshalb sogar den Schlafgott Hypnos zum Namensgeber bemüht, muss man in der gegenwärtigen Forschung deutlich eine Abgrenzung vornehmen.

Schlaf

Während des Schlafes sinkt die Reflexerregbarkeit deutlich, denn sonst würden wir bei jedem kleinen Traum mitagieren und herumlaufen etc. Gleichzeitig sind im Schlaf so genannte REM-Phasen (REM ist die Abkürzung von *rapid eye movements*) zu finden, bei denen sich die Augen deutlich und heftig bewegen. All das finden wir nicht in der Hypnose. Das in Hypnose abgeleitete EEG (= Hirnstrombild) ähnelt dem wacher Personen. Also ist Hypnose eindeutig kein Schlaf. Die hypnotisierte Person kann auch willentlich ihre Situation unterbrechen, was die schlafende Person nicht vermag.

Entspannung

Hypnose und Entspannung sind physiologisch (von den Messwerten Blutdruck, Atmung, EEG etc. her) gleichzusetzen – vorausgesetzt, in Hypnose werden Entspannungsinstruktionen gegeben. Von den im Comic gezeigten zahlreichen Hypnosezuständen kann als Wahrheit stehen bleiben, dass während der Hypnose je nach Suggestion und Erleben starke Gefühle empfunden und physiologische und motorische Anstrengungen geleistet werden, die keinesfalls als Entspannung einzuordnen sind, sondern in manchen Situationen eher als Stress.

Alltagsleben

Letztlich wurde deutlich, dass in Hypnose vieles geschieht, was im Alltagsleben ebenfalls vorzufinden ist, wie z. B. Amnesie oder Schmerzreduktion durch Ablenkung. Auf der anderen Seite finden wir verschiedene kognitive Strategien, die im Alltag nicht angewandt werden. So kann die hypnotisierte Person z. B. logische Absurditäten wesentlich leichter akzeptieren als eine „wache" Person. Das hat wiederum den Vorteil, dass man in der Hypnosetherapie leichter Veränderungen der subjektiven Realität vornehmen kann, um auf diese Weise Fortschritte in der Behandlung zu bewirken. Typisch für Hypnose ist jedoch die mehr frontale und auch rechtshemisphärische Aktivierung des Gehirns (s. Abschn. 18.3.1).

24.5.3 Fazit: Hypnose ist nichts Mystisches

Wie wir sahen, ist im Comic die Erscheinungsform geänderten Bewusstseins – egal aus welchen Gründen bewirkt – nahezu identisch der Wirkung der Hypnose: Kreise, Spiralen, geweitete Augen, fassungsloses Gesicht, Erschrecken, Erstaunen überall.

Ist nun Hypnose tatsächlich vergleichbar mit den oben genannten Erlebens- und Erscheinungsformen? Nun, da kommen wir in den Bereich, innerhalb dessen sich zahlreiche ernsthafte Wissenschaftler deutlich unterscheiden und ihre Meinungsverschiedenheiten austragen.

Unter den zahlreichen und sehr unterschiedlichen Theorien zur Erklärung der Hypnose lassen sich zwei große Hauptgruppen bilden:

- In die eine Gruppe können jene Theorien eingeordnet werden, welche tatsächlich annehmen, Hypnose sei ein außergewöhnlicher Bewusstseinszustand; es sind die so genannten State-Theorien (state = Zustand; anderer Bewusstseinszustand).
- Im Kontrast dazu stehen die Non-state-Theorien. Ihre Anhänger nehmen an, dass Hypnose kein außergewöhnlicher oder geänderter Bewusstseinszustand ist, denn in Hypnose erlebt man alle die Veränderungen (z. B. Amnesie), die man auch im wachen oder unveränderten Bewusstseinszustand ebenfalls erleben kann. Also ist Hypnose etwas „Normales" und nichts „Außergewöhnliches" in unserem Erleben oder in unserem Bewusstsein. Nur durch die typische methodische Vorgehensweise der Einleitung der Hypnose können wir jene Erlebensweisen oder Phänomene gezielt und relativ schnell herstellen. Also ist Hypnose nichts „Mystisches", sondern ein Teil unseres Normallebens.

In der Abwägung beider Theorieströmungen neigt der Autor dazu, Hypnose als keinen einzigartigen Bewusstseinszustand (i. S. v. altered state of consciousness) anzusehen, da durch andere Interventionen (Tanz, Meditation, Gesprächspsychotherapie, Psychodrama etc.) mitunter ähnliche oder identische Phänomene erzeugt werden können; Hypnose bietet darüber hinausgehend jedoch den großen Vorteil, die gewünschten Wirkungen komplexer, schneller und gerichteter herzustellen.

24.6 Was ist, wenn der Hypnotiseur während der Hypnose stirbt?

Diese Frage scheint viele zu beschäftigen, denn sie tritt in Diskussionen immer wieder auf. Es geht darum, was denn nun mit dem Patienten passiert, wenn die hypnotisierende Person nicht mehr vorhanden ist.

Die Antwort ist recht leicht zu geben: Nach einiger Zeit wird der Patient die Augen aufschlagen und sich fragen, warum es nicht mehr weitergeht. Das ist es! Wenn wir andere Aspekte der in der Überschrift gestellten Frage wörtlich nehmen, müssen wir antworten: Dann sollte der Hypnotiseur angemessen beerdigt werden.

So, nun soll die Frage bzw. die Antwort dazu näher erörtert werden. Bereits oben wurde vom Rapport gesprochen (s. Abschn. 18.1), der beinhaltet, dass zwischen Therapeut und Patient ein Beziehungsverhältnis bestehen muss, damit sich der Patient geborgen fühlt; zusätzlich muss der Kontakt zum Patienten stets aufrechterhalten werden, damit dieser sich weiter mit den Vorstellungen bzw. Imaginationen befasst, die der Therapeut vorgibt. Andernfalls würde der Patient seine eigenen Imaginationen produzieren und dann vor dem Therapiegeschehen ausweichen oder einschlafen. Gleiches würde eintreten, wenn der Therapeut plötzlich nicht mehr da wäre. Der Rapport wäre ebenfalls unterbrochen, und der Patient ginge im Kopf seine eigenen Wege. Wissenschaftliche Untersuchungen haben gezeigt, dass in einem solchen Fall der Patient nach wenigen Minuten, maximal 20–30 Minuten, von sich aus entweder wach wird, wenn er eingeschlafen war, oder erstaunt ist, weil er keine verbalen Informationen mehr erhält, und dann die Augen öffnet.

Sie sehen: Es passiert also überhaupt nicht das Dramatische, das die sensationsgierige Phantasie vorher konstruiert hat.

24.7 Hat der Hypnotiseur „Macht" über die Person?

Diese Frage muss sich folgerichtig an die vorhergehende anschließen.

Die zahlreichen Comicgeschichten legen die Annahme einer Macht nahe, vor deren Realisierung wir alle Angst haben:

Als Isnogud sein Hypnosehonorar nicht bezahlen will, wird er vom Zauberer El Prahl zum Stock hypnotisiert, und sein Mietsklave Tunichgud kann ihn plötzlich nicht mehr verbal erreichen, da er zusätzlich auch noch stocktaub ist (*Fauler Zauber mit den Augen*, 1972). Dies legt die Vermutung nahe, dass der Hypnotiseur eine gewisse „Macht" hat, mit der nur er allein Instruktionen geben kann, die keine andere Person aufzulösen vermag.

In der Fachliteratur ist vereinzelt zu finden, dass z. B. Ärzte die Instruktion geben: „Sie werden nur von einem Arzt hypnotisiert werden können." Das scheint auch durchaus zu funktionieren und hat einerseits den Vorteil, den Zugriff unbefugter Personen (= von Laienhypnotiseuren) zu verhindern, andererseits gebenenfalls den Abrechnungsmodus zu sichern. In der veralteten Hypnoseliteratur nimmt man noch eine Macht des Therapeuten an – und der Showhypnotiseur raunt dieses alte „Wissen" selbstbewusst in sein Mikrofon. Die Forschung zeigt jedoch, dass diese Macht lediglich im Fachwissen und im guten methodischen Vorgehen besteht (s. Abschn. 8.2.7).

Letztlich sollte seriös bedacht werden, welche Person in einer Therapie wohl Macht haben sollte. Therapie ist sicherlich keine Vorgehensweise, die mit Macht oder Gewalt ausgeführt werden kann, sondern mit Einfühlungsvermögen, Erfahrung und viel methodischem Geschick.

Bei der Hypnose ist der Therapeut also in gleicher Weise ersetzbar oder unersetzbar wie bei jeder Therapie. Ein gutes Therapeut-Patient-Verhältnis und gute methodische Fähigkeiten sind jedoch nicht so leicht zu ersetzen.

Sie werden nun fragen, welche Art von Verhältnis der Showhypnotiseur zu seinen Bühnenmitspielern hat. Hier spielt der soziale Druck eine sehr große Rolle, sich nicht zu blamieren, wenn man auf der Bühne steht. Die Macht der Gruppenerwartung wirkt hier stark (s. 23.2.8) – und nicht die des Showmannes; er nutzt sie nur für sich Gewinn bringend.

24.8 Was ist, wenn ein Patient nicht aus der Hypnose erwacht?

Aus dem obigen Beispiel von Isnogud leitet sich auch die Sorge ab, ob man immer aus der Hypnose erwacht. Spontan muss bestätigt werden, dass man immer nach einer Hypnosesitzung wach wird. In ganz wenigen aus der Fachliteratur bekannten Fällen ist es vorgekommen, dass eine Person nicht *sofort* wach wurde. Nähere Analysen der Geschichte dieser Personen zeigten, dass sie z. B. nicht in ihre negative Privatsituation zurückwollten und deshalb lieber in der geborgenen Atmosphäre der Therapiesituation verweilen wollten. Da der gute Therapeut die gesamte Vorgeschichte seiner Patienten kennt, kann er auch derartige Reaktionsweisen schnell erkennen und darauf mit besonderen Formulierungen reagieren, die die Patienten aufwachen lassen. Natürlich wird dieses Geschehnis, das ja ein Stück Realitätsflucht ist, in der weiteren Behandlung berücksichtigt.

Nach Fehlanwendungen durch Laien konnte durchaus bei den „Patienten" Benommenheit und Desorientierung festgestellt werden – bis hin zu starken psychischen Veränderungen. In diesen Fällen wurde die Hypnose nicht fachgerecht beendet, und es blieben Dämmerzustände als Nachwirkungen bestehen. Hier ist der Grund jedoch in der Inkompetenz zu sehen und nicht in der Methode. Jede Methode kann missbraucht werden (s. Kap. 25).

24.9 Kann Hypnose simuliert werden? Kann man unter Hypnose lügen?

Da Hypnose angeblich so stark und unwiderstehlich wirkt, kann sie dann auch simuliert werden?

Als Superman von Abu Mosdor hypnotisiert wurde, um sich und seine geliebte Lois Lane mit dem Auto in den Abgrund und damit ins Jenseits zu befördern, stellen wir erleichtert fest, dass er sein hypnotisches Ausgeliefertsein nur simulierte und in letzter Sekunde das Happyend bewirken konnte (*Tod, wo ist dein Stachel*, 1975).

Tatsächlich entspricht der Kern der Aussage der Realität. Jemand, der sich mit Hypnose auskennt, weiß auch, welches Verhalten möglich ist, und wird es so willentlich simulieren können, um Aussagen oder Erlebnisse vorzutäuschen. Das wird besonders in solchen Fällen relevant sein, in denen gerichtlich verwertbare Aussagen gewünscht sind. Deshalb werden unter Hypnose gewonnene Aussagen niemals als absolute Wahrheit angesehen, sondern stets nur als Hinweise oder Mitteilungen, die zur Bildung von bestimmten Hypothesen beitragen, die dann jeweils an der objektiven Realität überprüft werden müssen (vgl. Abschn. 18.5.1).

Erinnern Sie sich hier an Mark Twains Bericht über die Hypnosesimulation, die so überzeugend war, dass ihm nicht mal seine eigene Mutter glaubte (s. Abschn. 2.1.4)? Dieses Beispiel zeigt sehr anschaulich, dass die unter Sozialdruck entstandene Meinung oft für wahrer gehalten wird als die Realität selbst.

24.10 Einige kurze Begriffsklärungen

Aus dem Bereich des Hypnosesprachgebrauchs stammen einige Begriffe, die für viele oft verwirrend sein können. Deshalb sollen sie hier kurz geklärt werden.

Hypnoanalyse
Unter Hypnose durchgeführte psychoanalytische Sitzung; veralteter Begriff.

Hypnopädie, Hypnopädagogik
Um die Jahrhundertwende bestehende Richtung der Pädagogik, durch Hypnose Kinder lernwillig und insgesamt angepasst zu machen.

Hypnonarkose
Veralteter Begriff: durch Hypnose die medikamentöse Narkose vorbereiten.

Hypnotherapie, Hypnotherapeut

Dieser Begriff wir in Amerika meist benutzt, um die Anwendung der Hypnose in der Psychoanalyse zu kennzeichnen. Seit Einführung der so genannten indirekten Methode nach Erickson (s. Kap. 20) bezeichnen sich seine Anhänger in Deutschland als Hypnotherapeuten, um sich gegenüber den „anderen", die diese Form nicht so extrem adaptiert haben, abzugrenzen.

Allgemein sollen diese Begriffe signalisieren, dass man als Psychotherapeut mit Hypnose arbeitet. Leider vermittelt das den Eindruck, dass man ausschließlich mit Hypnose arbeite, was in keiner Psychotherapie realistisch ist.

Hypnotika

Im allgemeinen Sprachgebrauch der Medizin sind Hypnotika Schlafmittel, also chemische Mittel.

Narkoanalyse

Unter dem Einfluss von Beruhigungsmitteln (u. Ä.) durchgeführte psychotherapeutische Behandlung; veraltete Behandlungsform.

Narkohypnose

Unter dem Einfluss von beruhigenden Medikamenten wurden früher Hypnosesitzungen durchgeführt, um so eine Intensivierung der Therapie herbeizuführen. Diese Methode ist jedoch veraltet.

Narkohypnoanalyse

Eine unter Medikamenten (s. o.) durchgeführte Therapiesitzung durch einen Psychoanalytiker.

Somnambulismus, somnambul

Lat. *somnus* = Schlaf. Deshalb haben alle damit verbundenen Bedeutungen etwas mit Schlaf zu tun. Somnambulismus heißt Schlafwandeln (lat. *ambulare* = umhergehen). Somnolenz = schläfrige Benommenheit.

Kapitel 25

Grenzbereiche, Misslingen und Gefahren der Hypnose

Wenn bislang durch die Darstellungsform in den Comics nahezu suggeriert wurde, dass man mit Hypnose fast alles bewirken kann, soll nun endlich festgestellt werden, wo die Grenzen des Verfahrens liegen. Hier sollen auch einige der letzten Fragen über Hypnose beantwortet werden.

Tick, Trick und Track wollen ihrem guten Onkel Donald etwas zu Weihnachten schenken und bemühen dazu Prof. Orville Orb, der ihn zum Huhn hypnotisiert. Der Professor gibt nach mehreren Versuchen erfolglos auf und teilt letztlich ehrlich mit: „Die wissenschaftliche Erklärung ist die … daß ich ihm hypnotisiert habe, er sei ein Huhn … Ich habe mein Bestes getan! Meine hypnotischen Fähigkeiten gehen leider nur so weit, daß ich Menschen in Hühner verwandeln kann" (*Rat einmal,* 1988).

Hier wird besonders deutlich, dass die Fähigkeiten eines Hypnotiseurs, ja sogar Professors begrenzt sind – sympathischerweise gibt Professor Orville Orb dies sogar zu.

25.1 Fähigkeiten des Hypnotiseurs

Es hängt vom jeweiligen Ausbildungsstand eines Therapeuten ab, welche Fähigkeiten er besitzt. Auch später nach der Ausbildung wird jeder bestimmte Methoden besser beherrschen als andere und deshalb unterschiedlich weite oder enge Grenzen in seinen Hypnoseangeboten haben; wer ehrlich mit sich umgeht, kennt diese Grenzen ja auch. Ähnlich wie Orville Orb sind viele Therapeuten in bestimmten Bereichen spezialisiert; dafür besitzen sie in anderen Gebieten ihres Faches nur spärliches Wissen. So wird ein Spezialist für psychotische Erkrankungen bei Erwachsenen wohl sehr selten gleichzeitig Spezialist für seelische Störungen bei Kindern sein – und umgekehrt. Entsprechend werden beide mit Hypnose auf ihrem jeweiligen Fachgebiet besondere Kenntnisse haben, jedoch tunlichst ihr so spezialisiertes Wissen im anderen Bereich nicht zur Anwendung bringen wollen.

25.2 Diagnose und Indikation

Da Hypnose ein therapeutisches Behandlungsverfahren ist, muss vor Anwendung stets die Diagnostik durchgeführt werden, in der festgestellt wird, welche Störungen vorliegen, welche Ursachen sie haben etc., um daraus dann die Indikation der speziellen Behandlungsform abzuleiten. Wie bereits oben dargestellt wurde (s. Kap. 11), finden wir in der Comichypnose keinerlei Diagnostik. Also muss bereits bei jeder therapeutischen Methode die Grenze dort liegen, wo unzureichende Diagnostik betrieben wird. Zu leicht kann Hypnose auch in Fachkreisen dazu verleiten, sie als losgelöstes Verfahren rein pragmatisch anzuwenden und deshalb eine Fehlindikation vorzunehmen. Im Normalfall steht an erster Stelle eine ausführliche Anamnese (= Erhebung der Krankengeschichte zur Erkennung der Probleme und ihrer Ursachen), gefolgt von testpsychologischen oder medizinischen Untersuchungen und schließlich therapeutischen Planungen und Überlegungen, durch welche Behandlungsformen und -methoden am besten geholfen werden kann. Am Ende dieser Kette mag dann eventuell die Überlegung stehen, ob man die Therapie unter Hypnose durchführen sollte.

25.3 Umgebung und Störfaktoren

🖼 129

Wie wir bei den Hypnoseversuchen am Kalifen Harun al Pussah feststellen mussten, gelang es dem Showhypnotiseur El Prahl nicht, ihn in einen Esel umzuprogrammieren. Da die umliegenden Störgeräusche wie Klatschen stets seine Hypnose beendeten, musste er aufgeben (*Augenschmaus*, 1975). Donald erleidet Schlimmeres, als er in Hypnose den Strandfuzzi endlich fertigmachen will und dieser zufällig mit dem Finger schnipst (*Wo rohe Kräfte sinnlos walten*, 1989).

Der bekannte J. H. Schultz (Begründer des autogenen Trainings) ermahnt in seinem 1935 in der Erstauflage erschienen Werk *Hypnose-Technik:* „Es ist endlich bei der Ausstattung des Raumes darauf zu achten, daß in keiner Hinsicht unangenehme Empfindungen ausgelöst werden; Straßenlärm, üble Gerüche, Skelette, bedrohliche Instrumente u. a. sind tunlichst zu verbannen" (Reprint 1983, S. 14). KICHER. Dies macht deutlich, dass man zur Durchführung der Hypnose ein Mindestmaß an Abschirmung benötigt, damit sich sowohl Therapeut als auch Klient ausreichend konzentrieren und entsprechende Störvariablen nicht auftreten können.

25.4 Gefahren für den Hypnotiseur?

🖼 63, 70, 110–114, 117, 141

🖼 128

Im Comic bestehen für den Hypnotiseur nur dann Gefahren, wenn er selbst kriminell motiviert handelt, Leute verfolgt etc. Dann darf er sich nicht wundern, wenn er eine Tür vor den Kopf bekommt, im Schiebefenster eingeklemmt wird oder so stark einen auf die Glocke bekommt, dass er selbst Sterne sieht. Aber solche Fälle sind keine Besonderheit in der Hypnoseinteraktion, denn hierbei handelt es sich eindeutig um Notwehr und Selbsthilfemaßnahmen der Geschädigten, Betrogenen, Verfolgten.

Dem Miraculus ist es zwar zwischendurch passiert, dass er vom vielen Hypnotisieren einen Augenkrampf bekam (*Fauler Zauber mit den Augen*, 1972), aber welcher Beruf hat nicht seine Risiken?

Gmelin (1787) warnt jedoch: „Unbemerkt kann ich die Wirkung, welche das Magnetisieren auf mich, als Magnetisten, macht, nicht lassen. Ich empfinde nach jeder etwas anhaltenden Manipulation einige Abnahme meiner Kräfte, einige allgemeine Schwächlichkeit, welche mir im Gehen in den Knien beschwerlich ist; seitdem ich magnetisiere, wurde meine Gesichtsfarbe gelb, blaß; ich habe meine vorige Eßlust nicht mehr; ich verdaue nicht mehr so gut; zur Begattung habe ich gar keine Neigung; wenn ich sie einmal versucht habe, so geschah kein Ergießen des Samens; das Nachdenken ist mir schwerfällig … Eine Wirkung, welche mit der geringen Muskularbewegung, welche während dem Manipulieren angewendet wird, in keinem Verhältnis steht und notwendig den Verlust des mich belebenden

Wesens voraussetzt." Den armen Kerl muss es ja ganz schön erwischt haben, aber ganz unabhängig von jeder Hypnoseanwendung, denn derartige Wirkungen beim Therapeuten wurden bislang von niemandem beschrieben.

25.5 Anwesenheit Dritter bei der Hypnose?

In unseren Comicgeschichten konnten wir sehen, dass Hypnose nahezu immer in Anwesenheit Dritter erfolgt; d. h., zusätzlich zum Hypnotiseur und seinem Klienten befinden sich noch weitere Personen in relativer Nähe des Ereignisses. Normalerweise sind die Suggestionen so formuliert und gerichtet, dass nur der Klient als Zielperson sie aufnimmt, während die anderen Personen zufällige oder gewollte Beobachter des Geschehens sind. Sie sind entsprechend motiviert, zu beobachten, und werden deshalb die Suggestionen nicht als für sich geltend aufnehmen.

In dem kleinen Bilderstreifen *For better and for worse* (o. J.) bemüht sich der Zahnarzt bei einem ängstlichen Kind mit Hypnose. Ihm gelingt es erwartungsgemäß schnell, Entspannung zu bewirken. Als er dann seine Arzthelferin bittet, ihm das Mittel zur Oberflächenanästhesie zu reichen, ist diese ebenfalls tief eingeschlafen.

In extrem seltenen Fällen kann diese als lustig dargestellte Begebenheit durchaus real werden. Es sind in der Mehrzahl solche Fälle, in denen die betreffende dritte Person die kritische Distanz zum Geschehen verliert, eventuell weil sie sich zu stark auf die Suggestionen konzentriert und diese dann als für sich geltend akzeptiert. Es erfolgt ein Lernen durch Nachahmung. Hier wird deutlich, dass die Anwesenheit Dritter durchaus nicht unproblematisch sein kann, möglicherweise sogar zu Komplikationen führt.

Ein Beispiel soll dies verdeutlichen: Ein Bekannter besuchte mit seiner Tochter eine Hypnoseshow, die von ihr höchst interessiert verfolgt wurde. Nach einigen Minuten konnte der Vater beobachten, dass seine Tochter tief in Hypnose war. Da er als Psychotherapeut meine Ausbildung durchlaufen hatte, konnte er seine Tochter schnell wieder „aufwecken". Was aber ist mit den vielen anderen Zuschauern? Einige werden sicherlich ähnlich reagieren und wohl zumindest Rückorientierungsprobleme haben, wenn nicht Schlimmeres. (Mehr dazu im Kap. 26 zur Showhypnose.)

Dieses Reaktionsvermögen kann jedoch auch positiv genutzt werden! Bei Patienten mit besonderen, z. B. angstbedingten Widerständen besteht die Möglichkeit, sie bei einer Hypnosesitzung zusehen zu lassen. Auf diese Weise nimmt ihre Angst ab, und über das Lernen am Vorbild (= Lernen am Modell) können sie immer mehr Entspannung und Hypnose zulassen, bis sie sich letztlich entspannt in die Behandlung begeben.

25.6 Ist Missbrauch unter Hypnose möglich?

In der Regenbogenpresse finden wir mitunter Überschriften wie: „Showhypnotiseur missbrauchte hypnotisierte Frau!" Auch vor Gericht sind vergleichbare Fälle zur Verhandlung gekommen. Hier müssen wir auf die Aussagen aus Abschnitt 17.2 und 17.5 zurückkommen, dass in Hypnose niemand gegen seinen Willen oder gegen seine

Moral handeln würde. Dabei sind „Wille" und „Moral" schwer zu definieren und nicht klar abzugrenzen.

Es sind durchaus Gerichtsfälle bekannt, in denen sexueller Missbrauch oder Belästigung durch den Hypnotiseur beklagt wurde. In manchen Fällen konnte aber ermittelt werden, dass ein recht freiwilliger Sexualkontakt erfolgte, der jedoch später bereut wurde. Hier neigte man/frau dann dazu, das „Ausgeliefertsein unter Hypnose" und nicht sich selbst als verantwortlichen Verursacher anzusehen. In anderen Fällen wurde gutachterlich festgestellt, dass primär der Sozialdruck der Situation (z. B. soziale Abhängigkeit, Alters- und Sozialgefälle) die Wirkfaktoren der Kooperation waren, nicht jedoch die Hypnose. (Erinnern Sie sich an die Sozialexperimente von Milgram! Ohne jegliche Hypnose wurde unter Sozialdruck Machtmissbrauch ausgeübt; s. Abschn. 23.2.8.) Die genaue Abgrenzung bereitet dem Gutachter jedoch oft große Kopfschmerzen.

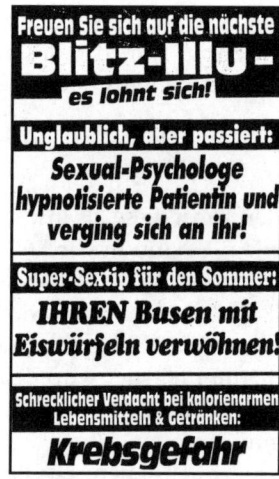

Abb. 25.1: Ausriss aus einer Illustrierten

25.7 Missbrauch von Hypnose

 25–153

Der wohl erste historisch belegte Fall von Missbrauch der Hypnose ist aus der klassischen Mythologie bekannt: Hypnos liebte den schönen Endymion. Dieser war auf sein Bitten von Zeus in ewigen Schlaf versetzt worden. Um seine schönen Augen betrachten zu können, ließ Hypnos sie niemals zugehen. Hier verwendet Hypnos seine Fähigkeiten des Schlafbringens ohne entsprechende Indikation und zur Verhaltensbeeinflussung, ja sogar aus dem Motiv eigener homoerotischer Bedürfnisse heraus.

Hera, oft betrogene Ehefrau von Zeus, will diesen als Beschützer der Trojaner im Kriege austricksen. Sie besorgt sich unter einem Vorwand den Gürtel des Liebeszaubers von Aphrodite und macht mit Hypnos einen Deal: Er soll auf ihr Zeichen hin Zeus in Schlaf versetzen. Als Honorar lockt sie erst mit einem goldenen Sessel und Schemel aus der Schmiede ihres Sohnes Hephaistos; als das nicht zieht, die Skrupel des Schlafverwalters zu reduzieren, lockt sie mit der Gunst einer der jüngsten Grazien. Das wirkt sofort gewissenserweiternd. Hera betört nun ihren Zeus mithilfe des Liebesgürtels; als dieser dann gerade für sein Intimleben Wolken um beide hüllen will, gibt Hera das Zeichen, Hypnos wird aktiv, Zeus schläft ein. Nun muss Hypnos

vereinbarungsgemäß Poseidon melden, dass der Oberboss eingeschlafen ist. Das wird dann sofort von seinen Interessengruppen
ausgenutzt, um den Griechen im Kampf um Troja einen Zeitvor-
sprung zu geben.

An dieser Stelle erinnert sich jedoch die geneigte Leserschar: Es ist
wissenschaftlich erwiesen, dass Hypnose nicht mit Schlaf gleichzusetzen ist. Der Begriff *Hypnose* wurde früher fälschlich gewählt. Also
können wir auch historisch rückblickend aufatmen, da der griechische Gott Hypnos die Personen lediglich einschlafen ließ. Wer also
schläft, sündigt nicht, aber eventuell die anderen.

An zahlreichen Stellen wurde bereits darauf hingewiesen, dass
Hypnose in ihren Grundzügen relativ leicht anwendbar ist und somit
von Laien schnell als Technik benutzt werden kann. Da sie über keine
angemessene diagnostische und therapeutische Ausbildung verfügen, wenden sie schnell Hypnose zur Belustigung an (z. B. als Allein-
unterhalter bei Hochzeiten) oder für ihre Bühnenshow (als Showhypnotiseur). Wieder andere wagen sich in den therapeutischen
Bereich und bieten Hypnose zur Behandlung unterschiedlicher Probleme an. Hier sind zahlreiche Fälle bekannt, in denen Personen
seelisch, körperlich oder finanziell geschädigt wurden. Die Comicdarstellungen leben von diesen Überschreitungen – wie Comics generell von Übertreibungen leben. (Beispiele hierzu sind im Kap. 26 zu
finden).

Vereinzelt sind in diesem Bereich auch Fälle von Hypnosemiss-
brauch bekannt. So berichtet eine Patientin, dass sie eine sehr lange
und somit sehr teure und erfolglose Hypnosebehandlung bei einem
Laienhypnotiseur abbrechen wollte. Darauf hat dieser ihr die Suggestion gegeben, dass nur er persönlich fortfahren könne; wenn sie die
„Behandlung" abbreche, werde ihr gesamtes Immunsystem zusam-
menbrechen. Entsprechend hatte die Patientin dann immense Angst
vor einer Krebserkrankung. Hier war es also das über lange Zeit
aufgebaute Abhängigkeitsverhältnis, das auf perfide Weise missbraucht worden war.

Die Liste solcher Missbräuche könnte sehr lang fortgesetzt werden. In Abschnitt 26.4 wird dieses Thema wieder aufgegriffen.

130 ▢

25.8 Chemische und technische Einflüsse im Comic – statt Hypnose

Häufig wird im Comic schnell der Begriff der Hypnose benutzt, wenn
einlullende Klänge, Gerüche oder merkwürdige Erscheinungen auftreten; so wird von hypnotischer Musik gesprochen (*Bloodstar*, 1980)
oder hypnotischen Wirkungen – aber wie wir bereits in Abschnitt
2.1.5 gelesen haben, ist man allgemein im Sprachgebrauch, auch in
der Literatur, sehr ungenau, wenn man das Nomen „Hypnose" oder
das Adjektiv „hypnotisch" benutzt.

Mitunter werden im Comic chemische Mittel benutzt, die Be-
täubungseffekte oder Bewusstseinstrübungen hervorrufen, deren
Wirkung schnell als hypnotisch bezeichnet wird. So benutzt Gundel
Gaukelei häufig ein Sprühgerät, harmlos als Parfümzerstäuber getarnt. Isnogud, der bitterböse und machtbesessene Großwesir, begegnet eines Tages einem Fremden, der ein neuartiges Getränk braut, das
Muckefuck heißt. Als nun der Mietsklave Tunichgud es zum Test
trinken muss, fängt er an zu schweben, später auch der Kalif Harun al
Pussah (*Der Muckefuck*, 1975). Auch die Flüssigkeit, die in einer

Donald-Geschichte einen Hund zum Sprechen bringt (*Der Pressefotograf*, 1985), ist ähnlich suspekt.

In einer Sciencefictionstory haben wir es mit der Wirkung eines harmlosen Betäubungsmittels zu tun, das jedoch deutliche psychische Veränderungen hervorruft (*Kampf für den Frieden*, ca. 1968). Und letztlich haben die sieben zerberstenden Kristallkugeln, die als Fluch der Inkas wirken, ähnliche Effekte, da sie die Professoren in einen Dämmerzustand mit Bewusstseinstrübung versetzen, der als hypnotischer Schlaf bezeichnet wird und über viele tausende von Kilometern hinweg aufgehoben werden kann (*Die sieben Kristallkugeln*, 1985).

Donald entdeckt mit seinen Neffen, dass ein Professor auf einer einsamen Insel an der Verwirklichung des Menschheitstraumes „geruchloser Kohl" arbeitet. Zur Abschirmung für seine wissenschaftlich bedeutsame Arbeit hat er ein Gerät entwickelt, das Leute versteinert (*Die Kohldampfinsel*, 1987). Hier wird zwar eine Katalepsie vergleichbar zur Hypnose erzeugt, die Versteinerung weist jedoch auf andere Wirkmechanismen hin.

Der Schrumpfomat, den Donald kennen lernt, verwirklicht ebenfalls einen Menschheitstraum. Seine Wirkungen sind zwar denen der Hypnose ähnlich, da man durchaus die Wahrnehmung der eigenen Körperproportionen, des so genannten Körperschemas, beeinflussen kann – aber im Comic wird die physikalisch messbare Körpergröße verändert, was ebenfalls nicht mit Hypnose möglich ist (*Der Schrumpfomat*, 1982).

An diesen Beispielen erkennen wir inzwischen sofort, dass es sich eindeutig um chemisch-psychedelische comic-komische Auswirkungen handelt, die keinerlei Zusammenhang mit Hypnose erkennen lassen.

25.9 Esoterik, Telekinese und Artverwandtes

Esoterik beinhaltet, dass vermeintliche Ursache-Wirkungs-Zusammenhänge bestehen, die wir mit herkömmlichen Erklärungsmodellen scheinbar nicht fassen können. Unkritische Menschen neigen relativ schnell dazu, übersinnliche, außersinnliche und extraterrestrische „Faktoren" als Erklärungsmodelle heranzuziehen.

Segnora Demonia will sich einiger Persönlichkeiten des öffentlichen Lebens bemächtigen, so z. B. des Bankiers Hans von Dollarski und des Filmstars Sylvia Samowar. Durch entsprechend sachkundige Manipulationen an der Voodoo-Puppe, verbunden mit dem Zauberspruch „Wambala Tombola", bewirkt sie bei ihnen eine giftgrüne Hautfärbung, geschmückt von roten Punkten. Diese Personen erleben das nicht als Bereicherung, als Body-Art durch einen Designer, sondern mehr als schwere Krankheit. Demonia erpresst bei ihnen schwere, harte Dollars und gibt ihnen dann ein paar Tröpfchen Heilsofortyn (*Der Fetisch*, 1983). Dieses Gegenmittel müsste wohl den Rescue-Tropfen der Bachblütenfläschchen entsprechen.

Als Donald und Dagobert in Peru von den als antike Inkas verkleideten Panzerknackern für teures Geld ein Rezept für übersinnliche Kräfte erwerben, kann Donald nach dem Genuss des Gebräus nur durch die Kraft seines Blickes Felsbrocken und Personen ca. 3 Meter hoch schweben lassen (*To Mystetiko tun inkas!*, 1988). Die Wirkmechanismen des Tranks müssen noch weiter erforscht werden. Möglicherweise verfügte man im Altertum über entsprechende

 131

Kenntnisse, denn als Donald für einen Professor vom Ernährungs-wissenschaftlichen Institut nach Amphoren taucht, die in der Seeschlacht von Salamis 480 vor Christus versunken waren, kann er deren Inhalt, die „schwarze Suppe", bergen. Er muss mal wieder als Testperson herhalten und ein Becherchen davon nehmen. Tatsächlich!!! Er hat die legendären übernatürlichen Kräfte: FAUCH! Leider lässt er sich im Überschwang seiner Körperkraft auf eine Schlägerei mit einem Meeresungeheuer ein, die er zwar gewinnt – nur leider sind dabei die restlichen Amphoren zu Bruch gegangen. Traurig muss der Professor feststellen: „Das ist ein unersetzlicher Verlust. Nie mehr wird nun die Welt erfahren, woraus die schwarze Suppe der Spartaner bestanden hat" (*Die schwarze Suppe,* 1980).

Die Zeitschrift *CD DIREKT* verheißt mit CD-ROM über den PC-Bildschirm: „Hypnose kann hier ansetzen und die verantwortliche Situation wieder sichtbar – also erlebbar machen. Nach mehrmaligem Erleben der Situation löst sich dann das Engramm auf, denn was bewußt wurde, kann kein Problem mehr bereiten" (Thienel 1995, s. Abschn. 2.1.5). Viele haben deutlich erkannt, dass solche Mitteilungen bar jeder seriösen Grundlage sind.

Wenn Snoopy mit strengem Blick seinen Futternapf fixiert und dieser plötzlich angeschwebt kommt oder wenn in der *Whiskas-Reklame* die „hypnotisch" guckende Mieze denkt: „Ich öffne die Dose durch Hypnose", dann haben wir es hier sichtlich mit Telekinese zu tun, deren Wirksamkeit oder Realität außerhalb unserer Hypnose-möglichkeiten liegt. Die Werbegags sind kreativ und nett. *To beam or not to beam* … (Aus unserer objektiv-wissenschaftlichen Sicht liegt hier das Hirn ganz lose – ohne Hypnose.)

25.10 Esoterik, Hellsehen und Horoskope

In Donalds Tageshoroskop der Entenhausener Morgenpost steht: „Es geht etwas schief! Achten Sie auf den Traum, den Sie heut nacht gehabt haben. Er geht in Erfüllung!" Unglücklicherweise soll er Oma Ducks Preisbullen Bolivar zur Landwirtschaftsausstellung kutschieren, der nicht auf Rot, sondern auf Blau aggressiv reagiert – so nimmt das bitter-hektische Schicksal mit seinen Gehilfen Chaos und Donald seinen typischen Verlauf, bis sich Donald am Ende der Geschichte daran erinnert, dass er von einem Stier im Porzellanladen geträumt hatte (*Das Horoskop,* 1987). Also vor einem Horoskop niemals träumen! Aber dabei kann nun wahrlich auch keine Hypnose helfen.

Maus Kaspar tritt als Wahrsagerin auf und lässt in seiner Kristallkugel zahlreiche Erlebnisse erscheinen. Nachbar Waldig möchte etwas über seine Kindheit sehen – und sieht ein Ferkel! Nach noch mehr solcher Bösartigkeiten fällt die übernatürliche Fähigkeit auf: Ein Filmprojektor unter dem Tisch hat alles durch ein Loch in der Tischplatte gestrahlt (*Hellseher,* 1986). So kann das Berufsgeheimnis eines Gewerbes entmystifiziert werden!

100

Als jedoch Supergoof bei „Madame Hugonita, Wahrsagerin", alias Hugo Habicht, ist, wird er von ihm mittels Hypnoseblick in die Glaskugel körperstarr gemacht und seines Geldes beraubt. Goofy wird jedoch so müde, dass er umfällt und comicwürdig den Bösewicht unter sich begräbt, der dann natürlich von der Polizei gefasst werden kann (*Die magische Kugel,* 1976). Hier war jedoch nicht die Wahrsagerin oder Hypnose das wirksame Agens, sondern die Schwerkraft.

Letztlich gelangen wir zu Boutardieu, einem merkwürdig animalisch aussehenden Menschen, der übernatürliche Kräfte hat. „Über große Entfernungen (Anm.: Strecke Paris – Lyon) hinweg konnte er eine ungeheure Energie entstehen lassen, womit er den Pterodactylus, der seit 136 Millionen Jahren wohlbehalten in seinem Ei schlief, zum Ausschlüpfen brachte. Boutardieu lenkte das Tier von Lyon aus, aber es kostete ihn eine enorme Konzentration, und manchmal verlor er durch Übermüdung die Kontrolle über das Tier. Dann wurde es aggressiv und tötete" (*Adele und das Ungeheuer,* 1982).

Nun wissen wir endgültig, dass jede Art von Grenze erreicht ist.

Teil VII

Menschen – Tiere – Suggestionen

Von der Showhypnose zur Schweinebraut

Kapitel 26

Showhypnose: Hypnose oder Humbug?

Der weltberühmte französische Magier Robert-Houdin äußerte über seinen Berufsstand: „Ein Zauberer ist ein Schauspieler, der einen Magier darstellt." Kein Zauberer kann zaubern, aber das Publikum hilft, verzaubert zu werden.

Wie bereits dargestellt, ist die Grenze zwischen Hypnose und Zauberei klar gezogen, wird nur von Showhypnotiseuren stets verwischt. Bei Gundel Gaukelei waren wir uns nie so ganz sicher, ob sie diese Grenzen kennt, da sie mitunter Hypnose verwendet, zaubert oder chemische Stoffe zur Beeinträchtigung benutzt. In *Donald Ducks Kochbuch* (1986) können wir deutlich erkennen, dass sie unter Blitzwirkung zaubert – denn Kartoffelpuffer lassen sich ja bekanntlich sehr schwer hypnotisieren.

26.1 Die Illusionen und Halluzinationen der Comiczauberer

☐ 132

Bereits in den frühen Jahren des Comics haben Magie und Hypnose einige Autoren so beschäftigt, dass sie eigene Serien schufen. Deshalb sollen Schwerpunkte ihres Könnens hier ausführlicher dargestellt werden.

Zatara ist Meister des Gesetzes und der Ordnung. Der Welt größter Zauberer und sein getreuer Assistent, Tong, haben ihr Leben der Auslöschung der Mächte der Ungesetzmäßigkeit gewidmet, die von der wunderschönen kriminellen Frau und Zataras Erzfeindin The Tigress angeführt werden. Nun versuchen sie gerade, das Geheimnis des Güterzugüberfalls zu lösen. In den letzten zwei Wochen wurden zwei Eisenbahndetektive und ein Bremser getötet und 200 Millionen Dollar gestohlen. (Da liegt der Ruf nach einem starken Mann nahe.) Zatara stellt durch Befragen seiner Kristallkugel fest, dass schon wieder ein Zugüberfall geplant ist. Beim Zugüberfall wird Detective Brown angeschossen. Zatara produziert zur ersten Wundversorgung mit einfachen Handbewegungen einen Erste-Hilfe-Kasten aus dem Nichts. Nun erscheint tatsächlich Tigress. Sie ist die prallbusige Blondine mit rotem Stirnband und schwarzgelb gestreiftem Pullover (quer gestreift ist in für Tigerinnen!). Zatara entkommt den Flammen ihres Brandanschlages und kann mittels seiner Magie „EMOC OT EM, GNOT" seinen getreuen Tong aus den Waberlohen retten. Nun findet Zatara mit messerscharfen Folgerungen heraus, dass der Zuginspektor selbst den Brand verursacht hat. „Ein paar Streichbewegungen der Magierhände – und der Zuginspektor ist hypnotisiert." Zataras Induktionsformulierung lautet: „RUOY DNIM LLIW WON OD SA I DIB!!" Dabei sind die Worte von einer Lichtkorona strahlend umgeben.

☐ 134

Wirkung: Der betrügerische Inspektor fällt in Ohnmacht und ist somit ruhig gestellt. Als Zatara wieder auf dem Dach des überfallgeplagten Zuges ist, kann ihn Tigress mit ihrer Pistole bremsen. Eine schnelle Handbewegung von Zatara, und ihre Pistole ist in eine

Banane verwandelt. Das hält nervlich keiner aus – auch nicht Tigress. Wenn nun Tigress trotz allem verschwinden kann, werden dennoch dank der Hilfe Zataras ihre kriminellen Komplizen dingfest gemacht. Der rechtschaffene Leser, brave Bürger und pünktliche Steuerzahler freut sich und dankt aufatmend mit imaginiertem Applaus (*Zatara, Master Magician*, 1938).

Mandra ist ebenfalls ein weltbekannter Magier, dem sogar die eigene Heftreihe, *Mandra der Zauberer*, gewidmet ist. Seine Kleidung ist berufstypisch: Smoking, rot gefüttertes Cape, glänzender Zylinderhut. Eine leichte Verwegenheit wird durch ein schmales Oberlippenbärtchen signalisiert (so wie bei Clark Gable). Sein Begleiter hat den schlichten Namen Lothar, ist jedoch sehr exotisch. Als muskelbepackter Schwarzafrikaner trägt er ethnisch-attraktiv Shorts, ein Leopardenfell über der Brust, dazu einen knallroten Fez auf dem Kopf.

„Hexerei und Zauberei haben die Menschheit stets fasziniert. Aber wenn ein Verbrecher des 20. Jahrhunderts versucht, die Tricks aller Zauberer bei ihrem internationalen Kongreß zu stehlen, kann nur Mandra, der anerkannte Meister seiner Zunft, den bösen Plan vereiteln …". Dieser Vortext zum Heft macht neugierig!

Während des Zauberkongresses raubte der Schwarze Magier im Museum ein Bild im Wert von einer Million Dollar. Mandra verfolgt den Verdächtigen Brian. Um festzustellen, ob er allmächtig zaubern kann, versetzt er ihn per Schnellhypnose in eine halluzinierte Schlangengrube mit zahlreichen züngelnden Cobras. Da Brian sich nicht raushelfen kann, ist bewiesen, dass er nicht der besagte „Schwarze Magier" ist. Als neuer Komplize von Mandra lockt er wiederum den verdächtigen Shumar, der sich nun von hypnotischem Feuer umringt in einem Käfig wähnt – und sich ebenfalls nicht befreien kann: „Wie konnten Sie Ihre Macht für so einen grausamen Scherz mißbrauchen?" Nun bleibt als letzte Möglichkeit das „Chamäleon"! Aber ebenfalls Fehlanzeige. In die Enge getrieben, fasst dann Mr. Bovasso, der Direktor des Zauberkongresses, selbst an die von ihm unter Strom gestellte Türklinke. RUMS! Das war's. Die Falle hat derbe zugeschlagen, denn er war der nun überführte Täter. Alle Kongressmagier können nun wieder ruhig weiterzaubern (*Der schwarze Zauberer*, 1968).

Mrs. Ashley, in den mittleren Jahren und deshalb im Besitze millionenschweren Schmucks, gibt eine vornehme Party auf ihrem Dachgarten mitten in New York. Sie unterhält sich mit dem smart befrackten Mandra darüber, dass sie ihren echten Schmuck im Safe hat, da er ihr zu wertvoll zum Tragen sei. Das belauscht Mr. Conrad (Typ Stummfilmganove, ebenfalls mit Oberlippenbärtchen wie Clark Gable), knackt schnell und diskret den Safe und schmuggelt die Sore in Mandras Smokingtaschen. Prompt wird er entdeckt, verhaftet und muss nach Gerechtigkeit lechzen. Auf der nächsten Party muss Wiederholungstäter Mr. Conrad wieder den Safe der Gastgeber plündern, aber er wird von Mandra gestellt. Nicht faul, zückt Mr. Conrad natürlich seine Pistole. Mandra nun cool: „Heißer Schmuck ist Ihr Geschäft, Conrad! Mal sehen, wie er Ihnen wirklich heiß gefällt!" Und siehe da, Conrads Smokingtaschen mit Sore brennen lichterloh. Nun flieht er zwecks Abkühlung via Springbrunnen. Aber: „Mächtige hypnotische Kraft ergießt eine Kaskade von Juwelen über den Dieb …", und ein Seil glühender Diamanten fesselt ihn. Kurz entschlossen brennt nun Mr. Conrad aber mehr darauf, alles zu gestehen (*Das Komplott,* 1968).

Mandra, weiterhin stets im Einsatz, bemerkt, dass Verbrecher betäubenden Rauch auf die Bevölkerung ausströmen lassen. Mandra „gestikuliert wie in Trance ... Und die Diebe spüren, wie eine hypnotische Macht sie bedrängt! Immer stärker werden die unheimlichen Wahnvorstellungen, die Mandra bei ihnen ausgelöst hat ...“ Sie halluzinieren, dass Rauchringe sie einkreisen und bewegungslos fesseln. „Mandra ließ sie ihr schlechtes Gewissen wie hartes Metall spüren“ – bis die Polizei sie festnehmen kann. Lothar hierzu: „Manchmal, Mandra, sind mir Ihre Kräfte lieber als die meiner Muskeln ...!“ (*Mitternacht in New York,* ca. 1968).

„In mancher Beziehung gleicht eine große Stadt einem Dschungel, in dem die Stärke liegt, die Schwäche und Hilflosigkeit auszunutzen. Das ist der Grund, weshalb Mandra nach Mitternacht die Straßen abfährt, bereit, auf jeden Hilferuf zu antworten ...“ Als Mandra mit Faktotum Lothar einen Taschendieb im U-Bahn-Schacht verfolgt, stürzt dieser kurz vor dem herandonnernden Zug auf die Gleise. Mandra hebt sofort seine Hände, „gestikuliert hypnotisierend, und eine große Flutwelle erscheint“ – eine Halluzination! „So wird der Lokführer gezwungen, den Zug unmittelbar vor dem jungen Räuber anzuhalten ... .“ Dieb ist gerettet und anschließend menschlich edel und pädagogisch wertvoll belehrt: „Höre, mein Sohn! Jedesmal, wenn du das Gesetz brichst, gerätst du tiefer und tiefer in Schererei! Diesmal hattest du Glück! Ich hoffe für dich, daß es kein nächstes Mal gibt!“ So edel und großmütig kann ein guter Magier sein! (*Mitternacht mit Mandra,* 1968).

Clever und Smart sind immer in geheimer Mission unterwegs, um als Blödel vom Dienst für ihren Boss Geheimdienstaufträge auszuführen. Miraculus ist vordergründig ein Zauberer, jedoch hintergründig kriminell, deshalb ebenfalls in geheimer Mission tätig. Die Missetaten des Zauberers sind aus vielen Vorkapiteln bekannt: So raubt er die Darlehns- und Hypothekenbank aus. Als er dabei vom Nachtwächter gestellt wird, gibt er ihm den Hypnosebefehl: „Du bist eine Mondrakete!“ Als solche zischt der Wächter dann ab und macht sich durch eine harte Fehllandung unschädlich. Clever und Smart spüren nun Miraculus auf. Dieser, nicht faul, hypnotisiert sie ständig. Bei dieser Hypnoverfolgung müssen Clever und Smart einige Tiere sein, die sich gegenseitig verfolgen (Hund, Katze, Ratte), um Miraculus in Ruhe zu lassen. Dabei kommt es auch zur Konstellation „Isch bin ein Karpfen“, der erste Karpfen, der wie ein Pferd beißt! Zwischendurch bekommt Miraculus sogar einen „Augenkrampf vom ewigen Hypnotisieren“. Als geübter Hypnotiseur ist er jedoch im Training und erholt sich bald. Was nun weiter folgt, kennen wir aus den vorherigen Analysen. Beruhigt erleben wir zum guten Schluss, dass Miraculus geschnappt wird (*Fauler Zauber mit den Augen,* 1972).

26.2 Die Hypnose-Bühnenshow im Comic

Nach den Comicmagiern und Zauberern kommen wir nun zu den realen Showhypnotiseuren auf der Bühne oder in der Disko. Sie wollen unterhaltsam dem faszinierten Publikum beweisen, dass sie oder ihre Mitspieler übersinnliche Kräfte besitzen, die sie zu bestaunenswerten Verhaltensweisen bewegen.

Über ihr Aussehen, ihre Herkunft und Motivation haben wir bereits in Abschnitt 8.1 und 9 berichtet. (Wie bitte? Sicherlich waren in diesen Abschnitten die Comichypnotiseure gemeint. Auf die realen Showhypnotiseure trifft jedoch Ähnliches zu.) Nun Näheres zu ihren Bühnenaktivitäten im Comic und auf den tatsächlichen Brettern, die die Welt bedeuten!

Großwesir Isnogud, ein kleiner, sehr böser Mann, will unbedingt Kalif werden und den amtierenden Kalifen Harun al Pussah kaltstellen. Dazu besucht er zusammen mit seinem Mietsklaven Tunichgud die Abendveranstaltung im Kursaal Bagdads. Dort tritt El Prahl, der weltberühmte Zauberer aus Konstantinopel, auf. Seine Künste sind tatsächlich beeindruckend, denn ein Freiwilliger wird auf der Bühne zur Katze und Tunichgud zur Maus; das schafft einiges an Action in der Handlung, die El Prahl mit einfachem Händeklatschen zu beenden weiß. Isnogut ist nun von dessen Fähigkeiten voll überzeugt und heuert ihn an. Wie wir jedoch wissen, ist er nur bedingt erfolgreich, da viele Klatschgeräusche sein Werk stören (*Augenschmaus*, 1975).

Fix und Foxi, die Comicstars deutschen Ursprungs, gehen zur Showhypnose. Das Schild am Eingang verkündet:

> GROSSE HYPNO-SHOW – WITZIGE TRÄUME
>
> TRAUMLOSE WITZE
>
> WAHNVORSTELLUNGEN ALLER ART

Hip No Lung ist ein Showhypnotiseul aus dem Leich del Mitte: „Hypnose ist jahltausendealte Tladition in China, mit beluhigendel Wilkung und völlig schmelzlos, hihi!" Er lässt seine Freiwilligen auf der Bühne bravourös Stepp tanzen, um sie dann in ihrer Bewegung erstarren zu lassen. Dann soll einer Angst vor den Tuaregs haben und sich vor ihnen retten, indem er auf den Rücken dessen springt, der gerade ein Kamel ist. Ein anderer wird zum Huhn und flisst Legenwülmel. Das alles erheitert das sensationsgierige Publikum ungemein. (Übrigens, erinnern Sie sich? Cipolla, der Bühnenhypnotiseur in Thomas Manns Roman, lässt seinen Mitspieler ebenfalls Stepp tanzen.)

Am Ende der Show bittet Hip No Lung die Mitwirkenden in seine Garderobe, da er eine Überraschung für sie bereithält. Aber: Sobald sie dort sind, hypnotisiert er sie, damit sie ihm ihre Sparbücher und ihr Bargeld rausrücken! Den Rest kennen Sie ja zur Genüge! (*Die große Hypnose*, 1987).

Der Ottifant ist ebenfalls im Showgewerbe tätig – sogar mit eigenem Zelt und mit Zylinderhut! Er suggeriert einem Mitspieler, dass er müde sei, worauf dieser weggehen will, um seinen Pyjama zu holen. Bei einer anderen Vorführung soll ein Zuschauer ein Baum sein. Daraufhin übergibt er sich: Er hat die Suggestion wörtlich genommen. Ihm ist übel wegen der Baumkrankheiten und des Waldsterbens (*Das Buch der Ottifanten*, 1988).

Professor Pankratius Pumandl scheint wegen seines akademischen Grades vordergründig Wissenschaftler zu sein. Aber möglicherweise

135–140

90

hat er seinen Titel käuflich erworben, denn als Donald nicht an sein Wirken glaubt, lässt Pumandl ihn showmäßig unsinnige Dinge tun. Auch ein großes Plakat weist darauf hin, dass P. Pumandl eindeutig ein Showhypnotiseur ist, der zur Belustigung seiner Zuschauer und auf Kosten der Mitspieler tätig ist – wie in der Geschichte Donald derjenige ist, über den alle lachen (*Hypnotisiert*, 1981).

26.3 Die Trancetricks auf der realen Bühne – Beispiele aus der Showhypnose

Wo ist nun die Realität des Alltagslebens im realen Showgewerbe?

Da eines meiner zahlreichen Interessen Zaubern ist, sind mir selbstverständlich viele Tricks bekannt, Leute zum Staunen zu bringen. Mit Kenntnissen gerade in dieser Schnittmenge – zwischen dem Wissen um die Möglichkeiten des Zauberns einerseits und um die seriösen Hypnosemöglichkeiten andererseits – konnte ich mich intensiv mit Showhypnose auseinander setzen. Letztlich bleibt bei der Analyse zahlreicher Shows übrig, dass die Künstler bekannte Zaubertricks vorführen, sie jedoch unter dem Namen der Hypnose besser vermarkten können; sie führen Aktionen vor, die wie übersinnlich wirken, jedoch von Zauber-Insidern rational schnell und griffig zu erklären sind. Letztlich bleibt extrem wenig übrig, was mit Hypnose zu tun hat; dieser kleine Rest wird dann meist noch sehr dilettantisch durchgeführt – nur, das normale Abend- oder Fernsehpublikum kann es nicht beurteilen. Ein paar kleine Beispiele sollen dies verdeutlichen.

Beispiele aus der Showhypnose

Die menschliche Planke
Der wohl beliebteste Trick der Showhypnotiseure ist die *menschliche Planke*. Dabei wird eine Person „unter Hypnose" so steif gemacht, dass sie wie eine Planke umgelegt werden kann, um daraufhin nur mit Nacken und Hacken auf Stuhllehnen gelegt zu werden. Faszinierend, wie diese Person brettsteif liegt und nun der Showman zur Bewunderung aller ihr auch noch auf den Leib steigt, ohne dass sie zusammenkracht! Das fördert Extraapplaus – hat aber überhaupt nichts mit Hypnose zu tun! Da die Person daran glaubt, steif zu sein, verhält sie sich so. Wenn sie nun auf die Stuhllehnen gelegt wird, sorgt sie aus eigenem Antrieb für eine Anspannung ihrer Bauchmuskeln, um nicht schmerzvoll runterzufallen. Das ist alles! Das kann jeder von Ihnen, wenn nicht wirbelsäulenkrank (oder wenn nicht die Stühle umkippen)! Wissenschaftliche Experimente haben gezeigt, dass dies Personen ohne Hypnose genauso gut können wie mit Hypnose. Jedoch werden das fast alle nur wenige Sekunden aushalten können. Also muss sich der Showman beeilen und innerhalb dieser Zeit schnell rauf- und runtersteigen.

Hier handelt es sich also um einen plumpen Trick, der jedoch sehr gefährlich ist (s. u.). In Zusammenarbeit mit einem Fernsehteam demonstrierte ich vor der Kamera mutig diese hypnosefreie „Starre". Weil dabei zuerst das Mikrofon ausgeschaltet war, dann defekt, dann das Licht unzureichend und schließlich Tonstörungen auftraten, konnte über viele Minuten deutlich werden, dass man aus Angst vor dem „Absturz" von den Sessellehnen starr bleibt.

Feuerlaufen

Der mit besonderen Suggestionen bedachte junge Mann läuft unter Bewunderung aller Zuschauer über glühende Kohlen von einer Temperatur über 400 Grad Celsius. Da muss doch was dran sein an der Hypnose! Wissenschaftliche Untersuchungen zeigten jedoch, dass dieses Feuerlaufen auch ohne Hypnose, Trance, außergewöhnliche Bewusstseinszustände etc. funktioniert: Man muss nur losgehen. Die Zeit, in der die Fußsohlen die Glut berühren, ist so kurz, dass man sich gar nicht verbrennen kann. Der Hauptfaktor für das Feuerlaufen ist allein die Überwindung, loszulaufen – auch ohne Hypnose.

Liegen auf dem Fakirbrett oder auf Glasscherben

Hat sich der Showman showträchtig in Hypnose versetzt, legt er sich auf ein mächtig imponierendes Nagelbrett und lässt sich sogar einen Stein auf seiner Brust mit einem Vorschlaghammer zertrümmern. Wenn man ausrechnet, welche Gewichtsanteile auf jeden Nagel entfallen, dann kommen wir auf ca. 100 Gramm. Das lässt sich ohne Schmerzen aushalten; man muss es nur wissen. Der Stein auf der Brust besteht oft aus Yton, jenem Gasbeton. Wird darauf geschlagen, so wird der Großteil der auftreffenden Energie in die Zerstörung des Steines umgesetzt und zusätzlich von seiner relativ großen Masse absorbiert. Somit bleibt nur noch ein winziger Anteil der Energie übrig, der nach unten auf die Brust des Fakirs gelangt und auszuhalten ist. Bei den Glasscherben, die mit nackten Füßen zu überqueren sind, macht es wie bei den Nägeln ebenfalls die große Zahl der Spitzen aus, die nicht verletzen. Ja, so simpel ist die Erklärung! Hypnose hat hier also ebenfalls keinerlei Anteile, es handelt sich um die simple Druckverteilung des Gewichtes.

Autofahren mit verbundenen Augen

Die übersinnliche Kraft des Showmenschen wird von Hirnwellenübertragungen gesteuert, die aus dem Auto des vor ihm fahrenden Fahrzeugs ausgehen. Daran orientiert er sich und kann dann mit verbundenen Augen sein Fahrzeug über eine Hindernisstrecke lenken. Wenn man sich mit dem Anbringen von Augenbinden auskennt, ist es absolut kein Problem, eine solche auszuwählen, unter der man durch einen schmalen Spalt hindurchsehen kann. Das reicht, um Zuschauer „nichts" erkennen zu lassen, selbst jedoch noch genug zum Autofahren zu erkennen zu haben.

Was, werden Sie jetzt schon wieder stöhnen, so kurz sind derartige effektvolle Auftritte zu erklären! Aber sicherlich – nur der Showauftritt muss dramaturgisch lange ausgekostet werden. Die Erklärungen sind meist simpel – wie übrigens oft bei Zaubertricks.

Die heimlichen Gehilfen

Bei der gesamten Show werden durchaus aufwendigere und spektakulärere „Hypnosewirkungen" dargeboten. Wesentlich dabei ist oft, dass Gehilfen des Showmasters als „Freiwillige" auftreten und somit die gut einstudierten Verblüffungseffekte hervorbringen können.

Gruppendruck auf der Bühne

Letztlich wollen wir nicht verschweigen, dass ein Teil der Vorführungsinhalte auch „echt" ist und mit „tatsächlichen Freiwilligen" aus dem Publikum durchgeführt wird, die sich dann wie Hühner etc. verhalten. Steht eine Person einmal auf der Bühne, so ist sie einem gewissen Erwartungsdruck ausgesetzt, dem sie sich nicht so schnell entziehen kann (s. Abschn. 23.2.8). Der vom Showman gesteuerte Applaus verstärkt sie ständig in ihrer Kooperation und Eitelkeit. Somit wird sie unter diesem starken sozialen Druck wesentlich leichter bereit sein, die auch für sie sonst unsinnigen Handlungen durchzuführen. Sie hat dabei stets die Rechtfertigung parat: „Das hat alles die Hypnose mit mir gemacht. Ich bin nicht dafür verantwortlich!" So etwas wünscht sich eigentlich jeder Normalbürger, einmal „die Sau rauszulassen" und dann die Verantwortung auf andere abschieben zu können.

Letztlich kommen noch die für Zuschauer nicht hörbaren Zusatzinstruktionen hinzu, die am Mikrofon vorbei leise an die Mitspieler gerichtet werden und sie motivieren, wie: „Los, mach mit, wir wollen etwas Spaß haben und die anderen reinlegen!"

Diese Beispiele zeigen deutlich, dass wir es hier selten mit Hypnose zu tun haben, jedoch fast immer mit der suggestiven Macht der Gruppe, die der Showhypnotiseur geschickt zu nutzen weiß.

26.4 Gefahren der Showhypnose

Da die Showhypnose zu einem geringen Anteil auch „echte" Hypnose ist, können gerade in der Bühnensituation gravierende Gefahren für die Mitwirkenden entstehen.

Wie deutlich wurde, werden durch die Bühnenaufführungen Personen ohne ihre Zustimmung lächerlich gemacht. Zusätzlich werden sie nicht zu unterschätzenden Gefahren ausgesetzt.

Bei der Demonstration der *menschlichen Planke* kann es bei Personen mit Wirbelsäulenproblemen etc. zu üblen Verletzungen kommen, da das gesamte Körpergewicht auf nur zwei Stellen von wenigen Quadratzentimetern aufliegt. Es sind Fälle bekannt, in denen innere Verletzungen durch das Draufsteigen des Sowman bewirkt wurden. Derartige Auswirkungen treten jedoch erst einige Zeit später auf. Der Nachweis dieser Verursachung ist deshalb kaum zu erbringen.

In Abschnitt 25.5 wurde bereits darauf hingewiesen, dass anwesende Dritte ebenfalls auf die Hypnoseinstruktionen reagieren können. Bei der Bühnenhypnose sind definitionsgemäß Zuschauer anwesend. Hier ist keinesfalls auszuschließen, dass sie mit den Bühnenkandidaten gemeinsam auf Hypnose reagieren und dann unkontrolliert unbemerkt mitagieren. Eventuell bleiben sie weiterhin unbemerkt über längere Zeit in Hypnose und entwickeln deshalb Ängste oder sind stark desorientiert.

Aus der Fachliteratur und von Gerichtsfällen sind zusätzlich einige sehr gravierende, gefährliche Wirkungen zu berichten. Erinnern Sie sich an die starken Nebenwirkungen der Showhypnose, wie sie im Beispiel in Kapitel 17.4 beschrieben sind? Durch unsachgemäße Durchführung und Beendigung der Hypnose traten Verwirrtheitszustände auf, bis hin zu sehr starken Erlebens- und Verhaltensstörungen, psychotischen Reaktionen, Angstzuständen und körperlichen Funktionsstörungen. Mitunter sind in solchen Fällen längere psychotherapeutische Behandlungen erforderlich, um diese immensen Fehlwirkungen aufzuheben.

Hier ist jedoch nicht die Hypnose per se schädlich! Vielmehr ist es der Showhypnotiseur, der aufgrund mangelnder Ausbildung und minimaler Kenntnisse Fehler machte. Dies zeigt wieder umso deutlicher, wie wichtig es ist, die Anwendung der Hypnose allein gelernten Fachleuten aus dem Bereich der Psychologie und Medizin gesetzlich zuzubilligen.

Ein kleiner Auszug aus einem Buch für Laienhypnotiseure macht die Unterschiede deutlich: „Sie müssen genauso die Herrschaft über Ihre Versuchsperson ausdrücken können, wie ein Dompteur seine Herrschaft über die Raubtiere ausdrückt. Der ganze Körper, die Augen, das Gesicht, die Hände, die Haltung und sogar Ihre Atmung muß diese Herrschaft ausdrücken" (Gaschler, *Moderne Hypnose-Technik*). Kein weiterer Kommentar!

Kapitel 27

Tierhypnose: Trick oder Trance?

Besonders sensationell wird es, wenn Bühnenhypnotiseure ihre „übersinnlichen Kräfte" sogar bei Tieren erfolgreich anwenden können. Was wirkt hier auf unsere animalischen Verwandten ein?

27.1 Die Hühnerstarre und die Möglichkeiten der Comictiere

Bereits seit vielen Jahrhunderten beschäftigte die Menschheit die Frage, ob Tiere hypnotisierbar sind. Frühe Hinweise finden wir sogar als Abbildung dokumentiert, so das *Experimentum mirabile de imaginatione gallinae Kircherei* des Paters Kircher (1646). Er legte ein Huhn ruckartig auf den Rücken, zog einen Kreidestrich vor dessen Augen auf den Boden und bewirkte so, dass es einige Minuten starr liegen blieb. Über dreihundert Jahre später stehen wir vor einer fast identischen Darstellung. In der Geschichte *Micky Maus und der Festbraten* (1951) wird ein Truthahn als Festbraten gekauft. Als er auf der Flucht einen Autounfall erleidet, ist er danach ohne Hypnose in der gleichen Körperposition wie das Huhn des Paters Kircher.

Bei Comics ist davon auszugehen, dass es sich oft um anthropomorphisierte Tiere handelt, also nicht um richtige Tiere – es sei denn, sie sind als solche gekennzeichnet. (Sonst würde Donald, der gern Truthahnbraten isst, ja ein Kannibale sein.)

In der inzwischen legendären und sehr wertvollen deutschen Erstausgabe des Heftes *Micky Maus* (Sept. 1951, darin: *Micky Maus und der sprechende Hund*) wird der sprechende Hund Schnapp von Micky aufgefunden. Als jener durch seine Sprachfähigkeit zwar berühmt wird, in Hundekreisen jedoch zum Außenseiter, kann endlich ein Tierpsychiater feststellen, dass Schnapp „nur hypnotisiert worden ist". Durch einen Fingerschnalzer und die Instruktion „Wach auf, Schnapp, jetzt bist du ein richtiger Hund!" wird seine unglückliche Situation beendet. Froh bellend ist er nun wieder ein glücklicher Hund und beißt den Arzt ins Bein.

Vorgestellt wurde bereits Maus Kaspar aus *Yps* (Heft 220); ihm gelingt es, einem Fisch zu suggerieren, dass er ein Hund ist und aus dem Wasser springen soll *(Ein dicker Fisch*, 1979). Das gleiche Motiv wird von Clever und Smart aufgegriffen (*Fauler Zauber mit den Augen*, 1972).

Als Onkel Dagobert in Verbrecherhänden von einem Löwen bewacht wird, finden Tick, Trick und Track schnell Hilfe in ihrem Pfadfinderhandbuch. Da heißt es: „Die einfachste Methode ist das Hypnotisieren ..." Mit dem Ruf „Schau mir tief in die Augen!" erreichen sie beim Löwen „GRRROARRR! He?". Auf „Schlaf ein!" reagiert der Löwe mit „GÄÄÄHN" und schläft ein (*Die Schatzsuche geht weiter*, 1982).

Nicht zu vergessen ist Gundel Gaukelei (*Die Hexe zur See*, 1988), die von einer Riesenschlange eingewickelt wird und nun mit ihr einen Hypnosemachtkampf durchführt, um sich letztlich von ihr zu befreien. Diese trickreiche Dame geht sogar so weit, eine Elster, die ihr den von Dagobert abgegaunerten Kreuzer wegstibitzte, zu bedrohen. Sie blitzhypnotisiert sie: „Gib die Münze her! Sonst rupfe ich dich lebendig!" (*Geht Onkel Dagobert ins Netz?*, 1977). Tierhypnose mit Androhung von Tierquälerei!

Bei der Abhandlung über die Anwendung von Hypnosegeräten erfuhren wir bereits, dass Pferde damit erschreckt werden und Hunde blitzgescheit Rechenaufgaben lösen können (*Das Geheimnis des schwarzen Kastens,* 1980).

So weit zur Beeinflussung von Tieren durch den Menschen – aber ist der Gegenpart ebenfalls „möglich"?

Als Donald ein störrisches Wildpferdfohlen nicht zähmen kann, kommt er auf die Psychomasche: „Ich werde die Bestie hypnotisieren ... Hab' ein dickes Buch darüber gelesen!" Nun kommt es zum Hypnoseduell: Das Pony bewirkt, dass Donald ein Schwein, „OINK! OINK!", und ein Huhn, „GA-GACK, GA-GACK" ist, bis es ihm schließlich nonverbal suggeriert, das Gatter zu öffnen. Als die Neffen das verhindern wollen, wird Donald per Ponyhypnose zum wilden Mustang, der sie nun vom Gatter vertreibt. Die Hypnosewirkung kann nur beendet werden, indem er gefesselt wird. Die Kinder können das Pony von weiteren Hypnosemissetaten abhalten, indem sie ihm mit der Gabe von Rizinusöl drohen (*Reine Liebe und Güte,* 1991).

Ein ähnliches animalisches Schicksal finden wir in der Geschichte *Dressur eines Kojoten* (1994): Oma Duck hat einen kleinen Kojoten gefangen, den die Neffen wegen seiner Niedlichkeit behalten wollen. Als er zu aggressiv und widerborstig ist, kommen sie mit dem Buch *Erfolgreich durch Hypnose,* denn da steht, dass man wilde Tiere am leichtesten durch Hypnose zähmen kann. Donald braucht dieses Buch nicht, da er neulich im Fernsehen gesehen hat, wie's geht – und schon legt er los. Jedoch im Blickzweikampf unterliegt er: Der Kojote suggeriert, dass Donald ein Widder ist, der gegen die Wand rennt, „BÄÄH!". Als das nichts hilft, erhält Donald den Hypnosebefehl, das Gatter zu öffnen. Die Neffen springen nun wieder mal dazwischen, jedoch Kojotchen lässt Donald nun einen Bären sein, der sie grimmig verfolgt. Nachdem Donald gefesselt ist, wird er langsam wieder menschlich – oder entlich. Das Androhen einer gehörigen Rizinusportion lässt den Kojoten dann brav werden – aber nur vorübergehend.

Henry's Cat lässt Tiere wie Schildkröte, Schwein, Kuh, Hund verrückte Dinge tun (*The Hypnotist,* 1983). 85 ☐

Die legendäre Schlange Kaa im *Dschungelbuch* will Mogli nach dem Leben trachten, indem sie ihm immer tiefer in die Augen schaut, bis dieser grüne Kreise in besagten Augen hat und kaum noch handlungsfähig ist. Snoopy, der Superhund Charley Browns, kann bei seinem Fressnapf Telekinese ausüben (*Peanuts Jubilee,* 1976), und der Wachhund Benno bei Alberto Lupo einen Hexenschuss perfekt auftreten lassen (*Eingewickelt,* 1988). 47 ☐

Der Kater des einen Spions sinnt zusammen mit Herrchen auf Rache gegenüber dem Hund des anderen Spions. Dies kulminiert im Gebrauch von Hypnose, sodass der Hundekontrahent sich wörtlich schlagartig selbst durch einen Pfotenhieb outknockt (*Operation Rückschlag,* 1972). 50 ☐

Sowohl bei der aktiven als auch passiven Tierhypnose sind die Induktionsformen und Hypnosebefehle genau diejenigen, die auch bei Menschen benutzt werden, die erzielten Effekte sind in ähnlicher Weise surrealistisch-gaghaft.

27.2 Exkurs: Warum sitzt das Kaninchen „wie hypnotisiert" vor der Schlange? Wie wirkt die Flötentrance der Schlangenbeschwörer?

In Abschnitt 13.4 hatten wir bereits den Hypnoseblick der Schlange diskutiert. Da gerade die Schlange Kaa zu einer Symbolfigur für intensive Hypnoseaktivitäten geworden ist, muss die potenzielle Hypnosefähigkeit der Schlange näher untersucht werden.

Also ergibt sich die oben indirekt genannte, oft gestellte Frage „Kann eine Schlange hypnotisieren?" hier muss nun endgültig beantwortet werden: Kaninchen reagieren auf bestimmte Gefahrensignale mit Schreckstarre. Da ihr Puschelfell eine herrliche Tarnfabe aufweist, ist es für sie besser, bei einigen Gefahren still zu sitzen; dann bleiben sie optisch unauffällig. (Das bei einigen Beamten vergleichbare Verhalten ist jedoch eher als Beförderungs-Mimikry zu bezeichnen.) Ein nahender Fuchs bewirkt bis zu einer gewissen Nähe ebenfalls diese Starre beim Kaninchen, aber dem Fuchs wird kein Hypnoseblick zugesprochen.

Diese Starre des Kaninchens oder allgemein Beutetiers der Schlange hat weitere arterhaltende Wirkung. Da Schlangen bekanntlich schlecht sehen (auch Brillenschlangen!), können sie vorwiegend bewegte Objekte erkennen. Also hat die Evolution bei den Beutetieren bewirkt, dass sie durch Stillhalten nicht so leicht wahrgenommen und anschließend verspeist werden.

Wenn wir nun schon über schlangenbezogene Vorurteile sprechen, dann gründlich – und sie haben dennoch weiterhin etwas mit unserem Grundthema zu tun.

 145

Hypnotisiert nun der Schlangenbeschwörer die Schlangen mit seiner Flötenmusik? Oder: Wer beschwört hier wen?

Lauscht eine Schlange jenen jahrtausendealten fernöstlichen Melodeien eines weisen Fakirs, die sie so in Verzückung versetzen, dass sie zu tanzen beginnt? Hat der Beschwörer besondere Fähigkeiten – sogar hypnotischer Art –, dass er das extrem giftige und eigenwillige Reptil mit dem haselnußgroßen Gehirn musisch beeinflussen kann? Concerto con Cobra?

Betrachten wir hier wieder gehässig-unprätentiös das physiologische Sinnesvermögen der Schlangensippschaft: Alle sind ohne Ausnahme nahezu stocktaub! Nein, sie haben keine Ohren!! Keine! Das Fehlen eines Trommelfells und der Bau des Mittelohres lassen auf keine große Empfindlichkeit gegenüber Schallwellen schließen. Schallwahrnehmung ist für ihre Lebensweise nicht so wichtig. Vielmehr nehmen sie Vibrationen wahr, besonders bei Bodenerschütterungen durch Beute oder Feind (Bellairs 1969).

Von Schlangenbeschwörern wird nur die Cobra (= Brillenschlange, lat. *Naja haje*) benutzt. Beim Flötespielen des „Beschwörers" oder Fakirs reagiert sie meist auf die Flötenbewegungen mit arttypischen Drohbewegungen durch Aufrichten und Körperpendeln. Dabei stellt sie ihr imponierendes Nackenschild auf. Das ist insgesamt showgerecht, fotogen und lässt die Zuschauermenge sich gehörig gruseln und muss nur noch in die bekannte Fakirdramaturgie eingebaut werden. Hinzu kommen dann noch die bereits oben erwähnten

Augenflecken auf dem Nackenschild; also fühlt man sich bei dem guten Tier sowohl von ihrer Vorder- als auch von ihrer Rückseite beobachtet bzw. bedroht.

Als Indientourist konnte ich folgende beklagenswerte Szenerie relativ häufig beobachten: An die Flötenvorderseite werden feine Seidenpapierstreifen geklebt, damit deren Wackeln das ermattete Tier zum Aufrichten provoziert. Oft mussten die erschöpften Tiere von ihrem Peiniger angestoßen werden, damit sie überhaupt aus ihrem Körbchen schauten. Dabei ist alles vollkommen ungefährlich, da den beklagenswerten Tieren entweder die Giftzähne herausgebrochen werden oder ihnen das Maul zugenäht wird; meist beides. Das überleben die sonst so zähen Tiere nie. So werden sie zu einem Massenwegwerfartikel der Unterhaltungsindustrie, finanziert von naiven Touristen, die an Showhypnose, hypnotischen Blick und Schlangenbeschwörer glauben – wenn sie dieses Buch noch nicht gelesen haben.

27.3 Hypnose für Krokodile und die Schweinebraut

Wenn Karah Khava mit seinen zentnerschweren Panzerechsen in der lichtdurchfluteten Zirkusmanege auftritt, verbinden sich Illusionen, Magie, Nervenkitzel und unsere Vorstellungen von Tausendundeiner Nacht. Er hat seine Hände beschwörend erhoben und gebietet den blutrünstig auf das Publikum zustaksenden Tieren Einhalt. Das so von der Speisekarte gestrichene Publikum ist dem Meister für seine intensiven Hypnosemächte erleichtert dankbar. „Im Kasperletheater sehen alle Krokodile grün aus, in der Wirklichkeit sind sie anders, für das Publikum sehen sie gleich aus. Und so ist es wohl ganz gut, daß außer dem Meister niemand den kleinen, feinen Unterschied zwischen einem Alligator und einem Nilkrokodil kennt. Alligatoren sind gutmütiger. Nilkrokodile sind aggressiv" (Philipp 1982, S. 118). Entsprechend werden zur Show die leichter handhabbaren Alligatoren verwandt (sie sind auch billiger und gesundheitlich robuster). Da sie weniger aktiv jagen, sondern ruhig auf Beute lauern (und dadurch Zoobesucher nervös machen), liegen sie auch in der Manege nur schlaff herum und sorgen schon rein durch ihren Anblick und ihre Nähe für Nervenkitzel. Lediglich die ein bis zwei darunter gemischten Krokodile sind lauffreudig. Sie hat der Meister unter Beobachtung, ergreift sie blitzschnell und mit nötigem Showeffekt, wenn sie ihre Humanbeute fast schon schnauzengerecht erreicht haben. Die riesigen Panzerechsen verfügen über ein maximal apfelgroßes Gehirn, das neben der Muskelsteuererung kaum noch Platz für Lernprozesse lässt. Somit sind die Tiere nicht dressiert; sie gehorchen nicht ihrem Meister. Vielmehr hat der Meister sich selbst darin trainiert, die Tiere zu beobachten und ihren Bewegungen folgend mit den Händen und Armen showgerechte Bewegungen zu vollziehen. Bei den Krokodilen muss er dann entsprechend schnell eingreifen. Das genaue Beobachten und das blitzschnelle Timing seiner Bewegungen ist somit der Hauptteil seines „Hypnose"-Geheimnisses. Der andere Teil wird durch sein mystisches Auftreten bestimmt. Dadurch glaubt das Publikum bereitwillig seine Suggestion, er könne Krokodile hypnotisieren. Das Publikum sieht dann wie üblich nur das, was es sehen möchte. Davon leben das Showgeschäft und die Showhypnose.

Unter der Überschrift *Hypnose für die Braut* erschien in der *Westdeutschen Allgemeinen Zeitung* ein Zeitungsartikel über Wildschweine. Dem Eber wird darin unterstellt, dass er die Braut (Frau Bache) durch sein Gegrunze nicht nur becirct. „Die Braut wird hypnotisiert. Vom akustischen Werbespot ereilt, bleibt sie wie angewurzelt stehen und läßt sich begatten" (Dröscher 1995). Hier wird deutlich der Begattungsreflex der Schweine beschrieben. Ohne ihn wären diese Tiere bereits ausgestorben. Zum Testen der Paarungswilligkeit einer Bache wurde (oder wird noch) das so genannte Schweinereiten durchgeführt, indem der Bauer sich auf die Bache setzt. Die Berührung an bestimmten Körperpartien löst bei Paarungsbereitschaft reflexartig das Stillhalten aus, damit sowohl Bache als auch Eber nun trotz aller Erregung in der erforderlichen Position für die Genese ihres Nachwuchses sorgen können. Von Hypnose ist hier also keine Spur zu finden.

27.4 Tierhypnose ist ein Analogieschluss

Wie aus dem Exkurs über die Schlange und Wildschweine und ihre „Hypnosemächte" deutlich wurde, kann durch geeignete Manipulationen an bestimmten Tieren eine Starre erzeugt werden, die der scheinbaren körperlichen Unbeweglichkeit unter Hypnose sehr ähnlich sieht. So reagieren einige Tiere mit Schreckstarre (z. B. durch plötzliches Drehen auf den Rücken) und verharren einige Sekunden oder Minuten darin. Auch die von der Katze gefangene Maus oder ihr Beutespatz erstarren auf diese Weise. Das hat den Vorteil, dass der Jagdtrieb von der nun unbeweglichen Beute nicht mehr ausgelöst wird, die Katze nun gegebenenfalls ihr Interesse an der Beute verliert und weggeht. Die überglückliche Beute kann dann vielleicht flink entkommen. Hier endlich wirkt der oben zitierte Comic über den Festbraten aufklärerisch: Der Truthahn verfiel nach dem Autounfall in eine Schreckstarre – und erklärt damit auch die Ursache des *Experimentum mirabile*. Es wurde allein das normale Verhaltensrepertoire des Tieres für einen Trick nutzbar gemacht. In der Literatur zur vermeintlichen Tierhypnose wurden zwar immer wieder unterschiedlichste Tiere in „Hypnose" abgebildet (Heuschrecken, Schlangen, Krokodile, Vögel, Affen), äußerst selten wurde dann nachgewiesen, dass es Reflexverhaltensweisen (Begattungsreflex, Totstellreflex, Schreckstarre etc.) oder andressierte Reaktionen sind (Kossak 1997).

Hier und bei allen anderen Beispielen ist Tierhypnose tatsächlich ein erfundener Mythos, ein Analogieschluss aus menschlichem Verhalten.

Teil VIII

Vergleich von Comic und Hypnose

und
Abschied von
Donald Duck und seinen Freunden?

Kapitel 28

Gemeinsamkeiten von Comic und Hypnose

Nun haben Sie vieles über Comics, über Hypnose und über die Hypnose in der Comicdarstellung erfahren. Nach so manchem Merkwürdigen, Humorigen, Abstrusen und Fraglichen wurde auch viel wissenschaftlich Exaktes aufgezeigt. Mittels des Comics erfolgte eine Analyse, die aufdecken und aufklären half, die seriösen und wissenschaftlich fundierten Aussagen über Hypnose herauszuarbeiten. Sicherlich kam es dabei zu mancher Ent-Täuschung. Einige Ihrer Bilder wurden auf dem Umweg über die Comicbilder korrigiert.

Abschließend möchte ich versuchen, einen versöhnlichen Kreis um Comic und Hypnose zu ziehen. Dies nicht aus einem überstarken Harmoniebedürfnis heraus, sondern bei der langen und intensiven Arbeit mit beidem wurden mir ihre zahlreichen ernsten Berührungspunkte und Gemeinsamkeiten immer deutlicher. So habe auch sicherlich ich Verschiedenes bei diesen Darstellungen gelernt. Einiges in den nachfolgenden Ausführungen mag nun für Sie eine kleine Wiederholung sein, die dann aber umso besser die Übereinstimmungen hervorhebt.

28.1 Kommunikation

Die unterschiedlichen Kommunikationsformen der Hypnose und des Comics haben deutliche Parallelen.

Der Kontrakt
Bei der Vermittlung einer Geschichte (sei sie nun geschrieben, erzählt oder gezeichnet) müssen sowohl Erzähler als auch Zuhörer bzw. Leser eine gemeinsame Begrifflichkeit haben, eine Basis besitzen, auf der sie sich verstehen. Somit schließen sie eine Art Kontrakt miteinander ab, um sich aufeinander beziehen zu können. Dies setzt beim Autor oder Zeichner voraus, dass er sich in seinen Inhalten und der Form der Darstellung auf seine Zuhörer bzw. Leser einstellt, um seine Botschaften angemessen zu vermitteln. Zeitabfolge von Bild und Geschichte, Ablaufgeschwindigkeit, Darstellung von Einzelphasen, Bewegungen, Geräuschen, Vermittlung von Gefühlen usw. müssen so konzipiert sein, dass die Leser alle Informationen inhaltlich, kognitiv, aber auch emotional verstehen und erleben können (Eisner 1995).

In der Hypnose finden wir ebenfalls einen von Therapeut und Patient ausgehandelten Kontrakt vor, der ebenfalls nie direkt formuliert wird. Der Therapeut muss die Formulierungen so gestalten, dass der Patient diese nicht nur kognitiv verbal versteht, sondern auch deren dahinter liegende Bedeutungs- und Gefühlsgehalte. Ohne große Diskussionen und mannigfaltige Absprachen, wie was gemeint sei, müssen sie klar und unmissverständlich sein. Durch diese Kommunikationsform kann der Therapeut jene Bilderwelt des Patienten erreichen, die ihn in seinem gegenwärtigen Sosein bestimmt, die einen Teil seiner Probleme aus Vergangenheit und Gegenwart ausmachen.

Auf dem scheinbaren Umweg der Kommunikation über Hypnosebilder können beide Erkenntnisse gewinnen und Heilung erzielen.

Rapport

Ein wesentlicher Aspekt des Kontraktes zwischen Sender und Empfänger besteht darin, das Interesse des Empfängers zu erhalten. Bei jeder Art der mündlichen oder schriftlichen Darstellung muss das Interesse oder die Aufmerksamkeit des Zuhörers oder Lesers stets aufrechterhalten werden. Diese Art der Kommunikation hängt von zahlreichen Faktoren ab, so z. B. vom Thema, der Darstellungsform (langweilig, spannend), Attraktion der Inhalte, Anordnung der Einzelelemente (Bilder, Texte) etc. Beliebte Elemente sind z. B. die Überraschung oder sogar der Schock, welche die Aufmerksamkeit auf sich ziehen können. Es muss quasi ein aktiver Dialog zwischen Sender und Empfänger hergestellt werden. Da der Comic keine aufmerksamkeitslenkenden Klänge, Geräusche oder Musik aufweist wie der Film, müssen der Dialog, die Onomatopöien und die Bildgestaltung dies übernehmen. Je nach Intention der Geschichte wird der Leser zum stillen, nahen, heimlichen oder distanzierten Zuschauer von komplexen Szenen oder Dialogen.

In sehr vergleichbarer Weise ist bei der Hypnose die Kommunikationsintensität und -qualität ein wichtiger Faktor. Die Kunst des Therapeuten ist es, auch hier das Interesse und die Aufmerksamkeit des Patienten aufrechtzuhalten, damit dieser den inhaltlichen Vorgaben des Therapeuten folgt (= Rapport). Gestaltet der Therapeut die Interaktion unattraktiv oder unangemessen für das Verständnis des Patienten, dann wird dieser gedanklich seine eigenen Wege gehen, also aus der Kommunikation ausscheren. Der Rapport geht verloren, und nun kann der Patient in andere Innenbilder gehen, die sogar schädlich für ihn sein können, da Kommunikationsfetzen der Therapeutenrede umgedeutet und fehlinterpretiert werden können. Der gute Therapeut bezieht in der Hypnose den Patienten aktiv mit ein, lässt ihn (wie im Comic) je nach den therapeutischen Erfordernissen zum nahen oder distanzierten Beobachter oder sogar Akteur werden und so *aktiv* seine Probleme bearbeiten.

Kommunikationsaspekt Nähe und Vertrauen

Therapeuten stellen eine vertrauensvolle Beziehung her, die sehr viel an Nähe zulassen muss, um so das Gespräch über intime Inhalte zu ermöglichen. Darauf basiert therapeutische Hypnose, da man sich dabei umso intensiver in die Obhut der therapeutischen Kommunikation begibt. Dies beinhaltet auch, dass die Kommunikation zweiseitig ausgerichtet ist, also als Austausch zwischen Therapeut und Patient.

Der Zeichner eines gut durchkonstruierten und niveauvollen Comics strebt ebenfalls eine Kommunikation mit dem Leser an, deren Intensität und Nähe aufgebaut werden muss. Der Zeichner muss sich in seine Leser einfühlen, um sie möglichst auf mehreren Ebenen anzusprechen.

Empathie

Die Empathie, das Einfühlungsvermögen, ist ein wichtiger Aspekt unseres kommunikativen Lebens. Er beinhaltet, dass man mit einer

Person Angst, Freude, Liebe mitfühlen, miterleben und mitleiden kann. Dies bildet die Grundlage vieler unserer Sozialverhaltensweisen und bedeutet, dass der Zuhörer oder Zuschauer (Leser etc.) sich selbst die Situation des Gegenübers vorstellen und sie dann nacherleben kann. Der gute Geschichtenerzähler wird (je nach Stilrichtung) darauf bedacht sein, den Leser gerade auf der emotionalen Ebene zu berühren. Die Empathie wird in ihrer ursprünglichsten Form jedoch nicht nur durch kognitive Prozesse wie Lesen vermittelt, sondern auch durch visuelle Informationen, z. B. durch den Anblick einer erschreckten, lachenden oder weinenden Person. Somit transportiert gerade der Comiczeichner durch seine visuellen Bildinformationen Empathie in ihrer direkten Form, sozusagen unübersetzt durch Sprache. Aus diesem Grund erreicht den Comicleser die Botschaft wesentlich direkter und sofort auf dem emotionalen Weg.

In der Psychotherapie ist die Empathie ein wesentlicher Faktor, erstmalig in der Gesprächspsychotherapie erforscht. Der gute Psychotherapeut bzw. die gute Psychotherapeutin zeichnet sich nicht nur durch gutes methodisches Geschick aus, sondern durch ein erhebliches Ausmaß an Einfühlungsvermögen bezüglich der Welt der Patienten und Patientinnen. In Hypnose versucht man, an die Bilderwelt der Patienten zu gelangen, da sie – wie gerade dargestellt – direkt mit den Gefühlen verbunden ist. Auf diese Weise kann u. a. über die Innenbilder an den Gefühlen therapeutisch gearbeitet werden. Der mit Hypnose arbeitende Psychotherapeut muss also in hohem Maß das jeweils individuelle System von Innenbildern und Emotionen nacherleben können, um Erlebnisse zu entschlüsseln und therapeutisch zu nutzen.

Aktives Auseinandersetzen

Comic und Hypnose verlangen die aktive Auseinandersetzung des Lesers bzw. Klienten mit den ihnen vorgegebenen Inhalten. Der Leser muss aktiv lesen, Bilder aufnehmen und in seine Phantasie übernehmen; ein Klient muss zuhören, therapeutische Bilder aufnehmen und in sein Erleben übernehmen, damit therapeutisch weiterarbeiten. Richtig verstandene Hypnose ist für den Patienten ein aktiver Prozess.

Anleitung und Führung

In der Hypnose erfolgt wie in allen Formen der Psychotherapie die Anleitung und Führung durch den Therapeuten, indem er imaginative Vorgaben macht, die den geplanten therapeutischen Zielsetzungen entsprechen.

Comic beinhaltet, aufgrund von Geschichte, Hintergrund, Rahmenanordnung etc. eine Führung im Sinne der Dramaturgie vorzunehmen, damit der Leser die vom Zeichner angestrebte Verarbeitung vornimmt.

Direkte und indirekte Informationen

In der Hypnose werden durch Wortformulierungen, entsprechende Grammatik und Sprechbetonungen direkte und indirekte Suggestionen gegeben.

Im Comic werden durch Faktoren wie Hintergrund, Dekorationen, Mimik, Gestik, Bewegungslinien etc. direkte und indirekte, nahezu unterschwellige Informationen gegeben (= Suggestionen).

Innen- und Außenbilder treffen sich.

28.2 Bilderwelten

Absorptionsfähigkeit

Hypnotisierbarkeit ist eng mit Absorptionsfähigkeit verbunden; das ist die Fähigkeit, in seiner imaginativen Aktivität völlig aufzugehen. Absorptionsfähige Personen können sich stark von Außenreizen abschirmen bzw. sich stark auf ihr inneres Erleben ausrichten, sodass dieses dann im Mittelpunkt des Interesses und der Aufmerksamkeit steht. Das ist auch z. B. bei intensiven Tagträumen dann der Fall, wenn wir von allem rundum abschalten können und unseren Träumen z. B. vom vergangenen Urlaub nachhängen.

Ein engagierter Leser, besonders Comicleser, wird in ähnlicher Weise schnell in die gezeichnete Bilderwelt einsteigen und sich von ihr gänzlich gefangen nehmen lassen. Bei Kindern erlebt man dies öfter; sie scheinen wie „aus einer anderen Welt" zu kommen, wenn man sie beim Lesen stört.

Erfahrung im Umgang mit Bilderwelten

Der Comicgeschichtenerzähler sollte berücksichtigen, welche Erfahrungen die Leser im Umgang mit Bilderwelten haben. Personen mit Erfahrungen im Fernsehen, Film, Lesen etc. kann er andere Bildfolgen und Zeitabläufe anbieten als jenen, die darin unerfahren sind. Bei Letzteren muss er wesentlich mehr an Zwischeninformationen geben.

In der Hypnose wird in gleicher Weise auf Vorerfahrungen mit Bilderwelten zurückgegriffen. Eine sehr nüchtern denkende Person wird bislang weniger Dynamik in Bildern (im Fernsehen oder im Kopf) erlebt haben und bedarf eines langsameren Vorgehens als mediengewohnte Personen, die viele hundert Stunden Lernerfahrung damit haben. Mit der Zeit werden sie jedoch daran herangeführt werden können und es lernen, Innenbilder auch als Realität ihres Lebens, Fühlens und Denkens wahrzunehmen und damit zu arbeiten. Dabei dürfen wir nicht vergessen, dass jede Art von Sozialisierung ihre eigenen Klischees, kognitiven Vorstellungen und Imaginationen bewirkt. Sie muss der Therapeut auffinden, um auf dieser Ebene seine Patienten besser verstehen und erreichen zu können.

Imaginative Fähigkeit

Hypnotisierbarkeit hängt eng mit der Fähigkeit zusammen, seine Aufmerksamkeit auf nur ein Geschehen auszurichten, hier besonders auf die Innenbilder (= Imaginationen). Dabei handelt es sich nicht allein um optische „Bilder", sondern um jegliche Art von Gefühls- oder Sinnesbilder. Gut hypnotisierbare Personen können sich Geschehnisse besonders deutlich und lebhaft vorstellen.

Unsere Sprache ist oft in ähnlicher Weise bildhaft. Der Satz in den *Erzählungen* von Franco Biondi (1988), dass „die Pistolenkugel den Fernseher ins Herz traf", drückt sehr bildhaft die Zerstörung eines technischen Gerätes aus, das für uns zentrale Bedeutung hat. Oder in Dylan Thomas' Stück *Unter dem Milchwald* (1996) wird von einer Person berichtet: „Sein Leben war sardinenvoll von Frauen." Darunter können sich sehr viele etwas sehr Plastisches vorstellen. Derartige durch Sprache und Grammatik codierte Bilder sind jedoch trotz ihrer Bildhaftigkeit selten so komplex wie Imaginationen; sie können eher zu Imaginationen anregen.

Ein guter Comic führt uns ebenfalls in eine Welt von Bildern und lässt uns dabei jedoch lebhaft an unterschiedlichen Sinnes- und Gefühlsqualitäten teilhaben – durch Ansprechen unserer Imaginationen. Das ist ein Grundanliegen und ein Grundbestandteil seiner Definition.

	Vorstellungen
	Phantasien
	Kunst, Musik, Gestaltung
	Comics
	Bildmeditationen
	religiöse Bildmeditationen
Imagination	
	Kathatymes Bilderleben
	Autogenes Training
	Psychotherapie, z. B.
	Verhaltenstherapie
	Psychoanalyse
	Psychodrama
	Hypnose

Abb. 28.1: Beispiele für Anwendungsbereiche von Imaginationen

Diese Bilderwelten, Imaginationen, sind ein Bestandteil unseres gesamten Lebens. Ständig arbeiten wir mit inneren Bildern: Wir müssen uns den Weg von A nach B vorstellen können, um richtig abzubiegen; wir stellen uns einzelne Arbeitsschritte vor, bevor wir anfangen, zu backen, zu schreiben, zu modellieren oder zu konstruieren. Wir haben gewisse Vorstellungen von bestimmten Ereignissen und wollen sie danach gestalten. Teilweise bauen wir uns selbst dadurch Täuschungen auf, die sich von der Realität entfernen. Begegnen wir dann der Realität, dann werden wir durch sie gegebenenfalls enttäuscht. Deshalb arbeiten auch viele moderne Methoden der Psychotherapie mit Imaginationen: um Bilder der Vergangenheit aufzufrischen, Bilder von sich selbst aufzubauen oder zu ent-täuschen oder sich eigene Erfolge vorzustellen und dadurch Impulse für Aktivitäten zu bekommen.

28.3 Flexibilität

Ganzheitlichkeit in der Verarbeitung

Mit der Ansprechbarkeit auf Innenbilder ist auch verbunden, diese jeweils als Einheiten wachzurufen und damit verbunden komplexe, ganzheitliche Erlebensbereiche zu aktivieren (so Gefühle, physiologische Reaktionen, Bewertungen, Einstellungen). Das vom Therapeuten gut geleitete hypnotische Geschehen wie z. B. „Sie sind jetzt vier Jahre alt und befinden sich in Ihrem Kinderzimmer ..." löst zahlreiche Gefühle, Gerüche, Bewertungen etc. aus.

Dies ist abhängig von der Art des Inputs. Einfache Suggestionen oder Comics sprechen meist nur einfache Schichten an (z. B. Schmunzeln). Gut gestaltete sequenzielle Kunst legt Wert auf eine mehrschichtige Kommunikation, z. B. Spannungsaufbau, Emotionalität, und erzielen dadurch komplexe Reaktionen. Beispiele: die Faszination des Zuschauers durch die Geschichte des Pinocchio und die Freude, ja Erleichterung, als er doch noch ein Junge wird; das Mitleiden, als im Film *Fritz the Cat* (Robert Crumb, 1971) der Freund und Billardfan

von Fritz stirbt – es rollen Billardkugeln über die Bildfläche, die im Herzrhythmus des Sterbenden immer langsamer werden ....
.

Beliebige Veränderbarkeit
In der Hypnose ist es möglich und therapeutisch erforderlich, Veränderungen an der derzeitigen Realität vorzunehmen. So erfordert z. B. die Altersregression einen immensen Zeitsprung. Wenn sich ein Prüfungskandidat sein Verhalten aus der Sicht des Prüfers ansehen soll, so ist dies ein imaginierter Perspektivenwechsel. Auch Zeitabläufe können – abweichend von der physikalisch ablaufenden Zeit *(real time)* – in den relevanten Passagen gedehnt oder gekürzt werden. Oder: Für eine redegehemmte Person kann z. B. ein Auditorium mit zwei oder zehn oder beliebig vielen Personen unterschiedlichen Aussehens schnell imaginativ bereitgestellt werden.

Im Comic sind vergleichbare Aspekte zu finden. Je nach Dramaturgie kann sehr schnell, ja bildweise in andere Zeit- oder Lebensbereiche gesprungen werden. Es erfolgen mitunter immense Zeitraffungen oder Zeitdehnungen, ohne dass man diese als unangenehm erlebt, sondern vielmehr im Sinne der Handlung als schlüssig.

Ablauf der Zeit
Zeit verläuft in physikalischer Kontinuität. Die ersten Filmer ließen deshalb die Filmkamera über lange Passagen durchlaufen, um ein Geschehnis darzustellen. Später kam man darauf, dass ein Ereignis nicht in Realzeit wiedergegeben werden muss, sondern durch Filmschnitt und Informationen aus der Szene Zeitabläufe sehr verdichtet oder gestreckt werden können. Auch das wird im Comic durch die Anordnung der Bilder und Sprechblasen in hohem Maße angewandt. So werden dem Leser mitunter Zeitraffer und Zeitlupen von Ereignissen vorgelegt (s. Abschn. 5.2).

Unser subjektives Erleben verläuft tatsächlich diskontinuierlich. Je nach Interesse oder Desinteresse vergeht die subjektive Zeit sehr langsam oder schnell. Je nach Bedarf können wir Erinnerungsinhalte zeitlich dehnen oder strecken, um z. B. genaue Analysen vorzunehmen oder einen Langzeitüberblick zu bekommen. In der Hypnose bedient man sich genau dieser subjektiven Zeitrelativität.

Übergang von der Welt des Realen zum Surrealen
Unser Erleben speichern wir und bewerten es dabei. Berichten wir von einem Ereignis, dann kann es in unserer Erinnerung mit der Zeit ungewollt verändert werden. Wir schmücken die Handlung unserem Wunschdenken entsprechend aus. Ein Erfolg wird somit überhöht dargestellt, eventuell auch ein Verlust. Diese rein menschliche Tendenz kann zu kognitiven Eskalationen führen: Negative Erlebnisse werden immer mehr negativ ausgeschmückt und als bedrückend erlebt, bis die gesamte „Geschichte" aus dem Bereich des Realen übergeht in den Bereich des Surrealen oder Psychorealen – und ist dann zur neurotischen Angst oder neurotischen Depression geworden. Eine Entstellung bis zur Kenntlichkeit – wie Bert Brecht Vergleichbares benennen würde.

In der Hypnose müssen gegebenenfalls ähnliche surreale/psychoreale Bilder benutzt werden, mit denen ein Patient konfrontiert wird, um seine übertriebenen bzw. krank machenden Gedanken und Bewertungen erkennen zu können – auch hier Übertreibung bis zur Kenntlichkeit.

Im Comic begegnen wir Ähnlichem. Nur durch übertrieben dargestellte Mimik und Gestik wird die intendierte Aussage des Künstlers dem Leser deutlich. Durch überhöhte Darstellung bis hin zum Surrealen kann er bestimmte Inhalte oder Stimmungen vermitteln. Auch hier gilt, dass es von der Welt der Realität zur Welt der Irrealität und Imagination fließende Übergänge gibt.

Diese Vergleiche beinhalten keinesfalls, dass der Autor meint, wir würden in einer permanenten Donald-Duck- oder Peanut-Welt leben – auch wenn dies die diversen Produktwerbungen folgern lassen könnten. Hier handelt es sich keinesfalls um die Übersteigerung eines Comicfans bis zu dessen Unkenntlichkeit.

Vielmehr wurde deutlich, dass wir in unserem Alltagsleben sehr stark mit unseren Imaginationen befasst sind und von ihnen sowohl zum Gesunden wie zum Kranken hingeleitet werden. Somit sind Hypnose und Comic letztendlich kulturelle Übernahmen und kulturelle Pointierungen unseres Alltagslebens – hier zur Therapie, dort zur Unterhaltung.

Kapitel 29

Ihr persönlicher Hypnose-Verständnis-Test (pHVT)

Da Sie nun fast alles über Comic und Hypnose wissen, was Sie bereits seit langem wissen wollten, sind Sie besonders gut informiert und in der Lage, die nachfolgenden drei Cartoons (Zeichentrickfilme) nach unterschiedlichen Kriterien und Erklärungsmodellen zu analysieren.

1

Donald als Hypnotiseur (Orig.: *The eyes have it*)
Walt Disney Production (1945)

Donald Duck hatte 1934 seinen ersten Filmauftritt und wurde ab 1938 als Comicstrip gedruckt. Zwischen 1937 und 1961 kamen 128 Zeichentrickkurzfilme der Donald-Duck-Serie heraus.

Donald hat mit der Post ein circa DIN A4 großes gelbes Pappkästchen mit der Aufschrift E.Z HYPNOTISM erhalten und packt es voller Vorfreude aus. In ihm befindet sich eine Art Taucherbrille mit vorgewölbten, rot umrandeten Glupschgläsern und ein Buch. Er setzt die „Brille" auf. Sein nun glubschbebriller Blick in den Spiegel lässt ihn sofort wie von Stromschlägen getroffen zusammenzucken. Es wirkt!

Das Einleitungskapitel des Begleitbuches empfiehlt, eine Versuchsperson geringer Intelligenz auszuwählen. Sein Blick fällt auf den getreuen Pluto. Mithilfe der Brille erfolgt die Suggestion: „Pluto, du bist eine Maus!" Diese muss sich natürlich im bekannten Loch verstecken und am Käse nagen. Dann wird Pluto umhypnotisiert zur langsamen Schildkröte, zum gackernden Huhn, zum wütenden Löwen. Aber der Löwe ist so unbändig, dass er Donald zeichentricktypisch rasant verfolgt.

Zu allem Unglück zerbricht bei dieser hektischen Jagd Donalds Hypnosebrille, und er muss nun eine grausame Verfolgung durch den Pluto-Löwen erfahren.

Erst, als beide in diesem Chaos hinfallen und auf dem Kopf landen, lässt die Verwandlungswirkung der Hypnose nach.

2

Ignatz als Hypnotiseur
Zeichnung: George Harriman, Story: Jack Mandelsohn
King Features Entertainment (ca. 1929)

Maus Ignatz ist wohl die älteste klassische Comicfigur, sie erscheint erstmals am 26.07.1910.

Maus Ignatz, spillrig dünn, vorlaut und notorischer Ziegelstein-werfer in der fiktiven Landschaft Coconino County, liest im Buch

146–149 ▢

Behip with Hypnosis (dtsch. etwa: *Sei verrückt mit Hypnose*) und hat als williges Opfer sich selbst gefunden, schaut in den großen Spiegel und spricht beschwörend: „Sieh mir in die Augen. Du wirst jetzt sehr müde!" Das wirkt immens: Die Augen erhalten Spiralen, Strahlenzacken kommen aus den Augen, und er schläft ein.

Als sein Freund Kollin Kelly die dritte Mahnung zur Abrechnung über 27 Ziegelsteine bringt, erhält Ignatz aus Versehen einen Schlag auf den Kopf, erwacht aus der Selbsthypnose und schlägt nun hypnotisch zurück: „Mein Freund Kelly. Mein liebster Freund Kelly. Die Ziegelsteine waren ein Geschenk. Genau wie alle anderen auch – die ich mir jetzt holen werde!" Darauf zerreißt Freund Kelly die Mahnung freundlich. Nun will Ignatz ein Taxi haben. Er schickt aus seinen Augen Hypnosestrahlen, die einen weit entfernten Taxifahrer erreichen, der bereitwillig kommt. Ignatz nutzt nämlich die Gelegenheit, um Kelly als hypnotischen Gehilfen zum Ziegelsteintransport einzusetzen.

Als er vom Polizisten Offisa Pupp aufgehalten wird, braucht er mit spiraligem Hypnoseblick nur „Kän-gu-ruh" zu rufen, und schon hüpft der Gesetzeshüter erfreut mit großen Sprüngen davon. Ein von Ignatz geworfener Ziegelstein trifft ihn jedoch am Kopf und unterbricht die Hypnosewirkung. Aber Ignatz verwandelt den Polizisten sofort in Napoleon, der in die Schlacht wegziehen muss. Da Ignatz jedoch ein zwanghafter Ziegelsteinschmeißer ist, unterbricht er somit wieder die Wirkung. Nun kommt er bei der Verfolgung in Bedrängnis und hilft sich: „Ich bin ein Vogel", um wegzufliegen.

Aber fast jeder lustige Comic benötigt eine Eskalation! Der Polizist ist nun per Autohypnose ein großer Falke. Ignatz nun: „Ich bin ein Flugzeug." Polizist: „Und ich bin schon lange ein Abfangjäger." – „Jetzt bin ich ein Düsenjet." – „Dafür bin ich jetzt ein Superjet!" – „Ich bin eine Rakete!" – „Ich bin eine noch größere Rakete!" – „Und ich bin ein interplanetaricher …" BOING – PENG – KRACKS. Da muss wohl die Hypnosewirkung nachgelassen haben, und Ignatz landet im Absturz mitten im Gefängnis. Vor dem Gitter steht nun Krazy Cat, die ihn wie immer bewundert: „Übrigens, Ignatz, bist du jetzt ein richtiger Hypnotiseur?" Ignatz: „Hypnose, bah." Sein Ziegelsteinwurf beendet den Dialog.

3

Yogi Bär: Hypnose gut, alles gut (Orig.: *Nowhere Bear*)
Hanna-Barbera-Production (1973)

 150–153

Der freundliche und sympathische Bär Yogi, der sogar sprechen kann, entstammt den berühmten amerikanischen Zeichentrickstudios von Hanna und Barbera; später wurden diese Geschichten auch gedruckt.

Ort ist der Jellystone (!) National Park im Herbst. Der Ranger Smith kann sich nun in Ruhe seinem Buch *Do it yourself hypnotism* widmen. Auf der Suche nach einem geeigneten Übungspartner stößt er auf Yogi, den Bären. Der Ranger mit kühnem Blick nun: „Du wirst müde, müde, ganz müde." Als es nicht sofort wirkt: „Schau mir in die Augen. Entspann' dich … du wirst müder und müder … deine Augen werden schwer. Du fällst in einen tiefen Schlaf." Aber Yogi merkt nichts von alledem. Doch plötzlich sieht er beim Rumhampeln das Anleitungsbuch liegen und spielt nun den hypnotisierten Bären, der eingeschlafen ist: „Mit leerem Magen höre ich nicht gut, aber ein kleines Stückchen Schokoladenkuchen könnte meinem Gehör nachhelfen." ... Als er den Kuchen verdrückt hat, ist er willig ein bellender Hund, um den Ranger in Staunen zu versetzen. Yogi darf nun zur Höhle in den Winterschlaf zurück.

Obwohl er an den „Hypnoseschwachsinn nicht glaubt", will er ihn an seinem Bärenkumpel und Höhlengenossen Boo-Boo ausprobieren, um etwas zu lachen zu haben. In der Höhle angekommen, findet er Klein Boo-Boo schlafend vor. Doch Yogi scheint vorhin etwas nicht ganz richtig verstanden zu haben, denn er suggeriert nun: „Du wirst müde. Schau mir in die Augen, kleiner Boo-Boo. Du wirst müder und müder." Als Boo-Boo weiterschläft, ist Yogi über seinen Hypnoseulk ganz stolz: „Und jetzt werde ich beweisen, daß rein gar nichts hinter dem Hypnosequatsch steckt. Boo-Boo, mein lieber kleiner Bärenkumpel, du bist ein Vogel!"

Gerade als Yogi über den ausbleibenden Erfolg lachen will, sitzt Boo-Boo auf der Bettstange und fliegt zwitschernd weg, ca. 300 Fuß hoch. Wie das Cartoonschicksal es so will, knallt Boo-Boo in dieser Höhe gegen einen Felsen, landet in einem Vogelnest und erwacht von der Hypnose, verängstigt in schwindelnder Höhe. Yogi und der Ranger führen nun die üblichen Rettungsversuche mit Schleuderbrett, Angel und Pilotenschleudersitz durch – natürlich erfolglos. Letztlich nimmt Yogi mehrere Luftballons, rettet Boo-Boo – und fliegt mit ihm davon.

Kapitel 30

Ausblick

In den Ausführungen dieses Buches werden viele Informationen über Comics gegeben, analysiert und entmystifiziert, um auf dieser Grundlage Fakten aus der Realität der wissenschaftlich fundierten Hypnose abzuleiten oder sie dem Comic als Kontrast entgegenzustellen. Dennoch werden wir dieses umfangreiche Literatur- und Wissenschaftsgebiet nie abschließend darstellen können.

Bei aller Ausführlichkeit sind bestimmt noch Fragen offen geblieben, so zum Beispiel:

- Wurde *Dornröschen* durch Hypnose in den Schlaf versetzt? Handelt es sich hier eventuell sogar um eine Massenhypnose im ganzen Schloss?
- Wurde *Schneewittchen* vielleicht gar nicht vergiftet, sondern durch Hypnose vorübergehend aus dem Verkehr gezogen?
- Kann man durch Küssen die Hypnose beenden wie z. B. bei Dornröschen oder Schneewittchen? (Vielleicht wenn man ein Märchenprinz ist?)
- Ist im Märchen *Schwan kleb an* eine Handkatalepsie als Wirkung einer Gruppenhypnose zu beobachten?
- Verwandte der Wolf indirekte Suggestionen, um *Rotkäppchen* vom rechten Wege abzubringen?
- Wurde bei der *Prinzessin auf der Erbse* durch die vielen Matratzen indirekt eine bestimmte Erwartungshaltung und damit Wunschverhalten suggeriert – oder liegt hier „nur" eine Selffulfilling Prophecy vor?
- Oder ... oder ...?

Aber was soll ich Ihnen diese Fragen noch zusätzlich stellen, wenn Sie sich bereits so viele selbst gestellt haben?

Das faszinierende Medium des Comics nimmt in seinen Darstellungen der Hypnose einen starken Einfluss auf die Urteilsbildung seiner Leserinnen und Leser. Neben dem meist intendierten belustigenden Effekt des Comics können durch ihn auch Ängste und diffuse Ablehnungen aufgebaut werden, die viele in ihrer Ablehnung gegenüber Hypnose bestärken. Der Comic dient in diesem Bereich keinesfalls zur Information oder sogar zur Aufklärung, sondern sehr zur Desinformation und Abschreckung. Der so fehlinformierte Leser wird sich kaum oder nur mit sehr großen Vorbehalten in eine Hypnosebehandlung begeben.

Wie aufgezeigt wurde, vollzieht sich die Einleitung einer modernen klinischen Hypnose vollkommen undramatisch und bar jeglicher

„Effekte". Die damit erzielten Wirkungen und Phänomene mögen teilweise erstaunlich sein (wie z. B. die Altersregression oder das automatische Schreiben), sie sind jedoch kontrolliert zu bewirken – und sie sind vor allem mit klaren, wissenschaftlich abgesicherten psychologischen Modellen erklärbar.

Würde die im psychotherapeutischen Alltag reale Hypnose im Comic dargestellt werden, wäre das eine meist undramatische und harmlose, ja für Außenstehende teilweise sogar unattraktiv-langweilige Angelegenheit. Aber wo bliebe da unser geliebter Comic, der von der Übertreibung und dem Surrealen, der Ausgestaltung des Unmöglichen lebt, der seine Dramaturgie daraus entwickelt, dass uns das im realen Bild anschaulich gemacht wird, was wir in unserer inneren Bilderwelt erhoffen, befürchten oder belachen können?

Wo aber bleibt andererseits der Humor der exakten Wissenschaft? Ihre Elfenbeintürme scheinen ihn zu verhindern. Die Psychotherapie bildet die Nahtstelle zwischen Wissenschaft und pulsierender Lebensrealität. Spätestens hier sollte Humor erlaubt, ja sogar gefordert sein. Er vermag es, eine wohltuende Distanz zu uns, zu unseren Problemen und zu den Problemen anderer zu schaffen. Und diese wiederum macht bessere Analysen, mehr Nähe zu den Patienten und vor allem lebensnahe Lösungen möglich.

Vielleicht kommen wir eines Tages auf Grund wissenschaftlicher Erkenntnisse zu der Einsicht, die uns schon die Veden, die magische und philosophische Literatur der arisch-indischen Zeit, vor 3000 Jahren offenbaren: dass wir das Universum nicht so sehen, wie es ist. „Was wir sehen, ist nur Maya, Illusion, das magische Theater der Natur, eine kollektive Halluzination jenes Teils unseres Bewusstseins, den wir mit unseresgleichen gemeinsam haben und der den gemeinsamen Nenner und die Kontinuität unserer Lebenserfahrungen bildet." (Matthiesen 1980, S. 70).

Je ausführlicher man sich mit einem wissenschaftlichen Gegenstand befasst, umso mehr Neugier entwickelt sich durch das erworbene differenzierte Wissen. Während ich diese letzten Zeilen schreibe und während Sie diese Zeilen lesen, werden zahlreiche neue wissenschaftliche Erkenntnisse über Hypnose publiziert – aber auch viele Comics über die Wirkungen der Hypnose.

Hier begegnen wir zum Abschluss sinnigerweise der Comicfigur des pfiffigen Paulchen Panther und seiner Erkenntnis:

„Gerade als ich alle Antworten des Lebens wusste, haben sie die Fragen geändert."

155

Literatur

Acevedo, J. (1982): Wie man Comix macht. München (AG SPAK Publikationen).
Andersen, H.-C. (1938): Märchen. München (Droemer).

Baumgärtner, A. C. (1969): Comics in Deutschland. In: E. Dovifat (Hrsg.): Handbuch der Publizistik. Bd. 2. Berlin (De Gruyter), S. 127–132.
Bellairs, A. (1969): Die Reptilien. Lausanne (Recontre).
Bendazzi, G. (1994): Cartoons: One hundred years of cinema animation. London (J. Libbey & Company Ltd.).
Bernheim, H. (1891): Hypnotisme, Suggestion, Psychothérapie. Études Nouvelles. Paris (Doin).
Bibel (extrem vor unserer Zeitrechnung/Reprint ca. 1884). O. O. (Steihaus).
Biondi, F. (1988): Erzählungen. Fischerhude (Atelier im Bauernhaus).
Bleicher, T. (1996): Rechts-seitig oder rechts-zeitig. Anmerkungen zum Denken und Wirken Rolf Kaukas. In: A. Krägermann (Hrsg.): Comic Katalog 1997/98. Berlin (Krägermann).
Bohn, K. (1996): Das Erika Fuchs Buch. Disneys deutsche Übersetzerin von Donald Duck und Micky Maus: Ein modernes Mosaik. Lüneburg (Dreizehn).
Bongartz, W. u. B. Bongartz (1998): Hypnosetherapie. Göttingen (Hogrefe).
Brand, J.-U. (1994): Zoff im Enten-Reich. *Stern* Nr. 13/1994: 214.
Brecht, B. (1953): Kleines Organon für das Theater. Frankfurt a. M. (Suhrkamp).
Brehm, A. (1927): Brehms Tierleben. Band 21. Hamburg (Gutenberg).
Bremer, B. (1994): Der Fall Entenhausen. Die Machenschaften von Dagobert, Donald und der übrigen Brut auf dem juristischen Prüfstand. Frankfurt a. M. (Eichborn).
Brinkmann, G. (1955): Der Giftstrom der Comic-Books. *Der Katholische Erzieher* 8 (2): 68 f.
Brion, P. (1986): Tex Avery. Herrsching am Ammersee (Schuler).
Brockhaus (1967, 1968, 1970): Enzyklopädie in 24 Bänden. Wiesbaden (Brockhaus).
Bundeszentrale für gesundheitliche Aufklärung (1995): Plakat: Wenn Kinder Pickel bekommen, bekommen manche Eltern Panik. Nur keine Panik: Ihr Kind ist in der Pubertät. Köln.
Bürger, M. (Hrsg.) (1988): Lexikon der Hundehaltung. Hannover (Landbuch).
Burlison, C. L. (1983): The case of Ebenezer Scrooge – a walking zombie. *Medical Hypnoanalysis* 4 (1): 49–51.
Cahn, M. (1988): Magnetische Metaphern: Mesmer in England. In: G. Wolters (Hrsg.): Franz Anton Mesmer und der Mesmerismus. Wissenschaft, Scharlatanerie, Poesie. Konstanz (Universitätsverlag Konstanz), S. 107–120.
Calvin, W. H. (1994): Der Strom, der bergauf fließt. Eine Reise durch die Evolution. München (C. Hanser).
Carlsen Comics (1996): Carlsen Comic Park. CD-ROM. Hamburg (Carlsen).
Carroll, L. (1963): Alice im Wunderland. Hrsg. v. C. Enzensberger. Frankfurt a. M. (Insel).
CD Direkt (1995) (Computerzeitschrift) 1 (1).
Ceysson, B. u. G. Bresc-Bautier (1997): Renaissance. In: B. Ceysson et al. (Hrsg.): Skulptur. Bd. 3: Renaissance bis Rokoko. Köln (Tschen).
Chaplin, L. G. (1966): Ich war Charlie Chaplins Frau – die intimen Memoiren der Lita Grey Chaplin. Flensburg (C. Stephenson).
Comic Speedline (1998) 7 (65): 58: Wonder Woman #1. Beine bis zum Hals.

Cordt, W. K. (1954): Der Rückfall ins Primitive. *Westermanns pädagogische Beiträge* 6 (4): 162.

Cotton, J. (1971): Der Hypnose-Mörder. Bergisch-Gladbach (Bastei).

Czerwionka, M. (1991): Mickey Mouse. In: H. Langhans (Hrsg.): Lexikon der Comics. Meitingen (Corian).

DeVoto, B. E. (1922): Mark Twain in Eruption. New York (Harper & Row).

Dickens, C. (1957): Ein Weihnachtslied in Prosa. In: C. Dickens (Hrsg.): Weihnachtserzählungen. München (Kolb).

Disney, W. (1984): Donald Duck. 50 Jahre und noch kein bißchen leise. Remseck bei Stuttgart (Unipart).

Doetsch, M. (1958): Comics und ihre jugendlichen Leser. (Schriftenreihe der Hochschule für Internationale Pädagogische Forschung.) Meisenheim.

Dorfman, A. a. A. Mattelart (1975): How to read Donald Duck. Imperialist ideology in the Disney Comics. New York (International General).

Dröscher, L. H. (1995): Hypnose für die Braut. Bei den Wildschweinen erwachen jetzt unzarte Frühlingsgefühle. *Westdeutsche Allgemeine Zeitung* Nr. 210.

Duden (1990): Das Femdwörterbuch. Mannheim etc. (Dudenverlag).

Dünnwald, J. (1995): Tank Girl: Kino. *Cocktail. Die junge Illustrierte Zeitung. Beilage der Westdeutschen Allgemeine Zeitung*, 17.6.1995.

Ehapa-Verlags GmbH (1995): Comics mit Carakter (Verlagsprospekt). Stuttgart (Ehapa).

Eibl-Eibesfeldt, I. (1967): Grundriß der vergleichenden Verhaltensforschung. München (Piper).

Eibl-Eibesfeldt, I. (1975): Der vorprogrammierte Mensch. Das Ererbte als bestimmender Faktor im menschlichen Verhalten. Wien (Molden).

Eibl-Eibesfeldt, I. (1979): Liebe und Haß. Zur Naturgeschichte elementarer Verhaltensweisen. München (Piper).

Eisner, W. (1985/1994): Comics & sequential art. 5th edition. Tamarac, CA (Poorhouse Press).

Eisner, W. (1995): Graphic storytelling. Tamarac, FL (Poorhouse Press).

Eliade, M. (1960): Yoga. Zürich (Rascher).

Ellenberger, H. F. (1973): Die Entdeckung des Unbewußten. Bern (Huber).

Enzensberger, C. (1963): Nachwort zu Alice im Wunderland. In: C. Enzensberger (Hrsg.): Alice im Wunderland. Frankfurt a. M. (Insel).

Ersch J. S. u. S. G. Gruber (1822): Allgemeine Encyklopädie der Wissenschaften und Künste. Leipzig (Gleditsch).

Fellini, F. (1972): Block-notes di un regista. I Clown. Bologna (o. A.).

Forstner, D. (1977): Die Welt der Symbole. Innsbruck (Tyrolia).

Fossati, F. (1993): Das große illustrierte Ehapa-Comic-Lexicon. Stuttgart (Ehapa).

Fuchs, W. J. u. R. Reitberger (1978): Comics-Handbuch. Reinbek bei Hamburg (Rowohlt).

Gaarder, J. (1993): Sofies Welt. Roman über die Geschichte der Philosophie. Wien (C. Hanser).

Gans, G. (1983): Die Ducks. Psychogramm einer Sippe. Reinbek bei Hamburg (Rowohlt).

Gans, M. S. (1986): Das wahre Leben des Donald D. – Entenhausens unglaubliche Geschichte. Frankfurt a. M. (Fischer).

Gaschler, T. (1982): Moderne Hypnose-Technik. 48 Lektionen zum Selbstunterricht. Deggendorf (Ulrich).

Gmelin, N. N. (1787): Über den tierischen Magnetismus. Tübingen (Heerbrandt).

Grimm, J. u. W. Grimm (1937): Märchen. München (Droemer).

Grote, J. A. (1995): Carls Barks*. Werkverzeichnis der Comics. Stuttgart (Ehapa).

Grote, J. A. (1997): Who's Who in Entenhausen. Stuttgart (Ehapa).

Hänisch, I. von (1982): Reich – stark – mächtig: Die Phantasiehelden unserer Kinder. Fellbach (Bonz).

Havlik, E. J. (1981): Lexikon der Onomatopöien. Das lautimitierende Wort im Comic. Frankfurt a. M. (Fricke).

Hentig. H. von (1984): Das allmähliche Verschwinden der Wirklichkeit. München (Hanser).

Hesse-Quack, O. (1973): Die soziale und soziologische Bedeutsamkeit der Comic Strips. In: H. D. Zimmermann (Hrsg.): Vom Geist der Superhelden – Comic Strips. ZurTheorie der Bildergeschichte. München (Deutscher Taschenbuch Verlag).

Hiebing, D. (1996): Comics und Zensur. In: A. Schnurrer, J. Spiegel, R. Seim u. D. Hiebing (Hrsg.): Comic: Zensiert. Bd. 1. Katalogbuch zur gleichnamigen Ausstellung. (Gefördert vom Ministerium für Stadtentwicklung, Kultur und Sport des Landes Nordrhein-Westfalen.) Sonneberg (Edition Kunst der Comics), S. 107–151.

Hill, G. F. (1943): Relation of Children's Interest in Comic-Strips on the Vocabulary of these Comics. *Journal of Educational Psychology* 34: 48 ff.

Hoffmann, E. T. A. (1924): Die Elixiere des Teufels. In: Sämtliche Werke. Bd. IV. Hrsg. v. R. Frank. München/Leipzig (Rösl), S. 13–365.

Hoffmann, E. T. A. (1924): Das Sanktus. In: Sämtliche Werke. Bd. IX. Hrsg. v. R. Frank. München/Leipzig (Rösl), S. 143–163.

Hohlbein, W. (1996): Nach dem großen Feuer. Stuttgart (Franckh-Kosmos).

Hoppe, W. (1955): Der Bildidiotismus triumphiert. Ergebnis einer Schmökergrab-Aktion in der Stadbücherei Hagen. *Bücherei und Bildung* 7 (11): 81–86.

Horn, M. (ed.) (1986): 100 Years of American Newspaper Comics. An illustrated Encyclopadia. New York (o.A.).

Huxley, A. (1932): Brave new World. London (Triad Panther). [Deutsch (1953): Schöne neue Welt. Frankfurt a. M. (Fischer).]

Irving, J (1982): Hotel New Hempshire. Zürich (Diogenes).

Jandl, E. (1995): lechts und rinks. gedichte statements peppermints. München (Luchterhand).

Janes, P. J. M (1925): Psychological healing: A historical and clinical study. New York (Crowell-Collier and Macmillan Inc.).

Jenrich, H. (1995): Segelohr Alfred hat ausgegrinst. *Westdeutsche Allgemeine Zeitung*, 28.10.1995.

Jenrich, H. (Hrsg.) (1996): Freunde fürs Leben. Von Asterix bis Zorro: Gefährten, Helden, Kultfiguren. Essen (Klartext).

Jörns, R. u. H. Langhans (1991): Comics Code. In: H. Langhans (Hrsg.): Lexikon der Comics. Meitingen (Corian).

Jurzik, R. (1985): Der Stoff des Lachens. Studien über Komik. Frankfurt a. M. (Campus).

Kagelmann, H. J. (1975): Guten Tag! Wer von Ihnen ist Napoleon? Psychologen, Psychiater und „Irre" im Comic. *Psychologie heute* 2 (12): 62–72.

Kagelmann, H. J. (1982): Modellvorstellungen psychisch abweichenden Verhaltens in der Unterhaltungsliteratur. Berlin (Volker Spiess).

Kagelmann, H. J. (Hrsg.) (1991): Comics Anno. Jahrbuch der Forschung zu populär-visuellen Medien. München (Profil).

Kagelmann, H. J. (1997): Who's Who im Comic. München (Deutscher Taschenbuch Verlag).

Kagelmann, H. J. u. R. Zimmermann (1980): Behinderte im Comic. *Comixene* 7 (32): 18–21, und 7 (33): 14–18.

Kahlweit, C. (1996): Alice Schwarzer ist keine Säulenheilige. *die tageszeitung*, 21.3.1996, S. 15.

Kanfer, F. H., H. Reinecker u. D. Schmelzer (1991): Selbstmanagement-Therapie. Berlin (Springer).

Keilhauer, A. u. P. Keilhauer (1983): Die Bildsprache im Hinduismus. Köln (DuMont).

Keller, G. (1992): Kleider machen Leute. Stuttgart (Reclam).

Kircher, A. (1646): Ars magnetica lucis et umbrae. Libr. II, Pars I. Rom.

Kleinhauz, M., D. A. Dreyfuss, B. Beran et al. (1979): Some after-effects of stage-hypnosis: A case study of psychopathological manifestation. *The International Journal of Clinical and Experimental Hypnosis* 27 (3): 219–226.

Kleist, H. von (1979): Michael Kohlhaas. Stuttgart (Klett).

Klug, M. (1955): Comics, eine sittliche Gefahr für unsere Jugend. *Katholische Frauenbildung*: 195–198.

Knigge, A. C. (1985): Sex im Comic. Frankfurt a. M. (Ullstein).

Knigge, A. C. (1994): Geleitwort zu: Scott McCloud: Comics richtig lesen. Hamburg (Carlsen).

Knigge, A. C. (1996): Comics. Vom Massenblatt ins multimediale Abenteuer. Reinbek bei Hamburg (Rowohlt).

Koch, W. (1994): Baustilkunde. München (Orbis).

Kossak, H.-C. (1997): Lehrbuch Hypnose. (3. Aufl.) München (Beltz).

Kracauer, S. (1964): Theorie des Films. Frankfurt a. M. (Suhrkamp).

Krägermann, A. (1996): Comic Katalog 1997/98. Berlin (Krägermann).

Kramer, B. (1984): Kurian mit dem Pendel. *Run. Unabhängiges Computermagazin* 1 (10): 112 f.

Kramer, S. N. (1984): Die Wiege der Kultur. Amsterdam (Time-Life).

Kunz, K.-L. (1998): Kriminalpolitik in Entenhausen. *Westdeutsche Allgemeine Zeitung*, 14.2.1998.

Kunzle, D. (1991): Carls Barks*. Dagobert und Donald Duck. Welteroberung aus Entenperspektive. Frankfurt a. M. (Fischer).

Küstenmacher, K. (1996): Chris, die Kerze und die „Geschichte vom Abendmahl". Augsburg/Stuttgart (Pattloch/Calwer).

Küstenmacher, W. (1989): MS-DOS mühelos. Ein garantiert fröhlicher Cartoon-Computerkurs. München (Systhema).

Lafontaine, C. (1886): Mémoires d,un magnétiseur. 2. Bde. Paris (Germer-B. Baillière).

Lamers, F. (1993): Der Reporter. *Westdeutsche Allgemeine Zeitung*, 18.12.1993.

Langhans, H. (Hrsg.) (1991): Lexikon der Comics. Meitingen (Corian).

Laqua, C. (1992): Wie Micky unter die Nazis fiel. Walt Disney und Deutschland. Reinbek bei Hamburg (Rowohlt).

Lazarus, A. A. a. A. Abramovitz (1962): The use of emotive imagery in the treatment of children's phobias. *Journal of Mental Science* 108: 191–195.

Lefort, G. (1995): Interview im TV-Film „Le Phénomène Tintin". arte, 22.10.1995.

Loquai, F. (1990): Nachwort. In: E. T. A. Hoffmann: Der Sandmann. Gezeichnet von D. Battaglia. Osnabrück (Altamira).

Lorenz, K. (1940): Durch Domestikation verursachte Störungen arteigenen Verhaltens. *Zeitschrift für angewandte Psychologie und Charakterkunde* 59: 2–81.

Lorenz. K. (1941): Vergleichende Bewegungsstudien an Anatinen. In: K. Lorenz: Über tierisches und menschliches Verhalten. Bd. II. Stuttgart (Deutscher Bücherbund).

Lorenz. K. (1965): So kam der Mensch auf den Hund. München (Deutscher Taschenbuch Verlag).

MacHovec, F. J. (1981): Shakespeare on hypnosis: The Tempest. *American Journal of Clinical Hypnosis* 24 (2): 73–78.

Mahabharata. Indiens großes Epos (3000 v. Chr./1978): Nach dem Sanskrit-Text übersetzt und zusammengefasst v. B. Roy; aus *dem* Engl. übertragen von E. Roemer. Düsseldorf (Diederichs).

Mann, T. (1930): Mario und der Zauberer. Berlin (S. Fischer).

Marcuse, L. (1950): Die Utopie und das Individuum. *Der Monat* 27.

Maurier, G. de (1894): Trilby. New York (Harper Bros).

Matthissen, P. (1980): Auf den Spuren des Schneeleoparden. Bern (Scherz).

McCloud, M. (1993): Understanding Comics. The invisible art. [dt. 1994: Comics richtig lesen. Hamburg (Carlsen).]

McKenzie, A. (1988): How to draw and sell comic strips. London (Quarto).

Mead, R. (1746): De imperio solis ac lunae in corpora humana et morbis inde oriundis. London (n. p.).

Mesmer, F. A. (1755): Dissertatio physico-medica de planetorum influxu. Vindobonae (Typis Ghenenianis).

Messent, P. (1986): Hunde. Das Rätsel ihres Verhaltens und ihrer Sprache. Herrsching (M. Pawlak).

Metken, G. (1970): Comics. Frankfurt a. M. (Fischer).

Meyers Enzyklopädisches Lexikon (1971). Mannheim et al. (Bibliograhpisches Institut).

Meyers Lexikon (1924). Leipzig (Bibliographisches Institut).

Metzger, W. (1963): Psychologie. Darmstadt (Steinkopff).

Milgram, S. (1965): Some conditions of obedience to authority. *Human Relat.* 18: 57–76.

Milne, A. A. (1926): Winnie the Poo. (Reprint 1982) Bungay (Suffolk) (The Chaucer Press).

Morris, D. (1991): Warum hat das Zebra Streifen? Körpersprache und Verhaltensformen der Tiere. München (Wilhelm Heyne).

Müller, G. (1988): Modelle der Literarisierung des Mesmerismus. Mesmers Versuche, das Unbewußte zu erklären. In: G. Wolters (Hrsg.): Franz Anton Mesmer und der Mesmerismus. Wissenschaft, Scharlatanerie, Poesie. Konstanz (Universitätsverlag Konstanz), S. 71–86.

Neuberger, F. (1996): Die Geschichte der amerikanischen Superhelden-Comics. In: A. Krägermann (Hrsg.): Comic Katalog 1997/98. Berlin (Krägermann).

P. M. Computerheft (1985): Der Computer als Hypnotiseur. Neues aus USA. *P. M. Computerheft* 2 (10): 89.

Parejko, J., G. Gaines a. D. Katarzynski (1975): 100 cases of reincarnation? II. *Journal of the American Institute of Hypnosis* 16 (5): 206 f.

Peeters, B. u. P. Sterckx (1995): TV-Film „Tim und Struppi: Ich packe meinen Koffer und gehe." 22.10.1995, arte.

Penthouse (1979): The international magazine for the man. *Penthouse* 3 (11).

Pforte, D. (1973): Deutschsprachige Comics. In: H. D. Zimmermann (Hrsg.): Vom Geist der Superhelden – Comic Strips. Zur Theorie der Bildergeschichte. München (Deutscher Taschenbuch Verlag).

Philipp, W. (1982): Die dressierte Gesellschaft. Verhalten bei Tier und Mensch im Circus. Frankfurt a. M. (Ullstein).

Picano, F. (1988): Hypnose. München (Knaur).

Pirinci, A. (1989). Felidae. München (Goldmann).

Platthaus, A. (1998): Im Comic vereint. Eine Geschichte der Bildgeschichte. Berlin (Fest).

Poe, E. A. (1858): The Facts in the Case of Mr. Valdemar. The American Review, December 1845. Mesmerism in Articulo Mortis. An Astounding and Horrifying Narrative, Showing the Extraordinary Power of Mesmerism in Arrestin the Progress of Death. London (Short & Co).

Pope, M. (1978): Die Rätsel alter Schriften. Bergisch Gladbach (Lübbe).

Prinz (1955): Ruhrgebiet Szenekalender. Mai 1995

Pschyrembel, W. (1990): Klinisches Wörterbuch. (256. Aufl.) Berlin (De Gruyter).

Quintilianus, M. F. (ca. 90 n. Chr./1995): Institutio oratoria. Bd. VIII, 5. Hrsg. u. übers. v. Helmut Rahn. Darmstadt (Wissenschaftliche Buchgesellschaft).

Rest, W. (1954): Die Pest der Comic Books. *Die Kirche in der Welt* 7 (3): 313–316.

Revenstorf, D. (Hrsg.) (1990): Klinische Hypnose. Berlin (Springer).

Reynolds, R. (1994): Super Heroes. A Modern Mythology. Jackson (University Press of Mississippi).

Riha, K. (1973): Groteske, Kommerz, Revolte. Zur Geschichte der Comic-Literatur. In: H. D. Zimmermann (Hrsg.): Vom Geist der Superhelden – Comic Strips. Zur Theorie der Bildergeschichte. München (Deutscher Taschenbuch Verlag).

Ritchie, D. (1984): Gehirn und Computer. Die Evolution einer neuen Intelligenz. Stuttgart (Klett-Kotta).

Roloff, B. u. G. Seeßler (1976): Klassiker der Filmkomik. Eine Einführung in die Typologie des komischen Films. München (Bernd Roloff).

Roy, B. (1978): Mahabharata. Nach dem Sanskrit-Text übersetzt und zusammengefasst; aus dem Englischen übertragen von E. Roemer. Düsseldorf (Diederichs).

Schafarczyk, A. (1995): Bad Girls. Heldinnen erobern die Comic-Welt. *Cocktail. Die junge Illustrierte Zeitung. Beilage der Westdeutschen Allgemeinen Zeitung,* 21.11.1995.

Schafarczyk, A. (1997) Angriff der Killer-Comics. *Cocktail. Die junge Illustrierte Zeitung. Beilage der Westdeutschen Allgemeinen Zeitung,* 11.4.1997.

Schmitz, K. (1951): Was ist – was kann – was nützt Hypnose? München (J. F. Lehmanns).

Schnurrer, A., J. Spiegel, R. Seim u. D. Hiebing (1996): Comic: Zensiert. Band 1. Katalogbuch zur gleichnamigen Ausstellung. (Gefördert vom Ministerium für Stadtentwicklung, Kultur und Sport des Landes Nordrhein-Westfalen.) Sonneberg (Edition Kunst der Comics).

Schröder, H. (1980): Politik und Comics in der „Dritten Welt". *Comixene* 29 (7): 4–8.

Schultz, J. H. (1983): Hypnose-Technik. Praktische Anleitung zum Hypnotisieren für Ärzte. (8. Aufl.) Stuttgart (G. Fischer).

Seligman, M. E. P. (1975): Helplessness. On depression, development, and death. San Francisco (Freeman).

Shakespeare, W. (1982): Der Sturm. Übers. v. A. W. von Schlegel u. D. Klose. Ditzingen (Reclam).

Pearl Agency GmbH (1997/98): *Shopping & More.*

Skodzik, P. u. N. Hethke (1994): Allgemeiner Deutscher Comic-Preiskatalog. Schönau (Norbert Hethke).

Soulié, F. (1834): Le Magnétiseur. Bruxelles. 2 Bde. Paris (o. A.).

Spiegel, Der (1998): Comics. Moralfreies Gemetzel. Nr. 25/1998, S. 168.

Spiegel, Der (1998): Wirtschaft. Nr. 25/1998, S. 123

Spiegelman, A. (1986): Maus. A Survivor's Tale. New York (Pantheon Books). [dt. (1994): Maus. Reinbek bei Hamburg (Rowohlt).]

Sporn, C. (1983): Nachwort zu Mario und der Zauberer. In: T. Mann. Tonio Kröger, Mario und der Zauberer. Berlin (S. Fischer).

Sterckx, P. (1990): Hergé. Tim und Struppi. 60 Jahre Abenteuer. Hamburg (Carlsen).

Stevenson, R. L. (1886): The Strange Case of Dr. Jekyll and Mr. Hyde. London (Longman's and Co).

Tacitus (ca. 98/1975): Germania. Übers. v. J. Landauer. München (Deutscher Taschenbuch Verlag), Kap. 43, Nr. 4, S. 63.

Thienel, P. (1995): Hypnose. CD-Programm. *CD DIREKT* 2 (2).

Thomas, D. (1996): Unter dem Milchwald. Frankfurt a. M. (Hanser).

Thuillier, J. (1990): Die Entdeckung des Lebensfeuers. Franz Anton Mesmer – Eine Biographie. Wien (Zsolnay).

Trenkle, B. (1998): Die Löwen-Geschichte. Hypnotisch-metaphorische Kommunikation und Selbsthypnosetraining. Heidelberg (Carl-Auer-Systeme).

Tutten, F. (1997): Tim und Struppi in der Neuen Welt. Frankfurt a. M. (Fischer Taschenbuch).

Wagner, W. (1995): Verkündigung in Sprechblasen. *Ruhrwort* 37 (42): 16.

Westdeutsche Allgemeine Zeitung (1996): Supermans Vater ist tot. 1.2.1996.

Wheatley, D. u. J. G. Links (1985): Das Geheimnis um Schloß Malinsey. Köln (DuMont).

Whitaker, H. a. J. Halas (1981): Timing for Animation. London (Focal Press).

Wiener, O. (1973): Der Geist der Superhelden. In: H. D. Zimmermann (Hrsg.): Vom Geist der Superhelden – Comic Strips. Zur Theorie der Bildergeschichte. München (Deutscher Taschenbuch Verlag).

Zadek, P. (1998): My Way. Eine Autobiographie 1926–1969. Köln (Kiepenheuer u. Witsch).

Zimmermann, H. D. (Hrsg.) (1973): Vom Geist der Superhelden. Comic Strips. Zur Theorie der Bildergeschichte. München (Deutscher Taschenbuch Verlag).

CD-ROM

Comic-Zeichenkurs Comic's Planet. Interaktiver Comic-Zeichenkurs. (1996). Digimail Srl. – Bavaria interactive. Eurovideo. Nach dem Original in Videos und Heften *Corso di Fumetto Comico* (1993). Rovereto (Black Horse Srl).

Hart, C. How to Draw Cartoons (1996): Interaktiv gestaltet.

Comic-Fachmagazine

Comic Forum. Wien.
Comic Speedline. Bad Tölz (Thomas Tilsner).
Comics & mehr. München (Medienservice Wuppertal).
Comics Anno. Hrsg. v. H. J. Kagelmann. München (Profil).
Comixene. Hamburg.
Die Sprechblase. Schönau (Norbert Hethke).
HIT Comics. Hannover (Karicartoon).
Reddition. Pinneberg (Volker Hamann).
Rraah! Hamburg (Sackman und Hörndl).
Splash! Kerpen (Ideenschmiede Paul & Paul IPP).
Strapazien. München (Meiler).
Stripspiegel. Günzburg (Stripspiegel).
Treffer. Köln (Thomas Schmitt).
Zack. Berlin-Westend (MOSAIK Steinchen für Steinchen).

Comicmedien

Die Comics sind nach Genre bzw. Sachgebieten, Titel oder Titelheld sortiert erfasst, da die wenigsten Angaben über ihre Autoren enthalten. Innerhalb dieser Merkmale erfolgte die Sortierung nach dem Erscheinungsjahr.

Das Copyright konnte nicht immer eindeutig festgestellt werden.

Wir danken allen Verlagen, die uns eine Genehmigung zum Abdruck erteilt haben.

Disney

Das Dschungelbuch. Disney (1987). Die schönsten Disney-Geschichten, Band 17. Stuttgart: Ehapa. © 1979/1987. The Walt Disney Company.

Micky Maus und Goofy

Micky im Bann der Höllenstrahlen. Disney (1932/33). In: Mickys Klassiker, Bd. 4, 1986. [Orig.: 12.11.1932–10.2.1933.]

Micky Maus und der sprechende Hund. Disney (1951). In: Micky Maus. Das bunte Monatsheft. Stuttgart: Ehapa, Nr. 1 (!).

Micky Maus und der Festbraten. Disney (1951). In: Micky Maus. Stuttgart: Ehapa, Nr. 3.

Die magische Kugel. Disney (1976). In: Micky Maus. Stuttgart: Ehapa, Nr. 49.

Die Kirschräuber. Disney (1980). In: Micky Maus. Stuttgart: Ehapa, Nr. 25.

Micky und die Hypnotisierbriefe. Disney (1982). In: Walt Disneys lustige Taschenbücher. Mit Volldampf ins Abenteuer. Stuttgart: Ehapa, Nr. 84.

Ein gefährliches Programm. Micky Maus. Disney (1983) In: Donald Duck Nr. 283. Stuttgart: Ehapa.

Micky Maus. Jubiläumsausgabe (1991). Stuttgart: Ehapa.

Donald Duck

Donald Duck. Disney (1952). In: Micky Maus. Stuttgart: Ehapa, Nr. 3.

Donald Duck. Disney (1959). In: Micky Maus. Stuttgart: Ehapa, Nr. 16.

Zwei Streithähne. Disney (1969). In: Die tollsten Geschichten von Donald Duck. Stuttgart: Ehapa, Nr. 17.

Donald in Hypnose. Disney (1970). In: Walt Disneys lustige Taschenbücher. Stuttgart: Ehapa, Nr. 12.

Magische Mahntinte. Disney (1974). In: Donald als Feuerwehrmann. Großband. Stuttgart: Ehapa, Nr. 1.

De dwink-inkt. Disney (1975). In: Donald Duck als Brandweermann. Haarlem: Oberon BV.

Bräutigam wider Willen. Disney (1975). In: Walt Disneys lustige Taschenbücher: Aus Onkel Donalds Memoiren. Stuttgart: Ehapa, Nr. 35.

Wie zerronnen so gewonnen. (1976). In: Walt Disneys lustige Taschenbücher: Donald hier – Donald da. Stuttgart: Ehapa, Nr. 38.

Geht Onkel Dagobert ins Netz? Disney (1977). In: Bahn frei für Donald! Stuttgart: Ehapa, Nr. 45

Der Drachenzahn von Isfahan. Disney (1978). In: Micky Maus. Stuttgart: Ehapa, Nr. 43.

Knipskisten. Disney (1978). In: Micky Maus. Stuttgart: Ehapa, Nr. 39.

Das Damokles-Schwert. (1978). In: Walt Disneys lustige Taschenbücher: Achtung – fertig – los. Stuttgart: Ehapa, Nr. 56.

Ein erstklassiges Abenteuer. Disney (1978). In: Micky Maus. Stuttgart: Ehapa, Nr. 39.

Der Strahlenkäfig (1979). In: Walt Disney lustige Taschenbücher. Ohne Donald geht es nicht. Stuttgart: Ehapa, Nr. 61.

Gestärktes Selbstvertrauen. Disney (1979). In: Micky Maus. Stuttgart: Ehapa, Nr. 12.

Knallende Colts. Disney (1980). In: Micky Maus. Stuttgart: Ehapa, Nr. 29.

Törichte Träume. Disney (1980). In: Micky Maus. Stuttgart: Ehapa, Nr. 13.

Die schwarze Suppe. Disney (1980). In: Die tollsten Geschichten von Donald Duck. Stuttgart: Ehapa, Heft 64.

Das Geheimnis des schwarzen Kastens. Disney (1980). In: Die tollsten Geschichten von Donald Duck. Stuttgart: Ehapa, Heft 64.

Moderne Ernährung. Disney (1980). In: Micky Maus. Stuttgart: Ehapa, Nr. 38.

Das Hypnotisierspiel. Donald Duck. Disney (1981). In: Goofy Magazin. Stuttgart: Ehapa, Nr. 7.

Verkanntes Genie (1981). In: Walt Disneys lustige Taschenbücher. Donald in Hypnose. Stuttgart: Ehapa, Nr. 12.

Hypnotisiert. Disney (1981). In: Micky Maus. Stuttgart: Ehapa, Nr. 49.

Die Schatzsuche geht weiter (1982). In: Walt Disneys lustige Taschenbücher. Dagobert Duck auf Taler-Safari. Stuttgart: Ehepa, Nr. 79.

Der Schrumpfomat. Disney (1982). In: Donald Duck Jumbo Comics. Stuttgart: Ehapa, Band 6.

Die Reportage vom Pol. Disney (1983). In: Donald Duck. Stuttgart: Ehapa, Nr. 283

Der Pressefotograf. Donald Duck. Disney (1985) In: Micky Maus. Stuttgart: Ehapa, Nr. 23.

Der Stimmbalsam. Daniel Düsentrieb. Disney (1985). In: Micky Maus. Stuttgart: Ehapa, Nr. 32.

Donald Ducks Kochbuch. Disney (1986). Stuttgart: Ehapa.

Onkel Dagobert. Der geizige Verschwender. Disney (1986) In: Die tollsten Geschichten von Donald Duck. Stuttgart: Ehapa. Sonderheft Nr. 85.

Die Abenteuer von Marco Polo. Die Arche. Disney (1987). In: Walt Disneys lustige Taschenbücher. Fern von Entenhausen. Stuttgart: Ehapa, Nr. 119.

Das Horoskop. Disney (1987). In: Die besten Geschichten mit Donald Duck. Stuttgart: Ehapa, Sammelband Klassik Album, Nr. 3.

Die Kohldampfinsel. Disney (1987). In: Die besten Geschichten mit Donald Duck. Donald Duck Klassik Album. Stuttgart: Ehapa, Nr. 9.

Rat einmal. Disney (1988). In: Die tollsten Geschichten von Donald Duck. Stuttgart: Ehapa, Sonderheft 98.

Die Hexe zur See. Onkel Dagobert. Disney (1988). In: Micky Maus. Stuttgart: Ehapa, Nr. 51.

To Mystetiko tun inkas! Disney (1988) Micky. Athen.

Wo rohe Kräfte sinnlos walten. Disney (1989). In: Micky Maus. Stuttgart: Ehapa, Nr. 31.

Unter Hypnose. Donald Duck. Disney (1990). In: Micky Vision. Stuttgart: Ehapa, Nr. 7.

Reine Liebe und Güte. Disney (1991). In: Donald Duck Sonderheft. Stuttgart: Ehapa, Nr. 114.

Eitelkeit und Eis. Disney (1993). In: Micky Maus. Stuttgart: Ehapa, Nr. 10.

Dressur eines Kojoten. Disney (1994). In: Die besten Geschichten mit Donald Duck. Klassik-Album. Stuttgart: Ehapa, Nr. 39.

Superhelden und Sciencefiction

Superman (1938) In: Action Comics. June, 1938, 1st edition (!).

The Spirit. W. Eisner (1941). Erschienen in zahlreichen Tageszeitungen. © Will Eisner.

Der mächtige Thor gegen den mysteriösen Radioaktiven (1962). In: Der mächtige Thor. Marvel Comic. Hamburg: Williams-Verlag. Heft. Nr. 11. © by 1962 Transworld Feature Syndicate, Inc.

Hypno-Coin (1966). In: Tales of Suspense featuring Iron Man and Captain America. New York: Vista Publications, Vol. 1., No. 75.

Lois Lane und die Aktion Standesamt (1967). In: Superman und Batman. Stuttgart: Ehapa. Heft 22. © 1967 National Periodical Publications, Inc. und Ehapa Verlag.

ZIGI und ZAGI, Lausbuben aus dem Weltall (1967). In: Superman und Batman. Stuttgart: Ehapa, Nr. 22. © 1967 National Periodical Publications, Inc. und Ehapa Verlag.

Kryptons erster Superman (1968). In: Superman und Batman. Stuttgart: Ehapa, Heft 21. © 1968 National Periodical Publications, Inc. und Ehapa Verlag.

Die Abenteuer der Barbarella. J. C. Forest (1971). München: Heyne. © 1969 by Jean-Claude Forest.

Der galaktische Silberstürmer (1974). In: Der mächtige Thor. Marvel Comic. Hamburg: Williams-Verlag. Heft. Nr. 9. © by 1962 Transworld Feature Syndicate, Inc.

Der geheime Wächter von Smalville. Teil II: *Der Wächter geht* (1975). In: Superman. Stuttgart: Ehapa, 4. Superband. © 1975 National Periodical Publications Inc. und Ehapa Verlag.

Der Freiwillige, der ein Verräter war. Serie: *Superhelden.* Bates, C. Grell, M. (1975). In: Superman-Batman. Stuttgart: Ehapa, Heft 18. © National Periodical Publications, Inc. und Ehapa Verlag.

Wer rettet die Prinzessin? Legion der Superhelden. M. Grell, J. Shooter (1975). In: Superman-Batman. Stuttgart: Ehapa, Heft 18. © National Periodical Publications, Inc. und Ehapa Verlag.

Tod, wo ist dein Stachel ...? C. Bates, J. Rosenberger, V. Coletta (1975). In: Superman. Stuttgart: Ehapa, 4. Superband. © 1975 National Periodical Publications Inc. und Ehapa Verlag.

Voodoo-Zauber gegen Superman. C. Swan, M. Anderson (1975). In: Superman. Stuttgart: Ehapa, 4. Superband. © 1975 National Periodical Publications Inc. und Ehapa Verlag.

Jagd auf den Killer. P. Levitz, J. Sherman, J. Abel, L. Berube (1977). In: Superman-Batman. Stuttgart: Ehapa, Nr.21. © 1977 DC Comics Inc. und Ehapa Verlag.

Haupttreffer. Das Privatleben des Clark Kent. B. Toomex, K. Scharfenberger, T. Blaisdell (1977). In: Superman-Batman. Stuttgart: Ehapa, Nr. 21. © 1977 DC Comics Inc. und Ehapa Verlag.

Der stählerne Rächer. C. Bates, C. Swan, F. Chiaraonte, A. Roy, B. Oda (1982). In: Superman-Batman. Stuttgart: Ehapa. © 1977 DC Comics Inc.

Hörtet ihr schon von Scorpio? S. Lee, R. Thomas, S. Buscema (1982). In: Die Ruhmreichen Rächer. Stuttgart: Ehapa, Nr. 71. © 1982 DC Comics Inc. und Ehapa Verlag.

Endstation Wahnsinn. Luc Orient. Der Sohn des blauen Planeten (1983). Bergisch Gladbach: Bastei, Heft 7. © Bastei Verlag.

What if... the X-Men died on their first mission? (1990). New York: Marvel Comics. Vol 2. © 1990 Marvel Comics.

Tulpa. Kapitel eins: *Monster Macher.* A. Grant, N. Breyfogle, S. Mitchell, G. Völk, A. Roy, H. F. Breuer, B. Kane (1991). In: Batman. Schönau: Norbert Hethke, Nr. 8.

Zauberer

Zatara, Master Magician. F. Guardineer (1938). In: Action Comics. June, 1938, 1th edition. © Semic Press.

Mitternacht mit Mandra (1968). Blitz Gordon. Stockholm: Semic Press. Heft 4. © Semic Press.

Mandra der Zauberer. Mitternacht in New York (ca. 1968). Blitz Gordon. Stockholm: Semic Press. Heft 1. © Semic Press.

Der schwarze Zauberer. Mandra der Zauberer (1968). Stockholm: Semic Press. © Semic Press.

Das Komplott. Mandra der Zauberer (1968). Stockholm: Semic Press. © Semic Press.

Fauler Zauber mit den Augen. F. Ibanez (1972). In: Clever und Smart in geheimer Mission. Frankfurt a. M.: Condor Print. © 1970–99 by Conpart Verlag, Editorial Bruguera und F. Ibanez.

Yps mit Gimmick

Ein dicker Fisch (1979). In: Yps mit Gimmick, Nr. 220. München: Gruner + Jahr. © 1979 Gruner + Jahr AG.

Hellseher (1986). Yps mit Gimmick. München. Gruner & Jahr, Nr. 552. © 1986 Gruner + Jahr AG.

Kraftfutter (1986). Yps mit Gimmick. München: Gruner & Jahr, Nr. 554. In: Yps mit Gimmick. © 1986 Gruner + Jahr AG.

Die Märchen-Brille (1989). Yps mit Gimmick. München: Gruner + Jahr, Nr. 723. In: Yps mit Gimmick. © 1989 Gruner + Jahr AG.

Erwachsenencomics

Son of mighty Joe Kong. M. Drucker, M. Bartolo (1964). In: Mad Power. New York: E. C. Publications. © E. C. Publications Inc.

Operation Rückschlag. A. Prohias (1972). In: Noch mehr Zündstoff von Spion & Spion. Hamburg: Williams. © 1972 by Antonio Prohias und E. C. Publications Inc.

Champakou. Jéronaton (1980). In: Schwermetall. Fantastische Comics für Erwachsene, Nr. 11. Linden: Volksverlag. © Volksverlag.

Rockblitz. S. Marcedo (1980). In: Schwermetall. Fantastische Comics für Erwachsene, Nr. 10. Linden: Volksverlag. © Volksverlag.

Bloodstar, Kapitel V. R. Corben (1980). In: Schwermetall. Fantastische Comics für Erwachsene, Nr. 7. Linden: Volksverlag. © Volksverlag.

Zora und die Hibernauten (1982). Schwermetall. Fantastische Comics für Erwachsene, Nr. 25. Linden: Volksverlag. © Volksverlag.

Foltergeist. J. Davis, A. Kogen (1983). In: MAD, Nr. 167. Hamburg: Williams. © 1977 E. C. Publications Inc.

Was wir so alles mitbezahlen. B. Clarke, S. Hart (1983). MAD, Nr. 167. Hamburg: Williams. © 1977 E. C. Publications Inc.

Schwerer Schlag in Stalingrad. N. Claveloux (1985). In: Schwermetall. Fantastische Comics für Erwachsene. Nürnberg: alpha-comic. © alpha-comic.

*Light + **Bold**.* Bernet, Trillo (1991). In: Schwermetall. Fantastische Comics für Erwachsene, Nr. 133. Nürnberg: alpha-comic. © alpha-comic.

Comics allgemein

Lustiges – auch für Kinder

Blondie. Young (ab 1930). In mehreren Ausgaben. Da dieser Bilderstrip täglich in der Westdeutschen Allgemeinen Zeitung erscheint, wurde auf die Nennung der unterschiedlichen Erscheinungsdaten verzichtet. © King Features, New York.

Tim und Struppi in Tibet. Hergé (1956). Hamburg: Carlsen. © 1953 by Casterman, Paris and Tournai.

Der Kampf der Häuptlinge. R. Goscinny, A. Uderzo (1969). In: Der große Asterix-Band IV. Stuttgart: Ehapa, Bd. IV. © R. Goscinni & A. Uderzo.

Die Katzenjammer Kids. R. Dirks (Erstausgabe 1907!). Reihe Brumm Classix (1972) © Bulls Pressedienst, Frankfurt und Meltzer.

Sarge in The Candy Kid. M. Walker (1974) In: All new beetle bailey. Vol. 7, No. 105, May. © 1974 King Features, New York.

Das dicke Ende kommt nach der Wende. F. Ibanez (o. J.). In: Clever & Smart in geheimer Mission. Bad Vilbel: Condor, Nr. 76. © F. Ibanez and Editorial Bruguera S. A., Barcelona.

Hägar. Browne, D. (1975). Stuttgart: Ehapa, Band 1. © 1975 King Features, New York/Bulls, Frankfurt a. M.

Augenschmaus. Goscinny & Tabary (1975). In: Der bitterböse Großwesir. Isnogud. Stuttgart: Ehapa. © Dargaud S. A. Editeurs – 1967 – von Goscinny und Tabaray.

Der Muckefuck. Goscinny & Tabary (1975). In: Der bitterböse Großwesir. Isnogud. Stuttgart: Ehapa. © 1967 Dargaud S. A. Editeurs.

Peanuts Jubilee. My Life and Art with Charlie Brown and Others. C. M. Schultz (1976). London: Penguin. © United Features Syndicate.

Popeye und die Grommler. E. C. Segar (1976). In: Die Abenteuer von Popeye. Stuttgart: Ehapa, Nr. 4. © 1976 King Features, New York/Bulls, Frankfurt a. M.

Disko-Fieber. Hägar der Schreckliche. D. Browne (1981). Stuttgart: Ehapa. © 1981 King Features, New York/Bulls, Frankfurt a. M.

Fridolin der Superstar. R. Kauka (1982). In: Lupo und seine Freunde. Rastatt: Erich Pabel, Nr. 22. © Rolf Kauka.

Der Fetisch. Peyou & Blesteau (1983). In: Benni Bärenstark. Reinbek bei Hamburg: Carlsen Comics. © 1978 by Peyo and Editions Dupuis, Charleroi.

The Hypnotist. B. Godfrey, S. Hayward (1983). In: Henry´s Cat. Sevenoaks: Hodder & Stoughton Children´s Books. © 1983 by Bob Godfrey Films Ltd. and Stan Hayward.

Alles wie verhext. Fournier (1984). In: Spirou. Hamburg: Carlsen. © 1977 by Fournier and S.E.P.P., Brüssel.

Des Wahnsinns Beute sind wir heute. F. Ibanez (ca. 1984). Tom Tiger + Co. Bad Vilbel: Condor. © F. Ibanez and Editorial Bruguera S. A., Barcelona.

Die sieben Kristallkugeln. Hergé (1985). In: Tim und Struppi. Hamburg: Carlsen. © 1948 by Casterman, Tournai.

Der Plan des Zyklotrop. Franquin, Jidéhem, Fraquin, Greg (1985). In: Spirou und Fantasio. Hamburg: Carlsen. © 1977 by André Franquin and Editions Dupuis, Charleroi.

Die große Hypnose. R. Kauka (1987). In: Fix und Foxi (1987). © Rolf Kauka.

Die Daltons und der Psycho-Doc. Morris & Goscinny (1988). Lucky Luke. Stuttgart: Ehapa. © Dargaud Editeurs S. A., Paris 1975.

Eingewickelt. G. Silvestri (1988). In: Lupo Alberto. Frankfurt: Wolfgang Krüger, Nr. 2. © 1988 by Guido Silvestri/Bulls.

Das Buch der Ottifanten. O. Waalkes (1988). Hamburg: Rasch und Röhring.

Felix der Kater (1989). Bergisch Gladbach: Bastei, Nr. 4. © Felix The Cat Productions, Inc. New York.

Das sprechende Hundefutter. Dupa (1989). In: Cubitus. Reinbek bei Hamburg: Carlsen, Nr. 4. © 1984 by Editions du Lombard, Brüssel.

Panda in Panik. Batem, Greg, Franquin, Leonardo (1989). Die Abenteuer des Marsupilami. Hamburg: Carlsen. © 1988 by Marsu Productions, Monaco.

Der Weg zum Erfolg. Dupa (1990). In: Cubitus. Hamburg: Carlsen. © 1986 by Editions du Lombard, Brüssel.

Abenteuer in Australien. Tome & Janry (1991). Spirou u. Fantasio. Hamburg: Carlsen. © 1985 by Tone & Janry and Editions Dupuis, Charleroi.

Ein Knall, ein Fall – wir sind am Ball! F. Ibanez (ca. 1984). In: Clever & Smart in geheimer Mission. Bad Vilbel: Condor. © F. Ibanez and Editorial Bruguera S. A., Barcelona.

Bugs Bunny & Co. (1993). Stuttgart: Ehapa. © 1993 Warner Bros.

Lurchis gesammelte Abenteuer (o. J.). Hrsg. v. d. Salamander AG, Kornwestheim. Bd. 3.

Für Erwachsene

Ihr linker Arm wird schwer und warm. (Marunde, o. J.). © Marunde und Catoonage, Hannover).

Blondie. In mehreren Ausgaben. © King Features, New York.

Die Katzenjammer Kids. R. Dirks (Orig. ca. 1897). Brumm Classics (1972) © Bulls Pressedienst und Melzer.

Kampf für den Frieden (ca. 1968). Blitz Gordon. Stockholm: Semic Press. Heft 1. © Semic Press.

Hat jemand meinen Mörder gesehen? L. Elias, G. Kashdan (1976). In: Horror. Grausiger war Grusel nie! Hamburg: Williams, Nr. 54. © 1976 National Periodical publications, Inc. und Williams-Verlag GmbH.

Felina. V. Mora, A. Goetzinger (1981). Linden: Volksverlag. © Edition Jacques Glénat, 1981. Linden: Volksverlag.

Adele und das Ungeheuer. J. Tardi, A. Delobel (1982). In: Adeles ungewöhnliche Abenteuer. Reinbeck bei Hamburg: Carlsen. © 1976 by Casterman, Tournai.

Ray Banana. T. Benoit (1982). In: Abenteuer im 20. Jahrhundert. Köln: Taschen-Comics. © Taschen; 1982 by Casterman Tournai.

Paulette. Pichard & Wolinski (1983). In: Pilot. Neue Comics für Erwachsene. Linden: Volksverlag, Nr. 17. © 1983 Dargaud Editeur, Paris.

Hermann. J. Unger (1984). In: Tolle Typen, Bd. 3. Stuttgart: Ehapa. © 1984 Universal Press Syndicate/Bulls, Frankfurt a. M.

Mehr Pech kann niemand haben. J. Unger (1984). In: Hermann. Stuttgart: Ehapa. © 1984 Universal Press Syndicate/Bulls, Ffm.

Heinz. R. Windig, E. de Jong (1988). Uitgevereij gezellig en leuk. © 1988 Winding en de Jong.

Nach dem Urlaub beginnt wieder der Ernst des Lebens. DuBuillon (1989). In: Mensch Herbert: Ein Mann lümmelt sich durchs Leben. Berlin: Beta-Verlag, Nr. 3. © 1975 King Features, New York/Bulls, Frankfurt a. M.

Mach keinen Streß, Alter! Dubuillon (1989). In: Mensch Herbert! Ein Mann lümmelt sich durchs Leben. Berlin: Beta. © 1975 King Features, New York/Bulls, Frankfurt a. M.

Spacedog. H. Dorgathen (1993). Reinbek bei Hamburg: Rowohlt.

Ich habe Freunde in Bell's End. J. Hewlett, A. Martin (1994). In: Tank Girl. Stuttgart: Ehapa. © 1994 by Jamie Hewlet & Alan Martin.

Der Wirbel. M.-A. Mathieu (1994). Hamburg: Carlsen. © 1993 by Mathieu and Delcourt Productions, Paris.

Sonstige Quellen

Kurian mit dem Pendel (1984). In: RUN, Computermagazin. Ausschnitt aus *Der Zauberlehrling.* T. Ungerer (1971). Zürich: Diogenes.

Warrior. Reklame des Nintendo-Spiels.

Filme

Ignatz als Hypnotiseur. G. Harriman (Zeichnung), J. Mandelsohn (Story) (ca. 1929). King Features, New York.

The eyes have it (Donald als Hypnotiseur). Disney (1945).

Nowhere Bear (Yogi Bär: Hypnose gut, alles gut). Hanna-Barbera-Production (1973)

Casablanca. Metro Goldwyn Mayer.

Autoren- und Zeichnerregister

Zusätzlich zu den Literaturautoren sind auch Comicautoren und Comiczeichner aufgeführt – soweit sie im Buchtext direkt erwähnt wurden.

Namenregister

A
Anna O. 44
Asklepius 172
Armstrong, L. 41, 211
Aphrodite 278–279

B
Balsamo, G. 28
Balzac, H. de 28
Beran, B. 209
Bernheim, H. 44
Biondi, F. 301
Braid, J. 25, 36, 188
Brand, J.-U. 57
Browning, R. 28

C
Cagliostro, A. von 28
Chaplin, C. 34, 214, 255
Collins, J. 53

D
Dalai-Lama 88
Darwin, C. 114
Disney, W. 16, 50, 55, 71, 74–75,
    82–85, 176, 305
Dumas, A. 28

E
Erickson, M. H. 238, 247

F
Faria, Abbé de 28, 125
Fassbinder, W. M. 38
Fellini, F. 214–215
Freud, S. 44, 60, 238, 259

G
Gaschler, T. 291
Goebbels, J. 84
Goethe, J. W. von 30, 59
Gottschalk, T. 84

H
Hitler, A. 84
Hoffmann, E. T. A. 29, 32, 41, 256

J
Janet, P. 43

K
Kauka, R. 75, 85–86
Keller, G. 259

K
Kircher, A. 292
Kleist, H. von 29, 89

L
Lichtenstein, R. 53, 73

M
Mahabharata 24, 27, 117, 118,
    207, 227
Marx, K. 84, 174
Maurier, G. du 28
McCarthy, J. R. 96
Mead, R. 24
Mesmer, F. A. 24–25, 41, 43–44,
    196, 238
Morpheus 25–26
Morus, T. 174
Mozart, W. A. 41
Mussolini, B. 84

N
Nietzsche, F. 30
Novalis 19, 30

O
Offenbach, J. 41, 256

P
Platon 161
Plinius 167

Q
Quintilian, M. F. 259

R
Rancilliac, B. 53

S
Schelling, F. W. J. v. 30
Schiller, F. v. 48
Seversky, A. 85
Shakespeare, W. 27, 48, 59, 116
    230
Stevenson, R. L. 30, 59

T
Twain, M. 31, 32, 273

W
Wang Tai 24

Z
Zadek, R. 38
Zarathustra 30
Zeus 278–279

Register der Personen aus Comic und Roman

In diesem Register sind nur jene Namen aufgeführt, die für die Analyse der Comics, Romane etc. Bedeutung haben. Die zahlreichen nur in tabellarischer Form aufgeführten Comicgestalten erscheinen zur besseren Übersicht nicht.

Sachregister

Über den Autor

Dr. phil. Hans-Christian Kossak, Klinischer Fachpsychologe, Psychologischer Psychotherapeut, Kinder- und Jugendlichenpsychothera-
peut, Supervisor, Ausbilder (BDP, dgvt, GwG, DGH, ISH); Leiter der
katholischen Beratungsstelle für Erziehungs- und Familienfragen.

Hans-Christian Kossak gilt als „Vater" der Methodenkombination
von Verhaltenstherapie und moderner Hypnose und damit Mit-
initiator der „imaginativen" Wende in der Verhaltenstherapie. Zahlreiche Veröffentlichungen zur Hypnose in der Psychotherapie, darunter das Standardwerk *Lehrbuch der Hypnose*.

Anschrift

Dr. Hans-Christian Kossak
Katholische Beratungsstelle für
Erziehungs- und Familienfragen
Ostermannstr. 32
447898 Bochum

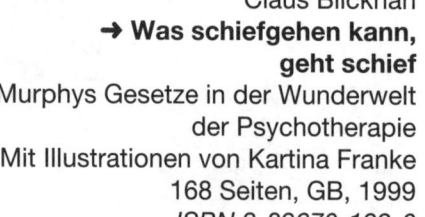